SÉQUENCES

SÉQUENCES

Intermediate French through Film

Michèle Bissière

University of North Carolina at Charlotte

Australia • Brazil • Canada • Mexico • Singapore • Spain • United Kingdom • United States

Séquences
Intermediate French through Film
Michèle Bissière

Editor-in-Chief: *PJ Boardman*
Executive Editor: *Lara Semones*
Development Editor: *Lynne I. Lipkind*
Assistant Editor: *Morgen Murphy*
Editorial Assistant: *Catharine Thomson*
Technology Project Manager: *Wendy Constantine*
Senior Marketing Manager: *Lindsey Richardson*
Marketing Communications Manager: *Stacey Purviance*
Senior Content Project Manager: *Karen Stocz*

Senior Art Director: *Cate Rickard Barr*
Senior Print Buyer: *Elizabeth Donaghey*
Text Designer: *Glenna Collett*
Cover Designer: *Diane Levy*
Photo Manager: *Sheri Blaney*
Photo Researcher: *Lili Weiner*
Production Service: *Pre-Press PMG*
Printer: *Edwards Brothers*
Cover Image: © *Liam Bailey/Iconica/Getty Images*

Printed in the United States of America
1 2 3 4 5 6 7   11 10 09 08 07

Library of Congress Control Number: 2007925769

10-Digit ISBN: 1-4130-2007-0
13-Digit ISBN: 978-1-4130-2007-6

Thomson Higher Education
25 Thomson Place
Boston, MA 02210-1202
USA

For more information about our products, contact us at:
Thomson Learning Academic Resource Center
1-800-423-0563

For permission to use material from this text or product, submit a request online at
http://www.thomsonrights.com
Any additional questions about permissions can be submitted by e-mail to **thomsonrights@thomson.com**

Credits appear on pages 395–397, which constitute a continuation of the copyright page.

TABLE DES MATIÈRES

TO THE INSTRUCTOR

Séquences is an innovative intermediate textbook organized around the study of nine subtitled French and francophone films. The program is particularly appropriate for instructors and students seeking more cultural content than can be found in a traditional intermediate program. The book interweaves each chapter's film with grammar and vocabulary presentations, structured practice, and open-ended communicative activities, offering students the tools they need to progress in French in a meaningful way. With a content-based approach, *Séquences* addresses the four skills that reflect the Communication, Culture, Connections, Comparisons, Communities direction of foreign language education set by the *Standards*. Discussing the films, reading related authentic texts, and researching information on the Internet will enable students to discover many facets of Francophone life, master related vocabulary and grammar points, and feel confident in their ability to discuss issues and use language creatively.

The goals of this book are to improve students' motivation, language fluency, and cultural competence by immersing them in a wide range of authentic contexts. Films are powerful tools in the language classroom. They allow students to experience language and culture from within and to develop a deeper understanding of other people's worldviews and ways of life. Films also create a congenial atmosphere for learning and provide a common background that instructors can use to make connections across chapters or to reinforce lexical and grammatical work. In addition, describing, analyzing, and discussing specific aspects of each film helps students bridge the gap between language courses and courses in literature and culture.

ORGANIZATION OF *SÉQUENCES*

The textbook includes a preliminary chapter, nine thematically based chapters (each organized around one film), a photo gallery interweaving the themes and films together, an appendix, a glossary, and an index. The preliminary chapter and Chapters 1–7 are paired with a self-study grammar module. Chapters 8 and 9 do not include formal grammar explanations; instead, they offer a contextualized review of the grammar points covered in the program. In sequencing the films, consideration was given to the genre of the film—generally, comedies alternate with more serious films—and to the vocabulary and grammar that are necessary for, or can be reinforced by, the themes and issues presented by the film. However, chapters are independent of each other and can be rotated to accommodate specific needs and preferences. The annotations, homework directions, and cross-references to grammar in each chapter will be very helpful to instructors who wish to select a different order or to substitute Chapters 8 and 9 for earlier ones.

Textbook

Preliminary chapter with a self-study grammar module

- Students discuss their experience as cinemagoers, read a text introducing them to the importance of cinema as an art form in France, acquire and practice key vocabulary necessary to talk about film, and get a better sense of the movies featured in the nine chapters of *Séquences*.
  Grammar: Le présent de l'indicatif

Seven chapters with a self-study grammar module

- **Chapter 1.** La vie étudiante: *L'Auberge espagnole* (Cédric Klapisch, France, 2002, 120 minutes)
  Grammar: Pays, états américains, langues, nationalité; La forme interrogative

- **Chapter 2.** Les racines: *Rue Cases Nègres* (Euzhan Palcy, Martinique, France, 1983, 101 minutes)
  Grammar: Les temps du passé: l'imparfait, le passé composé, le plus-que-parfait

- **Chapter 3.** Modes de vie: *Le Goût des autres* (Agnès Jaoui, France, 2000, 112 minutes)
  Grammar: Noms, déterminants et adjectifs

- **Chapter 4.** La vie professionnelle: *Le Placard* (Francis Veber, France, 2001, 84 minutes)
  Grammar: La proposition relative; Les pronoms relatifs; Les pronoms démonstratifs

- **Chapter 5.** Politique et vie personnelle: *Indochine* (Régis Wargnier, France, 1992, 142 minutes)
  Grammar: Les pronoms personnels; **y** et **en**

- **Chapter 6.** Les hommes et les femmes: *Chaos* (Coline Serreau, France, 2001, 109 minutes)
  Grammar: Le futur; Le conditionnel; Les phrases hypothétiques

- **Chapter 7.** Dilemmes moraux et problèmes de société: *La Promesse* (Luc et Jean-Pierre Dardenne, Belgique, 1996, 93 minutes)
  Grammar: Le subjonctif

Two review chapters without a self-study grammar module

- **Chapter 8.** Divertissement: *Le Dîner de cons* (Francis Veber, France, 1998, 77 minutes)
  Grammar review: La forme interrogative; Les pronoms personnels; **y** et **en;** Le groupe verbal: les temps du passé, le conditionnel, le subjonctif, les phrases hypothétiques

- **Chapter 9.** Vie privée, vie publique: *Tableau Ferraille* (Moussa Sene Absa, Sénégal, 1998, 85 minutes)
  Grammar review: Le conditionnel; Les pronoms personnels; **y** et **en;** Les pronoms démonstratifs; Les pronoms relatifs

Arrêt sur images: a full-color photo gallery where images prompt students to explore themes more fully and to make connections between films

An appendix with verb conjugation patterns: regular and irregular verb families

TEACHING WITH CHAPTER COMPONENTS

Chapters 1–9 include the components described below. Each component ends with suggested homework assignments (**Avant le prochain cours**) that help students prepare for the next class meeting with the **Grammaire** and the *Cahier*.

Introductory materials

Introduction to the film and reading, presentation of linguistic and cultural goals
Film poster
List of characters and cast
Les prix du film: list of significant awards and nominations

Entrée en matière

A pre-viewing section in which students read a review of the film, analyze the film poster(s), and discuss their expectations. This is followed by two in-class screenings of the film's introductory sequence, first without and then with sound. Each viewing opportunity offers distinct comprehension questions. To prepare students for viewing the film on their own before the next class, the **Entrée en matière** also includes cultural information (**Le contexte du film**) and viewing tips.

Les mots pour le dire

This section includes targeted exercises and activities to practice the vocabulary and structures of the chapter in the context of the film. Instructors are encouraged to verify that students prepared **Les mots pour le dire** in the *Cahier* and viewed the film before proceeding to the more open-ended activities of this section. A five-question multiple-choice Film Check is available on the IR CD-ROM. The section ends with cultural activities including a reading (**Quelques chiffres**), and a listening comprehension exercise (**À l'écoute!**) on a theme related to the film and to the linguistic goals of the chapter. This is one of the two listening opportunities featured in each textbook chapter (and available on the Audio CD program).

Discussion

This section begins with an activity called **Chronologie**, in which students re-arrange some important elements of the film's plot in chronological order. The **Réactions** questions that follow ask students to explain the main elements of the story, describe some intricate situations in detail, analyze the director's style, and express their opinions on the film. The objective is to encourage students to attain the linguistic goals of the chapter and to develop speaking skills in the context of the film. This section includes a plot-based listening section that incorporates the vocabulary and themes of the chapter. It is the second of the two **À l'écoute!** listening sections available for each textbook chapter on the Audio CD program.

Pour aller plus loin

This section includes follow-up activities that expand the discussion on the film while practicing the grammar of the chapter in more depth. By the time this section is taught, students have studied grammar on their own by reading formal explanations and doing exercises in the textbook and *Cahier*. The writing activity that ends this section allows students to synthesize what they have learned and prepares them for writing a longer, stepped composition at the end of the chapter.

Lecture

In **Lecture,** readings from a variety of genres support and expand the themes developed in the chapter's film. Students are expected to do the **Préparation à la lecture** in the *Cahier*, and instructors are encouraged to check homework orally and review pre-reading work if necessary before having students read the text in class. Each textbook chapter includes comprehension exercises, a **Questions de langue** section to reinforce vocabulary and grammar, and creative follow-up activities.

Interactions

In this follow-up section, students are encouraged to combine new grammar and vocabulary items and complete guided research on their own to expand their cultural knowledge through skits, presentations, and debates related to the themes of the film and/or the reading. The goal is to improve the students' ability to use language spontaneously and creatively and to apply it to slightly different contexts. Intended to challenge students to synthesize information and skills, these activities create a relaxed and collaborative class atmosphere conducive to learning.

Student annotations

Each chapter includes numerous student annotations that orient and guide students' use of the book with reading and viewing tips, cultural information, help with activities, and references to relevant grammar explanations and practice.

Teacher annotations

These include answers to most textbook exercises, teaching suggestions, references to extra material in the Instructor's Resource CD-ROM, and suggestions for follow-up activities. Extensive annotations referring instructors to songs found on the Heinle French Music CD and the Putamayo *French Café* CD suggest how to integrate music in the classroom in order to expand discussion on the chapter themes or to reinforce precise vocabulary or grammar points.

Grammaire

Each film is paired with one or two grammatical points that are presented in a self-study section at the end of the book. To facilitate independent study, the explanations are in English and are followed by self-correcting **Application immédiate** exercises. The examples in the explanations use simple, general vocabulary so that they can be referred to at any point in the course. The **Application immédiate** exercises are based on the film of the chapter in order to reinforce vocabulary acquisition and to prepare students for discussing the film. Through the **Avant le prochain cours** sections of the program, students are carefully guided to review the grammar explanations on their own, to complete the self-correcting exercises, and to do the more communicative exercises related to the corresponding grammar point in the *Cahier* before coming to class. The distribution of grammar homework depends on the length and difficulty level of each grammar point. In most chapters, students focus on grammar after the **Les mots pour le dire** and **Discussion** sections of the textbook, and the **Pour aller plus loin** section includes activities that bring the different points together. In some chapters, grammar is introduced in the *Cahier* after the **Entrée en matière** section and/or in class in **Les mots pour le dire.** When that is the case, class work usually includes grammar for passive recognition only, unless it includes a point that students should remember from their elementary courses.

Liste de vocabulaire

The list is organized according to grammatical categories, and its length varies slightly with each film. In addition to the main list, each chapter also includes a list of familiar terms found in the film and a list of supplementary vocabulary useful for discussing details of the plot. Students are expected to take an active role in learning vocabulary, and their first task in each *Cahier* chapter is to organize the list thematically in a section called **Votre dictionnaire personnel.** The vocabulary is also included in a French-English glossary at the end of the book.

Cahier

The *Séquences* workbook provides the clarification, reinforcement, and practice essential to long-term acquisition and proficiency within the same motivating content-based format established by the textbook. Students will benefit from a variety of exercises targeting

- the acquisition of vocabulary
- contextualized grammar practice
- corrective pronunciation
- listening comprehension
- reading strategies
- cultural competence
- process writing

These exercises are suited for a wide range of learners and learning styles.

The five separate sections focus on different areas of communicative competence with a progression of exercises that lead students from simpler to more complex language use. Several sections include cross-references to the formal grammar explanations and **Application immédiate** self-correcting exercises found in the textbook and offer contextualized grammar exercises that prepare students for communicative work.

Les mots pour le dire provides vocabulary practice necessary for long-term retention. The contextualized exercises in this section will prepare students for subsequent classroom discussion of the film.

Préparation à la discussion encourages students to look at structure as a means of communicating their ideas. The targeted language is frequently modeled in various settings and contexts through exercises that help students recall the plot and complicated scenes of the film.

Pour aller plus loin deepens the emphasis on grammatical competence by inviting students to work with more difficult structures and challenging applications of grammatical form. Students continue to describe and analyze the film, and they also begin to express opinions on the film and related themes.

Préparation à la lecture introduces students to the cultural and linguistic content of the textbook readings via Internet activities and guided language work. Web links for the Internet activities are provided on the book companion website at http://www.thomsonedu.com/french/sequences. Instructors are encouraged to review these pre-reading activities before students do the reading in class.

Préparation à l'écriture presents writing prompts as a natural extension of the work that's been done throughout the chapter. The structure of the assignment reduces student anxiety; by emphasizing the relationship between language and ideas, the framework in each chapter leads students from one end of the writing process—generating ideas, gathering related vocabulary and structures, imagining an effective organization—to the completion of a final draft.

Audio CD program

The *Cahier* is accompanied by an audio program that addresses several areas of students' needs.

- **Prononcez bien** will promote good pronunciation through brief but pertinent phonetic exercises that are integrally related to the grammar and vocabulary of the chapter.

- **Dictée** will be used to establish the connection between sound and form and as follow-up to the vocabulary work of the **Les mots pour le dire** sections.

Teachers will appreciate the fact that the *Cahier* minimizes teacher correction time while maximizing student practice and preparation. The *Cahier*

- requires minimal corrections. Approximately two thirds of the exercises are self-correcting and provide the necessary feedback for students to continue and progress. Since each section is meant as preparation for the next class period, the open-ended activities of the *Cahier* can easily be integrated to the lesson plan and corrected in class.

- fosters active participation. Since the *Cahier* retains themes and contexts of the chapter in ways that are creative and thought provoking, it will improve both the quantity and quality of student participation in class. Each *Cahier* section essentially faces in two directions giving students practice with the structures and themes presented in the previous class while providing preparation and enthusiasm for the lesson to follow.

- addresses multiple competencies. All teaching areas—speaking, listening, reading, and writing—are supported by the varied workbook exercises.

Integration of the textbook and workbook

The materials in the textbook are thoroughly integrated with those in the workbook. Except for the first section of the textbook (**Entrée en matière**), students will prepare for each section through activities in the *Cahier* before coming to class. The chart below suggests how to integrate the material and indicates when film viewing and work with the audio CD occur.

	Textbook	Cahier (workbook/ homework)
Day 1	Entrée en matière	Les mots pour le dire
	Visionnement d'une séquence	Visionnement du film
		🔊 Dictée
Day 2	Les mots pour le dire	Préparation à la discussion
	🔊 Culture-based À l'écoute!	🔊 Prononcez bien
Day 3	Discussion	Pour aller plus loin
	🔊 Plot-based À l'écoute!	
Day 4	Pour aller plus loin	Préparation à la lecture
	À l'écrit	🌐 Internet: Les renseignements culturels
Day 5	Lecture	Préparation à l'écriture
Day 6	Interactions	Préparation à l'écriture (suite)

SÉQUENCES, THE FOUR SKILLS AND CULTURE

Each of the nine chapters of Séquences includes a wide range of activities designed to improve listening comprehension, speaking, reading, and writing skills, as well as cultural competence.

Listening

The improvement of listening skills is a major goal of Séquences and one of the unmatched benefits of a film-centered approach. Students at this stage will not understand the film dialogue on their own and need the help of subtitles, but they will improve their ability to recognize simple authentic conversations and realize the importance of context, gestures, and tone of voice in communication. After working on the activities of the textbook, they will be able to comprehend longer stretches of discourse. To orient students to the thematic, linguistic, and stylistic specificities of each film, instructors are encouraged to work on the opening sequence in class (**Visionnement d'une séquence**). The sequence ranges from four to nine minutes depending on the film, and teacher annotations suggest shortcuts and approaches for the longer scenes.

The first viewing is without sound or subtitles in order to prepare the students for what they are going to hear. It is followed by questions that guide the students' viewing while checking their comprehension (**Compréhension**) and ask them to make hypotheses about the action and the dialogues (**Réactions**). The second viewing (**Deuxième visionnement de la séquence**) is with sound and without subtitles. Questions check the students' comprehension of the dialogues, draw attention to the director's style, and ask students to make hypotheses about the rest of the film or to discuss connections between the scene and the review. **Préparation au visionnement du film** guides the students' independent viewing of the film. Together with the **Viewing Tips,** this section asks students to pay attention to specific aspects of the plot or style, warns them about difficult or potentially offensive portions of the film, and asks them to reflect on themes that will be discussed later in the chapter.

The **À l'écoute!** sections are the other major components of the audio program. By the time students reach them, they have practiced the vocabulary of the chapter in the textbook and *Cahier* and done a **Dictée** targeting specific words. **À l'écoute!** trains students to listen to longer units of connected discourse. The first part, in **Les mots pour le dire**, is a culture-based, multiple-choice listening comprehension exercise on a theme related to the film (e.g., differences between French and American higher education in Chapter 1). The second part is plot based and brings together the vocabulary and themes of the **Discussion** section.

Speaking

Students practice their speaking skills in every section of *Séquences*. The progression is from simple, guided answers on familiar topics to the production of longer stretches of discourse in which students describe, analyze, and express opinions about the film, the reading, and related situations. The improvement of oral production is made possible by the integration of all the text materials; this allows students to see and hear the vocabulary and grammar of the chapter in different contexts before needing to produce the words and structures themselves. They also practice correct pronunciation of the chapter grammar in the **Prononcez bien** exercises of the *Cahier*. The **Entrée en matière, Les mots pour le dire**, and **Lecture** sections promote speech through paired work and whole-class activities. Students expand their skills in **Discussion** by describing the plot and specific scenes and by analyzing the themes of the film. In **Pour aller plus loin,** they express their opinions on key issues raised by the movie. They also discuss direct quotes from the film. Finally, students improve their ability to use language spontaneously and creatively by applying it to slightly different contexts in the **Interactions** sections, which offer suggestions for skits, presentations, and debates related to the themes of the film and/or the reading.

Reading

Séquences introduces students to a great variety of authentic readings, including excerpts of novels and plays, newspaper and journal articles, and interviews. These texts are a step up from the short readings and realia of elementary textbooks, and systematic pre- and post-reading activities help students understand the main ideas as well as details.

The students' first exposure to each film in **Entrée en matière** is through a review. This experience of learning about a film before seeing it approximates the experience of going to the movies in a French-speaking country. The reviews in **Lecture d'un compte-rendu sur le film** are from major newspapers or magazines such as *Le Monde, Le Nouvel Observateur, La Croix,* and *L'Humanité,* and students are guided through these often difficult texts. The **Préparation** questions draw attention to difficult words or passages and suggest techniques for understanding them. Glosses assist the students as they read the text in class. Post-reading activities include **Compréhension** questions and **Questions de langue** (follow-up work on chapter structures studied up to that point). Finally, a **Réactions** section asks students to make hypotheses about the film, analyze the tone of the review, and make connections between the review and the film poster(s).

The same approach is used in the main reading section, **Lecture**. In **Lecture**, readings from a variety of genres support and expand the themes developed in the chapter's film. The excerpt from *L'Étudiant étranger* in Chapter 1, for example, relates to the experience of Erasmus students in *L'Auberge espagnole* and to the college life of our students. To maximize time spent in class on the text and post-reading activities, students complete the pre-reading section **Préparation à la lecture** in the *Cahier* as homework. Preparation includes Internet activities on the cultural background of the reading (**Les renseignements culturels**), work on related words (**Les mots apparentés**), exercises matching difficult constructions to paraphrased equivalents (**En d'autres mots**), and activities that put students in the mindset of the text (**Imaginez des situations** or **Donnez votre opinion**). Instructors are encouraged to check homework orally and review pre-reading work if necessary. The presentation of the reading in the textbook varies according to its length and level of difficulty. Some of the readings are divided in two or more sections that correspond to natural breaks in the text. The goal is to present the reading in manageable segments so that students won't feel overwhelmed.

Writing

Writing is interspersed in the various activities of the textbook, and the development of writing skills is specifically addressed in the *Cahier*. In the textbook **Les mots pour le dire**, for example, students add three items to the **Définitions** section and write sentences in some of the **Structures** sections. In both cases, they closely model the examples provided. The **Pour aller plus loin** section of the textbook includes an À l'écrit activity which allows students to produce longer, more open-ended sentences and short paragraphs in which they integrate the chapter grammar point(s) and expand upon more structured work with the chapter themes.

Students also write connected sentences or short paragraphs in the open-ended exercises of the *Cahier*. All these activities prepare them for the guided composition at the end of the chapter. The composition topics in **Préparation à l'écriture** are varied and related to the work of the chapter. They include writing the portrait of a movie character or an autobiographical story, expressing opinions on a social issue, and imagining an interview or a scene for a play. To ensure a carefully crafted final product, students are given precise prompts for the five stages of the writing process (**Choisissez un sujet; Réfléchissez au contenu; Réfléchissez à la langue; Organisez votre rédaction; Perfectionnez votre travail**). Instructors may want to check students' work at different stages and allow some class time for peer editing.

Cultural competence

Culture is at the core of *Séquences*. The integration of culture with the four skills and with vocabulary and grammar acquisition is what distinguishes it most from other intermediate textbooks. *Séquences* is structured around films that are mined for their cultural content, and that content serves as the unifying thread for the chapter activities. That strong focus enables students to retain vocabulary and grammar, because they practice new material in a variety of contexts throughout each chapter. Chapter

6, for example, features Coline Serreau's *Chaos,* a film in which a bourgeois woman radically changes her life when she comes to the rescue of a young Algerian-born woman who fell into prostitution to avoid an arranged marriage. The introductory section, **Le contexte du film,** includes explanations about immigration so that students will understand the young woman's background. Students encounter pertinent statistics in **Quelques chiffres** and in the cultural **À l'écoute!,** which offers a presentation of **les Beurs** and their place in French society. **Lecture** foregrounds a secondary theme from *Chaos*—arranged marriages—with a true story from *Le Monde.* Through the parallel between the film and the true story, students understand that arranged marriages are an important issue for immigrant populations in France. They discuss the theme again, with a different slant, in one of the **Interactions** sections. Other themes (education, **le baccalauréat,** and violence against women) are evoked in the chapter and in the *Cahier* because they appear in the film and/or the reading. Finally, **Arrêt sur images,** the photo gallery, draws cultural connections across chapters and enables students to discuss parallels between *Chaos* and other films that represent family structures, men and women, immigration, and stereotypes.

The same approach to culture is found in all chapters. As a result, the cultural content of *Séquences* is very rich. Themes students will encounter in this course include the history of colonization in Martinique, Indochina, and Algeria, polygamy in Africa, immigration in Belgium, the relationship between Wolof and French in Senegal, and soccer and the World Cup. The teacher annotations and **Les renseignements culturels** in the *Cahier* also include cultural information and culture-based activities.

Séquences encourages students to analyze cultural differences and to make cross-cultural comparisons whenever possible. In the area of film, for example, students compare the original film posters to the American versions and draw conclusions about the differences between French/Francophone and American film.

ANCILLARY COMPONENTS OF THE PROGRAM

Audio CD program

The Audio CD program contains the audio input for in-text and workbook listening activities which include cultural and plot based passages, dictations, pronunciation, and other listening comprehension segments.

Instructor's Resource Manual on CD-ROM

This rich resource offers:

- **Film checks** that may serve as ready-made quizzes to test whether students have viewed and understood the basic plot of the films.

- suggested answers for the **Réactions** questions of the **Discussion** section.

- supplementary grammar activities and teaching suggestions, including games and pair and group activities

- additional readings

- comprehensive music handbook including activities, lyrics, Internet resources, and suggestions for use in class. Many activities correspond to songs referenced in the textbook.

- testing program including reading, writing, listening, culture, vocabulary, and grammar. Audio material is provided to support the listening activities. Instructors may select and modify questions to customize for their testing needs.

- sample syllabi for various course formats

Website

In addition to the text, the *Séquences* website (www.thomsonedu.com/french/sequences) provides supplementary cultural and language activities related to the grammar, vocabulary, film content, and chapter themes, as well as opportunities for students to explore related films through links to sites worldwide. The *Séquences* web activities are carefully correlated with the text and workbook to engage students in challenging, interactive exercises developing reading and writing skills and expanding on cultural knowledge. It is also an important resource for the instructor. On this complete website, students can:

- consult reference material designed specifically for *Séquences*

- read and review authentic cultural sites, such as film critiques, film festivals, and literary sites

- discover new vocabulary flash cards containing words and phrases

Music CDs

The Putumayo *French Café* CD and Heinle Music CD offer a wide variety of classic and modern French and francophone music selections. The albums feature some of the greatest names in the history of French music, as well as new artists who are inspired by classic chanson, gypsy jazz, and musette. Instructor annotations provide suggestions for integrating music and expansion based on the songs. Teacher annotations make references to specific songs found on these music CDs and activities and teaching suggestions are found on the Instructor's Resource CD-ROM.

Système-D 4.0 Writing Assistant

A Système-D icon appears next to each Préparation à l'écriture section of the ***Cahier***, reminding students and instructors of this effective language learning tool. This powerful and proven program combines the features of a word processor with a database of language reference material, a searchable dictionary featuring the entire contents of Merriam-Webster's *French-English Dictionary*, a verb conjugating reference, and audio recordings of vocabulary, example sentences, and authentic samples of the language. With *Système-D* 4.0, beginning to intermediate students develop critical-thinking skills as they learn to read, analyze, make word associations, and understand the link between language functions and linguistic structures.

SÉQUENCES AND THE *STANDARDS FOR FOREIGN LANGUAGE LEARNING*

Séquences addresses the four skills with a content-based approach that reflects the direction of foreign language education set by the *Standards for Foreign Language Learning in the 21st Century* (1999). The goals of the program match the five goals identified in the "Standards for the Learning of French" (pp. 197–240), and all of the activities of Séquences can be found among the sample progress indicators for post-secondary education for those goals.

- *Séquences* fosters the three modes of **Communication** recommended in the *Standards.* "Interpersonal communication" is practiced through paired work and whole-class discussion, skits, and debates. The activities based on the films, readings, and listening comprehension passages promote "interpretive communication" (understanding what one hears or reads). "Presentational communication" occurs in the exposés and compositions.

- **Cultures** are at the heart of *Séquences.* Students "gain knowledge and understanding of the cultures of the Francophone world" by analyzing a great variety of films and authentic readings from several Francophone cultures (see comments on "cultural competence" above).

- In *Séquences,* students use French to make **Connections.** They "connect with other disciplines" such as geography, history, literature, politics, film studies, and women's studies thanks to the rich cultural content. They learn to "expand knowledge" with French through exposure to a large number of French newspapers, periodicals, literary readings, and Internet sites.

- **Comparisons** ("develop[ing] insight through French into the nature of language and culture") are an important goal of the program. Students become aware of linguistic diversity in different ways: The grammar explanations and **Questions de langue** include numerous comparisons between English and French; students practice different levels of formality in exercises on **Le français familier;** they also learn about differences between French as spoken in France and in other parts of the world and about the interaction between French and other languages in Africa and the Caribbean. They develop a better understanding of culture by learning about Francophone cultures and comparing them to their own worldview and way of life.

- It is the author's hope that *Séquences* will encourage students to get involved in French-speaking **Communities** "at home and around the world" and to continue to use French "for personal enjoyment and enrichment." The exposé topics encourage interaction with French speakers on campus and in the community. Many of the students who have learned French with manuscript versions of *Séquences* have continued viewing films on their own. The most enthusiastic ones have organized film showings for the French club on campus and attended films and film festivals off campus. Familiarity with popular and classic films increases the students' ability to connect with French speakers in their communities. Finally, films (and especially *L'Auberge espagnole*) can trigger or increase the students' desire to study abroad.

COURSE AND SYLLABUS DEVELOPMENT

Séquences offers a flexible format that allows instructors to tailor their course in a variety of ways—by varying film selections each semester, by teaching a very dense or less rigorous course, or by offering supplementary activities, music, and Internet research as additional sources of enrichment. The text can be tailored for a wide range of course formats with a strong focus on conversation, grammar, culture, and composition.

Teaching with film presents some logistical issues that instructors will need to address in advance. Eight of the nine films that were selected can be purchased at a reasonable price from a U.S. or Canadian distributor, including Amazon.com and Facets Multimedia (www.Facets.org); they can also be rented from local video stores and Netflix (www.netflix.com) for individual viewing. The ninth film, *Tableau Ferraille*, is available for rental and purchase from California Newsreel (www.newsreel.org). It was included in one of the book's two review chapters because it is harder to find and more expensive to purchase. The ideal number of copies for each film will depend on how students are expected to see the film. To facilitate out-of-class preparation, instructors are encouraged to place copies of the film on reserve for individual viewing and to schedule non-mandatory group screenings. Students usually enjoy group screenings and these lead to discussion of the film long before class. A time slot for the screening can be added to the course schedule. It is also possible to offer the screenings as a one-credit elective and supplement with other films if needed. Instructors could incorporate in-class viewing time into the course schedule. Instructors with well-equipped classrooms may want to include in-class viewing of additional scenes for variety. Those lacking classroom technology can eliminate in-class viewing altogether and assign the introductory sequence activities as homework.

Film selection was influenced by the following criteria, in addition to availability:

- The films are from different genres, are by male and female directors, and represent diverse French-speaking cultures.

- The films were well received in their countries and in the U.S., as well as by the students who used them in class at various stages of the manuscript.

- The films promote vocabulary acquisition and encourage discussion on a wide range of topics (university life, the work place, leisure activities, immigration, politics, sports, etc.).

- The films are nearly free of highly controversial materials. Annotations and viewing tips alert students and instructors to scenes or material that may be objectionable to some, and the textbook and *Cahier* deal with that material in a sensitive manner. For example, homosexuality is one of the themes of *Le Placard*, but the activities focus on the more general theme of fitting in and accepting differences of all kinds.

Sample syllabus

Séquences is designed for students in advanced intermediate classes at the college level, but it can also be used in regular intermediate classes or beginning third-year classes. The division of each textbook chapter into six modules and the inclusion of two review chapters gives instructors flexibility to adapt the textbook to the schedules of their institutions.

45 class periods	60 class periods
Class that meets	Class that meets
3 times a week in a 15-week semester or	4 times a week in a 15-week semester
5 times a week in a 10-week quarter	or 3 times a week over two 10-week
	quarters (4 films per quarter; some
7 films; 5 class periods each	adjustments needed)
	8 films; 6 class periods each

Intro to class / Chapitre préliminaire	Intro to class / Chapitre préliminaire
Chapitre préliminaire	Chapitre préliminaire
L'Auberge espagnole: Entrée en matière	*L'Auberge espagnole*: Entrée en matière
L'Auberge espagnole: Vocabulaire	*L'Auberge espagnole*: Vocabulaire
L'Auberge espagnole: Discussion	*L'Auberge espagnole*: Discussion
L'Auberge espagnole: Pour aller plus loin	*L'Auberge espagnole*: Pour aller plus loin
L'Auberge espagnole: Lecture **or** Interactions	*L'Auberge espagnole*: Lecture
Quiz / Composition due	*L'Auberge espagnole*: Interactions
Rue Cases Nègres	Quiz / Composition due
Rue Cases Nègres	*Rue Cases Nègres*
Rue Cases Nègres	*Rue Cases Nègres*
Rue Cases Nègres	*Rue Cases Nègres*
Rue Cases Nègres	*Rue Cases Nègres*
Quiz / Composition due	*Rue Cases Nègres*
Le Goût des autres	*Rue Cases Nègres*
Le Goût des autres	Quiz / Composition due
Le Goût des autres	*Le Goût des autres*
Le Goût des autres	*Le Goût des autres*
Le Goût des autres	*Le Goût des autres*
Quiz / Composition due	*Le Goût des autres*
Le Placard	*Le Goût des autres*
Le Placard	*Le Goût des autres*
Le Placard	Quiz / Composition due
Le Placard	*Le Placard*
Le Placard	*Le Placard*
Quiz / Composition due	*Le Placard*
Indochine	*Le Placard*
Indochine	*Le Placard*
Indochine	*Le Placard*
Indochine	Quiz / Composition due
Indochine	*Indochine*
Quiz / Composition due	*Indochine*
Chaos	*Indochine*
Chaos	*Indochine*
Chaos	*Indochine*
Chaos	*Indochine*
Chaos	Quiz / Composition due
Quiz / Composition due	*Chaos*
La Promesse	*Chaos*
La Promesse	*Chaos*
La Promesse	*Chaos*

La Promesse	*Chaos*
La Promesse	*Chaos*
Quiz **or** review / Composition due	Quiz / Composition due
Review	*La Promesse*
[Final exam]	*La Promesse*
	La Promesse
	La Promesse
	La Promesse
	La Promesse
	Quiz / Composition due
	Le Dîner de cons / Tableau Ferraille
	Le Dîner de cons / Tableau Ferraille
	Le Dîner de cons / Tableau Ferraille
	Le Dîner de cons / Tableau Ferraille
	Le Dîner de cons / Tableau Ferraille
	Le Dîner de cons / Tableau Ferraille
	Quiz **or** review / Composition due
	Review
	Review
	[Final exam]

*Additional sample syllabi are included in the Instructor's Resource Manual on CD-ROM.

The flexible arrangement of the text also allows instructors to make changes to match their particular tastes or needs.

- Each chapter can stand alone and is of about the same difficulty level, so they can be taught in any order. *L'Auberge espagnole* is recommended as Chapter 1 because the themes and activities match beginning-of-the-semester situations where students get to know one another.

- Instructors who want to include more films and focus on communication can eliminate the reading module, since students engage in reading in the reviews of **Entrée en matière.** The readings are sometimes addressed in **Interactions,** so instructors might need to skip/choose accordingly.

- Instructors who want to teach fewer films with all six modules can delete a film and assign the formal grammar attached to it separately (or not at all if their students do not need it).

- Instructors whose students need less grammar can combine the **Discussion** and **Pour aller plus loin** sections and include more films or more modules for each film.

- Instructors who want to spend time on formal grammar explanations in class can delete one or more modules, for example **Lecture** and **Interactions,** since **Entrée en matière** includes reading and **Discussion** focuses on speaking skills. Alternatively, teaching fewer films or teaching the program as a year-long course is an option.

- *Le Dîner de cons* and *Tableau Ferraille* include review of several grammar points in the textbook and **Cahier,** but there are no formal explanations at the end of those chapters. As a result, Chapters 8 and 9 could be substituted for other chapters with a similar grammar focus. Students would need to study the formal grammar of the chapter that is being replaced.

- If the course includes more than 60 class periods, instructors can include the nine films and/or add one session per film. The **Entrée en matière** section is particularly rich and could be taught over one and a half periods, with more time spent on viewing and discussing the first sequence of the film. The films can also be shown as part of class time by reducing the number of films included in each course session.

Suggestions for further reading

Teaching language and culture with film

The following books and articles on teaching language and culture with film have guided the development of *Séquences* and will provide instructors with additional ideas.

AATF Commission on Cultural Competence. *Acquiring Cross-Cultural Competence: Four Stages for Students of French.* Lincolnwood, Illinois: National Textbook Co., 1996.

Altman, Rick. *The Video Connection: Integrating Video Into Language Teaching.* Boston: Houghton Mifflin, 1989.

Arey, Marie-Jo. "French Films: Pre-Texts for Teaching Syntax." *Foreign Language Annals* 26.2 (1993): 252–64.

Carr, Thomas, Jr. "Exploring the Cultural Content of French Feature Films." *The French Review* 53.3 (Feb. 1980): 359–68.

Decock, Jean. "L'Utilisation du film commercial dans l'enseignement des langues." *The French Review* 43.3 (Feb. 1970): 467–73.

Garrity, Henry A. *Film in the French Classroom.* Cambridge, Mass.: Polyglot Productions, 1987.

Hennessey, Janis M. "Using Foreign Films to Develop Proficiency and to Motivate the Foreign Language Student." *Foreign Language Annals* 28.1 (1995): 116–20.

Herron, Carol, Cathleen Corrie, Steven P. Cole, and Pablo Henderson. "Do Prequestioning Techniques Facilitate Comprehension of French Video?" *The French Review* 72.6 (May 1999): 1076–90.

Heusinkveld, Paula R., ed. *Pathways to Culture.* Yarmouth, Maine: Intercultural Press, 1997.

Lonergan, Jack. *Video in Language Teaching.* New York: Cambridge University, 1984.

Manning, Jeanne. "Using TV/Video as Primary Text in a Foreign Language Classroom at the University of Colorado, Denver." *Foreign Language Annals* 21 (1988): 455–461.

Markey, William M. "The Use of Film in French Language and Literature Courses." *French Review* 49.5 (April 1976): 730–35.

McCoy, Ingeborg Rueberg. "Overcoming the Teacher/Technology Gap: Authentic Video Texts in Foreign Language Instruction." *IALL Journal of Language Learning Technologies* 23.1 (Winter 1990): 25–36.

Michalczyk, John J. "The Teaching of French Civilization Through Film on the University Level." *The French Review* 50.2 (December 1976): 227–35.

National Standards in Foreign Language Education Project. *Standards for Foreign Language Learning in the 21st century*, 1999.

Scanlan, Timothy. "Teaching French Language and Culture with French Feature Films on Video Cassettes." *Journal of Educational Techniques and Technologies* 21.1 (Spring 1988): 55–63.

Secules, T., C. Herron, and M. Tomasello. "The Effect of Video Context on Foreign Language Learning." *Modern Language Journal* 76 (1992): 480–90.

Seelye, H. Ned. *Teaching Culture: Strategies for Intercultural Communication*. Lincolnwood, Illinois: National Textbook Co., 1985.

Steele, Ross and Andrew Suozzo. *Teaching French Culture: Theory and Practice*. Lincolnwood, Illinois: National Textbook Co., 1994.

Swaffar, Janet and Andrea Vlatten. "A Sequential Model for Video Viewing in the Foreign Language Curriculum." *Modern Language Journal* 81 (1997): 175–84.

Reading suggestions on specific films

Chaos

West, Joan. "Looking at Families and Beyond: Three Films by Coline Serreau." *French/Francophone Culture and Literature through Film*. Eds. Catherine R. Monfort and Michèle Bissière. *Women in French Studies* (January 2006): 39–60.

Indochine

Bacholle, Michèle. "*Camille et Mùi ou du Vietnam dans Indochine et L'Odeur de la papaye verte*." *The French Review* 74.5 (April 2001): 946–57.

Heung, Marian. "The Family Romance of Orientalism: From *Madame Butterfly* to *Indochine*." *Visions of the East: Orientalism in Film*. Ed. Matthew Bernstein and Gaylyn Studlar. Rutgers UP, 1997: 158–183.

Nicholls, David. "*Indochine*." *History Today* 46.9 (September 1996): 33–38.

Jeancolas, Jean-Pierre. "*Indochine*." *Positif* 375-76 (1992): 89–91.

Norindr, Panivong. "Filmic Memorial and Colonial Blues: Indochina in Contemporary French Cinema." *Cinema, Colonialism, Postcolonialism: Perspectives from the French and Francophone World*. Ed. Dina Sherzer. Austin: U of Texas P, 1996: 120–146.

La Promesse

Bickerton, Emilie. "Reinventing Realism: The Art and Politics of the Dardenne Brothers." *Cineaste* 31.2 (Spring 2006): 14–18.

Sklar, Robert. "The Terrible Lightness of Social Marginality: An Interview with Jean-Pierre and Luc Dardenne." *Cineaste* 31.2 (Spring 2006): 19–21.

Rue Cases Nègres

César, Sylvie. *Rue Cases-Nègres: du roman au film*. Paris: Harmattan, 1994.

Ebrahim, Haseenah. "Sugar Cane Alley: Re-reading race, class and identity in Zobel's *La rue Cases-Nègres*." *Literature/Film Quarterly* 30.2 (2002): 146–155.

Gaudry-Hudson, Christine. 'Raising Cane': A Feminist Rewriting of Joseph Zobel's Novel *Sugar Cane Alley* by Film Director Euzhan Palcy. *CLA Journal* 46.4 (June 2003): 478–93.

Hall Haley, Marjorie and Deith Q. Warner. "Joseph Zobel and Technology: From Novel to Film to Classroom." *CLA Journal* 40.3 (1997): 380–91.

Herndon, Gérise. "Auto-ethnographic Impulse in *Rue Cases-Nègres*." *Literature/Film Quarterly* 24.3 (1996): 261–266.

Ménil, Alain. "Rue Cases-Nègres ou les Antilles de l'Intérieur." *Présence africaine* 129 (1984): 96–110.

Pauly, Rebecca M. "*Rue Cases-Nègres (Sugar Cane Alley)*." *The Transparent Illusion: Image and Ideology in French Text and Film*. New York: Peter lang. 1993: 245–256.

Tableau Ferraille

Aas-Rouxparis, Nicole. "Tableaux africains: *Xala* et *Tableau Ferraille*." *The French Review* 74.4 (March 2001): 742–56.

Chirol, Marie-Magdeleine. "*Tableau Ferraille* ou le mirage de la modernité." *Cinémas africains, une oasis dans le désert?* Ed. Samuel Lelièvre. Condé-sur-Noireau, France: Corlet; 2003: 101–105.

Orlando, Valérie. "African Feminine Transformative Consciousness in Francophone Cinema: Moussa Sene Absa's *Tableau Ferraille* (1996)." *African Identities* 2.2 (2004): 189–202.

TO THE STUDENT

Welcome to the first edition of *Séquences*! A *séquence*, or sequence in English, is a succession of related shots or scenes developing a single subject or portion of a film story. *Séquences* was chosen as the title of this textbook because it is organized around the study of nine subtitled French and francophone films and you will analyze the opening sequence of each movie as an introduction to each film. With *Séquences*, you will continue to learn to understand, speak, read, and write French, but you will do so while discussing interesting topics raised by the films.

The benefits of learning language with film are many. Thanks to the films, you will experience language and culture from within and develop a deeper understanding of other people's worldviews and ways of life. You will hear French as it is really spoken in different parts of the French-speaking world. You will remember some vocabulary as you memorize your favorite lines from each movie. Film will even help you understand grammar better: deciding when to use the **passé composé** and the **imparfait**, for example, is much easier when you need to describe a visual scene that is fresh in your memory. Movies also create a congenial class atmosphere and provide a common background that your instructor will use to make connections across chapters or to reinforce language skills. Finally, studying French with several films will increase your curiosity about the francophone world and encourage you to discover more by watching other films—by attending film screenings on and off campus, or even visiting some of the places featured in the movies.

The addition of such a strong cultural component to the intermediate program requires some openness on your part, and your cooperation is essential to ensure your progress and the success of the class:

- You will need to watch each film at least once, either on your own, in class, or at a group screening organized by your instructor. The main films in this program are widely available and can be rented from local video stores and Netflix (www.netflix.com). Since many activities in *Séquences* are based on the film, it is very important that you view the film before the second section of each chapter, **Les mots pour le dire**. Make sure you take notes to remember the main elements of the plot and your reactions to certain scenes.

- You will also be expected to study formal grammar explanations on your own. The grammar program at the intermediate level is an in-depth presentation of new material and a review of the points you studied in your elementary courses. To facilitate your independent review of the material, the grammar explanations that appear at the end of each chapter are in English, and they are followed by self-correcting **Application immédiate** exercises. After reviewing the rules and testing yourself to ensure that you have understood them, you will be directed to the *Cahier* to practice grammar in contextualized exercises related to the film. Many of the *Cahier* activities are self-correcting, and your instructor will review the open-ended ones in class. Make sure to write down questions as you complete your assignments so you can play an active role in class.

- Finally, you will review concepts introduced in the film and the textbook and prepare for class by doing homework in the *Cahier*. In **Les mots pour le dire**, you will practice the vocabulary for the chapter. **Préparation à la discussion** will help you recall the film and describe the plot using the new vocabulary and grammar. In **Pour aller plus loin**, you will prepare for analyzing and discussing themes in more depth and expressing your opinions. **Préparation à la lecture** includes language- and culture-based activities to orient you to the authentic reading you will do in class. In **Préparation à l'écriture**, you will synthesize everything you've learned and follow step-by-step prompts to complete a solid piece of writing on varied and stimulating topics related to the themes of the film and/or readings. You needn't worry about how the parts fit together now, however, because the book is organized with clear annotations and homework directions throughout to help you navigate the different components of the course.

- Preparing for class, completing your assignments listed in the **Avant le prochain cours** sections, and being open to new films will enable you to spend class time on activities that are essential to learning a language. The preparation work will give you the tools and the confidence you need to discuss interesting issues and to express yourself creatively. Be prepared for a course that is stimulating and fun at the same time. **Bonne projection!**

ACKNOWLEDGMENTS

I wish to thank the following reviewers for their thoughtful comments and suggestions:

Ali Alalou	*University of Delaware*
Sarah Barbour	*Wake Forest University*
Lynne Barnes	*Colorado State University*
Anne-Sophie Blank	*University of Missouri – St. Louis*
Sylvie Blum-Reid	*University of Florida*
Joan Debrah	*University of Hawaii*
Nathalie Degroult	*College of Saint Rose*
Laura Dennis-Bay	*Cumberland College*
Margaret Dempster	*Northwestern University*
Mary Ellen Eckhart	*East Los Angeles College*
Tama Engelking	*Cleveland State University*
Betty Facer	*Old Dominion University*
Margaret Flinn	*University of Illinois at Urbana-Champaign*
Sarah Gendron	*Marquette University*
Elizabeth Guthrie	*University of California, Irvine*
Cecile Hanania	*Western Washington University*
Ruth Hottell	*University of Toledo*
Amy Hubbell	*Kansas State University*
Stacey Katz	*University of Utah*
Molly Robinson Kelly	*Lewis and Clark College*
Katherine Kurk	*Northern Kentucky University*
Michael Lastinger	*West Virginia University*
Scott Lerner	*Franklin & Marshall*
Marc Lony	*Loyola Marymount University*
Catherine Monfort	*Santa Clara University*
Kathryn Murphy-Judy	*Virginia Commonwealth University*
Rebecca Pauly	*West Chester University*
Scooter Pegram	*Indiana University Northwest*
Jeff Persels	*University of South Carolina*
Anna Rocca	*Pace University*
Isabel Roche	*Bennington College*
Michelle Scatton-Tessier	*University of North Carolina at Wilmington*
Timothy Scheie	*University of Rochester*
Sandrine Teixidor	*Randolph-Macon College*
Catherine Theobald	*College of Staten Island*
Brian Thompson	*University of Massachusetts – Boston*

San San Hnin Tun	*Cornell University*
Joan West	*University of Idaho*
Catherine Wiebe	*University of Oregon*
Lawrence Williams	*University of North Texas*
Wynne Wong	*Ohio State University*
Wendy Carson Yoder	*University of Louisville*

At UNC Charlotte, I thank the College of Arts and Sciences for a Reassignment of Duties that allowed me to work on the manuscript, my department for giving me the opportunity to teach film-based courses at different levels, and Dr. Heather McCullough for her technical assistance. I am particularly grateful to the students who have tested the materials in various forms in my French Conversation and Grammar class over the years. Thanks especially to Jamin Coulson, Bonnie Rindner and Natascha Kruger, who also worked on the films independently and provided much appreciated feedback.

I also wish to express my deep gratitude to Kelle S. Truby of University of California-Riverside, who co-authored the *Cahier;* to Lara Semones, Acquisitions Editor at Heinle, who provided direction and encouragement and kept me on track; and to Lynne Lipkind, Development Editor, for her sharp eyes, clarity and thoroughness. Kelle, Lara and Lynne made invaluable suggestions that helped refine the overall design of the program, and it was a true pleasure working with them. I also wish to thank Karen Stocz, Tiffany Kayes, Morgen Murphy, and other members of the production team. Heinle would like to thank the following people for their valuable contributions to the ancillary program: Dr. Rebecca Bias at The Ohio State University and Amy Hubbell at Kansas State University. We would also like to recognize Dianne Harwood and Annick Penant for their editorial contributions.

Finally, a heartfelt thank you to Hugh Hunsucker and Dale Grote for their support and encouragement, and to my daughters Carin, Audrey, and Lea for their patience and understanding.

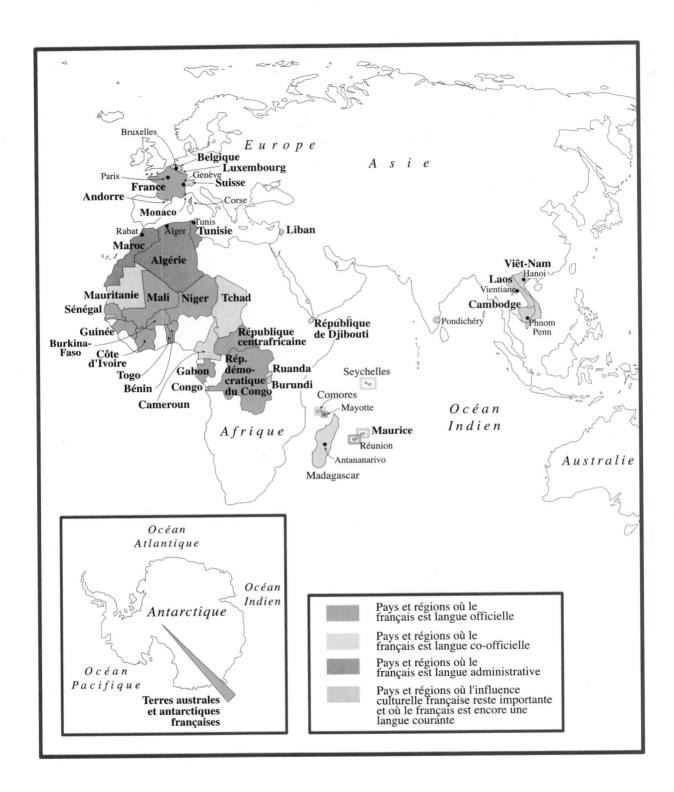

Bruxelles

E u r o p e

A s i e

Belgique
Luxembourg

Paris
Genève
Suisse

France

Andorre

Monaco

Tunis

Rabat
Alger
Tunisie

Liban

Maroc

Algérie

Viêt-Nam

Hanoi

Laos

Vientiane

Mauritanie
Mali
Niger
Tchad

Sénégal

Cambodge

Guinée

Pondichéry

Phnom
Penn

**Burkina-
Faso**

**Côte
d'Ivoire**

**République
centrafricaine**

Togo

Gabon

**Rép.
démo-
cratique
du Congo**

Ruanda

Seychelles

Bénin

Congo

Burundi

Cameroun

Comores

**République
de Djibouti**

*Océan
Indien*

Mayotte

A f r i q u e

Maurice

Réunion

Antananarivo

Madagascar

Australie

*Océan
Atlantique*

*Océan
Indien*

Antarctique

*Océan
Pacifique*

**Terres australes
et antarctiques
françaises**

Pays et régions où le
français est langue officielle

Pays et régions où le
français est langue co-officielle

Pays et régions où le
français est langue administrative

Pays et régions où l'influence
culturelle française reste importante
et où le français est encore une
langue courante

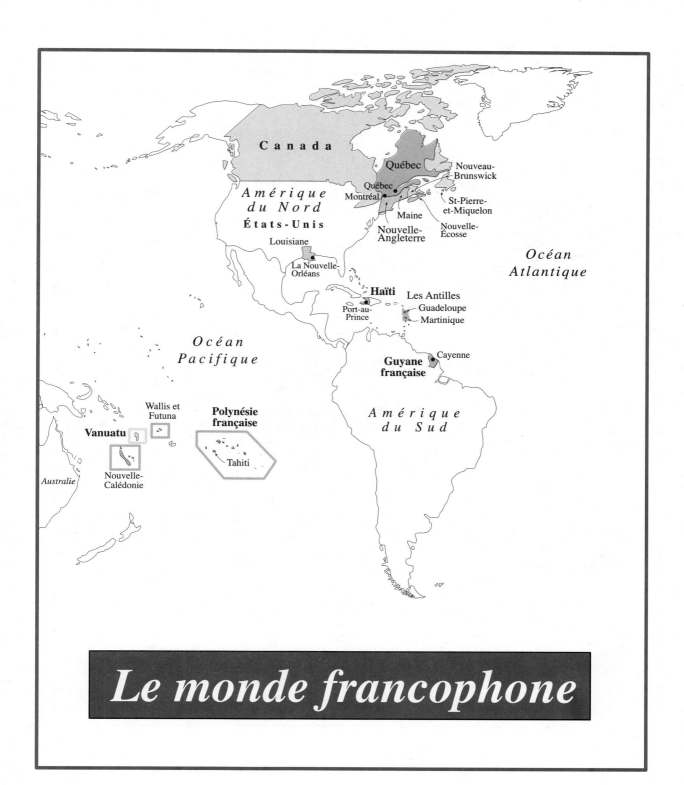

Canada

Québec

Nouveau-Brunswick

Québec

Montréal

St-Pierre-et-Miquelon

Amérique du Nord

États-Unis

Maine

Nouvelle-Angleterre

Nouvelle-Écosse

Louisiane

La Nouvelle-Orléans

Océan Atlantique

Haïti

Les Antilles

Port-au-Prince

Guadeloupe

Martinique

Océan Pacifique

Guyane française

Cayenne

Wallis et Futuna

Polynésie française

Amérique du Sud

Vanuatu

Tahiti

Nouvelle-Calédonie

Australie

Le monde francophone

Chapitre P

PRÉLIMINAIRE

Discussion

1. Quand vous sortez pour voir des films, quel type de salle préférez-vous? L'amphithéâtre de votre université? Un multiplexe (un grand cinéma où il y a beaucoup de salles)? Un cinéma de quartier (un petit cinéma avec quelques salles)? Une salle d'art et d'essai (un cinéma où on montre des films indépendants, des films classiques et des films étrangers)?

2. Comment décidez-vous quel film vous allez voir? Classez les phrases suivantes de la plus à la moins pertinente, en les numérotant de 1 à 5.

   _____ Je vais voir les films qui sont recommandés par les critiques de cinéma.

   _____ Je suis les recommandations de mes amis.

   _____ Je choisis un film si j'aime la bande-annonce *(trailer)*.

   _____ J'aime un cinéma/une salle en particulier, alors je vais voir tous les films qui passent dans ce cinéma/cette salle.

   _____ Je me limite à un genre de film spécifique.

3. Quels films français et francophones avez-vous vus? Les avez-vous vus en version originale (v.o.) avec des sous-titres ou en version doublée? Lesquels avez-vous aimés? Lesquels vous ont laissé(e) indifférent(e)? Lesquels n'avez-vous pas aimés du tout?

Les Français et le cinéma

Que savez-vous sur la place du cinéma français et international dans la vie culturelle en France? Vous trouverez des informations à ce sujet dans le texte suivant, extrait du livre *Le Cinéma français aujourd'hui*.

Les frères Lumière

La Sortie des usines Lumière, a silent one-minute film released on December 28, 1895, is considered the first film. French photographers Auguste and Louis Lumière made this film to showcase a machine they had invented, called **le cinématographe** (the ancestor of the movie camera). The subject of this landmark film is workers leaving the Lumière factory in Lyon.

Auguste Lumière (1862–1954) et Louis Lumière (1864–1948)

Préparation

1. À quels mots les mots suivants sont-ils apparentés? Devinez *(Guess)* leur signification en fonction de leurs racines *(roots)* et du contexte.

> *Exemple:* ce changement (section "Un loisir," ligne 16)
>
>> Mot apparenté: *changer*
>>
>> Signification: *this change*

    a. autrement (section "Un loisir," ligne 9)
      Mot apparenté: _____   Signification: _____
    b. devance (section "Un loisir," ligne 22)
      Mot apparenté: _____   Signification: _____
    c. reconnaissance (section "Une pratique culturelle," ligne 58)
      Mot apparenté: _____   Signification: _____

2. Trouvez un synonyme pour les mots suivants à partir du contexte.
    a. se rendre (section "Un loisir," ligne 2)
    b. à domicile (section "Un loisir," ligne 13)
    c. au même titre que (section "Une pratique culturelle," ligne 56)
    d. adhérents (section "Une pratique culturelle," ligne 64)
    e. comprennent (section "Une pratique culturelle," ligne 79)

Quand les Français vont au cinéma

« Un amusement de foire* », telle fut la conclusion* après la première projection en 1895 du film « La Sortie des Usines » selon le procédé « cinématographe » des fameux frères Lumière... Et pourtant cet amusement de foire a conquis la terre entière...

Un loisir...

Aujourd'hui, les Français ne sont plus que 120 millions à se rendre dans une salle de cinéma, ils étaient 400 millions dans les années 1950 et sont restés jusqu'au début des années 1980 quelque 200 millions à 5 fréquenter les salles obscures.

Et pourtant ils aiment toujours autant* le cinéma, mais autrement: à la télévision, sur les 25 chaînes auxquelles ils peuvent avoir accès, en cassettes 10 vidéo, grâce aux 13 millions de magnétoscopes. Au total, le cinéma à domicile rassemble en France cinq milliards de spectateurs!

Malgré ce changement, le cinéma 15 reste le loisir le plus fréquent: un Français sur deux de plus de quinze ans y va au moins une fois par an, et près d'un tiers d'entre eux sont des spectateurs réguliers. 20

Le cinéma devance encore toutes les autres activités de loisirs: fête foraine*, visite de musées ou monuments historiques, matchs sportifs, expositions, théâtre, concerts de rock ou de jazz, 25 spectacles de danse ou d'opéra.

Quand ils vont au cinéma, les Français vont voir d'abord des films comiques (57%), des films d'aventures (49%), des policiers (46%), des films historiques 30 (40%), puis des histoires d'amour (29%), des dessins animés (18%), des films de science-fiction (18%), des comédies musicales (16%), des films politiques (14%), enfin des films d'épouvante* (12%). 35

... Et si pendant longtemps ils ont préféré les films français, ils trouvent aujourd'hui les films américains plus attractifs (55% des entrées contre 35% pour les films français). 40

Une pratique culturelle

... En 1993, la négociation commerciale du GATT souhaite traiter les films comme n'importe quel autre* produit et les soumettre à la loi de la concurrence; cinéastes européens, cinéphiles, 45 intellectuels refusent cette idée et se mobilisent au nom de la culture pour défendre le cinéma en tant qu'art...

En France, autant qu'un divertissement*, le cinéma est un art, le Septième 50 art. Presse, radio, télévision, relations sociales ou amicales, on parle partout de cinéma. Et un film est un objet d'analyse, de débat, de critique et de conversation au même titre qu'un livre ou une pièce 55 de théâtre.

Cette reconnaissance culturelle s'explique par le rôle pédagogique essentiel que les ciné-clubs ont joué dans la formation* des spectateurs depuis 60 1945: il existe actuellement* en France 11 000 ciné-clubs qui regroupent plus d'un million d'adhérents; par ailleurs, 770 salles classées « Art et Essai » ont pour objectif de faire connaître des 65 films d'auteurs du monde entier. Paris est une fête pour les cinéphiles: il n'est pas rare de pouvoir voir la même semaine, en version originale, des films de 40 nationalités différentes. 70

...

L'école et l'université ont aussi joué un rôle dans la reconnaissance culturelle du cinéma: il existe une épreuve* de cinéma pour le baccalauréat*, on peut préparer une licence* de 75 cinéma à l'université, et certains concours* nationaux comprennent une épreuve de cinéma.

L'exception culturelle

In France, films are considered commercial products, but, more importantly, works of art. French cultural policy includes support of its film industry through various subsidies, including advances on earnings given to directors on the basis of the artistic merit of their projects. This aid is financed in part by a tax on cinema tickets. This became a major stumbling block during the GATT (General Agreement on Tariffs and Trade) negotiations of 1993–1994, which attempted to extend free-trade agreements to intellectual property. The French government fought ferociously to exempt cinema from the agreements and won a "cultural exception." They were backed by European actors, directors, and intellectuals, who wanted to protect the European film industry. When *Germinal*, a French film based on a nineteenth-century Émile Zola novel about struggling miners, was released in 1993, President Mitterrand and several members of his cabinet attended the premiere to show their support of French films.

foire: *amusement fair*
telle fut la conclusion: *was the general opinion*
autant: *as much*
une fête foraine: *fair*
des films (m) d'épouvante: *horror films*
n'importe quel autre: *any other*
un divertissement: *un loisir, un amusement*
la formation: *l'éducation*
actuellement: *presently*
une épreuve: *un examen*
le baccalauréat: *the comprehensive exam taken at the end of high school*
une licence: *a Bachelor's degree*
concours: *competitive exam*

France

Cannes

The International Cannes Film Festival, which began in 1946, is one of the most prestigious film festivals in the world. For about two weeks each May, it draws thousands of actors, directors, critics, film lovers, and journalists to Cannes, a small resort town on the French Riviera. A limited number of films, selected among thousands of entries, participate in the official "Competition" in several categories, and others are shown "Out of Competition." The most prestigious award is the **Palme d'Or** (Golden Palm) for the best feature film.

FESTIVAL DE CANNES

Le logo du Festival de Cannes

Winners over the Past Decade

2006 **THE WIND THAT SHAKES THE BARLEY** (LE VENT SE LÈVE) de **Ken LOACH** [Royaume-Uni]

2005 **L'ENFANT** (The Child) de **Jean-Pierre et Luc DARDENNE** [Belgique]

2004 **FAHRENHEIT 9/11** de **Michael MOORE** [États-Unis]

2003 **ELEPHANT** de **Gus VAN SANT** [États-Unis]

2002 **THE PIANIST** de **Roman POLANSKI** [France]

2001 **LA STANZA DEL FIGLIO** (LA CHAMBRE DU FILS) [The Son's Room] de **Nanni MORETTI** [Italie]

2000 **DANCER IN THE DARK** de **Lars VON TRIER** [Danemark]

1999 **ROSETTA** de **Jean-Pierre et Luc DARDENNE** [Belgique]

1998 **MIA EONIOTITA KE MIA MERA** (L'ÉTERNITÉ ET UN JOUR) [Eternity and a Day] de **Theo ANGELOPOULOS** [Grèce]

1997 **UNAGI** (L'ANGUILLE) [The Eel] [ex-aequo] de **IMAMURA Shohei** [Japon]

1997 **TA'M E GUILASS** (LE GOÛT DE LA CERISE) [A Taste of Cherry] [ex-aequo] de **Abbas KIAROSTAMI** [Iran]

1996 **SECRETS AND LIES** (SECRETS ET MENSONGES) de **Mike LEIGH** [États-Unis]

Le Festival de Cannes

extrait de *Le Cinéma français aujourd'hui*, Hachette, 1995, pages 16–21. Auteur: Jacques Pécheur.

Enfin, les Festivals sont une des mani- 80 festations les plus spectaculaires du rôle culturel du cinéma. On n'en compte pas moins de 40, consacrés à des thèmes (jeune 85 cinéma, cinéma des régions, cinéma des femmes), à des genres (comédie, policier, documentaire, court métrage*, dessins animés), à des pays (américain, italien, 90 arabe, britannique, méditerranéen...), à de grands réalisateurs, au patrimoine* (Ciné mémoire); le plus important reste bien sûr le Festival de Cannes. Créée en 1946, la première manifestation 95 mondiale du cinéma rassemble chaque année plus de 40 000 participants, 4 000 journalistes, 3 000 profession- nels et permet d'assister à la projec- tion d'environ 500 films dont* une 100 vingtaine en compétition. Rendez- vous des amoureux du cinéma, des principaux acteurs du marché du film, Cannes est ce « miracle de l'art et de l'argent » toujours recommencé. 105

un court métrage: *short film*
le patrimoine: *héritage culturel*
dont: *including*

Compréhension

1. À quoi est-ce qu'on a comparé le cinéma quand les frères Lumière ont projeté le premier film en 1895?

2. Le cinéma a deux fonctions dans la vie des Français. Lesquelles? (Regardez les titres.)

3. Comment la fréquentation des salles de cinéma a-t-elle évolué depuis les années 1950? Pourquoi?

4. Quelle est la place du cinéma dans les loisirs des Français?

5. Quels lieux, institutions et manifestations ont joué un rôle dans la reconnaissance culturelle du cinéma en France?

6. Quel est le rôle du Festival de Cannes?

7. Citez des exemples du texte (notez les lignes) qui montrent que les Français s'intéressent au cinéma du monde entier.

Video Futur, Digne-les-Bains. Les distributeurs automatiques permettent de louer des films à toute heure.

How to Answer Questions about the Reading

Avoid general answers by referring to specifics in the passage. Note line numbers in your answers so you can refer your classmates to the word or words you are invoking and speak about French movie-viewing history and habits.

Réactions

1. Comment est-ce que les goûts des spectateurs français et américains se ressemblent? Basez votre réponse sur les types de films que les Français apprécient.

2. Pourquoi allez-vous au cinéma? Est-ce que vous considérez plutôt les films comme des divertissements ou comme des œuvres d'art? De quoi discutez-vous avec vos amis après avoir vu un film ensemble?

3. Quels commentaires vous inspire la note sur l'exception culturelle page 3?

4. Avez-vous vu les films américains qui ont reçu la Palme d'Or à Cannes depuis 1996 (Regardez la liste page 4)? Si oui, comment décririez-vous ces films?

Questions de langue

1. Quelle expression est utilisée pour parler...
   a. des salles de cinéma (section "Un loisir," paragraphe 1)
   b. du cinéma (comme activité ou institution) (section "Une pratique culturelle," paragraphe 2)

2. Comment peut-on traduire les deux versions du mot "manifestation" dans le dernier paragraphe du texte?

3. Dans les trois derniers paragraphes, faites attention aux verbes au présent.
   a. Soulignez les verbes en **-er** qui sont au présent.
   b. Trouvez une forme du présent des verbes **avoir, être** et **pouvoir.**
   c. Trouvez deux verbes en **-re** qui sont au présent.

4. Complétez chaque blanc avec le verbe qui convient. Aidez-vous du texte pour trouver le bon verbe et sa structure.

   aller   assister   fréquenter   se rendre
   a. On _____ une salle de cinéma.
   b. On _____ à une projection/un concert/une pièce de théâtre.
   c. On _____ au cinéma ou on _____ au cinéma.

Les films à l'affiche

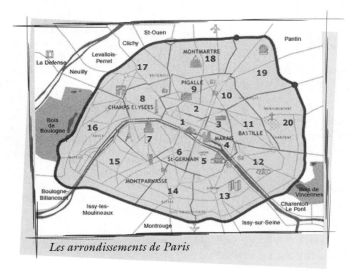

Les arrondissements de Paris

Les films du printemps 2006

Quels films passaient à Paris au printemps 2006? Pour le savoir, regardez la liste des films qui étaient à l'affiche dans trois cinémas de la capitale la semaine du 3 au 9 mai 2006, puis répondez aux questions.

1. Quels sont la nationalité et le genre des films qui sont à l'affiche des deux cinémas UGC?

2. Quel type de cinéma est le MK2 Hautefeuille? Comparez les films qu'on y montre à ceux qui passent à l'UGC Montparnasse.

3. Le réalisateur d'un des films à l'affiche d'un cinéma UGC a aussi réalisé un des films de *Séquences*. Qui est-ce? (Regardez le sommaire de *Séquences* à la page v.)

4. Renseignez-vous sur le prix des places.
   a. Combien coûte un billet plein tarif à l'UGC Danton? Et au MK2 Hautefeuille?
   b. Qui peut obtenir un tarif réduit à l'UGC Danton? Et au MK2 Hautefeuille?
   c. Quand est-ce que les personnes âgées bénéficient d'une réduction à l'UGC Danton?
   d. À l'UGC Montparnasse, combien coûte une carte de fidélité de cinq places valable tous les jours? Valable certains jours seulement?

5. Comment est-ce que les films à l'affiche dans ces trois cinémas confirment ce que vous avez appris dans le texte "Quand les Français vont au cinéma"?

6. Comparez les films à l'affiche dans ces trois cinémas à ceux à l'affiche d'un cinéma américain typique.

LES SALLES

Voici les films à l'affiche dans les salles du 75006 • Du mercredi 3 mai 2006 au mardi 9 mai 2006

UGC Danton (Paris 6ème)
UGC Danton 99, bd Saint-Germain
75006 Paris
Métro : Odéon
Renseignements : 08-92-70-00-00
Plein tarif : 10 w salle 1 , 9,10 w
salles 2, 3 et 4.
Tarif réduit : 6,70 w etudiants et apprentis tljrs , 6,50 w + 60 ans du dim. 19h au ven. 19h , Enfants 5,90 w - 18 ans , 5,90 w groupes tlj , 38,50 w carte UGC 7, 5 places valable tlj , 28,65 w carte UGC 5, 5 places valable du dim. 19h au ven. 19h, 18 w Carte UGC illimitée (par mois, un an minimum).
Tarif unique : 5,20 w matin.
4 salles
Accès handicapés :

- **La Doublure** Comédie français en couleurs de Francis Veber (2005), 1h25mn.
  Mercredi samedi dimanche lundi 18h30, 20h25, 22h20; jeudi vendredi mardi 10h45, 12h40, 14h35, 16h30, 18h30, 20h25, 22h20.
- **L'Age de glace II** Film d'animation américain en couleurs de Carlos Saldanha (2005), en VF, 1h26mn.
  Mercredi samedi dimanche lundi 10h45, 12h40, 14h35, 16h30.
- **M : I : III** Aventure américain en couleurs de Jeffrey J. Abrams (2005), en VO, 2h06mn.
  Séances à 11h20, 14h, 16h40, 19h15, 21h50.
- **Silent Hill** épouvante, horreur franco-canadien en couleurs de Christophe Gans (2005), en VO, 2h07mn.
  Séances à 11h30, 14h15, 17h, 19h30, 22h.
- **V pour vendetta** Aventure américain en couleurs de James McTeigue (2006), en VO, 2h10mn.
  Séances à 11h, 13h40, 16h20, 19h, 21h40.

UGC Montparnasse (Paris 6ème)
UGC Montparnasse
83, bd du Montparnasse 75006 Paris
Métro : Montparnasse-Bienvenüe
Renseignements : 08-92-70-00-00
Plein tarif : 9,10 w salles 3 à 7 , 9,60 w salles 1 et 2.
Tarif réduit : 7 w étud. du dim. 19h au ven. 19h sauf veilles de fêtes après 19h et jours fériés , 5,90 w groupes , Enfants 5,90 w -18 ans , 38,50 w carte UGC 7, 5 places tlj , 28,65 w Carte UGC 5, 5 places valable du dim. 19h au ven. 19h, 18 w Carte UGC illimitée.
Tarif unique : 5,20 w séance de 11h.
7 salles
Accès handicapés : salle 3

- **Astérix et les Vikings** Film d'animation français en couleurs de Stefan Fjeldmark (2005), 1h18mn.
  Mercredi samedi dimanche lundi 10h35, 12h30, 14h25, 16h15, 18h05.
- **Camping** Comédie français en couleurs de Fabien Onteniente (2005), 1h35mn.
  Séances à 10h20, 12h20, 14h20, 16h20, 18h20, 20h20, 22h20.
- **Inside Man, l'homme de l'intérieur** Thriller américain en couleurs de Spike Lee (2006), en VF, 2h10mn.
  Séances à 11h, 13h40, 16h25, 19h05, 21h50.
- **L'Age de glace II** Film d'animation américain en couleurs de Carlos Saldanha (2005), en VF, 1h26mn.
  Séances à 10h25, 12h20, 14h15, 16h10, 18h10, 20h05, 22h05.
- **M : I : III** Aventure américain en couleurs de Jeffrey J. Abrams (2005), en VF, 2h06mn.
  Séances à 10h40, 13h30, 16h15, 19h, 21h45.
- **OSS 117, Le Caire nid d'espions** Comédie français en couleurs de Michel Hazanavicius (2005), 1h39mn.
  Séances à 10h45, 13h, 15h30, 17h45, 19h55, 22h.

- **Sexy Movie** Comédie américain en couleurs de Aaron Seltzer (2006), en VF, 1h28mn.
  Mercredi samedi dimanche lundi 20h, 21h55; jeudi vendredi mardi 10h35, 12h30, 14h25, 16h15, 18h05, 20h, 21h55.
- **Silent Hill** épouvante, horreur franco-canadien en couleurs de Christophe Gans (2005), en VF, 2h07mn.
  Séances à 11h15, 13h50, 16h35, 19h20, 21h55.

MK2 Hautefeuille (Paris 6ème)
MK2 Hautefeuille
7, rue Hautefeuille 75006 Paris
Métro : Saint-Michel
Renseignements: 08-92-69-84-84
Plein tarif : 8,40 w .
Tarif réduit : 6,70 w fam. nombr.*, chôm., mil., CV* (tlj), - 18 ans (du lun. au jeu. toute la journée et ven. jusqu'à 18h30), 6,70 w Carte imangin'air weekend, Enfants 5,50 w - 12 ans, 19,80 w Carte Pass, par mois, 6 mois minimum.
4 salles
Accès handicapés

*carte famille nombreuse : carte pour les familles de 3 enfants ou plus ; cette carte permet d'obtenir des réductions dans les transports, au cinéma, etc.
*CV carte vermeil (pour les personnes âgées)

- **Crime et châtiment** Drame finlandais en couleurs de Aki Kaurismäki (1983), en VO, 1h33mn.
  Samedi 11h20.
- **Dead Man** Western américain en couleurs de Jim Jarmusch (1995), en VO, 2h14mn. *Samedi 11h30.*
- **Dieu sait quoi** Documentaire français en couleurs de Jean-Daniel Pollet (1995), 1h30mn. *Vendredi 11h30.*
- **Klimt** Drame français en couleurs de Raoul Ruiz (2006), en VO, 2h07mn. *Séances à 11h15 (sf mercredi), 13h30, 16h, 19h20, 21h50 film 10 mn après.*

- **La Forêt oubliée** Drame japonais en couleurs de Kohei Oguri (2005), en VO, 1h33mn. *Vendredi 11h10.*
- **L'amour c'est gai, l'amour c'est triste** Comédie dramatique français en couleurs de Jean-Daniel Pollet (1968), 1h35mn. *Samedi 11h40.*
- **Le Horla** Moyen métrage français en couleurs de Jean-Daniel Pollet (1966), h40mn. *Lundi 11h40.*

Rendez-vous au cinéma

Vous êtes à Paris pour vos études. Cette semaine, vous avez décidé d'aller au cinéma avec un(e) ami(e). Vous devez vous mettre d'accord: Quel film allez-vous voir? À quelle heure est votre rendez-vous? Où allez-vous vous retrouver? Utilisez les informations sur les affiches de l'exercice précédent et imaginez la conversation.

Structure suggérée:

- Début de la conversation: Vous discutez de sorties possibles et vous décidez d'aller au cinéma.
- Le film: Lisez la liste des films qui sont à l'affiche et discutez de deux ou trois films qui vous attirent (J'ai bien envie de voir… parce que…). Décidez si vous allez voir un film français ou étranger; si c'est un film étranger, allez-vous le voir en version française ou en version originale?
- La séance: Pour choisir la séance, tenez compte de votre emploi du temps *(your schedule)* et du prix des billets. Vérifiez quels jours et à quelle heure vous pouvez obtenir un tarif réduit.
- Fin de la conversation: Vous décidez où et à quelle heure vous allez vous rencontrer.

Refer to **Le genre des films**, **Les éléments d'un film**, and **Les salles** in the **Liste de vocabulaire** to complete the activities of this section.

Le cours de *Séquences*

 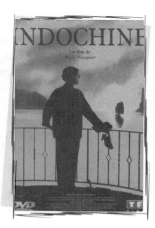 

Voici les affiches des films qui constituent les chapitres de votre manuel, suivies par des résumés. Reliez *(Link)* les affiches aux descriptions.

1. *L'Auberge espagnole*
2. *Rue Cases Nègres*
3. *Le Goût des autres*
4. *Le Placard*
5. *Indochine*
6. *Chaos*
7. *La Promesse*
8. *Le Dîner de cons*
9. *Tableau Ferraille*

a. La rencontre d'une jeune prostituée arabe en difficulté va radicalement transformer la vie d'Hélène et semer la discorde dans son couple.

b. Igor devient conscient de l'exploitation quand un travailleur illégal employé par son père meurt lors d'un accident du travail.

c. Un jeune Français part faire un séjour linguistique à Barcelone et partage un appartement (et des aventures) avec des étudiants de nationalités différentes.

d. Un politicien honnête et respecté perd sa réputation à cause de l'une de ses femmes. Son autre femme doit décider si elle va le suivre dans sa disgrâce.

e. Un chef d'entreprise plutôt ennuyeux se découvre une passion pour le théâtre et essaie de s'intégrer dans un groupe d'intellectuels.

f.   Grâce à ses succès scolaires et au courage de sa grand-mère, un jeune garçon martiniquais va pouvoir continuer ses études et échapper au monde brutal de la canne à sucre.

g.   Pour pouvoir garder son travail, François se fait passer pour un homosexuel, à la grande surprise de ses collègues de bureau.

h.   Pierre Brochant et ses amis organisent un jeu révoltant: inviter des gens excentriques à dîner et décider qui est le plus ridicule.

i.   Les relations entre Éliane et sa fille adoptive, Camille, se détériorent en même temps que les liens entre la France et son ancienne colonie du sud-est asiatique.

Rendez-vous avec *Séquences*

1. Familiarisez-vous avec votre manuel.

a. Consultez les informations qui se trouvent en début de chapitre pour trouver les informations manquantes.

L'Auberge espagnole (page 13)
- Le programme d'échange auquel l'étudiant français participe s'appelle _____.
- _____, une actrice célèbre aux États-Unis, joue un petit rôle dans le film.

Rue Cases Nègres (page 39)
- L'histoire se passe dans les années _____.
- Nous allons lire un texte de _____.

Le Goût des autres (page 61)
- Le chef d'entreprise a pris goût au théâtre car il est tombé amoureux d'une _____.
- Le film a été nominé aux Oscars dans la catégorie _____.

Le Placard (page 87)
- Un acteur célèbre bien connu aux États-Unis joue dans ce film. C'est _____.
- Le genre de ce film est _____.

b. À partir des affiches et des informations en début de chapitre, écrivez une question sur chacun des films suivants et demandez à un(e) camarade de classe de trouver les réponses.

Exemple: Indochine → Quelle star joue dans Indochine?

C'est Catherine Deneuve.

Indochine (page 109)

Chaos (page 131)

La Promesse (page 153)

Le Dîner de cons (page 177)

Tableau Ferraille (page 203)

2. Relisez les résumés de quelques films de *Séquences* et imaginez ce qui se passe. Exprimez vos idées oralement.

    a. *L'Auberge espagnole*
        Imaginez quelques aventures de ces étudiants.

    b. *Le Goût des autres*
        Qu'est-ce qui arrive quand le chef d'entreprise essaie de s'intégrer dans un groupe d'intellectuels?

    c. *Le Dîner de cons*
        Qui est invité au dîner? Décrivez les caractéristiques de trois invités.

    d. *Tableau Ferraille*
        Qu'est-ce que la femme du politicien fait?

AVANT LE PROCHAIN COURS

Manuel: Étudiez *Le présent de l'indicatif* (pages 225–230) et faites les exercices des sections **Application immédiate 1** à **3**.

LISTE DE VOCABULAIRE

Le genre des films

une comédie *comedy*
une comédie dramatique *dramatic comedy*
une comédie musicale *musical*
un dessin animé *cartoon*
un documentaire *documentary*
un drame (historique/psychologique) *(historical/psychological) drama*
un film à suspense *thriller*
un film d'animation *animated film*
un film d'horreur/d'épouvante *horror film*
un film de science-fiction *science fiction film*
un film policier *crime film, detective film*
un thriller *thriller*
un western *western*

Les éléments d'un film

doublé(e) *dubbed*
en v.f. (version française) *dubbed*
en v.o. (version originale) *subtitled*
sous-titré *subtitled*

une bande-annonce *movie trailer*
la bande-son *sound track*
un court/moyen métrage *short film* (moins de 58 minutes)

le décor *set*
le dénouement *denouement, ending*
un dialogue *dialogue*
le générique *credits*
l'intrigue (f.) *plot*
un long métrage *feature-length film* (plus de 58 minutes)
la musique *music*
un plan *shot*
une scène *scene*
un sous-titre *subtitle*

Le générique artistique (Les personnes qui ont contribué au film)

un acteur/une actrice *actor/actress*
la distribution *cast*
un(e) interprète *film or theater actor*
l'interprétation (f.) *acting, performance*
le jeu *acting*
un personnage *character*
un producteur/une productrice *producer*
un réalisateur/une réalisatrice *director*
une star *star*
une vedette *star*

For extra practice with the vocabulary in this chapter, refer to the web quizzes at http://www.thomsonedu.com/french/sequences.

Que veut dire *Séquences*?

- *une séquence:* suite de plans filmés constituant une scène, une unité narrative
- *a sequence:* succession of related shots or scenes developing a single subject or phase of a film story
- *Séquences* was chosen as the title of this textbook because the chapters are built around discussion of key sequences of each film. You will also view the introductory sequence of each film in the **Entrée en matière** section of each chapter.

interpréter (un rôle, un personnage)
(comme *acheter*) *to play (a part, a character)*,
to perform
jouer *to act*
réaliser un film *to make a film*
tourner *to shoot (a film)*

Les salles

un billet *ticket*
l'écran (m.) *screen*
le grand écran *big screen (cinema)*
le petit écran *small screen (television)*
le plein tarif *full price*
une salle *room in a movie theater or movie theater*
une salle d'art et essai *art-house theater*
une séance *screening*

la sortie *release*
un tarif réduit *reduced price*

jouer/passer/être à l'affiche *to play*
sortir (comme *partir*) *to be released*

Les spectateurs

appartenir à (un ciné-club) *to belong*
assister à *to attend*
divertir *to entertain*
ennuyer *to bore*
réfléchir (comme *finir*) *to think*
rire *to laugh*
se divertir (comme *finir*) *to amuse oneself, to be entertained*
s'ennuyer *to be bored*

Chapitre *1*

LA VIE
ÉTUDIANTE

L'Auberge espagnole

Réalisateur: Cédric
Klapisch, France
(2002); 2 heures

*I*n this chapter, you will follow the adventures of a French student who spends a year in Barcelona to learn Spanish. This experience—of setting up his exchange program, looking for a place to stay, meeting fellow students from different European countries, and questioning his outlook on life—represents a turning point for him socially and professionally. You will acquire new vocabulary about education and living situations; you will review question formation in order to discuss your own academic and social life at the university and to prepare for a potential experi-

ence abroad. On the culture side, you will become acquainted with the European education program Erasmus. The autobiographical reading by well-known contemporary French writer Philippe Labro describes what it was like being a French exchange student at an American college in the 1950's. The film features appearances by French actress Audrey Tautou, famous for her role in the 2001 film *Le Fabuleux destin d'Amélie Poulain* (known in the United States as *Amélie*).

Les colocataires: Xavier (Romain Duris), Isabelle (Cécile de France), Wendy (Kelly Reilly), Soledad (Cristina Brondo), Alessandro (Federico D'Anna), Tobias (Barnaby Metschurat), Lars (Christian Pagh), Bruce (Olivier Raynal)

Les parents et amis: Martine (Audrey Tautou), Jean-Michel (Xavier de Guillebon), Anne-Sophie (Judith Godrèche), William (Kevin Bishop), Alistair (Iddo Goldberg), la mère de Xavier (Martine Demaret)

LES PRIX DU FILM

- Six nominations aux Césars (2003): Meilleur film, Meilleur réalisateur, Meilleur montage, Meilleur scénario, Meilleur second rôle féminin, Meilleur espoir féminin
- Un prix: Cécile de France, le César du Meilleur espoir féminin

13

ENTRÉE EN MATIÈRE

Discussion

1. Les changements
Avez-vous déjà changé de lycée? d'université? de ville? Expliquez votre expérience: Étiez-vous impatient(e)? appréhensif (-ive)? heureux (-euse)? triste? Quels changements avez-vous dû faire?

2. Les voyages
Avez-vous déjà voyagé ou vécu dans un pays étranger? Qu'est-ce qui vous a surpris? Avez-vous eu des difficultés de communication? Avez-vous une anecdote à raconter à la classe?

3. Les langues
Connaissez-vous des personnes qui parlent deux, trois ou plusieurs langues? Quels sont les avantages du multilinguisme? Pourquoi avez-vous choisi d'étudier le français?

Le contexte du film

Lisez les informations sur le contexte pour mieux comprendre le film.

1. Auberge espagnole
- auberge (hôtel) en Espagne
- au sens figuré: situation où on trouve seulement ce qu'on a apporté; l'expression vient d'une comparaison avec les auberges en Espagne, où il était recommandé d'apporter à manger et à boire si on ne voulait pas avoir faim ou soif.

2. Barcelone
- Barcelone est la capitale de la Catalogne, une région du nord-est de l'Espagne. La Catalogne obéit à la constitution espagnole, mais elle a aussi sa propre constitution depuis 1979.
- À Barcelone, Xavier et Anne-Sophie visitent le parc Güell et l'église de la Sainte Famille (*Sagrada Familia*).

3. Le bilinguisme
- Les langues officielles de la Catalogne sont l'espagnol (le castillan) et le catalan. Le catalan est très utilisé dans l'administration et le système éducatif. Dans le film, Xavier et ses amis sont surpris que les cours soient enseignés en catalan plutôt qu'en espagnol, et cela leur cause des difficultés supplémentaires.
- Le bilinguisme est un thème qui intéresse particulièrement Isabelle car elle vient de Belgique où l'on parle flamand (*Flemish*) dans le nord et français dans le sud. Isabelle parle français.

4. Érasme (Desiderius Erasmus) (1469–1536)
- Humaniste et voyageur hollandais qui a donné son nom au programme d'échange Erasmus auquel Xavier participe. Dans un de ses rêves, Xavier a des visions—il voit le spectre d'Érasme.

5. **Erasmus**
  - Programme d'échange universitaire européen. Ce programme permet aux jeunes Européens d'étudier de trois mois à un an dans une université étrangère. L'Union européenne attribue des bourses pour faciliter les échanges. Depuis sa création en 1987, le programme Erasmus a permis à plus d'un million d'étudiants de faire des études dans un autre pays européen.

6. **Les études**
  - le DEA (Diplôme d'Études Approfondies): C'est le diplôme que prépare Xavier. Le DEA est un diplôme obtenu après la maîtrise, en préparation du doctorat.
  - l'ENA (École Nationale d'Administration): C'est là que le père de Xavier et Monsieur Perrin ont fait connaissance. L'ENA est une école prestigieuse qui forme les hommes/femmes politiques et les hauts fonctionnaires.

Lecture de comptes-rendus sur le film

Voici les titres et sous-titres de quelques comptes-rendus. Lisez-les pour avoir une idée du film avant de le visionner, puis répondez aux questions.

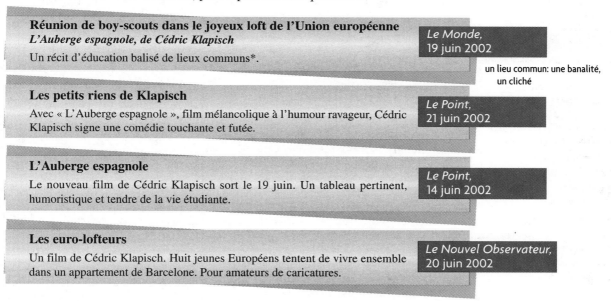

Réunion de boy-scouts dans le joyeux loft de l'Union européenne
L'Auberge espagnole, de Cédric Klapisch
Un récit d'éducation balisé de lieux communs*.

Le Monde,
19 juin 2002

un lieu commun: une banalité, un cliché

Les petits riens de Klapisch
Avec « L'Auberge espagnole », film mélancolique à l'humour ravageur, Cédric Klapisch signe une comédie touchante et futée.

Le Point,
21 juin 2002

L'Auberge espagnole
Le nouveau film de Cédric Klapisch sort le 19 juin. Un tableau pertinent, humoristique et tendre de la vie étudiante.

Le Point,
14 juin 2002

Les euro-lofteurs
Un film de Cédric Klapisch. Huit jeunes Européens tentent de vivre ensemble dans un appartement de Barcelone. Pour amateurs de caricatures.

Le Nouvel Observateur,
20 juin 2002

Compréhension

1. Qui sont les personnages du film?
2. Quel est le thème de l'histoire, et où se passe-t-elle?
3. De quel type de film s'agit-il? Quels adjectifs sont utilisés pour le décrire?
4. À votre avis, quels articles vont être positifs? négatifs?
5. D'après vous, quel type de caricature est possible dans un film sur la vie en commun de jeunes Européens?

Voici un compte-rendu du film paru dans le journal *L'Humanité*. Lisez-le et répondez aux questions pour vérifier votre compréhension.

Préparation

1. Devinez *(Guess)* la signification de ces mots à partir de leur ressemblance avec des mots anglais.
   a. bénéficier (ligne 6)
   b. capté (ligne 16)
   c. habitudes (ligne 30)
   d. surmonter (ligne 31)
   e. susceptibilités (ligne 31)
   f. sommet (ligne 38)
   g. séduit (ligne 43)

2. Devinez la signification du verbe **héberger** (ligne 22) à partir du contexte.

3. Relisez la phrase "… Cédric Klapisch a été séduit…" (ligne 42) et répondez aux questions suivantes.
   a. Qu'est-ce que le pronom **y** remplace?
   b. Pouvez-vous deviner la signification du verbe **puiser** à partir du contexte?

Refer to *Le pronom y* (page 296) for a review.

le flot: *the flow*

le service militaire: Le service militaire obligatoire a été éliminé en France en 1996.

il y a nettement plus drôle: il y a quelque chose de beaucoup plus amusant

qui ont déjà eu l'heur de: *who have already been lucky to*

plein de: beaucoup de

une foule (de): *a bunch (of)*

grisant: excitant

sa pellicule: *his film*

arrivé sur place: *once there*

un comparse un compagnon

apprivoiser: *to tame*

menues: petites

au bercail: *in the fold, at home*

un vrai bordel: *a real mess*

un séjour: *a stay*

la capitale catalane: Barcelone

L'Humanité, 11 juin 2005

Europpudding
Romain Duris incarne un étudiant parisien emporté dans le flot* de sa nouvelle vie espagnole.
France 2. 20h55.
Anne Roy

AVANT IL Y AVAIT LE service militaire*. Maintenant, il y a nettement plus drôle*, mais toujours aussi initiatique: les années d'études à l'étranger, « érasmus » pour les privilégiés qui ont déjà eu l'heur* de bénéficier de ce programme d'échange européen. Une année en terre étrangère, loin de papa, loin de maman, loin des copains et des copines. Et avec plein de* nouveaux protagonistes issus d'horizons lointains pour partager une foule* d'expériences diverses et variées. Ce petit sentiment grisant* d'inconnu et de liberté, Cédric Klapisch l'a capté sur sa pellicule*. Avec Romain Duris dans le rôle de Xavier, étudiant débarqué à Barcelone pour apprendre l'espagnol. Arrivé sur place*, il fait la connaissance de Jean-Michel et Anne-Sophie, un couple de Français, qui l'hébergent quelque temps avant qu'il trouve une chambre dans un grand appartement qu'il partage avec d'autres comparses* étrangers comme lui: Helmut, allemand, Alessandro, italien, Isabelle, belge… Où l'on baragouine une langue approximative, où l'on apprend à se connaître, à apprivoiser* les menues* habitudes, à surmonter les petites susceptibilités et les incompréhensions des uns et des autres. Au bercail* (à Paris), il a laissé la mignonnette Martine (Audrey Tautou). … « Je suis français, espagnol, anglais, danois! J'suis comme l'Europe, j'suis tout ça, j'suis un vrai bordel*… », s'exclame notre héros au sommet de son séjour*.

On raconte que c'est en rendant visite à sa jeune sœur étudiante dans la capitale catalane* que Cédric Klapisch a été séduit par cette vie multiculturelle et chaotique, et qu'il a décidé d'y puiser les éléments de sa comédie.

How to Answer Questions about a Reading

Avoid general answers by referring to specifics in the passage. Note line numbers in your responses so you can refer your classmates to the words you are invoking and speak concretely about Erasmus, Xavier, and Cédric Klapisch.

Compréhension

1. Qu'est-ce qui a remplacé le service militaire comme rite de passage pour certains jeunes Français?

2. Érasme (1469–1536) était un intellectuel et un voyageur hollandais. Il a donné son nom au programme Erasmus mentionné dans l'article. Qu'est-ce que c'est qu'Erasmus?

3. Qui est le personnage principal du film? Quel est son rite de passage?

4. Comment est-ce que le réalisateur a trouvé son inspiration pour le film?

Questions de langue

1. Dans l'article, cherchez des adjectifs ou des noms qui suggèrent une vie stimulante et instable.

2. Dans le texte, cherchez des synonymes (en français familier) pour les mots suivants.
   a. de nombreux, beaucoup de
   b. arriver
   c. mal parler une langue

3. Expliquez comment ces structures de phrases diffèrent des structures anglaises correspondantes. Comment les traduiriez-vous? *(How would you translate them?)*
   a. "Ce petit sentiment grisant d'inconnu et de liberté, Cédric Klapisch l'a capté sur sa pellicule."
   b. "« Je suis français, espagnol, anglais, danois! J'suis comme l'Europe, j'suis tout ça, j'suis un vrai bordel… », s'exclame notre héros…"

Réactions

1. Analysez le style de l'article. Est-ce que la journaliste est très sérieuse ou est-ce qu'elle se moque un peu du sujet du film? Donnez des exemples du texte pour justifier votre réponse.

2. *L'Humanité* est un journal communiste. Avez-vous remarqué des éléments dans l'article qui révèlent l'orientation politique de ce journal?

Les personnages du film

1. De quelle nationalité sont les personnages? Reliez les prénoms des personnages à la nationalité probable, en formulant une phrase avec *venir de* + pays d'origine et une autre phrase avec *être* + adjectif de nationalité.

   Exemple: Xavier vient probablement de France. Je pense que Xavier est français.

   Pays d'origine (avec la forme correcte de la préposition *de*): d'Allemagne, de Belgique, du Danemark, d'Espagne, de France, de Grande-Bretagne, d'Angleterre, d'Italie

   Nationalités: allemand(e), anglais(e), belge, danois(e), espagnol(e), français(e), italien(ne)
   a. Isabelle   e. Alessandro
   b. Martine   f. Tobias
   c. Wendy   g. Lars
   d. Soledad

> Adjectives of nationality are not capitalized in French.

> Don't worry about understanding which form of **de** you need to use. Use the list of countries for now. You will study prepositions later in this chapter.

2. Comparez l'affiche française et l'affiche américaine. Quelles impressions du film donnent-elles? Laquelle vous donne le plus envie de voir le film?

Visionnement d'une séquence
(sans son ni sous-titres)

De l'avion qui décolle, juste après le générique, à Xavier qui montre l'Espagne sur un globe en disant "España" (3–4 minutes).

Compréhension

Après le visionnement, notez toutes les réponses qui conviennent.

1. Les adultes à qui le jeune homme (Xavier) parle…

_____ **a.** lui donnent des conseils.
_____ **b.** lui font des reproches.
_____ **c.** lui demandent son opinion.
_____ **d.** lui racontent leur vie.

2. L'homme avec qui Xavier a rendez-vous…

_____ **a.** lui parle de Paris.
_____ **b.** évoque le passé.
_____ **c.** lui fait passer un entretien d'embauche *(job interview)*.
_____ **d.** parle des boissons qu'ils consomment.

3. La femme dans la cuisine (la mère de Xavier) est une…

_____ **a.** BCBG (bon chic bon genre, *preppy*).
_____ **b.** bobo (bourgeoise bohème).
_____ **c.** baba (hippie, marginale).
_____ **d.** bourge (bourgeoise).

4. De quoi parle la mère de Xavier? Numérotez les hypothèses selon leur probabilité (1 = l'hypothèse la plus probable).

_____ **a.** de la Bourse *(Stock exchange)*

_____ **b.** de nourriture

_____ **c.** des études de Xavier

_____ **d.** de politique

Réactions

Quel est le rapport de cette séquence avec le thème du film (le séjour en Espagne)?

Deuxième visionnement de la séquence
(avec son, sans sous-titres)

Lisez les questions ci-dessous, puis visionnez la scène une seconde fois en faisant bien attention à la bande-son. Répondez ensuite aux questions.

Compréhension

1. M. Perrin est _____.
   a. le directeur de thèse de Xavier
   b. un ami de sa mère
   c. un ami que son père lui a recommandé

2. M. Perrin conseille à Xavier _____.
   a. de travailler au parlement européen
   b. de faire des investissements
   c. d'apprendre l'espagnol et de connaître le marché espagnol

3. Pour encourager Xavier, M. Perrin dit qu'il y a des perspectives d'avenir *(good prospects for the future)* dans les relations internationales. Il lui dit: "C'est sûr, là-dedans, _____."
   a. il y a des opportunités
   b. il y a des débouchés
   c. il y a des possibilités

4. Si Xavier suit ses conseils *(follows his advice)*, M. Perrin _____.
   a. l'acceptera dans son séminaire de recherche
   b. l'aidera à trouver un poste
   c. l'aidera à trouver un logement

5. Xavier a passé du temps à _____ en Espagne.
   a. Malaga
   b. Barcelone
   c. Ibiza

6. Dans cet endroit, il y a probablement _____.
   a. des administrations
   b. des industries
   c. des plages

7. Sa mère lui reproche _____.
   a. de ne pas rester en France
   b. de travailler dans un fast-food
   c. de mal manger

Réactions

1. Cochez toutes les phrases qui peuvent décrire les techniques cinématographiques utilisées dans cette scène.

_____ **a.** La technique est traditionnelle.

_____ **b.** Il y a des retours en arrière.

_____ **c.** Le réalisateur utilise des images numériques *(digital images)*.

_____ **d.** Il y a des effets spéciaux.

_____ **e.** Le réalisateur a filmé des scènes en accéléré *(fast action)*.

_____ **f.** L'histoire est filmée de façon chronologique.

2. D'après vous, pourquoi est-ce que le réalisateur utilise ces techniques?

Préparation au visionnement du film

En regardant le film, faites attention aux aspects suivants et prenez des notes sur vos observations.

1. Les personnages du film: Qui sont les personnages principaux et quelles sont leurs personnalités? Est-ce que les personnages correspondent aux stéréotypes que l'on associe avec leurs nationalités?

2. La technique et le style cinématographiques: Qu'est-ce qui n'est pas traditionnel? Qu'est-ce que le réalisateur peut exprimer grâce aux *(thanks to)* effets spéciaux?

> ### AVANT LE PROCHAIN COURS
>
> 1. *Cahier:* Faites **Les mots pour le dire.**
>
> 2. *L'Auberge espagnole:* Visionnez le film.
>
> 3. *Manuel:* Étudiez *Pays, états américains, langues, nationalité* (pages 231–234) et faites l'exercice de la section **Application immédiate 1.**

Viewing Tips

Notice:
• special effects and discussions about language

Ask yourself:
• What are some characteristics of the director's style?
• How does the director treat national stereotypes?

Anticipate:
• a few discussions about (homo)sexuality and a brief episode of nudity

Références à consulter
• Liste de vocabulaire, pages 36–38
• Votre dictionnaire personnel (page 1, *Cahier de préparation*)

Review the presentation of the present tense in the **Chapitre préliminaire** before completing this section.

This exercise requires passive recognition of interrogative forms. You will review question formation in this chapter on page 235.

Refer to the vocabulary list **Les études** (page 36).

LES MOTS POUR LE DIRE

Définitions

Le mot juste

Quels mots de la **Liste de vocabulaire** répondent aux questions suivantes?

1. Qu'est-ce qu'on doit remplir pour s'inscrire à l'université?

2. À quoi participent souvent les étudiants qui vont à l'étranger?

3. Avec qui est-ce qu'on partage son logement quand on n'a pas beaucoup d'argent?

4. À quoi assiste-t-on quand on fait des études?

5. Dans quoi est-ce qu'on met la nourriture pour la conserver?

6. Quelle qualité est importante pour s'adapter?

7. Qui se sent un peu perdu la première semaine de l'année universitaire?

8. Où s'inscrit quelqu'un qui veut devenir juriste?

9. Qu'est-ce qui cause parfois des problèmes entre les peuples?

10. Comment est un logement où les choses ne sont pas à leur place?

Vos définitions

Posez trois autres questions auxquelles on peut répondre par un mot de la **Liste de vocabulaire** (page 36).

> Un peuple means *a people.* Des/Les peuples means *peoples.* Les gens are *people* in the general sense (J'aime les gens means *I like people.*)

Le français familier

Après avoir révisé le **Vocabulaire familier** en fin de chapitre, remplacez les mots soulignés par des expressions équivalentes en français standard.

Exemple: Xavier a eu des difficultés au début de son séjour, mais il a fini par s'éclater.

beaucoup s'amuser

1. Quand il a débarqué à Barcelone, Xavier a galéré.

2. Avant de partir, il s'est engueulé avec sa copine.

3. Au début de son séjour, il était complètement paumé.

4. Il ne voulait pas bouffer.

5. Finalement, il a trouvé un logement en cohabitation avec des personnes vachement sympas.

6. Personne ne faisait le ménage alors l'appartement était souvent dégueulasse.

Structures

> ### *Plaire à* and *Manquer à*
>
> These two verbs have a similar structure with an indirect object.
>
> **Plaire à quelqu'un** means *to please someone* (in the sense of *to be pleasing to someone*).
>
> | | |
> |---|---|
> | **Ce livre plaît aux enfants.** | This book pleases children/is pleasing to children. → Children like this book. |
> | **Ce livre me plaît.** | This book pleases me/is pleasing to me. → I like this book. |
> | **Tu lui plais.** | You please him (her)./You are pleasing to him (her). → He (She) likes you. |
>
> The past participle of **plaire** is **plu.**
>
> | | |
> |---|---|
> | **Le film t'a plu?** | Did the film please you?/Was the film pleasing to you? → Did you like the film? |
>
> **Manquer à quelqu'un** means *to be missed by someone.*
>
> | | |
> |---|---|
> | **Son pays lui manque.** | His country is missed by him (her). → He (She) misses his (her) country. |
> | **Tu me manques.** | You are missed by me. → I miss you. |

Réécrivez les phrases en utilisant les verbes **plaire** et **manquer** et un pronom complément d'objet indirect (**lui, leur** et **me** dans cet exercice).

> *Exemple:* Martine n'aime pas la chambre de Xavier. → *La chambre de Xavier ne lui **plaît** pas.*
>
> Xavier et ses amis regrettent Barcelone. → *Barcelone leur **manque**.*

1. Le propriétaire n'aime pas ses locataires.
2. Les colocataires n'aiment pas l'attitude de William.
3. Anne-Sophie n'aime pas Barcelone.
4. Xavier regrette ses amis.
5. Xavier ne regrette pas ses parents, mais ses parents le regrettent.
6. J'aime ce film.

Faisons connaissance!

Les colocataires de Xavier lui posent beaucoup de questions pour faire sa connaissance et pour décider s'ils vont l'accepter dans leur appartement. Comme eux, vous avez envie de mieux connaître les personnes qui vous entourent pour trouver de nouveaux amis. À tour de rôle, posez les questions ci-dessous à un(e) camarade de classe.

1. D'où es-tu?
2. Depuis quand *(Since when)* es-tu à l'université? En quelle année es-tu?
3. As-tu une spécialisation? une sous-spécialisation?
4. Quels cours suis-tu ce semestre?
5. Pourquoi suis-tu un cours de français? Est-ce que tu parles bien français ou est-ce que tu baragouines quelques mots *(a few words)*?
6. Est-ce que tu t'es adapté(e) facilement à la vie universitaire? Qu'est-ce qui te plaît dans cette université? Qu'est-ce qui te manque?
7. Est-ce que tu partages un logement avec d'autres personnes? Comment sont-elles? Avec quel type de personnes aimes-tu vivre?

As of January 1, 2007, 27 countries belong to the European Union, and several other non-Union countries also participate in the Erasmus program.

Quelques chiffres

À l'heure actuelle, 2.199 établissements d'enseignement supérieur de 31 pays participent à ERASMUS. Depuis la création d'ERASMUS en 1987, 1,2 million d'étudiants ont accompli une période d'études à l'étranger grâce à cette action. Le budget d'ERASMUS pour 2004 s'élève à plus de 187,5 millions d'euros.

Source: Site de la Commission européenne, Direction générale de l'éducation et de la culture (http://ec.europa.eu/education/programmes/socrates/erasmus/erasmus_fr.html). Dernière mise à jour: 02-05-2006

À l'écoute: l'Université en France

TRACK 2

Xavier fait ses études à Nanterre, en banlieue parisienne. En le suivant dans les couloirs *(hallways)* de son université, vous avez probablement remarqué des différences avec votre université. Le texte que vous allez entendre mentionne d'autres différences entre les systèmes français et américain. Lisez les questions, puis écoutez le passage et vérifiez si vous avez compris en répondant aux questions.

1. En général, les étudiants français vont à l'université _____.
   a. là où on les a sélectionnés
   b. loin de chez eux
   c. près de chez eux

2. Pour être admis dans une université française, il faut _____.
   a. avoir de bonnes lettres de recommandation
   b. avoir le baccalauréat
   c. passer un examen d'entrée spécifique à cette université

3. Les étudiants français choisissent leur domaine général de spécialisation (études littéraires, scientifiques, commerciales, etc.) _____.
   a. avant d'entrer à l'université
   b. en première année universitaire
   c. après deux années d'université

4. En France, les études universitaires _____.
   a. sont gratuites
   b. coûtent une centaine d'euros par an
   c. coûtent entre mille et cinq mille euros par an

5. On peut recevoir une bourse _____.
   a. si on étudie dans un domaine où il n'y a pas assez d'étudiants
   b. si on réussit brillamment au baccalauréat
   c. si sa famille a des revenus modestes

6. Pendant l'année universitaire, les étudiants français vivent le plus souvent _____.
   a. en colocation
   b. dans des chambres individuelles
   c. chez leurs parents

AVANT LE PROCHAIN COURS

1. **Manuel:** Étudiez *Les questions auxquelles on peut répondre par oui ou non* et *Les questions pour demander des informations spécifiques (Les adverbes interrogatifs, L'adjectif interrogatif* **quel**, *Le pronom interrogatif* **lequel***)* aux pages 235–238 et faites les exercices des sections **Application immédiate 1** et **2**.

2. **Cahier:** Faites les exercices de la section **Préparation à la discussion**.

DISCUSSION

Chronologie

Rétablissez la chronologie des scènes du film en les numérotant de 1 à 12. Puis lisez-les à haute voix en classe pour vérifier la chronologie.

_____ Xavier fait la connaissance de Jean-Michel et d'Anne-Sophie.

_____ Martine rend visite à Xavier.

_____ Xavier s'inscrit au programme Erasmus.

_____ Martine et Xavier se quittent définitivement.

_____ Wendy reçoit la visite d'Alistair.

Comment s'est passée la visite de Martine?

_____ Isabelle emménage avec les colocataires.

_____ Xavier abandonne son poste pour devenir écrivain.

_____ Le propriétaire est horrifié par le désordre de l'appartement et augmente le loyer.

_____ Isabelle et Xavier se rencontrent à l'université.

_____ Wendy se fâche contre son frère.

_____ La mère de Xavier lui prépare un bon steak.

_____ Xavier passe un entretien pour trouver un logement.

Réactions

1. Pourquoi est-ce que Xavier a décidé de participer au programme d'échange Erasmus et qu'est-ce qu'il a dû faire pour préparer son dossier?

2. Comparez les aventures de Xavier dans les bureaux de l'université à votre situation quand vous êtes arrivé(e) à l'université: Est-ce que vous avez eu des difficultés avec la bureaucratie? Êtes-vous passé(e) de bureau en bureau comme Xavier? Est-ce que les secrétaires étaient comme celles que Xavier a rencontrées?

3. Quelles sont les caractéristiques des étudiants avec qui Xavier partage l'appartement? Justifiez vos opinions par des exemples précis. Est ce que ces caractéristiques sont liées à la nationalité, d'après vous?

4. À quelles difficultés de la vie en commun est-ce que les colocataires sont confrontés?

Useful expression: **Il n'est pas sorti de l'auberge.** *(He is not out of the woods yet.)*

5. Quel problème linguistique est-ce que les étudiants ont rencontré à l'université? Quelle discussion ont-ils eue à ce sujet au café? Est-ce que la question du bilinguisme ou du multilinguisme se pose en Amérique du Nord? Expliquez.

6. Quand est-ce que Xavier a commencé à faire des progrès en espagnol? Et vous, si vous êtes déjà allé(e) à l'étranger, où et comment avez-vous appris à mieux parler la langue? Racontez une expérience.

7. Comment est-ce que la visite de William a transformé la vie tranquille du groupe? Racontez une de ses interactions avec les colocataires.

8. Comment Jean-Michel, Anne-Sophie et William sont-ils différents des autres personnages? Qu'est-ce qu'ils représentent?

Si vous deviez choisir un(e) colocataire parmi les personnages du film, qui choisiriez-vous et pourquoi?

9. Comment est-ce que le proverbe "Les voyages forment la jeunesse" s'applique à l'expérience de Xavier en Espagne? Qu'est-ce qu'il a appris pendant son séjour? Comment est-ce que son expérience l'a transformé?

10. À la fin du film, pourquoi est-ce que Xavier a décidé de quitter son nouveau poste à la Commission européenne?

11. Est-ce que vous vous identifiez avec Xavier quand il dit: "Je sais pas pourquoi ma vie a toujours été un tel bordel. Elle a toujours été compliquée, mal foutue, pas rangée, en vrac *(all these are synonyms of "disorganized")*. Les autres, j'ai l'impression, ont une vie plus simple, plus cohérente, plus logique quoi."

12. Stylistiquement, qu'est-ce que les scènes suivantes ont en commun? Pourquoi est-ce que le réalisateur les a filmées de cette manière?
    a. le week-end de Xavier à la plage avec Jean-Michel et Anne-Sophie
    b. la visite de Martine à Xavier
    c. le voyage de Xavier à Paris pour revoir Martine

13. Comment interprétez-vous le titre du film?

14. Qu'est-ce qui vous a plu ou déplu dans ce film?

> Reread the definition of **auberge espagnole** (page 14).

À l'écoute: l'Auberge espagnole

TRACK 5

Carine doit faire une présentation sur *L'Auberge espagnole* dans son cours de français. Elle demande à une amie francophone de lire ce qu'elle a écrit pour s'entraîner à prononcer correctement. Écoutez ce qu'elle dit et vérifiez si vous avez compris en répondant aux questions qui suivent.

1. Carine dit qu'au début, Xavier _____.
    a. était enthousiaste
    b. se sentait perdu
    c. parlait espagnol

2. _____ manquait à Xavier.
   a. Sa mère
   b. Son meilleur ami
   c. Sa petite amie

3. Après un certain temps, Xavier _____.
   a. s'est adapté
   b. avait toujours le mal du pays
   c. ne se plaisait toujours pas à Barcelone

4. Xavier et ses colocataires _____.
   a. se sont appris leurs langues maternelles
   b. ont suivi des cours de catalan
   c. ont partagé les tâches ménagères

5. Les colocataires ont appris à _____.
   a. se supporter (*to put up with one another*)
   b. être indépendants
   c. se quitter

6. Pour Xavier, le séjour à Barcelone a constitué _____.
   a. un moment intéressant
   b. un tournant
   c. un amusement

7. Carine _____.
   a. s'est sentie différente des étudiants
   b. s'est identifiée aux étudiants
   c. a voyagé comme les étudiants

8. Après avoir vu le film, Carine a envie _____.
   a. de voyager en Europe
   b. d'apprendre l'espagnol
   c. d'étudier à l'étranger

AVANT LE PROCHAIN COURS

1. *Manuel:* Étudiez *Les pronoms interrogatifs, Depuis quand/depuis combien de temps/pendant combien de temps* et *Le français de la conversation* (pages 239–243) et faites les exercices des sections **Application immédiate 3** à **5.**

2. *Cahier:* Préparez **Pour aller plus loin.**

POUR ALLER PLUS LOIN

Qui a dit quoi?

Notez quel personnage a dit chaque phrase.

1. _____: "Ça me paraît contradictoire de défendre le catalan alors qu'on crée l'Union européenne."

This chapter presents two types of structures—countries, states, languages, and nationalities; and question formation—in the context of study abroad, the central theme in *L'Auberge espagnole*. With the help of the **Liste de vocabulaire** (pages 36–38), and especially the vocabulary section on **Les études** (page 36), you can discuss student life, inform yourself about travel abroad, and ask probing questions about the experience of being an outsider. If you need to review the grammar, refer to **Grammaire,** beginning on page 231 (for *Pays, états américains, langues, nationalité*) and page 235 (for *La forme interrogative*). Complete and correct the **Application immédiate** exercises in the textbook and then complete the workbook sections **Préparation à la discussion** (pages 5–10) and **Pour aller plus loin** (pages 11–15).

2. _____: "Tu es français et tu chéris ton identité française… Astérix et Françoise Hardy et … les fromages. "

3. _____: "Il n'y a pas une seule identité valide, mais de nombreuses identités variées, parfaitement compatibles."

4. _____: "Tu es père…. Crie! Pleure! Casse quelque chose! Fais quelque chose, réagis!"

5. _____: "C'est si bien rangé partout… Regarde le lit d'Alessandro. C'est un vrai désordre. Tu sais, l'Italie, l'Allemagne… Eh bien, les Allemands ont toujours tout en ordre."

6. _____: "C'est dommage que Barcelone soit une ville aussi sale…"

_____: "Pas plus que Paris je trouve."

_____: "Si, quand même… Y a (= Il y a) beaucoup d'endroits ici qui font assez tiers-monde *(Third World)*…"

7. _____: "Quelqu'un veut du thé?"

Réactions

1. Nous avons tous des idées préconçues sur les caractéristiques nationales. Faisons un inventaire de ces clichés. Quelles caractéristiques est-ce que vous associez aux nationalités suivantes? Vous pouvez utiliser les suggestions et ajouter vos propres idées.

avoir	de l'humour, les yeux bleus/marron
être	blond(e), brun(e), grand(e), gros(se), petit(e), mince, désordonné(e) (bordélique), chaleureux (-euse) *(warm)*, cultivé(e), souvent en retard, excentrique, farfelu(e), froid(e), impulsif (-ive), matérialiste, ordonné(e), organisé(e), passionné(e), ponctuel(le), tête en l'air *(scatterbrained)*
autres verbes	(ne pas) réfléchir avant d'agir

Exemple: On dit que les Anglais sont farfelus et qu'ils ont de l'humour.

a. On dit que les Italiens…
b. On dit que les Espagnols…
c. On dit que les Allemands…
d. On dit que les Danois…
e. On dit que les Belges…
f. On dit que les Français…
g. On dit que les Américains…

2. D'où viennent les clichés? de la réalité? de la presse et de la télévision? du cinéma? Est-ce que les clichés changent aussi vite que la société?

3. Quelle est l'attitude du réalisateur face aux stéréotypes nationaux? Est-ce qu'il en utilise? Est-ce qu'il les critique?

Refer to **Qui a dit quoi?** (pages 26–27) to refresh your memory about the representation of stereotypes in the film.

Un séjour à l'étranger

Les avantages d'un séjour à l'étranger. Imaginez que vous étudiez en France et que votre professeur vous demande de faire une recherche sur le programme Erasmus en interviewant un ancien participant francophone. Vous avez décidé d'interviewer Xavier ou Isabelle.

This account is based on feedback on the Erasmus program found online and modified for the purposes of this exercise.

Le témoignage d'une étudiante Erasmus

Avant de parler à Xavier ou Isabelle, vous devez établir une liste de questions et vous décidez de vous inspirer de témoignages *(accounts)* d'étudiants qui ont participé au programme Erasmus. Voici le témoignage de Monique, une étudiante belge qui a fait des études en Suède dans le cadre du programme Erasmus.

Rédigez des questions qui correspondent aux différents passages numérotés qui sont en caractères gras *(bold)*.

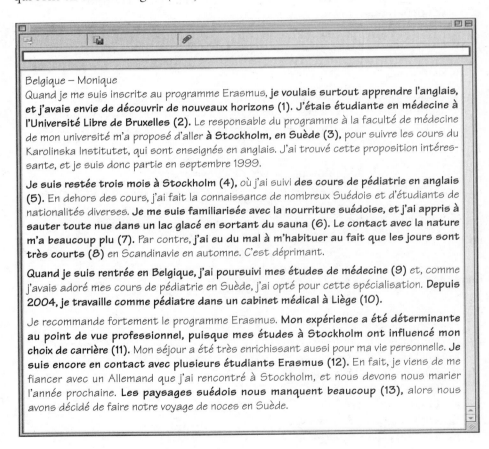

> Belgique — Monique
> Quand je me suis inscrite au programme Erasmus, **je voulais surtout apprendre l'anglais, et j'avais envie de découvrir de nouveaux horizons (1)**. **J'étais étudiante en médecine à l'Université Libre de Bruxelles (2)**. Le responsable du programme à la faculté de médecine de mon université m'a proposé d'aller **à Stockholm, en Suède (3)**, pour suivre les cours du Karolinska Institutet, qui sont enseignés en anglais. J'ai trouvé cette proposition intéressante, et je suis donc partie en septembre 1999.
>
> **Je suis restée trois mois à Stockholm (4)**, où j'ai suivi **des cours de pédiatrie en anglais (5)**. En dehors des cours, j'ai fait la connaissance de nombreux Suédois et d'étudiants de nationalités diverses. **Je me suis familiarisée avec la nourriture suédoise, et j'ai appris à sauter toute nue dans un lac glacé en sortant du sauna (6)**. **Le contact avec la nature m'a beaucoup plu (7)**. Par contre, **j'ai eu du mal à m'habituer au fait que les jours sont très courts (8)** en Scandinavie en automne. C'est déprimant.
>
> **Quand je suis rentrée en Belgique, j'ai poursuivi mes études de médecine (9)** et, comme j'avais adoré mes cours de pédiatrie en Suède, j'ai opté pour cette spécialisation. **Depuis 2004, je travaille comme pédiatre dans un cabinet médical à Liège (10)**.
>
> Je recommande fortement le programme Erasmus. **Mon expérience a été déterminante au point de vue professionnel, puisque mes études à Stockholm ont influencé mon choix de carrière (11)**. Mon séjour a été très enrichissant aussi pour ma vie personnelle. **Je suis encore en contact avec plusieurs étudiants Erasmus (12)**. En fait, je viens de me fiancer avec un Allemand que j'ai rencontré à Stockholm, et nous devons nous marier l'année prochaine. **Les paysages suédois nous manquent beaucoup (13)**, alors nous avons décidé de faire notre voyage de noces en Suède.

Les questions sur Erasmus

1. Pourquoi as-tu participé au programme Erasmus?

2. Qu'est-ce que…

3. Où…

L'interview de Xavier ou Isabelle

Gardez les questions les plus intéressantes et transformez-les un peu si c'est nécessaire. Vous êtes prêt(e) à interviewer Xavier ou Isabelle. Faites l'interview oralement avec un(e) camarade de classe.

À l'écrit: la publication de votre Interview

Vous avez décidé de publier l'entretien de Xavier ou Isabelle dans le journal de
votre université. Sélectionnez cinq questions et formulez des réponses. Faites attention à varier la structure de vos questions et à utiliser le vocabulaire que vous
avez appris dans le chapitre.

AVANT LE PROCHAIN COURS

Cahier: Faites les exercices de **Préparation à la lecture.**

LECTURE

Le passage ci-dessous est extrait du roman *L'Étudiant étranger* (1986), de
Philippe Labro. D'inspiration autobiographique, l'histoire raconte le séjour d'un
jeune Français de 18 ans dans une petite université de Virginie en 1954. Le narrateur découvre une vie différente, marquée par de nombreux rituels. Il fait aussi
l'expérience de la ségrégation (dans le sud des États-Unis dans les années 1950).
Petit à petit, il améliore sa compréhension de la langue anglaise et arrive à s'intégrer à un monde nouveau pour lui. Le roman a eu un grand succès en France. Il a
reçu un prix littéraire (le prix Interallié) en 1986.

Discussion

1. Quels rituels associez-vous à la vie d'un(e) étudiant(e) américain(e)? Savez-
   vous si ces rituels existent dans d'autres pays?

2. Avez-vous déjà parlé à des élèves ou étudiants étrangers? Qu'est-ce que vous
   avez appris sur les différences entre leur système universitaire et le vôtre?

3. Répondez à ces questions sur la vie aux Etats-Unis dans les années 1950.
   a. Qu'est-ce qui était différent de maintenant?
   b. Est-ce qu'il y avait beaucoup d'étudiants étrangers dans les universités
      américaines?
   c. D'après vous, comment est-ce qu'un(e) jeune Français(e) des années
      1950 pouvait obtenir des informations sur la vie aux États-Unis?

le ton-tore

L'Étudiant étranger

How to Approach the Reading

The text is somewhat difficult because the narrator uses poetic and colloquial language. Rather than trying to understand every word, focus on grasping information about:
- the narrator (origins and personality)
- the university that provided his academic scholarship
- the differences that he noticed between the educational systems

ça tombe bien: *you're lucky*

le sort: *fate*

nous ne faisions pas partie... américain: *we did not need to be turned into proper American citizens*

avec le recul: *in hindsight*

le souci d'efficacité: *concern for efficiency*

la répartition des chambres: *room assignment*

n'empêche: *in any case*

je ne supporte pas: *I can't bear*

j'en ai eu un coup à la poitrine: *literally, it hit me in the chest, i.e., I lost my breath*

au lendemain du bac philo: *juste après le baccalauréat option philosophie*

« l'ailleurs »: *the far away place*

que je côtoie: *whom I interact with*

je change de peau: *literally, I change skin, I take on a new identity*

On partage tous notre chambre avec quelqu'un. On ne l'a pas choisi. Parfois ça tombe bien*, et l'autre peut devenir votre ami pour la vie. Parfois, c'est un désastre, mais au moins on est deux, et ça aide. … Je déteste mon compagnon de chambre. Je suis furieux contre le sort* qui m'a désigné un Autrichien pour partager ma vie pendant toute l'année universitaire.

Je croyais que c'était le sort. Maintenant, je vois bien qu'on nous avait accouplés parce que nous étions les deux étudiants étrangers, présents pour une année seulement, titulaires d'une bourse d'échange et que nous n'avions aucune chance, ni possibilité, de nous intégrer au système social que fabrique la vie d'université. Nous ne faisions pas partie du plan de modelage du citoyen américain*. Avec le recul*, je comprends le souci d'efficacité* de celui qui présida au choix de la répartition des chambres*. N'empêche*, ça m'a révolté, alors. J'ai vu assez vite, très vite même, et de façon lumineuse, que le fait de vivre avec l'autre étranger du campus allait faire de moi un garçon en marge, déclassé, une petite anomalie dans cette communauté si fermée et si dure à percer.

Je ne supporte pas* cela. Je veux me conformer. Je veux être américain comme eux, comme les *freshmen* (première année), les *sophomores* (deuxième année), les *juniors* (troisième année) et les *seniors* (dernière année), parce que je me dis que c'est la seule chance de survivre à l'immense solitude qui se profile devant moi. Ça m'exalte d'être là, dans cette vallée perdue de Virginie, sur ce campus si beau et si impeccable que j'en ai eu un coup à la poitrine* lorsque je l'ai découvert; ça m'exalte, parce que là-bas, loin, très loin, en France, mes frères ne le vivront jamais et les amis que j'ai laissés derrière moi, au lycée, au lendemain du bac philo*, eux aussi ont raté cette formidable aventure.

… Je me dis confusément ceci: Fenimore Cooper, Jack London, les films de Gary Cooper et de Rita Hayworth, la prairie, l'inconnu, l'appel américain, tu t'es nourri de tout cela dans ton enfance, mais t'y voilà, c'est là, et même si ça n'est pas ça, c'est ça! C'est « l'ailleurs* » auquel tu as tant aspiré et sur quoi tu écrivais des pages et des pages redondantes sur tes cahiers secrets d'écolier. Alors, je me plonge dans cette rivière et je veux devenir comme les Américains que je côtoie*, je change de peau*.

Compréhension

1. Associez chaque paragraphe de l'extrait ci-dessus à un titre.

_____ Paragraphe 1	**a.** Le rêve d'aventure
_____ Paragraphe 2	**b.** La peur d'être marginalisé
_____ Paragraphe 3	**c.** Le camarade de chambre
_____ Paragraphe 4	**d.** Le désir de se conformer

2. Que savez-vous sur le narrateur et sur l'université où il a fait un échange?

3. Avec qui est-ce que le narrateur partage sa chambre? D'après lui, pourquoi est-ce qu'on lui a assigné cette personne? Est-il content de ce choix?

4. Quel est le plus grand désir du narrateur pendant son séjour en Virginie?

5. À qui et à quoi est-ce qu'il associait les États-Unis quand il était en France?

6. Comment est-ce qu'il exprimait son rêve américain quand il était jeune?

Questions de langue

1. Dans le troisième paragraphe, le narrateur dit qu'il est exalté par son expérience américaine. Analysez le paragraphe pour déterminer comment le style exprime cette exaltation.

   a. Quels mots sont répétés?

   b. Quels adjectifs expriment l'admiration du narrateur?

   c. Quel adverbe renforce deux de ces adjectifs?

   d. Quel élément de ponctuation donne un rythme exalté aux phrases?

Vocabulaire utile

les deux points: *colon*
le point: *period*
le point d'exclamation: *exclamation point*
le point d'interrogation: *question mark*
le point-virgule: *semi colon*
la virgule: *comma*

This vocabulaire utile pertains only to question 1.

2. Cherchez les prépositions qui vont avec les verbes suivants.

   a. faire partie (ligne 9–10) *(to belong to, to be a part of)*

   b. se nourrir (ligne 26) *(to feed on, to be nourished by)*

3. Dans le dernier paragraphe, expliquez pourquoi le mot "américain" est en majuscules *(capitalized)* dans la phrase "je veux devenir comme les Américains" et en minuscules *(not capitalized)* dans l'expression "l'appel américain".

> When tackling a text for the first time, be attentive to the structure of verbs. In this chapter, pay attention to the prepositions that follow certain verbs. You'll need to know them in order to formulate questions about the reading.
>
> To review this concept, refer to *Les noms et adjectifs de nationalité* (page 234).

. . .

Heureusement, l'Autrichien ne parle pas français, nous nous adressons la parole en anglais. Nous échangeons, malgré la sourde hostilité qui règne dans la pièce, les nouvelles expressions que nous avons recueillies*, l'argot* incompréhensible qu'il faut à tout prix assimiler. C'est notre seul combat commun: briser la barrière du langage.

   Un mot a très vite fait son apparition: *date*. C'est un verbe, c'est aussi un mot, ça 5 veut dire un rendez-vous avec une fille, mais ça désigne la fille elle-même: je vais boire un verre avec une *date*. Une fille vous accorde une *date* et elle devient votre *date* régulière si vous sortez plus d'une fois avec elle. Si vous êtes un nouveau, et que vous ne connaissez pas de filles, on peut vous emmener en *blind date*—rendez-vous aveugle, c'est-à-dire que vous ignorez tout de la fille avec qui vous allez sortir ce soir-là, et 10 c'est votre copain ou sa propre amie qui feront les présentations. Le rendez-vous aveugle peut conduire aux pires catastrophes, comme aux surprises miraculeuses. On peut tomber sur* des laiderons imbéciles et insupportables, on peut décrocher une fille exquise. Mais c'est plus rare, puisque les filles exquises ne prennent jamais le risque de sortir en aveugle. Et comme elles sont très demandées, elles exigent souvent de connaître à l'avance la qualité et le genre* du garçon avec lequel elles sortiront. Alors on 15 se soumet à cette loi* et l'on va en voyage de reconnaissance chez les jeunes filles pour passer une espèce d'examen de pré-rendez-vous.

   C'est un rite, et je me suis aperçu ici, sans le formuler de façon aussi claire, que tout est rite, tout est cérémonie, signe, étape* d'un immense apprentissage*. Il y a un Jeu et des jeux à l'intérieur de ce grand Jeu de la vie américaine et tout mon être aspire 20 à les jouer.

que nous avons recueillies: *that we have culled/learned*

l'argot: *slang*

on peut tomber sur: *one can be paired up with, one can meet by chance*

le genre: *the type*

la loi: *law*

l'étape (f.): *stage*

l'apprentissage (m.): *education*

vous êtes cuit: *you are done for*

soit... soit: *either. . . or*

parvenir: *succeed*

décapotable: *convertible*

le veinard: *lucky dog*

...

Il y a autre chose que j'ai bien vu, quelque chose de concret, de cruel, d'inévitable: si vous n'avez pas de voiture, vous êtes cuit*. Vous êtes une non-personne. Soit* vous en possédez une, soit vous faites alliance ou amitié avec un garçon qui roule en Ford, Chevrolet, Chrysler ou tous ces autres noms d'automobiles dont la sonorité me remplit de satisfaction. Les jeunes filles ne se trouvent pas si l'on va à pied. L'Autrichien va à pied. Il n'aura pas de *dates*. Moi, je veux y parvenir*. Je connais Pres et Pres conduit une Buick verte décapotable*, le veinard*! 25

Compréhension

1. Associez chaque paragraphe de l'extrait ci-dessus à un titre.

____ Paragraphe 1	**a.** Les rapports avec les jeunes filles
____ Paragraphe 2	**b.** L'importance des rites
____ Paragraphe 3	**c.** L'importance de la voiture
____ Paragraphe 4	**d.** Un point commun avec son camarade de chambre

2. Quels mot et rituel en particulier intriguent le narrateur? Pourquoi, à votre avis?

3. Quels scénarios de "rendez-vous aveugle" sont mentionnés? Lequel est le plus probable, d'après le narrateur?

4. Qu'est-ce qui est absolument indispensable pour obtenir un rendez-vous? Comment le narrateur va-t-il faire pour réussir dans ce domaine?

Questions de langue

1. Cherchez un synonyme pour les mots suivants dans le deuxième paragraphe.
   a. a date (the action)
   b. a date (the person)
   c. to date

2. Comment pourriez-vous reformuler ces expressions du texte (en utilisant un synonyme ou une expression équivalente)?
   a. nous nous adressons la parole (premier paragraphe)
   b. je me suis aperçu (troisième paragraphe)
   c. les jeunes filles ne se trouvent pas (dernier paragraphe)

3. Cherchez les prépositions qui vont avec les verbes suivants dans le deuxième paragraphe.
   a. conduire (ligne 12) *(to lead to)*
   b. tomber (ligne 13) *(to meet by chance)*
   c. se soumettre (ligne 17) *(to submit to)*

la règle: *the rule*

que vous croisiez: *that you met/came across*

pas tellement: *not so much*

un inconnu: *a stranger*

quelle que soit... ma hauteur: *whatever mood I was in or whoever crossed my path*

Philippe Labro,
L'Étudiant étranger
© Éditions Gallimard

La Règle* de la Parole était l'une des deux traditions indestructibles de l'université, avec le port obligatoire de la veste et de la cravate. Il s'agissait de saluer verbalement (« Hi! ») toute personne que vous croisiez* ou de répondre à celle qui vous croisait, si elle vous avait salué en premier. Au début, j'avais été surpris, pas tellement* par l'idée de dire bonjour à un inconnu* qui traverse le campus, 5 mais plutôt par la perspective d'avoir à le dire, et le dire et le dire et le redire, à longueur de journée, quelle que soit mon humeur ou quelle que soit la tête de celui qui venait à ma hauteur*. Mais j'avais suivi la Règle. Ce n'était pas une loi écrite sur les murs du collège, mais enfin, comme* tout le monde le faisait, si vous ne le faisiez pas, vous passiez très vite pour un loup* solitaire ou un type mal élevé*, ou un type qui ne voulait pas jouer le jeu — ce qui revenait au même*. D'ailleurs, si par hasard* vous aviez négligé de respecter la Règle de la Parole, il se trouvait toujours quelqu'un, au moins une fois dans la journée, pour* vous le faire remarquer. Soit en appuyant de façon ironique sur le « *Hi!* » et en vous fixant droit dans les yeux, ce qui vous forçait à répondre. Soit en prévenant* le Comité d'Assimilation. Il y avait beaucoup de comités, de sociétés, de fraternités, d'associations, de clubs et d'unions sur ce petit campus et il me fallut quelque temps* pour comprendre leur utilité et les différencier les uns des autres, mais je sus* très vite à quoi servait le Comité d'Assimilation. Son nom était clair : il servait à vous assimiler, à bien vous faire prendre conscience des règles. On dit bonjour, on répond, on s'habille comme il faut*, on est un gentleman. Le comité était composé d'étudiants, comme tous les comités sur le campus, puisqu'il existait un gouvernement d'étudiants qui était élu une fois par an. Ce gouvernement travaillait parallèlement avec l'administration et la faculté.

10

15

20

comme: *since*

un loup: *a wolf*

un type mal élevé: *a bad-mannered guy*

ce qui revenait au même: *which was the same thing*

par hasard: *by chance*

il se trouvait toujours quelqu'un... pour: *there was always someone... who*

en prévenant: *by warning*

il me fallut quelque temps: *it took me some time*

je sus: *I learned*

comme il faut: *appropriately*

Compréhension

1. Quelles étaient les "deux traditions indestructibles de l'université"?

2. Qu'est-ce c'est que la "Règle de la Parole"? Quel aspect de cette règle surprend particulièrement le narrateur?

3. Comment étaient considérés et traités ceux qui ne respectaient pas la "Règle de la Parole"?

4. Quel autre aspect de l'université américaine a surpris le narrateur?

Questions de langue

1. Dans le texte, cherchez des synonymes pour les mots et expressions suivants.
   a. être considéré comme
   b. ce qui était la même chose
   c. correctement

2. Cherchez les prépositions qui vont avec les verbes suivants.
   a. passer (ligne 10) *(to be considered)*
   b. négliger (ligne 12) *(to neglect to, to fail to)*
   c. forcer (ligne 14) *(to force to)*
   d. servir (ligne 18) *(to serve to)*
   e. prendre conscience (ligne 19) *(to become aware of)*
   f. être composé (ligne 21) *(be composed of)*

Réactions

1. Le narrateur utilise des mots anglais dans son texte. Pourquoi, à votre avis?

2. Est-ce que les particularités de l'université américaine citées par le narrateur existent toujours? Qu'est-ce qui a changé? Qu'est-ce qui n'a pas changé?

3. Avez-vous l'impression qu'il existe beaucoup de "règles" (explicites ou non) dans la vie sociale des universités (ou des lycées) aux États-Unis?

4. Dans son enfance, le narrateur associait "Fenimore Cooper, Jack London, les films de Gary Cooper et de Rita Hayworth, la prairie, l'inconnu" aux États-Unis. D'après vous, qu'est-ce qu'un(e) jeune Français(e) d'aujourd'hui associe aux États-Unis?

Questions

To review interrogative words and question formation, refer to *Les questions pour demander des informations spécifiques* (pages 236–241).

Quelle est la question?

Les extraits qui suivent sont tirés du premier passage de la lecture. Quelle question faut-il poser pour obtenir la réponse en italique? Faites attention aux verbes qui sont suivis d'une préposition et référez-vous aux explications de la fin du chapitre si nécessaire.

1. "Je déteste *mon compagnon de chambre.*"
2. "… on nous avait accouplés *parce que nous étions les deux étudiants étrangers…*"
3. "nous étions les deux étudiants étrangers, présents *pour une année seulement…*"
4. "Ça m'exalte *d'être là, dans cette vallée perdue de Virginie…*"
5. "… *eux aussi* ont raté cette formidable aventure."
6. "… tu t'es nourri *de tout cela* dans ton enfance…"

Vous êtes le professeur

Vous préparez un questionnaire sur la lecture pour vérifier si vos étudiants ont compris les détails. Choisissez une des trois sections du texte et écrivez quatre questions sur cette section. Ensuite, posez-les à un(e) camarade de classe qui y répondra oralement.

AVANT LE PROCHAIN COURS

Cahier: Faites **Préparation à l'écriture.**

This section contains activities that will allow you to work creatively with the vocabulary and structures in the chapter.

INTERACTIONS

Sketch *(Skit)*

Choisissez un sujet, préparez la scène et jouez-la devant la classe.

1. Imaginez une conversation entre Xavier et son père. Son père veut savoir pourquoi il a abandonné son poste de fonctionnaire *(civil servant/government employee)* pour devenir écrivain. Il l'encourage à reconsidérer sa décision.
2. Imaginez la conversation de Martine et Xavier pendant leur dernier rendez-vous.
3. De retour en France, Xavier parle à un copain du couple de Français qu'il a rencontré à Barcelone. Jouez le dialogue.
4. Un entretien pour trouver un(e) colocataire

   Vous louez un appartement avec trois autres personnes. Un(e) de vos colocataires a fini ses études et vous voulez le/la remplacer. Avec les deux autres colocataires, réfléchissez aux questions que vous voulez poser à un(e) nouveau (nouvelle) colocataire, puis organisez un entretien avec un(e) candidat(e).

Au parc Güell

Exposé

Préparez un des sujets à la maison pour le présenter en classe.

1. Présentez un séjour que vous avez fait à l'étranger. Décrivez les circonstances de votre séjour, puis parlez des difficultés que vous avez rencontrées et de ce que vous avez appris.

2. Interviewez un(e) étudiant(e) étranger(-ère) sur le campus et posez-lui des questions sur les différences entre l'université et les études dans son pays (n'oubliez pas d'incorporer des questions suggérées par le texte *L'Étudiant étranger*). Vous pouvez faire votre présentation de deux manières: 1) sous forme d'exposé ou 2) sous forme d'interview, en invitant la personne en classe.

3. Faites une présentation sur Barcelone en incluant des endroits que Xavier et Anne-Sophie ont visités ensemble, comme le parc Güell ou l'église de la Sainte Famille *(Sagrada Familia)*.

Use French-language sites on the Internet to research question 3.

Débat

Préparez des idées pour défendre un point de vue sur un des sujets suivants.

1. Est-ce que les professeurs d'université de Barcelone devraient *(should)* utiliser le castillan plutôt que le catalan pour faciliter l'intégration des étudiants étrangers?

2. Dans le film, Isabelle pense qu'il est contradictoire de défendre le catalan alors qu'on crée l'Union européenne. Êtes-vous d'accord? Est-il souhaitable de préserver les langues régionales (le catalan, le breton, le provençal, etc.) tout en *(while)* développant l'Union européenne?

3. Faut-il réformer l'enseignement des langues aux États-Unis?

Reread the information on Barcelona and bilingualism in **Le contexte du film** (page 14).

Brainstorm: What languages are taught? Should languages be a required subject? When should language instruction begin? Why should American foreign language instruction be like/unlike other countries' offerings or requirements?

LISTE DE VOCABULAIRE

Les études

For extra practice with the vocabulary in this chapter, refer to the web quizzes at http://www.thomsonedu.com/french/sequences.

Unlike the other vocabulary, the vocabulary related to studies is grouped together and presented in English first. This is because it is high-frequency, often difficult vocabulary. There are many false cognates and words that do not have exact cultural and linguistic equivalents. Refer to **Lecture** (pages 29–33) to see how *L'Étudiant étranger* highlights some of these linguistic difficulties.

The translations for diplomas are those typically found in dictionaries. Because university studies are more specialized in France, some American universities recognize the **DEUG**, a degree granted after two years, as the equivalent of a Bachelor's degree.

Noms

college, university *une université, une fac*
graduation *la remise des diplômes*
bachelor's degree *la licence*
master's degree *la maîtrise; le master*
PhD *le doctorat*
higher education *l'enseignement supérieur*

law school *la fac(ulté) de droit*
lecture class *un cours magistral, un cours en amphi(théâtre)*
medical school *la fac(ulté) de médecine*
registration *l'inscription*
subject *une matière*
tuition and fees *les frais universitaires*

Verbes

to attend (a class) *assister à/suivre* (irrégulier) *un cours de*
  J'assiste à un cours de chimie. Je suis un cours de chimie.
to attend (an institution) *aller à, être étudiant à, étudier à, faire des études à*
  Je vais à l'université de Cologne, de Toulouse, de Californie.
to be a freshman, sophomore, junior, senior *être (étudiant[e]) en première, deuxième, troisième, quatrième année*
to graduate *obtenir un diplôme* (conjugué comme *tenir*)
  Je vais obtenir mon diplôme en 2008.
to major in something *se spécialiser en, être étudiant(e) en, faire des études de*
  Je me spécialise en histoire. Je suis étudiant(e) en géologie. Je fais des études de marketing.
to major in engineering/to get an engineering degree *faire des études d'ingénieur*
to major in nursing/to get a nursing degree *faire des études d'infirmier (-ère)*
to minor in something *avoir/préparer/faire une sous-spécialisation en*
  Je prépare une sous-spécialisation en sciences politiques.
to pass an exam *réussir (à) un examen* (conjugué comme *finir*)
to register (at the university, for a class) *s'inscrire (à la fac, à un cours)* (conjugué comme *écrire*)
to take a class *suivre un cours* (irrégulier)
to take an exam *passer un examen*

Adjectifs

agaçant(e) *irritating, annoying*
à l'aise/mal à l'aise *at ease/ill at ease*
amoureux (-euse) (de) *in love (with)*
amusant(e) *amusing*
angoissé(e) *anxious*
asocial(e) *antisocial*
bénéfique *beneficial*
bourgeois(e) *bourgeois*
calme *calm*
coléreux (-euse) *prone to anger*
confus(e) *confused*
désordonné(e) *messy (for a person or a place)*

discipliné(e) *disciplined*
émotif (-ive) *emotional (for a person)*
enrichissant(e) *rewarding, fulfilling*
étranger (-ère) *foreign*
gentil(le) *kind*
immature *immature*
inconnu(e) *unknown*
insupportable *unbearable*
lesbienne *lesbian*
maniaque *particular, fussy*
mûr(e) *mature*
naïf (-ive) *naive*
niais(e) *simple and naive, stupid*

ordonné(e) *clean, orderly (for a person or a place)*
ouvert(e) (à) *open (to)*
perdu(e) *lost*
propre *clean*
réservé(e) *reserved*
sale *dirty*

sérieux (-euse) *serious*
sociable *sociable*
stéréotypé(e) *stereotypical*
susceptible *oversensitive*
travailleur (-euse) *hardworking*
vieux jeu (invariable) *old-fashioned*

Noms

une auberge *inn*
une baignoire *bathtub*
une bourse *scholarship*
la bureaucratie *bureaucracy*
une caricature *caricature*
un cliché *cliché*
la cohabitation *living together*
un(e) colocataire *house/room mate*
la colocation *sharing the rent, shared rental*
un CV (curriculum vitae) *résumé*
le désordre *mess*
un dossier *file, dossier*
un écrivain *writer*
les effets spéciaux (m.) *special effects*
un entretien d'embauche *job interview*
un formulaire *form*
une image numérique *digital image*
un(e) inconnu(e) *stranger*
la langue maternelle *native language*
une lettre de motivation *statement of purpose*

un logement *place to live; housing*
le loyer *rent*
la maturité *maturity*
l'ordre *tidiness*
l'ouverture d'esprit *open-mindedness*
un poste *position, job*
un prêt *loan*
un programme d'échange *exchange program*
un(e) propriétaire *owner, landlord*
un récit d'éducation/d'apprentissage/de formation *a coming-of-age story*
un réfrigérateur (frigo) *refrigerator (fridge)*
une règle *ruler (to draw lines); rule, regulation*
un rendez-vous *appointment; date*
un séjour *stay*
un stéréotype *stereotype*
les tâches ménagères (f.) *household tasks*
un tournant *turning point*
la voix off *voice over*

Verbes

avoir du mal à faire quelque chose *to have difficulties doing something*
avoir le coup de foudre *to fall in love at first sight*
bénéficier de *to benefit from*
blesser *to hurt; to hurt someone's feelings*
cohabiter *to live together*
emménager *to move in (comme voyager)*
faire la connaissance de quelqu'un *to meet someone*
faire une demande de *to apply for (a scholarship, a loan, a passport)*
faire le ménage *to do the housework*
héberger *to put (someone) up (comme voyager)*

louer *to rent; to lease*
manquer à quelqu'un *to be missed by someone (tu me manques: I miss you)*
nettoyer *to clean (comme envoyer)*
parler couramment *to speak fluently*
partager *to share (comme voyager)*
participer (à) *to take part (in)*
permettre à quelqu'un de faire quelque chose *to allow someone to do something (comme mettre)*
plaire à quelqu'un (irrégulier) *to be liked by someone (il me plaît: I like him)*
recevoir (irrégulier) *to receive; to get*
remplir *to fill; to fill out (comme finir)*
rompre (avec) *to break up (with)*

Present tense verb conjugation is reviewed in the **Chapitre préliminaire** (page 225), and the **Appendix** on pages 335–366 includes conjugation patterns. You will be referred to the **Appendix** every time a verb is irregular or follows a specific pattern that is not totally regular.

Each verb is listed with the preposition that follows it. For example: **S'adapter (à)** *to adapt (to)*. When the verb can be used on its own, the preposition is between parentheses. In the case of s'adapter, one can say **Je m'adapte facilement** as well as **Je m'adapte à ma nouvelle vie**. When the verb cannot be used without the preposition, there are no parentheses, as is the case with the verb **S'identifier à** (Je m'identifie à ma mère).

Refer to page 21 (Text) for practice on **manquer**.

Refer to page 21 (Text) for practice on **plaire**.

s'adapter (à) *to adapt (to)*
se disputer *to fight, to have an argument*
se fâcher (contre quelqu'un) *to get angry (at someone)*
se familiariser avec *to familiarize oneself with*
se quitter *to say bye; to separate*
se retrouver *to meet again; to see one another again*

se sentir + adjectif *to feel + adjective* (comme *partir*)
s'habituer (à) *to get used to*
s'identifier à *to identify with*
supporter *to stand, to bear*
vexer *to offend*

Adverbes et expressions adverbiales

ailleurs *elsewhere*
à l'étranger *abroad*
en désordre *messy (for a place)*
en ordre *clean, orderly (for a place)*

Vocabulaire familier

Noms

le bordel *chaos, mess*
la galère *hell* (c'est la galère)
une meuf *une femme*
un toubib *un médecin*

Verbes

baragouiner *mal parler une langue*
bouffer *manger*
débarquer *arriver*
embêter *ennuyer (to bother, to annoy)*
galérer *passer des moments difficiles* (comme *préférer*)
paumer *perdre*
plaquer quelqu'un *rompre avec quelqu'un*
s'éclater *s'amuser beaucoup*
s'engueuler *se disputer*
se tirer *s'en aller, partir*

Adjectifs et adverbes

coincé(e) *très mal à l'aise (inhibited)*
cool *bien*
dégueulasse *très sale, dégoûtant(e)*
gaulois(e) *français(e)*
mortel(le) *très ennuyeux(-euse)*
sympa *sympathique*
vachement (adverbe) *très (il est vachement sympa)*

Vocabulaire supplémentaire

Noms

un accéléré *fast action*
la Bourse *Stock Exchange*
le cerveau *brain*
un examen par IRM (imagerie par résonance magnétique) *MRI*
une mouche *fly*
un neurologue *neurologist*
une panne d'électricité *power failure*
un split screen *split screen*
un téléphérique *cable car*
le tiers-monde *Third World*
le vertige (avoir le vertige) *vertigo; dizziness (to be dizzy)*

Verbes

avoir de l'aisance *to be at ease*
avoir le mal du pays *to be homesick*
faire des analyses *to undergo medical tests*
s'évanouir *to faint* (comme *finir*)
vomir *to throw up, to vomit* (comme *finir*)

Chapitre 2

LES RACINES

Rue Cases Nègres

Titres anglais: *Black Shack Alley; Sugar Cane Alley*

Réalisatrice: Euzhan Palcy, Martinique, France (1983); 101 minutes

D'après le roman de Joseph Zobel

"ONE OF THE BEST MOVIES I'VE SEEN IN A LONG TIME."
—Roger Ebert

"A STUNNING AND POWERFUL FILM."
—Molly Haskell, Ms. Magazine

WINNER! Best Actress Venice Film Festival

French César Award for Best First Film

Sugar Cane Alley

from Euzhan Palcy, the director of *A Dry White Season*

*S*et in Martinique in the 1940's, the film for this chapter focuses on the formative influences in the life of young José. The vocabulary and grammar will enable you to discuss the social and political context of the film and to talk about the people and events that have marked your own childhood and adolescence. The reading by Guadeloupean author Maryse Condé will deepen your understanding of issues of identity in the French Caribbean.

Les personnages (La distribution: les acteurs/actrices): José, le garçon (Garry Cadenat), M'man Tine, la grand-mère (Darling Legitimus), Médouze (Douta Seck), Madame Léonce (Lucette Salibur), Carmen (Joël Palcy), Léopold, le mulâtre (Laurent-Saint-Cyr), Monsieur Roc, l'instituteur (Henri Melon), Tortilla (Tania Hamel), Douze Orteils (Eugène Mona), Aurélie (Maïté Marquet), Madame Fusil (Emilie Blamele)

LES PRIX DU FILM

- César de la Meilleure première œuvre (1984)
- Lion d'argent pour la Meilleure première œuvre et prix de la Meilleure actrice pour Darling Légitimus à la Mostra de Venise (1983)
- Prix du public au FESPACO — Festival Panafricain du Cinéma à Ouagadougou, Burkina Faso (1985)

ENTRÉE EN MATIÈRE

Discussion

1. Comment imaginez-vous les paysages de la Martinique, cette île française qui se trouve dans les Caraïbes? Pourquoi? Avez-vous envie d'y aller?

2. Quand vous pensez à votre enfance (à l'âge de 9–10 ans), quels souvenirs se présentent à votre esprit? Notez deux ou trois épisodes mémorables.

3. Pensez à une ou deux personnes qui, dans votre enfance, ont eu une grande influence sur vous. Qui étaient ces personnes? Pourquoi étaient-elles importantes?

4. Est-ce que vous aimiez aller à l'école quand vous aviez dix ans? Étiez-vous bon(ne) élève? À quoi ou avec quoi associez-vous l'école?

5. Quand vous étiez jeune, est-ce que vous étiez conscient(e) qu'il y avait beaucoup d'injustice ou est-ce que vous avez souffert de l'injustice? Si oui, de quel type d'injustice s'agissait-il? Qui en était victime?

Le contexte du film

Lisez les informations sur le contexte pour mieux comprendre le film.

1. **La Martinique**
   C'est une des îles des Antilles françaises. Colonie jusqu'en 1946, la Martinique est maintenant un des quatre DOM-ROM (départements et régions d'outre-mer), avec la Guadeloupe, la Réunion et la Guyane. Sa population est très diverse. On y parle français et créole.

2. **Les lieux du film**
   L'action du film se passe dans les endroits suivants:
   - Rivière-Salée: C'est l'endroit où habite et travaille M'man Tine, la grand-mère de José.

   - Petit-Bourg: C'est le village où José va à l'école primaire. Il est obligé d'y aller à pied. Comme il n'y a pas de cantine à l'école et que la pause de midi est longue, M'man Tine a demandé à Mme Léonce de s'occuper de José. Quand elle s'est rendu compte que Mme Léonce exploitait José, M'man Tine a décidé de s'installer à Petit-Bourg et d'aller travailler à Rivière-Salée à pied.
   - Fort-de-France: C'est la ville principale de la Martinique. C'est là que José va au lycée et que son ami Carmen travaille. Dans le film, on va de Rivière-Salée à Fort-de-France en bateau. M'man Tine s'est installée à Fort-de-France pour payer les études de José.

3. **Le système scolaire français des années 1930 (l'époque du film)**
   Dans les années 1930, la scolarité était obligatoire jusqu'à 13 ans. En général, les enfants d'agriculteurs et d'ouvriers allaient uniquement à l'école primaire. À la fin de l'école primaire, vers 12 ou 13 ans, ils passaient

un examen difficile, le certificat d'études primaires. La majorité des élèves échouaient *(failed)* et devenaient travailleurs manuels dans une usine ou dans l'agriculture. Ceux qui réussissaient pouvaient travailler dans une administration (comme Tortilla, qui travaille dans une poste) ou continuer leurs études (comme José). Comme le lycée était payant, les enfants des classes sociales défavorisées pouvaient passer le "concours des bourses". José, élève brillant, a d'abord obtenu "un tiers de bourse" (une bourse qui couvrait 1/3 des frais de scolarité). Puis son professeur de lycée a obtenu une bourse complète pour lui. La scolarité dans les lycées est devenue gratuite en 1933.

Lecture d'un compte-rendu sur le film

Voici un compte-rendu sur le film paru dans *Le Monde* du 8 septembre 1983. Lisez-le pour avoir une idée du film et de sa réception, puis répondez aux questions.

Préparation

1. La structure normale d'une phrase est sujet–verbe–complément d'objet direct–autres compléments. Quel est le complément d'objet direct du verbe "lit" (ligne 2)?

2. Devinez la signification des adjectifs suivants en vous aidant de leur ressemblance avec des mots français ou anglais et du contexte.
   a. fructueuse (ligne 14)
   b. roses (ligne 52)

3. Quel est l'infinitif de "su" (ligne 57)?

Une jeune Martiniquaise de quatorze ans, Euzhan Palcy, lit sur les conseils de sa mère un roman autobiographique de son compatriote Joseph Zobel, *Rue Cases-Nègres*. Quatorze ans plus tard, 5 elle présente à la Mostra de Venise*, sous le même titre, l'adaptation cinématographique de cet ouvrage devenu un classique de la littérature antillaise.

Publié en 1950, le livre obtient à 10 Paris le Prix des lecteurs mais est très vite interdit dans son pays d'origine. Le film, lui, dès le mois de juin, a entamé* une fructueuse carrière à la Martinique, mais aussi à la Guadeloupe et en Haïti. 15 Il a déjà été vu par plus de cent vingt mille spectateurs, ce qui est un record: pour donner un ordre de grandeur*, le fameux *E.T.* n'a réalisé là-bas que le quart de ces entrées même si on le 20 considère comme un gros succès. …

L'action du film se situe au début des années 30. … La journée, tout le monde part travailler 25 aux champs, à la culture de la canne à sucre. … Une fabuleuse joie de vivre va de pair avec* l'exploitation la plus sordide. Un gamin d'une douzaine d'années, José, … curieux, observe cette 30 tragi-comédie, y participe de tout son être.

Louis Marcorelles
Le Monde,
8 septembre 1983

Notice the use of **ne . . . que** in lines 19 and 55–56. How might you rewrite these sentences with the synonym **seulement?**

la Mostra de Venise: *un festival de films*

a entamé: *a commencé*

pour donner un ordre de grandeur: *to give an idea*

va de pair avec: *coexiste avec*

à ses petits soins: *attentive, devoted*

au-delà du certificat: *beyond the* **certificat d'études** (*refer to* **Le contexte du film**)

lui accordent chichement un tiers de bourse: *grant him a meager scholarship that covers one third of his expenses*

d'une part... d'autre part: *on the one hand. . . on the other hand*

ne porte si fort que parce que: *has a strong impact only because*

How to Answer Questions about a Reading

Avoid general answers by referring to specifics in the passage. Note line numbers in your responses so you can refer your classmates to the words you are invoking and speak concretely about the autobiographical novel *La Rue Cases-Nègres*, the reception of the film *Rue Cases Nègres*, and the representation of the characters.

Orphelin, José est élevé par une grand-mère à ses petits soins*. Madame Amantine, « M'man Tine ». … M'man Tine nourrit de grandes espérances pour José, espère qu'il poursuivra ses études au-delà du certificat*. Son instituteur le remarque, comprend ses dons littéraires. … Il [José] part pour Fort-de-France, où les autorités françaises lui accordent chichement un tiers de bourse*. … Un professeur de France … va jouer un rôle décisif dans l'émancipation de José et la chance qui lui sera offerte d'aller jusqu'au bout de ses études. … 35 40 45

Pour les Français, qui ont eu parfois tant de mal dans le passé à bien distinguer entre l'enseignement reçu à l'école, les notions chéries de liberté, d'égalité, de fraternité d'une part, et les réalités moins roses de la colonisation d'autre part*, *Rue Cases-Nègres* est une révélation. … 50

Le message [du film], discret, ne porte si fort que parce que* la cinéaste a su constamment garder le ton juste, mélanger humour, tendresse et prise de conscience. … 55

Compréhension

1. Où est-ce qu'Euzhan Palcy a trouvé l'inspiration pour son film *Rue Cases Nègres*?

2. Complétez les phrases suivantes avec les dates appropriées.
   a. La publication du roman de Joseph Zobel, *La Rue Cases-Nègres*, a eu lieu en _____.
   b. Le film *Rue Cases Nègres*, d'Euzhan Palcy, est sorti en _____.
   c. L'action du film se passe dans les années _____.

3. D'où est Joseph Zobel? Comment le savez-vous?

4. Comment le livre de Zobel a-t-il été reçu à la Martinique? Et le film de Palcy?

5. Comparez le succès de *Rue Cases Nègres* et de *E.T.* à la Martinique. Combien de spectateurs ont vu *E.T.*?

6. Où travaillent les personnages du film? Pourquoi leur vie est-elle décrite comme une "tragi-comédie"? (Qu'est-ce qui est tragique? Qu'est-ce qui est positif?)

7. Quelles personnes ont joué un rôle important dans la vie de José?

8. Quel est le message du film? Pourquoi est-il efficace *(efficient)*?

Réactions

1. D'après vous, quels sont les thèmes importants du film?

2. Comment l'affiche du film illustre-t-elle les informations que vous avez trouvées dans le compte-rendu?

Questions de langue

1. Trouvez un synonyme dans le texte pour:
   a. un livre (paragraphe 1)
   b. censuré (paragraphe 1)
   c. un garçon (paragraphe 3)
   d. environ douze ans (paragraphe 3)

    e. un garçon qui n'a pas de parents (paragraphe 4)
    f. avoir beaucoup d'ambition (paragraphe 4)
    g. continuer ses études (paragraphe 4)
    h. les talents (paragraphe 4)

  2. Pourquoi utilise-t-on un pronom après le mot "film" (ligne 13)? Comment le traduiriez-vous *(would you translate it)*?

Visionnement d'une séquence
(sans son ni sous-titres)

Du début du film à la fin du combat d'animaux; l'extrait inclut le générique, le départ des ouvriers agricoles, les enfants et le combat du serpent et de la mangouste (4 minutes).

Compréhension

  1. Qu'est-ce qui se passe dans cet extrait?

  2. Quels objets et lieux avez-vous remarqués sur les vieilles cartes postales de la Martinique qui apparaissent au générique?

Réactions

  1. Quels sons imaginez-vous pendant le générique?

  2. Quelles recommandations la grand-mère fait-elle au garçon quand elle part travailler?

  3. Pourquoi les enfants sont-ils si agités quand ils assistent au combat des deux animaux (le serpent et la mangouste)?

  4. Pourquoi la fille et le garçon se disputent-ils?

Deuxième visionnement de la séquence
(avec son, sans sous-titres)

Lisez les questions ci-dessous, puis visionnez la scène une seconde fois en faisant bien attention à la bande-son. Répondez ensuite aux questions.

Compréhension

  1. Le narrateur dit que les enfants sont _____.
    a. indépendants.
    b. seuls et libres.
    c. contents.

Rappel Vous devez déterminer si les personnages parlent français, créole ou les deux langues.

Suggestion (*Hint*): Décidez si vous entendez des mots spécifiques cités dans les questions 2 à 5.

2. La grand-mère mentionne _____ à José avant de partir.
   a. les vêtements
   b. le repas
   c. les devoirs

3. Lorsque les adultes partent travailler, on entend les enfants dire: _____.
   a. "On peut jouer."
   b. "Ils sont partis."
   c. "Partons d'ici."

4. L'adolescente (Tortilla) dit au jeune garçon (José): _____.
   a. "Dépêche-toi, il faut arriver tôt au combat."
   b. "Dépêche-toi, tu vas rater tout le combat."
   c. "Dépêche-toi, tu vas manquer tout le combat."

5. Tortilla dit aussi à José: "Si la mangouste gagne, tu me donnes _____."
   a. ta montre
   b. ta poule
   c. ton bol

6. Qui parle la langue suivante?

   1. français standard   a. la grand-mère
   2. français standard avec accent martiniquais   b. les travailleurs
   3. français et créole   c. les adolescents
   4. presque uniquement créole   d. le narrateur

Réactions

1. Après avoir visionné le générique et la première séquence, est-ce que vous pensez que le film sera surtout _____? (Notez toutes les réponses qui conviennent.)
   a. une tranche de vie
   b. un film d'action
   c. un récit réaliste
   d. un récit exotique et romantique

2. Est-ce que les premières images du film correspondent à la manière dont vous imaginez la Martinique?

Préparation au visionnement du film

En regardant le film, faites attention aux aspects suivants et prenez des notes.

1. la façon dont la Martinique est représentée

   Quels paysages voit-on?

   Quelles couleurs prédominent?

   Est-ce que cette représentation correspond à l'idée que vous avez de la Martinique?

2. les langues qui sont utilisées dans le film

   Qui parle français et quand?

   Quand parle-t-on créole? (Le créole est une langue basée sur plusieurs langues; le créole martiniquais est un mélange de français et de langues africaines.)

Viewing Tips

Notice:
- the colors used by the film-maker; the elements of landscape she chose
- who uses French, Creole, or both; when Creole is used

Ask yourself:
- What types of people are found among the blacks and the whites?
- What are different ways in which the workers react to oppression?

Anticipate:
- difficulties understanding the dialogue because of the use of Creole

AVANT LE PROCHAIN COURS

1. *Cahier:* Faites les exercices A, B, C et D dans **Les mots pour le dire.**

2. *Rue Cases Nègres:* Visionnez le film.

3. *Manuel:* Étudiez *L'imparfait* (pages 245–247) et faites les exercices des sections **Application immédiate 1** et **2.**

4. *Cahier:* Faites les exercices E et F dans **Les mots pour le dire.**

LES MOTS POUR LE DIRE

Définitions

Le mot juste

Quels mots correspondent aux descriptions suivantes?

1. talentueux   *sif*
2. ne pas dire la vérité   *mentir*
3. un système qui prive les gens de leur liberté et les fait travailler sans salaire
4. ce que fait quelqu'un qui accepte l'oppression
5. ce que fait quelqu'un qui ne peut plus accepter l'oppression
6. un endroit où travaillent les agriculteurs
7. un adjectif qui décrit quelqu'un qui n'abandonne pas
8. ce que font les parents quand leurs enfants font des bêtises
9. ce que reçoit un bon élève pour poursuivre ses études
10. le fait de prendre quelque chose qui n'est pas à soi

Références à consulter
• Liste de vocabulaire, page 58
• Votre dictionnaire personnel (page 23, *Cahier*)

Définitions

Dans une scène du film, José explique brillamment la différence entre les verbes "chanter" et "caqueter". Et vous, pouvez-vous expliquer la différence entre les mots suivants? Vous n'avez pas besoin de répondre de manière exhaustive et poétique comme José!

1. "gratuit" et "libre" (un concert gratuit; une chaise libre; une personne libre)
2. "un concours" et "un examen"
3. "l'instruction" et "l'éducation" (Quel mot est plus spécifique?)
4. "la métropole" et "la France"
5. "passer" et "réussir un examen"
6. "tricher" et "plagier" (tricher à un examen; plagier un texte)

Refer to *Les prépositions avec les villes, les pays et les états américains* (page 233) for help with prepositions preceding cities and countries.

Situations

Dans cette section, vous allez vous remémorer les activités de tous les jours de José, puis vous allez comparer votre vie à l'âge de douze ans à celle de José.

La vie de José

Complétez les phrases en utilisant une des prépositions suivantes.

| à | chez | dans | de | en | Ø (pas de préposition) |

Quand il avait une douzaine d'années, José vivait ____ (1) la Martinique, une île située ____ (2) la mer des Caraïbes. Il habitait ____ (3) une petite case avec sa grand-mère. ____ (4) le matin, José mettait son uniforme et il allait ____ (5) l'école ____ (6) pied. Comme Maman Tine était pauvre, il ne pouvait pas manger ____ (7) la cantine ____ (8) midi; il prenait son déjeuner ____ (9) Madame Léonce et il était parfois ____ (10) retard ____ (11) l'après-midi. Quand il rentrait ____ (12) l'école, il faisait ses devoirs, il rangeait la case et il préparait le repas. _____ (13) le soir, il rendait visite à son ami Médouze, qui lui racontait des histoires. Pour s'amuser, il organisait des combats d'animaux avec ses amis. Il rêvait d'aller ____ (14) Fort-de-France et ____ (15) France.

Comparaisons

Refer to the preceding exercise and to *L'imparfait* (page 245).

Comparez votre vie à l'âge de douze ans à celle de José. Avec un(e) partenaire, répondez aux questions oralement.

1. Où habitiez-vous?
2. Comment était votre maison?
3. Où et comment alliez-vous à l'école?
4. Portiez-vous un uniforme?
5. Où preniez-vous votre déjeuner?
6. Que faisiez-vous après les cours?
7. Comment vous amusiez-vous?
8. De quoi rêviez-vous?

À l'écoute: La Martinique

TRACK 7

Le texte que vous allez entendre présente quelques étapes importantes de l'histoire de la Martinique. Lisez les questions, puis écoutez le passage et vérifiez si vous avez compris en répondant aux questions.

1. Les premiers habitants de la Martinique étaient _____.
   a. des Indiens
   b. des Espagnols
   c. des Français

2. La Martinique a été découverte en _____.
   a. 1502
   b. 1635
   c. 1848

3. On a introduit l'esclavage pour exploiter _____.
   a. la banane
   b. l'ananas
   c. la canne à sucre

4. Les esclaves de la Martinique venaient surtout _____
   a. d'Afrique du Nord
   b. d'Afrique occidentale
   c. d'Afrique orientale

5. L'esclavage a été aboli dans les colonies françaises _____.
   a. au dix-septième siècle
   b. en 1848
   c. en 1946

6. Beaucoup de jeunes Martiniquais partent en métropole _____.
   a. parce qu'il n'y a pas d'université à la Martinique
   b. parce qu'il y a des conflits ethniques
   c. à cause des difficultés économiques

7. Le poète martiniquais Aimé Césaire compare ce départ à _____.
   a. un exil
   b. un voyage initiatique
   c. un génocide

Martinique: la baie de Saint-Pierre et la montagne Pelée

Quelques chiffres

a population de la France d'outre-mer *(overseas)* était estimée à 2,3 millions d'habitants en 2004, soit:

- 1,8 million de personnes dans les DOM-ROM (départements et régions d'outre-mer)
  Guadeloupe: 448.000
  Guyane: 184.000
  Martinique: 395.000
  Réunion: 763.000

- 484.000 personnes dans les autres territoires, collectivités et pays d'outre-mer comme la Polynésie française, la Nouvelle Calédonie, Mayotte, Saint-Pierre et Miquelon.

- La population de la France (France métropolitaine et France d'outre-mer) était estimée à 62,6 millions d'habitants en 2004.

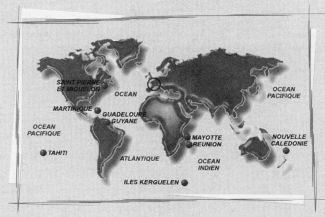

Source: INED (Institut National d'Études Démographiques)

DISCUSSION

Chronologie

Rétablissez la chronologie des scènes du film en les numérotant de 1 à 12. Puis lisez les phrases à voix haute en classe pour vérifier la chronologie.

_7_ José passe et réussit le concours des bourses.

_1_ Les enfants cassent le bol de M'man Tine et sont punis.

_5_ José arrive en retard à l'école.

_2_ Les enfants boivent du rhum et mettent le feu aux cases.

_8_ Médouze ne rentre pas chez lui. On le trouve mort dans un champ de canne à sucre.

_12_ M'man Tine retourne dans son village, où elle meurt.

_4_ José se venge de Madame Léonce en cassant sa vaisselle.

_3_ Les amis de José vont travailler dans les champs.

_10_ José et M'man Tine s'installent à Fort-de-France.

_6_ Tortilla ne poursuit pas ses études.

_9_ José obtient une bourse complète.

_11_ José assiste à l'arrestation de Léopold.

Comment M'man Tine élevait-elle José?

Réactions

1. Comment la Martinique est-elle représentée dans le film? Sur quelles images la réalisatrice insiste-t-elle? Quelles couleurs utilise-t-elle? Pourquoi? Est-ce que cette représentation correspond à votre idée de la Martinique?

2. Décrivez le travail et les activités de M'man Tine et des habitants de Rivière-Salée. (Utilisez l'imparfait: Qu'est-ce qu'ils faisaient tous les jours?)

3. Pourquoi est-ce que M'man Tine a puni José un jour? Qu'est-ce que vous pensez de cette punition?

4. Pourquoi est-ce qu'elle ne voulait pas que José travaille dans les champs? Qu'est-ce que vous pensez de cette attitude?

5. Qui était Médouze? Comment était-il considéré dans sa communauté et quelle importance a-t-il eu dans la vie de José?

6. Comparez ce que José a appris à l'école à ce qu'il a appris avec Médouze. D'après vous, est-ce que l'une de ces éducations est plus importante que l'autre? Qui dispense ces deux aspects de l'éducation dans votre culture?

7. Comment la situation familiale de Léopold a-t-elle affecté sa vie et ses relations avec les autres enfants? Qu'est-ce qui est arrivé à Léopold après la mort de son père?

8. Qu'est-ce qui a permis à José d'aller au lycée à Fort-de-France? Pourquoi est-ce que Tortilla n'y est pas allée?

9. Identifiez les personnages suivants et expliquez ce que José a appris à leur contact.

Madame Léonce

Carmen

Léopold

Monsieur Roc

Le professeur de lycée

10. Comment imaginez-vous la vie de José après le film? D'après vous, comment différera-t-elle de la vie de ses amis Tortilla et Léopold?

11. Quand est-ce que le créole est utilisé dans le film?

12. Qu'est-ce que vous pensez de l'histoire et de la manière dont Palcy l'a filmée? Avez-vous été touché(e) ou horrifié(e) par un personnage ou une scène en particulier? *J'ai été horrifié quand j'ai regardé les cases*

À l'écoute: *Rue Cases Nègres*

TRACK 10

Ce soir, on montre le film *Rue Cases Nègres* dans un ciné-club. Le président du ciné-club présente le film avant la projection. Écoutez sa présentation et vérifiez si vous avez compris en répondant aux questions qui suivent.

1. Le présentateur est heureux parce que _____.
   a. la réalisatrice assiste à la projection du film
   b. il y a beaucoup de spectateurs
   c. on inaugure une nouvelle salle

2. Le film est sorti en _____.
   a. 1996
   b. 1990
   c. 1983

3. C'est un classique du cinéma _____.
   a. français
   b. antillais
   c. guadeloupéen

4. Pendant les années 1930 en Martinique, _____.
   a. il y avait trop de main d'œuvre
   b. on avait besoin de travailleurs
   c. on exploitait les esclaves qui travaillaient dans les champs de canne à sucre

5. Le présentateur dit que M'man Tine était _____.
   a. fière et obstinée
   b. courageuse et dévouée
   c. orgueilleuse et combative

6. Il décrit José comme étant _____.
   a. cultivé et sérieux
   b. doué et curieux
   c. profiteur et bon élève

7. Quel personnage secondaire n'est pas mentionné?
   a. un béké conservateur
   b. un vieil homme plein de sagesse
   c. un maître d'école dévoué

8. Le décor du film est _____.
   a. magnifique
   b. sobre
   c. exotique

This chapter presents the **passé composé**, the **imparfait**, and the **plus-que-parfait** in the context of *Rue Cases Nègres* so that, with the help of **Liste de vocabulaire** (pages 58–60), you can discuss the issues of identity in the French Caribbean and compare the characters' experiences of childhood to your own. If you need to review the grammar, refer to **Grammaire**, beginning on page 245. Complete and correct the **Application immédiate** exercises in the textbook and then complete the workbook sections **Préparation à la discussion** (pages 26–31) and **Pour aller plus loin** (pages 31–34).

AVANT LE PROCHAIN COURS

1. *Manuel:* Étudiez *L'accord du participe passé* (pages 256–258) et *Le plus-que-parfait* (pages 258–259) et faites les exercices des sections **Application immédiate 8** et **9**.

2. *Cahier:* Préparez **Pour aller plus loin**.

POUR ALLER PLUS LOIN

Qui a dit quoi?

Notez quel personnage a dit chaque phrase et expliquez son importance dans le contexte du film.

donner un coup de main: aider

1. _____: "Tu vas encore me donner un petit coup de main* —va étaler la vaisselle au soleil."

2. _____: "Je les ai entendus, je te dis! Ils volaient au-dessus des toits, ils faisaient un tas de bruits. On croit que c'est des oiseaux, mais ce sont des gens gagés, des zombies."

3. _____: "L'instruction est la clé qui ouvre la deuxième porte de notre liberté."

4. _____: "Qu'est ce que c'est?"

   _____: "C'est l'air à la mode, mon chéri. Ton père me l'a fait venir de France."

5. _____: "Messieurs, mesdames! C'est le champ de canne qui a mangé la vie de Médouze."

6. _____: "Ce n'est pas un nom de mulâtre, c'est un nom de Blanc."

7. _____: "En vérité, Monsieur le maître, je veux pas la pousser plus loin. Je veux pas du tout. Il y a les autres petits derrière."

8. _____: "Il ne savent pas quelle femme de combat je suis!"

9. _____: "Quoi? Je te dis que je déteste cette race-là! Comment veux-tu que je sois fière de ma couleur lorsque je vois ces gens là faire des… tous les jours! Tout ça me dégoûte! D'ailleurs, sauf *(excepté)* ma couleur, je ne suis pas Nègre! J'ai un caractère de Blanc!"

10. _____: "M'man Tine est allée dans l'Afrique de Monsieur Médouze. Demain, je vais partir pour Fort-de-France en emportant avec moi ma rue Cases Nègres."

Réactions

1. Qu'est-ce que les citations ci-dessus et leur contexte révèlent sur…
   a. les relations coloniales?
   b. le rôle de l'instruction dans le film?
   c. les croyances et les rituels des personnages du film?

2. À partir des citations, remémorez-vous des exemples d'exploitation ou d'oppression dans le film. Est-ce que les exploiteurs viennent toujours du même milieu? Qu'est-ce que la réalisatrice voulait suggérer par cela?

3. Quelles attitudes envers leur situation et les valeurs des Blancs avez-vous remarquées chez les personnages noirs?

Médouze et José

José aimait bien écouter les histoires de Médouze. Dans le récit suivant, extrait du film, Médouze lui raconte l'histoire de ses ancêtres et lui explique comment l'esclavage s'est terminé.

"Et ça n'a pas changé, mon fils, les békés gardent toutes les terres du pays."

L'histoire de Médouze

Mettez les verbes à la forme correcte du passé composé, de l'imparfait ou du plus-que-parfait pour compléter l'histoire.

Médouze: Il _____ (1) (être) une fois à la Martinique, un vieux Nègre triste et laid. Un menteur dirait "laid comme José". Mais moi, qui suis pas menteur du tout, je dirais "laid comme Médouze". Tous les jours, tous les jours, le vieux Nègre _____ (2) (parler) de ce pays. Yé cric!

José: Yé crac!

Médouze: Yé misti cric! 10

José: Yé misti crac!

Médouze: Ce pays _____ (3) (s'appeler): Afrique. Le pays de mon papa, le pays du papa de ton papa. Cric!

José: Crac! 15

Médouze: Et le vieux Nègre triste et laid qui toute sa jeunesse _____ (4) (pleurer) toutes les larmes de son corps, m(e) _____ (5) (dire) comme ça tout le temps: Médouze, mon fils, ton vieux 20 papa va partir là haut*, et il va jamais comprendre ce qui _____ (6) (arriver)

The rebellions evoked in this text and the Revolution of 1848 in France led, that same year, to the abolition of slavery in the French colonies.

Cric/crac, yé cric/yé crac, misti cric/misti crac are formulas used to initiate story-telling and to keep the audience involved.

partir là haut: mourir

icite: ici

la brousse: the bush

la grande eau: l'océan (allusion to the slave trade)

les nègres marrons: fugitive slaves

mornes: creole word that describes a small, isolated, rounded mountain in the West Indies

des bâtons, des coutelas, des fusils, des flambeaux: sticks, knives, guns, torches

Saint Pierre: ancienne capitale de la Martinique

y'. . . plus qu'à retourner à la canne: the only option was to return to the sugar cane (Y = Il n'y)

le ventre vide: an empty belly

fouetter: to whip

quand les Blancs _____ (7) (débarquer) icite*. Et le vieux Nègre _____ (8) (dire) encore: J(e) _____ (9) (avoir) un grand frère, Ousman, et une petite sœur, Sorna. Les hommes blancs nous _____ (10) (chasser), nous _____ (11) (attraper) avec des lassos, et puis après des jours et des jours à travers la brousse*, ils nous _____ (12) (amener) au bord de la grande eau*. Et puis un jour, on nous _____ (13) (débarquer) icite, on nous _____ (14) (vendre) pour couper la canne de ces Blancs qu'on appelle békés. Yé cric!

José: Yé crac!

Médouze: J(e) _____ (15) (être) jeune garçon comme toi Médouze, lorsque tous les Nègres marrons* étaient descendus des mornes* avec des bâtons, des coutelas, des fusils, des flambeaux*. Ils avaient envahi la ville de Saint Pierre*, incendié toutes les habitations. Pour la première fois, les Nègres _____ (16) (voir) les Blancs trembler, s'enfermer dans leurs belles maisons et mourir. C'est comme ça que l'esclavage est fini. Yé cric!

José: Yé crac!

Médouze: Et il _____ (17) (dire): Ah, mon fils, j(e) _____ (18) (courir), _____ (19) (courir) tellement, et je crois même que j(e) _____ (20) (faire) le tour de la Martinique, lorsque mes pieds _____ (21) (refuser) d'aller plus loin. J(e) _____ (22) (regarder) devant, j(e) _____ (23) (regarder) derrière, et j(e) _____ (24) (voir) que j(e) _____ (25) (revenir) à la rue Cases Nègres. Y'_____ (26) (avoir) plus qu'à retourner à la canne*. On _____ (27) (être) libre, mais on _____ (28) (avoir) le ventre vide*. Le maître _____ (29) (devenir) le patron. Alors j(e) _____ (30) (rester) comme tous les autres Nègres dans ce maudit pays.

C'est comme ça que _____ (31) (parler) mon vieux papa. Et ça _____ (32) (ne pas changer) mon fils, les békés gardent toutes les terres du pays. La loi interdit de nous fouetter*, mais ne les oblige pas à nous payer comme il faut.

Compréhension

1. Qui est le vieux Nègre mentionné dans le texte?
  a. Médouze
  b. le père de Médouze
  c. le grand-père de José

2. Où a vécu ce vieil homme (le vieux Nègre)?
  a. en Afrique
  b. à la Martinique
  c. en Afrique et à la Martinique

3. Qu'est-ce qui s'est passé à Saint Pierre?
  a. Une éruption volcanique a détruit la ville.
  b. Les esclaves ont mis le feu aux maisons.
  c. Les Blancs ont battu leurs esclaves.

4. Quelle conséquence a eu l'abolition de l'esclavage, d'après le vieux Nègre?
  a. Peu de choses ont changé.
  b. Les anciens esclaves sont retournés en Afrique.
  c. La situation des Noirs s'est améliorée.

5. Que pense Médouze?
  a. Il pense que la loi a radicalement changé la condition des Noirs.
  b. Il pense que les Noirs sont exploités.
  c. Il pense que les Noirs sont encore victimes de violences physiques.

À l'écrit: Les mémoires de José

Imaginez que José, une fois adulte, écrit ses mémoires. Écrivez cinq phrases dans lesquelles José parle de Médouze et de l'importance qu'il a eue dans sa vie. Utilisez les temps du passé et le vocabulaire que vous avez appris dans le chapitre. Suivez les directives pour chaque phrase.

1. Faites une description physique de Médouze du point de vue de José.
2. Faites des commentaires généraux sur ce que Médouze faisait et disait.
3–5. Racontez un souvenir spécifique pour illustrer l'influence de Médouze sur la vie de José (comme la scène où Médouze a raconté l'histoire de ses ancêtres à José ou le jour de sa mort).

AVANT LE PROCHAIN COURS

Cahier: Faites **Préparation à la lecture.**

LECTURE

Discussion

1. Pour quelles raisons est-ce que les jeunes filles se mariaient souvent jeunes autrefois?
2. Comment imaginez-vous la vie d'une femme au foyer mariée à un homme qui consacre sa vie à sa carrière et à la politique?
3. Quelles attitudes peuvent avoir les Guadeloupéens envers les métropolitains?

Traversée de la mangrove

Le texte que vous allez lire est extrait du roman *Traversée de la mangrove* (1989), de Maryse Condé, écrivaine guadeloupéenne. L'histoire se passe dans les années 1980 dans un petit village de Guadeloupe, Rivière au Sel. Les habitants sont réunis pour veiller *(to watch over)* un homme qui vient de mourir. Pendant la veillée, Condé fait un portrait de chaque villageois, comme Dodose Pélagie, une vieille femme qui évoque sa vie d'adolescente et de jeune adulte.

L'adolescence

À quinze ans, quand j'allais par les rues de La Pointe, mes cheveux lâchés dans mon dos, les hommes me regardaient et leurs yeux brillaient. Au lycée, j'étais la première partout et les professeurs 5 disaient que j'irais loin. Hélas, cette année-là, mon père qui travaillait aux Contributions* et qui, à chaque congé*, emmenait la petite famille en métropole, a été emporté par une fièvre typhoïde. 10 Alors ma mère courage s'est vissée sur le tabouret* de son piano et s'est mise à donner des leçons aux enfants de ses relations. Très vite, nous nous sommes aperçus* que cela ne suffisait pas, car 15 avec mes deux jeunes sœurs et mon petit frère, nous étions cinq. Cinq bouches à nourrir sur des gammes*, des arpèges et

Contributions: *equivalent of the IRS*
à chaque congé: *for each vacation*
le tabouret: *stool*
nous nous sommes aperçus: *we realized*
nourrir sur des gammes: *to feed on scales*

a sangloté: *sobbed*

Dieu m'est témoin: *God is my witness*

raide: *stiff*

pas mal de sa personne: *rather handsome*

né. . . d'une malheureuse: *born to a poor, unfortunate woman*

Malgré cela: *In spite of that*

J'ai bégayé: *I stuttered*

Le Clavecin bien tempéré. Je me demandais que faire pour lui venir en aide—entrer à l'École Normale pour devenir institutrice?—quand, un soir, elle m'a fait venir dans sa chambre. Sur une table basse, une lampe éternelle brûlait devant la photo de mon père, avec ses grandes moustaches et ses beaux cheveux coiffés à l'embusqué. Ma mère a sangloté*:

—Dieu m'est témoin* que je souffre en te proposant cela. Mais Emmanuel Pélagie est venu me parler de toi pour le bon motif. Ce serait la manne dans notre désert!

Emmanuel Pélagie! Je le connaissais. Je l'avais vu précisément à l'enterrement de mon père, raide* comme un L sous le grand soleil de trois heures de l'après-midi. Emmanuel Pélagie est une grande fierté pour le pays. C'est un Nègre noir, pas mal de sa personne*, né sur le Canal Vatable d'une malheureuse*. Malgré cela*, il est devenu ingénieur des Eaux et Forêts et travaille quelque part en Afrique. J'ai bégayé*:

—Je ne veux pas partir en Afrique. Ma mère m'a pris la main:

—Justement, il ne veut plus retourner là-bas. Il veut se fixer ici et trouver une femme.

J'ai hurlé:

—Pourquoi moi? Pourquoi moi? Ma mère s'est mise à pleurer. Deux mois plus tard, je me mariais.

Compréhension

1. Comment était Dodose Pélagie à quinze ans?

2. Pourquoi sa vie a-t-elle changé et comment est-ce que sa mère s'est adaptée aux nouvelles circonstances?

3. Quelles étaient les options de Dodose Pélagie pour aider sa famille financièrement? Laquelle est-ce qu'elle a dû choisir?

4. Décrivez les origines, le physique *(the looks)* et la vie professionnelle d'Emmanuel Pélagie. Où habitait-il avant de s'installer en Guadeloupe?

Questions de langue

1. Comment pourriez-vous reformuler ces expressions du texte (en utilisant un synonyme ou une expression équivalente)?
   a. j'étais la première partout (lignes 4–5)
   b. [mon père] a été emporté (ligne 10)
   c. [ma mère] s'est mise à donner des leçons (lignes 12–13)
   d. nous nous sommes aperçus (lignes 14–15)
   e. pour lui venir en aide (lignes 20–21)
   f. ce serait la manne [dans notre désert] (ligne 32)
   g. il veut se fixer ici (ligne 49)
   h. j'ai hurlé (ligne 51)

2. Premier paragraphe
   a. Notez les verbes à l'imparfait et expliquez leur emploi.
   b. Notez les verbes au passé composé et expliquez leur emploi.
   c. Notez une expression qui explique pourquoi le verbe "emmener" est à l'imparfait (ligne 9).
   d. Notez les mots qui annoncent le passage de l'imparfait au passé composé.

3. Dans le troisième paragraphe (qui commence par "Emmanuel Pélagie"), trouvez un verbe au plus-que-parfait et expliquez son emploi.

Le mariage

Dodose s'est mariée avec Emmanuel Pélagie, qui était le directeur du Centre de Recherches Agronomiques et Fruitières de la Guadeloupe. Emmanuel faisait aussi de la politique; il militait pour l'indépendance de la Guadeloupe. Dodose vivait dans une belle maison et menait une vie aisée, mais elle n'était pas heureuse.

Deux ou trois années se passèrent comme cela, Emmanuel Pélagie courant à ses meetings politiques. Moi, m'occupant à ces mille riens qui composent la vie d'une petite-bourgeoise. À chaque 5 instant davantage, je détestais mon mari. C'est qu'il disait une chose et en faisait une autre.

Sous ses beaux discours, il méprisait* secrètement ses compatriotes et ne 10 se sentait en harmonie qu'*avec les métropolitains qui défilaient à notre table. Il paradait devant eux, mettant sur l'électrophone des disques d'opéras, *La Flûte enchantée* ou *Madame Butterfly*. 15 Jamais une biguine, une mazurka*! Lors des dîners, moi, je ne trouvais rien à dire aux métropolitains assis à mes côtés et je me demandais s'ils étaient vivants, si c'était du sang* qui coulait 20 sous leur peau, s'ils n'étaient pas simplement de grands masques blancs, sans sexualité, ni sensibilité.

Pour la Guadeloupe, ce furent de drôles d'années que celles-là*! Dans 25 l'ombre, des gens traçaient sur les murs des lettres étranges qui sonnaient comme des tocsins*. Des inscriptions injurieuses, « De Gaulle assassin »*, « À bas le colonialisme »* — un mot nou- 30 veau! —. J'entendais Emmanuel parler fermement d'usines et de chômage*, des ouvriers agricoles. Il se réunissait avec des hommes, médecins, avocats, hauts fonctionnaires comme lui, qui faisaient 35 semblant* de parler créole entre eux et se permettaient de me dire:

—Dodose, sa kaye*?

Quand je pensais que quelques heures plus tard, Emmanuel allait nouer 40 son nœud papillon* et chantonner *Madame Butterfly,* la rage me prenait. Un soir, lors d'un de ces sempiternels dîners, je me suis trouvée assise à côté d'un jeune ingénieur des Eaux et Forêts. 45 Il avait des yeux pareils au ciel, un jour de beau temps. Bleus, en somme! Au moment du vol-au-vent de cabri*, il prit ma main sous la table.

Ah, Pierre-Henri de Vin- 50 dreuil! Du jour au lendemain, mon opinion sur les métropolitains changea.

Pierre-Henri et moi, nous nous rencontrions dans son 55 appartement de la tour de Massabielle, à hauteur des toits rouillés* de La Pointe. La rumeur de la ville se mêlait à nos cris, puis à nos longues confidences d'après les étreintes*. Pour la première fois, je 60 parlais de moi et quelqu'un m'écoutait. Volupté infinie! Je parlais de ma mère, vivant comblée à présent*, car Emmanuel était très généreux avec elle. Je parlais du sacrifice que mes seize ans 65 avaient consenti. De mon triste mariage. Sur ce dernier point, Pierre-Henri ne me comprenait pas. Il s'étonnait:

—Il a l'air intelligent pourtant!

Ce n'est pas d'intelligence qu'une 70 femme a besoin. On ne saurait vivre* avec un génie. C'est de tendresse, d'amour!

Dans le bonheur où je nageais, rien ne vint m'avertir que le malheur sournois s'avançait. ... 75

Un après-midi, Pierre-Henri m'annonça brutalement qu'il était rappelé à Paris. Je rentrai chez moi, effondrée*, pour trouver notre galerie pleine d'hommes et de femmes en larmes*. 80 Emmanuel Pélagie avait été frappé*, puis arrêté par les forces de l'ordre, lors d'une réunion politique, tenue malgré l'interdiction de la Préfecture. Il passa plusieurs jours à la geôle. Quand il en 85 ressortit, il fut muté*, pour des raisons disciplinaires, au Centre de Recherches de Rivière au Sel afin de s'occuper d'une plantation expérimentale de mahoganys du Honduras. Sa carrière était 90 brisée*. Rivière au Sel!

Je hais ce lieu d'ombre et d'humidité!

Maryse Condé,
Traversée de la mangrove, Mercure de France, 1989

il méprisait: *he scorned*

ne. . . qu': *only*

une biguine, une mazurka: *local dances of the West Indies*

du sang: *blood*

ce furent de drôles d'années que celles-là: *these were strange years*

comme des tocsins: *like tolling bells*

« De Gaulle assassin »: *"De Gaulle (World War II general, then President of France [1958–1969]) is an assassin"*

« À bas le colonialisme »: *"Down with colonialism"*

chômage: *unemployment*

qui faisaient semblant: *who pretended*

sa kaye: *ça va bien*

son nœud papillon: *his bow tie*

le vol-au-vent de cabri: *goat in puff pastry*

à hauteur des toits rouillés: *close to the rusty roofs*

d'après les étreintes: *after love making*

vivant comblée à présent: *who lacked nothing now*

On ne saurait vivre: *One cannot live*

effondrée: *in a daze*

en larmes: *in tears*

avait été frappé: *had been hit*

fut muté: *was transferred*

brisée: *ruined*

Compréhension

1. Quelle était l'attitude d'Emmanuel envers les métropolitains et les Guadeloupéens?
2. Que pensait Dodose des métropolitains et de leur culture avant de rencontrer Pierre-Henri?
3. Qui était Pierre-Henri de Vindreuil? Comment a-t-il transformé la vie de Dodose?
4. Deux malheurs sont arrivés à Dodose le même jour. Lesquels?
5. Pourquoi est-ce que Dodose habite à Rivière au Sel maintenant? Quelle est son opinion de cet endroit?

Questions de langue

1. Dans les phrases suivantes, les verbes en italique sont des participes présents *(present participles)*, une forme souvent traduite par *-ing*.
   - Deux ou trois années se passèrent comme cela, Emmanuel Pélagie *courant* à ses meetings politiques. Moi, *m'occupant* à ces mille riens…
   - Il paradait devant eux, *mettant* sur l'électrophone des disques d'opéras…
     a. Traduisez ces phrases.
     b. Remplacez les expressions contenant des participes présents par des phrases avec un verbe conjugué; décidez quel temps vous allez utiliser.
2. Dans le passage, il y a des verbes conjugués qui ne sont pas au présent, à l'imparfait, au passé composé ou au plus-que-parfait. Ces verbes sont au passé simple, un temps littéraire qui correspond à peu près au passé composé.
   a. Notez ces verbes et devinez leur infinitif.
   b. Dans le dernier paragraphe, remplacez les verbes au passé simple par les mêmes verbes au passé composé.

Réactions

> Refer to **Parlons de grammaire** (page 148, *Cahier*) for an explanation of the **passé simple**.

1. Pourquoi est-ce que Dodose était malheureuse avec Emmanuel?
2. Quels exemples de nationalisme guadeloupéen sont cités dans le texte? Est-ce que Dodose considérait Emmanuel comme un vrai nationaliste?
3. Voyez-vous des parallèles entre l'attitude d'Emmanuel envers les métropolitains et l'attitude de certains personnages de *Rue Cases Nègres*?

AVANT LE PROCHAIN COURS

Cahier: Faites **Préparation à l'écriture**.

INTERACTIONS

Sketch

Choisissez un sujet, préparez la scène et jouez-la devant la classe.

1. Conversation entre José et Médouze: José pose des questions à Médouze sur sa vie ou sur la vie en général. Médouze répond et lui donne des conseils.

2. Conversation entre José et Tortilla, son amie qui n'a pas pu aller au lycée à Fort-de-France: Lorsque José revient au village, Tortilla lui pose des questions sur le lycée et il l'interroge sur la vie au village. Ils parlent de leurs ambitions pour l'avenir.

3. Conversation entre M'man Tine et José: Ils discutent de ce qu'ils ont fait pendant la journée à Fort-de-France. M'man Tine insiste sur l'importance de l'instruction.

4. Conversation entre le professeur du lycée de Fort-de-France et un collègue: Il lui raconte qu'il a injustement accusé son élève, José, d'avoir triché. Il lui parle des circonstances de cet incident et lui dit ce qu'il a fait pour s'excuser. Pendant cette conversation, il évoque aussi les conditions de vie de M'man Tine et de José.

This section contains activities that will allow you to work creatively with the vocabulary and structures from the chapter.

Exposé

Préparez un des sujets à la maison pour le présenter en classe.

1. Les amis de José croient à l'existence des zombies. Expliquez quelques superstitions qui existent dans votre culture.

2. Quand les adultes de *Rue Cases Nègres* vont travailler dans les champs, les enfants en profitent pour faire des choses interdites et ils font parfois, des bêtises. Racontez une bêtise que vous avez faite quand vos parents n'étaient pas là. (Proverbe: Quand le chat n'est pas là, les souris dansent.)

3. Dans *Rue Cases Nègres,* on assiste à la veillée funèbre de Médouze. Comparez cet événement à la manière dont on honore les morts dans votre culture.

4. Vous vous souvenez probablement de la scène où José impressionne son maître et ses camarades de classe en décrivant de manière complète et poétique la différence entre les verbes "caqueter" et "chanter". Faites comme lui pour expliquer la différence entre "savoir" et "connaître". Utilisez votre imagination!

Débat

Préparez-vous à défendre un point de vue sur un des sujets suivants.

1. Est-ce que les diplômes sont aussi importants pour vous que pour José?

2. Est-il important de travailler et de faire des études en même temps ou vaut-il mieux se consacrer uniquement à ses études?

3. D'après vous, quel type d'éducation est meilleur pour les enfants—une éducation stricte, comme celle de M'man Tine, ou une éducation fondée sur le dialogue entre enfants et parents?

Pourquoi M'man Tine et José ont-ils mis leurs plus beaux vêtements?

LISTE DE VOCABULAIRE

For extra practice with the vocabulary in this chapter, refer to the web quizzes at http://www.thomsonedu.com/french/sequences.

Present tense verb conjugation is reviewed in the **Grammaire** (pages 225–230), and the Appendix on page 335 includes conjugation patterns. You will be referred to specific patterns in the Appendix every time an irregular verb is listed on the vocabulary lists.

Adjectifs

analphabète *illiterate*
arrogant(e) *arrogant*
combatif (-ive) *combative, with a fighting spirit*
doué(e) *gifted*
énergique *energetic*
exigeant(e) *demanding*
exploité(e) *exploited*
exploiteur (-euse) *exploitative*
fier (-ère) *proud*
fort(e) *strong*
gratuit(e) *free (opposite of* payant*)*
honnête/malhonnête *honest/dishonest*
(bien/mal) intégré *(well/badly) integrated*
intolérant(e) *intolerant*

juste/injuste *just/unjust*
libre *free (having liberty)*
métis(se) *of mixed race*
mulâtre *mulatto*
obstiné(e) *obstinate*
opprimé(e) *oppressed*
pâle *pale*
payant(e) *fee-based (opposite of* gratuit*)*
résigné(e) *resigned*
révolté(e) *rebellious*
sensible *sensitive*
sévère *strict*
soumis(e) *submissive*
tenace *tenacious*
travailleur (-euse) *hard working*
vif (-ive) *bright (for a person, a color)*

Noms

l'abolition (f.) *abolition*
un(e) ancêtre *ancestor*
les Antilles (f. pl.) *the West Indies*
un béké *white person born in the West Indies*
une bêtise *something stupid;* la bêtise *stupidity*
une bourse (partielle/complète) *(partial/full) scholarship*
la canne à sucre *sugar cane*
une cantine *school cafeteria*
une case *hut*
le certificat d'études *name of a French diploma*
un champ *field*
une colonie *colony*
un combat (de coqs) *(cock) fight*
un concours *competitive exam*
le créole *Creole (language)*
une devinette *riddle*
un diplôme *diploma*
une école primaire *primary school*
l'éducation (f.) *education*
un(e) élève *primary- or secondary-school student*
un enterrement *burial*
l'esclavage (m.) *slavery*

un(e) esclave *slave*
un examen *exam*
l'exploitation (f.) *exploitation*
la fierté *pride*
les frais de scolarité (m. pl.) *tuition*
une île *island*
un incendie *fire*
un instituteur, une institutrice *elementary school teacher*
l'instruction (f.) *schooling*
la justice/l'injustice (f.) *justice/injustice*
le lycée *high school*
un maître, une maîtresse *master; elementary school teacher*
un mensonge *lie*
un métis, une métisse *person of mixed race*
la métropole *the "mother" country, as opposed to the outlying territories*
un(e) mulâtre *mulatto*
l'oppression (f.) *oppression*
un patron, une patronne *boss*
une paye (paie) *paycheck*
un paysage *landscape*
une plantation *plantation*
une prière *prayer*
une punition *punishment*

les racines (f. pl.) *roots*
une rébellion *rebellion*
la résignation *resignation, i.e., acceptance of one's fate*
la résistance *resistance*

le rhum *rum*
la soumission *submission, obedience*
une superstition *superstition*
la traite des esclaves *slave trade*

Verbes

accuser quelqu'un de (faire) quelque chose *to accuse someone of (doing) something*
apprendre (comme *prendre*) *to learn*
apprendre quelque chose à quelqu'un *to teach someone something*
arrêter *to arrest; to stop*
casser *to break*
connaître (irrégulier) *to know*
conseiller à quelqu'un de faire quelque chose *to advise someone to do something*
demander à quelqu'un de faire quelque chose *to ask someone to do something*
déménager (comme *voyager*) *to move (to change residence)*
élever (un enfant) (comme *acheter*) *to raise (a child)*
exploiter *to take advantage of*
faire une bêtise *to do something stupid, to get into trouble*
faire des études *to go to school*
faire des lessives *to do laundry for pay*
faire des repassages *to iron for pay*
faire la vaisselle *to wash the dishes*
lutter *to fight*
mentir (comme *partir*) *to lie*
mettre le feu (à) (irrégulier) *to set fire (to)*
obtenir (comme *tenir*) *to get (a diploma, a scholarship)*

opprimer *to oppress*
passer (un examen, un concours) *to take (an exam, a competitive exam)*
plagier *to plagiarize*
porter (un nom) *to bear (a name)*
poser (une question, une devinette) *to ask (a question, a riddle)*
poursuivre/continuer ses études (comme *suivre*) *to continue one's studies*
prier *to pray*
punir (comme *finir*) *to punish*
raconter une histoire *to tell a story*
recevoir (irrégulier) *to receive, to get*
reconnaître (un enfant) (comme *connaître*) *to recognize (a child) legally*
résister (à) *to resist*
réussir (comme *finir*) *to succeed*
s'amuser *to play, to have fun*
savoir (irrégulier) *to know*
se battre (irrégulier) *to fight*
s'excuser, présenter ses excuses *to apologize*
s'installer *to settle*
se révolter (contre) *to rebel (against)*
se soumettre (à) (comme *mettre*) *to submit, to obey (to)*
se venger (de) (comme *voyager*) *to take revenge (against)*
tricher *to cheat*
voler *to fly; to steal*

Prépositions et expressions adverbiales

à la Martinique/Guadeloupe *in Martinique/Guadeloupe*
aux Antilles *in the West Indies*
en Martinique/Guadeloupe *in Martinique/Guadeloupe*

en retard *late (in the sense of "later than planned")*

Vocabulaire supplémentaire

Noms

une allumette *match*
une amulette *amulet, charm*
un bol *bowl*
une cuillère *spoon*
un morne *hill, in Martinique*
un palmier *palm tree*
une pipe *pipe*
une poule *hen*
une veillée funèbre *wake*
un zombie *zombie*

Verbes

cirer *to polish*
fouetter *to whip*

CHARLES GASSOT ET LES FILMS A4 PRÉSENTENT

LE GOÛT DES AUTRES

UN FILM RÉALISÉ PAR AGNÈS JAOUI

ANNE **ALVARO** JEAN-PIERRE **BACRI**
ALAIN **CHABAT** AGNÈS **JAOUI**
GÉRARD **LANVIN** CHRISTIANE **MILLET**
WLADIMIR **YORDANOFF**

SCÉNARIO D'**AGNÈS JAOUI** ET **JEAN-PIERRE BACRI**

Avec Anne LE NY Brigitte CATILLON Xavier de GUILLEBON Raphaël DEFOUR
Directeur de la photographie Laurent DAILLAND AFC Chef décorateur François EMMANUELLI
Chef monteur Hervé de LUZE Créatrice de costumes Jackie STEPHENS-BUDIN
Ingénieurs du son Jean-Pierre DURET et Dominique GABORIEAU
Arrangements musicaux Jean-Charles JARRELL
Directeur de production Daniel CHEVALIER Producteur exécutif Jacques HINSTIN
Producteurs délégués Christian BERARD Charles GASSOT
Une coproduction Telema Les Films A 4 et France 2 Cinéma
avec la participation de Canal + www.legoutdesautres.com

PATHÈ!

Chapitre 3

MODES DE VIE

Le Goût des autres

Réalisatrice: Agnès Jaoui, France (2000);
112 minutes

*T*he film for this chapter is about class and lifestyle differences and change. A practically minded CEO reluctantly attends a play by seventeenth-century playwright Jean Racine and falls in love with the text and the actress. He befriends her and tries to fit in with her group of artsy and intellectual friends. While studying and working on this chapter, you will acquire vocabulary to speak about the arts (the theater and painting especially) and your own cultural interests. Reviewing nouns, adjectives, and determinants (articles, possessive and demonstrative adjectives, expressions of quantity) will help you express your likes and dislikes and describe your activities in detail.

LES PRIX DU FILM

- Neuf nominations aux Césars (2001): Meilleur film, Meilleur réalisateur, Meilleur montage, Meilleur scénario, Meilleur acteur (Bacri), Meilleur second rôle féminin (Alvaro et Jaoui), Meilleur second rôle masculin (Chabat et Lanvin)
- Quatre Césars (2001): Meilleur film, Meilleur scénario, Meilleur second rôle féminin (Alvaro), Meilleur second rôle masculin (Lanvin)
- Nomination aux Oscars dans la catégorie Meilleur film étranger (2001)

Les personnages (La distribution: les acteurs/actrices): Castella (Jean-Pierre Bacri), Angélique, Madame Castella (Christiane Millet), Clara (Anne Alvaro), Manie (Agnès Jaoui), Moreno (Gérard Lanvin), Deschamps, le chauffeur (Alain Chabat), Antoine, l'ami de Clara (Wladimir Yordanoff) Weber, l'employé de Castella (Xavier de Guillebon), Valérie, l'amie de Clara (Anne Le Ny), Fred (Bob Zaremba)

ENTRÉE EN MATIÈRE

Discussion

1. Aimez-vous les sorties culturelles (le théâtre, l'opéra, les concerts, le cinéma, la visite de musées, etc.)? Au cinéma ou au théâtre, quel genre de film ou de pièce est-ce que vous préférez?

2. Dans une interview, Agnès Jaoui, la réalisatrice du film, a dit qu'elle était très influencée par les films de Woody Allen. Quelles sont quelques caractéristiques des films de Woody Allen?

3. Quels sont vos goûts en matière de décoration? Comment aimez-vous décorer votre chambre ou votre maison?

4. Avez-vous parfois des difficultés avec des amis ou des membres de votre famille parce que vos goûts diffèrent? Donnez un exemple précis et expliquez comment vous avez résolu la différence d'opinions (par exemple, quand vous n'étiez pas d'accord sur le choix d'un film ou d'un objet de décoration).

Le contexte du film

Lisez les informations sur le contexte pour mieux comprendre le film.

1. **Les références théâtrales**

   L'actrice principale du film, Clara, est comédienne, donc le monde du théâtre apparaît souvent dans le film. Les références suivantes vous seront utiles pour mieux comprendre le film.

   - **Henrik Johan Ibsen (1828–1906)**
     Dramaturge norvégien, auteur de drames comme *La Maison de poupée* et *Hedda Gabler*. Clara joue le rôle principal dans *Hedda Gabler*.

   - **Molière (1622–1673)**
     Dramaturge français célèbre pour ses comédies. Dans le film, le personnage Castella assiste à une représentation de sa pièce *Le Malade imaginaire (The Imaginary Invalid)*.

   - **Jean Racine (1639–1699)**
     Dramaturge français. Il a écrit de nombreuses tragédies, dont *Bérénice* (1670), pièce dans laquelle l'empereur romain Titus renonce à son amour pour Bérénice pour des raisons politiques. Clara joue le rôle de Bérénice.

   - **Autres dramaturges**
     Les dramaturges suédois Johan August Strindberg et américain Tennessee Williams sont aussi mentionnés dans le film.

2. **Les chansons**
   - *Juanita Banana* Chanson populaire de T. Howard et M. Kenton, adaptée en français par Henri Salvador en 1966. Le refrain de la chanson est basé sur une aria de l'opéra *Rigoletto* de Verdi.
   - *Non, je ne regrette rien* Dans cette chanson célèbre, Édith Piaf dit qu'elle ne regrette pas sa vie passée et qu'elle est prête à commencer une nouvelle vie avec son amant. Seule la mélodie de cette chanson apparaît à la fin du film, mais les spectateurs connaissent les paroles et peuvent en tirer leurs propres conclusions. Les chansons d'Édith Piaf (1915–1963) reflètent la vie tragique de leur interprète, qui commença sa carrière comme chanteuse de rue avant de devenir une star internationale.

Lecture d'un compte-rendu sur le film

Voici un compte-rendu du film paru dans le journal *L'Humanité*. Lisez-le et répondez aux questions pour vérifier votre compréhension.

Préparation

Devinez *(Guess)* la traduction de ces mots à partir de leur ressemblance avec des mots français ou anglais que vous connaissez.

1. dirigeant (ligne 13)
2. élargit (ligne 23)
3. brillent (ligne 27)
4. flanquée (ligne 28)
5. ouverture d'esprit (ligne 38)

Clara, Antoine, l'art contemporain et les autres
Michaël Melinard

On connaissait Agnès Jaoui actrice et scénariste. La voilà cinéaste. Elle signe avec *Le Goût des autres* un premier long métrage réussi autour du thème de l'exclusion. [5]

Castella (Jean-Pierre Bacri), un chef d'entreprise autodidacte*, se découvre une passion pour le théâtre et l'art contemporain. Le patron est surtout tombé amoureux de Clara (Anne Alvaro), comédienne qui lui donne des cours d'anglais [10] afin de joindre les deux bouts*. Le dirigeant tente donc d'intégrer la bande d'amis dans laquelle évolue l'artiste pour mieux la côtoyer*. Autour de ces personnages évoluent Manie (Agnès Jaoui), une [15] serveuse de bar, Moreno (Gérard Lanvin), le garde du corps de Castella, et Deschamps (Alain Chabat), le chauffeur du chef d'entreprise. [20]

Agnès Jaoui ne s'arrête plus. Omniprésente sur les écrans depuis le début de l'année, l'actrice-scénariste élargit sa palette. Elle se révèle cinéaste avec *Le Goût des autres*. Ses scénarios marqués [25] par un foisonnement de personnages … brillent par leur humour cinglant* et un cynisme dévastateur. Toujours flanquée de son compagnon Jean-Pierre Bacri pour l'écriture, Agnès Jaoui se fait plus [30] grave dans ce long métrage sans perdre son mordant*….

Jaoui parle d'un monde qu'elle aime et qu'elle connaît bien. Elle examine le thème des [35] préjugés à travers le prisme des artistes. Dans ce milieu réputé pour sa grande tolérance et son ouverture d'esprit, le cloisonnement* règne. Pour s'intégrer, il faut montrer patte blanche*. L'exclusion [40] n'est pas toujours celle que l'on croit. Agnès Jaoui nous envoie un message simple digne d'*un célèbre slogan publicitaire. "Nous n'avons pas les mêmes valeurs et on s'en fout*!" [45]

*L'Humanité,
01 mars 2000*

autodidacte: *self-taught*

afin de joindre les deux bouts: *to make ends meet*

pour mieux la côtoyer: *to spend more time with her*

cinglant: *stinging*

son mordant: *her punch*

le cloisonnement: *separations*

il faut montrer patte blanche: *you have to show that you belong*

digne d': *worthy of*

on s'en fout: *we don't care*

How to Answer Questions about a Reading

Avoid general answers by referring to specifics in the passage. Note line numbers in your responses so you can refer your classmates to the words you are invoking and speak concretely about Agnès Jaoui, Castella and Clara, and the artistic milieu represented in the film.

Compréhension

1. Agnès Jaoui a plusieurs professions dans le monde du cinéma. Lesquelles?
2. Avec qui est-ce que Jaoui écrit ses scénarios? Qu'est-ce qui caractérise ses scénarios?
3. Comment le scénario du film *Le Goût des autres* se distingue-t-il des autres scénarios de Jaoui? De quoi parle-t-il?

Réactions

1. Que veut faire Castella dans le film? Est-ce que c'est facile? Pourquoi (pas)?

2. Quel est le thème du film? Quel milieu Jaoui choisit-elle pour développer ce thème? Quel est son message?

3. D'après vous, quelle va être votre réaction au film: Est-ce que vous allez rire, pleurer, réfléchir?

Questions de langue

1. Cherchez deux synonymes du mot "patron" dans le deuxième paragraphe.

2. Exprimez ces mots et expressions de manière différente.
   a. afin de joindre les deux bouts
   b. tente

3. Faites une liste du vocabulaire associé au cinéma qui se trouve dans les premier et troisième paragraphes.

> *Rappel*   D'après le compte-rendu, les scénarios d'Agnès Jaoui contiennent un grand nombre de personnages, de l'humour et du cynisme. Déterminez qui sont les personnages les plus cyniques dans la séquence.
>
> **Suggestion** *(Hint)*: Faites attention aux gestes des personnages pendant le premier visionnement, puis au ton de leurs voix et à leurs sujets de conversation dans le deuxième.

Visionnement d'une séquence
(sans son ni sous-titres)

Du début du film au moment où on voit l'intérieur de l'usine; l'extrait inclut les scènes au restaurant et dans la voiture (6 minutes).

1. D'après vous, quels sont les sujets de conversation des personnages? Choisissez parmi les sujets suggérés.

> une affaire de corruption   ce qu'ils vont faire le soir   un contrat
> les enfants   les femmes   la nourriture   la politique   le repas   le sport

   a. les deux hommes qui attendent au début du film
   b. les deux hommes à table
   c. l'homme et la femme à table
   d. l'homme et la femme en voiture

2. Quels vous semblent être un ou deux traits de personnalité de chacun des cinq personnages? Vous pouvez utiliser les suggestions ci-dessous.

> accommodant(e)   conciliant(e)   critique   cultivé(e)
> cynique   gentil(le)   honnête   ignorant(e)   naïf (-ive)
> niais(e)   respectueux (-euse)   susceptible   vieux jeu

Refer to the **Liste de vocabulaire** (page 83) for the meaning of adjectives you don't know.

   a. la femme
   b. son mari
   c. l'homme avec qui ils déjeunent au restaurant
   d. le chauffeur
   e. le collègue du chauffeur

3. Imaginez la bande-son pendant le trajet en voiture.

Deuxième visionnement de la séquence
(avec son, sans sous-titres)

Lisez les questions ci-dessous, puis visionnez la scène une seconde fois en faisant bien attention à la bande-son. Répondez ensuite aux questions.

Compréhension

Après le visionnement, notez la bonne réponse.

1. Les deux hommes qui attendent parlent _____ .
   a. du dernier match de foot
   b. de corruption et d'honnêteté
   c. de leur vie sentimentale

2. Pour illustrer son argument, l'homme à gauche fait une analogie entre les gens et _____ .
   a. les pommes de terre
   b. les huîtres (*oysters*)
   c. les animaux domestiques

3. L'homme à droite se considère _____ et considère son ami le chauffeur _____ .
   a. idéaliste; pessimiste
   b. cynique; optimiste
   c. réaliste; naïf

4. Les deux hommes à table discutent _____ .
   a. d'un projet de livre
   b. d'une vente de voiture
   c. d'un contrat important

5. Pour réaliser ce projet, Castella doit _____ .
   a. consulter des statistiques
   b. suivre des cours d'anglais
   c. trouver des fonds

6. La femme intervient pour _____ .
   a. donner des conseils diététiques
   b. donner son opinion sur la discussion
   c. demander qu'on se dépêche (le chien commence à s'impatienter)

7. En voiture, le mari parle essentiellement _____ .
   a. de nourriture
   b. du programme de télévision de ce soir
   c. du prix du repas

8. Sa femme fait des remarques admiratives sur _____ .
   a. la décoration du restaurant
   b. les talents d'actrice de sa nièce
   c. les vêtements de l'homme avec qui ils ont mangé

9. Ce soir, l'homme et sa femme doivent aller _____ .
   a. au restaurant
   b. au cinéma
   c. au théâtre

Réactions

1. Que pensez-vous de la juxtaposition des scènes au début du film (l'alternance entre le chauffeur
et son ami et les personnes qui sont à table)? Qu'est-ce que cette juxtaposition nous apprend sur l'importance des différents personnages?

2. Si vous avez lu le compte-rendu, vous savez ce qui va arriver au chef d'entreprise. Comment imaginez-vous le rôle des autres personnages dans le film?

3. Est-ce que le choix de la musique vous a surpris? Quel contraste peut-on remarquer entre la bande-son et les images pendant le trajet en voiture? Ce contraste peut-il vous aider à deviner (*guess*) un thème important du film?

4. Regardez l'affiche française et l'affiche américaine. Quelles impressions du film donnent-elles? Laquelle vous donne le plus envie de voir le film? Pourquoi?

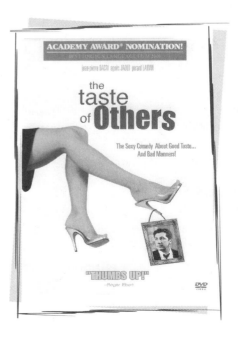

Préparation au visionnement du film

En regardant le film, faites attention aux aspects suivants et notez vos observations.

1. **Les personnages:** Qui sont les personnages principaux et secondaires? La division entre personnages principaux et secondaires est-elle traditionnelle?

2. **Les goûts des personnages:** Quels sont leurs goûts dans le domaine du théâtre, de la peinture et de la décoration? Notez quelques éléments de décoration dans la maison des Castella.

3. Quel rôle joue la musique dans le film? Quel est le rapport entre les pièces et émissions de télévision que les personnages regardent et les thèmes du film?

> **Viewing Tips**
>
> Notice:
> • topics of conversation among the various characters; how they treat people who don't belong in their circles
>
> Ask yourself:
> • Why does the director include so many characters?
> • Which characters evolve and which don't?
>
> Anticipate:
> • difficulty understanding the conversations because of the amount of slang

---

AVANT LE PROCHAIN COURS

1. *Cahier:* Faites **Les mots pour le dire.**

2. *Le Goût des autres:* Visionnez le film.

3. *Manuel:* Étudiez *Le groupe nominal* et *Les noms* (pages 261–263) et faites l'exercice de la section **Application immédiate 1.**

LES MOTS POUR LE DIRE

Définitions

Le mot juste

Quels mots de la **Liste de vocabulaire** correspondent aux définitions suivantes?

1. une présentation publique d'œuvres d'art
2. ce qu'écrit un dramaturge
3. quelqu'un qui assiste à une représentation
4. un endroit où on fabrique des produits industriels
5. la sœur d'un mari
6. quelque chose qui permet de passer le temps et de s'amuser
7. réussir à faire partie d'un groupe
8. traiter avec dédain quelqu'un qu'on ne respecte pas
9. le fait d'être assorti
10. le fait d'abandonner son travail volontairement

> **Références à consulter**
> • **Liste de vocabulaire,** page 83
> • **Votre dictionnaire personnel** (page 41, *Cahier*)

Définitions

Inventez des définitions pour trois autres mots de la **Liste de vocabulaire** (page 83).

Associations

Quels sont les ingrédients d'une bonne relation et ceux d'une relation peu satis-
faisante? Classez les verbes et expressions qui suivent dans une des catégories.

avoir des aventures	faire des reproches	se méfier
dire la vérité	plaire	tomber amoureux
être bien assorti	râler	voir tout en noir
faire confiance	rejeter	
faire des concessions	s'engager	

une bonne relation	une relation peu satisfaisante

La vie culturelle

Associations

Éliminez le mot qui ne va pas avec les autres.

1. décorateur   spectateur   dramaturge   peintre
2. pièce   scène   peinture   théâtre
3. intrigue   tableau   galerie   exposition
4. tragédie   comédie   feuilleton   drame
5. première   salle   dernière   représentation
6. jouer   assister   peindre   mettre en scène

Les activités des personnages

> Use **faire de** to speak about participating in an activity (faire de la musique, de l'anglais, du sport, du théâtre, etc.). Use **jouer de** to indicate more specifically which musical instrument one plays.

Vocabulaire utile

le bricolage: *odd jobs or repairs, home repairs, home improvement*

le chant: *singing*

la cuisine: *cooking*

la décoration: *decorating*

la guitare: *guitar*

les mots-croisés: *crossword puzzles*

la photo: *photography*

le piano: *piano*

le scrapbooking: *scrapbooking*

le violon: *violin*

Décrivez les activités non sportives des personnages du film. Imaginez-en si le film n'en mentionne pas.

1. Monsieur Castella
2. Madame Castella
3. Clara

4. Deschamps
5. Moreno
6. l'ami de Clara et d'Antoine

Vos activités

Expliquez à un(e) camarade de classe ce que vous faites pendant votre temps libre. Allez-vous au théâtre, au cinéma, ou à des concerts? Visitez-vous des musées et des expositions? Quelles activités artistiques est-ce que vous pratiquez? Dites combien de fois par semaine, par mois, ou par an vous faites ces activités. Utilisez le vocabulaire du chapitre, le **Vocabulaire utile,** et un dictionnaire si nécessaire.

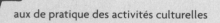

Taux de pratique des activités culturelles

Pratiques culturelles des Français de plus de 15 ans en 2000:
- 58% ont lu au moins un livre
- 50% sont allés au moins une fois au cinéma
- 45% ont visité un musée, une exposition ou un monument historique
- 29% ont assisté à une pièce de théâtre ou à un concert
- 14% ont pratiqué une activité artistique en amateur (musique, danse, peinture, sculpture, etc.)
- 21% n'ont pratiqué aucune activité culturelle

Source: Enquête Permanente sur les Conditions de vie d'octobre 2000, INSEE

À l'écoute: Les pratiques culturelles

L'INSEE (Institut National de la Statistique et des Études Économiques) est chargé d'une enquête permanente sur les conditions de vie des ménages *(households)*. Une partie de cette étude est une analyse annuelle des pratiques culturelles des Français sous forme de cinq questions. On demande aux personnes interrogées combien de fois, pendant les douze derniers mois, elles sont allées au cinéma, ont fait une sortie au théâtre ou au concert, ont visité un musée, une exposition ou un monument historique, ont pratiqué une activité artistique (musique, peinture, théâtre, sculpture) ou ont lu un livre. Le texte que vous allez entendre présente quelques résultats de l'enquête réalisée en octobre 2000.

TRACK 12

1. Depuis vingt-cinq ans, les activités culturelles sont _____.
   a. en augmentation
   b. en diminution
   c. stables

2. L'activité culturelle la plus pratiquée en France est _____.
   a. le cinéma
   b. la lecture
   c. la visite de musées

3. Quel pourcentage de personnes n'ayant pas d'activités culturelles pendant l'enfance n'en ont pas à l'âge adulte?
   a. 30%
   b. 40%
   c. 50%

4. Dans une famille, quel enfant a le plus accès à la culture?
   a. un fils/une fille unique
   b. le/la plus jeune
   c. l'aîné(e)

5. Les habitants des campagnes lisent _____ que les citadins (les habitants des villes).
   a. moins
   b. autant
   c. plus

6. Les hommes pratiquent des activités artistiques _____ que les femmes.
   a. moins souvent
   b. aussi souvent
   c. plus souvent

7. Qui a le plus d'activités culturelles?
   a. les enseignants, les ingénieurs et les cadres
   b. les commerçants et les chefs d'entreprise
   c. les jeunes de 15 à 24 ans

8. Quel facteur n'est pas cité pour expliquer l'évolution des pratiques culturelles?
   a. l'amélioration de l'éducation
   b. l'augmentation du revenu des familles
   c. l'augmentation du temps libre

AVANT LE PROCHAIN COURS

1. **Manuel:** Étudiez *Les déterminants* (pages 264–267) et faites les exercices des sections **Application immédiate 2** et **3.**

2. **Cahier:** Faites **Préparation à la discussion.**

DISCUSSION

Chronologie

Rétablissez la chronologie des scènes du film en les numérotant de 1 à 12. Puis lisez-les à voix haute en classe pour vérifier la chronologie.

_____ Les amis de Clara se moquent de Castella au restaurant.

_____ Manie et Deschamps passent la nuit ensemble.

_____ Les Castella assistent à une pièce de théâtre.

_____ Castella manque un cours d'anglais.

_____ Clara est heureuse de voir Castella parmi les spectateurs d'*Hedda Gabler*.

_____ Castella prend goût au théâtre et aux cours d'anglais.

_____ Clara rejette la déclaration d'amour de Castella.

_____ Castella se ridiculise en racontant des plaisanteries de mauvais goût.

_____ Manie ne veut pas s'engager avec Moreno.

_____ Castella commande une fresque pour son usine.

_____ La sœur de Castella s'affirme et décore son appartement à son goût.

_____ Clara reproche à ses amis de profiter de Castella.

Réactions

1. Dressez un portrait des personnages principaux. Quelle est la personnalité de chacun et son attitude face à la vie? Quelle est sa profession? Quels sont ses goûts?

2. Les Castella: Quel genre de vie mènent-ils? De quoi parlent-ils? Est-ce qu'ils forment un couple bien assorti?

3. D'après vous, pourquoi est-ce que Castella a eu une révélation au théâtre?

4. Quels sont les sujets de conversation de Clara et de ses amis? Qu'est-ce qui se passe quand Castella se joint à eux? Donnez des exemples précis.

5. Expliquez comment Castella a déclaré ses sentiments à Clara. Comment trouvez-vous sa déclaration (touchante? originale? ridicule? courageuse?) et la façon dont Clara l'a rejetée?

Pourquoi font-ils cette tête?

6. Pourquoi Monsieur Castella a-t-il remplacé le tableau du salon, *La Liseuse* de Fragonard, par une peinture abstraite? À votre avis, pourquoi est-ce que Madame Castella avait choisi le tableau de Fragonard? Quelle ironie peut-on voir dans le choix de ce tableau par la réalisatrice?

7. Que pensez-vous du couple Manie–Moreno? Qu'est-ce qui s'est passé entre eux à la fin? Est-ce que cela vous a surpris?

8. Comment se termine l'histoire pour Clara, Castella et Deschamps? Quel est le "message" de la réalisatrice?

9. Commentez la mise-en-scène.
   a. Pourquoi la réalisatrice juxtapose-t-elle souvent les scènes?
   b. Quel rôle joue la musique dans le film? Pensez par exemple à la musique d'opéra au début du film, à la scène où Castella reconnaît la mélodie de *Juanita Banana,* et à l'air d'une chanson d'Édith Piaf qu'on entend à la fin du film.

10. Décrivez brièvement les scènes suivantes et expliquez à quoi elles servent dans le film.
    a. la scène où Clara et ses amis sont en train de parler au propriétaire de la galerie de peinture
    b. la scène dans laquelle on voit Castella avec son père et sa sœur
    c. les scènes où on parle de l'inspecteur Tortue
    d. les scènes dans lesquelles on voit le chien de Madame Castella

Jean-Honoré Fragonard was a well-known eighteenth-century artist who painted allegorical and intimate, sentimental scenes. *La Liseuse* (1770) represents a young girl reading.

À l'écoute: *Le Goût des autres*

Vous allez entendre une conversation entre Sophie et Bernard, qui viennent de voir *Le Goût des autres*. Écoutez leur discussion et vérifiez si vous avez compris en répondant aux questions de l'exercice ci-dessous.

TRACK 15

1. Sophie a bien aimé _____.
    a. Monsieur Castella
    b. Madame Castella
    c. Clara

2. Bernard a trouvé Castella _____.
    a. touchant et drôle
    b. ridicule et conventionnel
    c. ignorant et grossier

3. Ce qui a plu à Sophie, c'est _____.
    a. l'évolution intellectuelle de Castella
    b. les préoccupations intellectuelles de Clara
    c. le travail de Castella comme chef d'entreprise

4. Quelle nouvelle activité de Castella est-ce que Sophie ne mentionne pas?
    a. suivre des cours d'anglais
    b. assister à des pièces
    c. discuter de littérature

5. Bernard pense que Castella s'intéressait à la culture _____.
    a. par goût
    b. pour faire bonne impression sur Clara
    c. pour se différencier de sa femme

6. Sophie pense que Castella a voulu s'intégrer au groupe d'amis de Clara _____.
    a. par goût
    b. parce qu'il n'aimait pas rester chez lui
    c. par snobisme

7. Bernard pense que Clara n'avait pas rencontré l'âme sœur parce qu' _____.
    a. elle ne faisait pas confiance aux hommes
    b. elle était trop rigide et intolérante
    c. elle ne voulait pas s'engager

8. Bernard croit que Clara et Castella _____.
    a. sont faits l'un pour l'autre
    b. ne vont pas ensemble
    c. vont apprendre à s'entendre

AVANT LE PROCHAIN COURS

1. *Manuel:* Étudiez *Les adjectifs* (pages 267–273) et faites les exercices des sections **Application immédiate 4** à **7.**

2. *Cahier:* Préparez **Pour aller plus loin.**

POUR ALLER PLUS LOIN

Qui a dit quoi?

Notez quel personnage a dit chaque phrase.

1. _____: "Les gens, ce qu'ils veulent, c'est continuer à dormir."

2. _____: "Les gens, ils veulent qu'une chose, c'est se distraire. Ils veulent oublier leurs soucis."

3. _____: "J'essaie de lui faire aimer les belles choses et elle est complètement fermée."

4. _____: "Tu commences à faire des concessions, tu finis en carpette."

   _____: "Sans fermer ta gueule, tu peux être un peu plus conciliante."

   _____: "Ben non, elle est comme elle est. C'est à lui d'être assez adulte."

5. _____: "J'ai toujours l'impression de passer un examen avec vous. Vous êtes obligé de me parler comme un ministre? Vous pouvez pas parler normalement, non?"

6. _____: "On dirait pas une actrice. C'est vraiment une actrice, cette femme?"

7. _____: "C'est drôle comme on se fait des idées sur les gens. Quand je pense que j'aurais pu passer à côté!"

8. _____: "À chaque fois qu'y a un problème tu laisses tomber et puis tu critiques. T'as qu'à le changer, le monde, toi, puisque t'es si pur."

9. _____: "Tu crois que je suis bien dans cette bonbonnière, là. Je peux plus les voir, moi, ces murs roses, ces petits oiseaux, ces fleurs."

10. _____: "Vous avez pas imaginé une minute que ça pouvait être… par goût?"

This chapter presents nouns, articles, expressions of quantity, and adjectives in the context of class and lifestyle differences presented in *Le Goût des autres* so that, with the help of the **Liste de vocabulaire** (pages 83–85), you can discuss interpersonal relationships and personal taste. If you need to review the grammar, refer to **Grammaire**, beginning on page 261. Complete and correct the **Application immédiate** exercises and then complete the workbook sections **Préparation à la discussion** (pages 44–50) and **Pour aller plus loin** (pages 50–54).

Décrivez leur intérieur. Pourquoi est-ce que Castella disparaît presque dans le décor?

Réactions

Jean-Pierre Bacri, le co-scénariste du film, a dit dans une interview qu'Agnès Jaoui et lui avaient voulu faire *Le Goût des autres* parce qu'ils avaient remarqué que 99% de leurs amis étaient comme eux et qu'ils voulaient explorer ce qui se passe quand des gens de milieux différents essaient de vivre ensemble:

"Interview Agnès Jaoui, Jean-Pierre Bacri"; http://www.filmfestivals.com

On avait envie de parler des clans…, du sectarisme,… , du fait que les gens se groupent par références culturelles, que chacun croit détenir dans son ⁵ clan la vérité. … On avait envie de parler de l'exclusion, du fait que les gens sont si méprisants les uns envers les autres à partir du moment où ils n'ont pas les mêmes références. ¹⁰

1. Comment est-ce que les citations de **Qui a dit quoi?** illustrent ce que Jaoui voulait faire dans son film? D'après ces citations, qu'est-ce qui cause des difficultés relationnelles entre les gens?

2. En regardant autour de vous dans la société, êtes vous d'accord avec le proverbe "Qui se ressemble s'assemble" *(Birds of a feather flock together)*?

3. Comment sont vos amis? Est-ce qu'ils/elles ont plutôt les mêmes idées et les mêmes goûts que vous? Avez-vous des amis très différents de vous?

4. Vous êtes vous trouvé(e) dans des situations embarrassantes où vous n'aviez pas du tout les mêmes points de référence que les personnes avec qui vous étiez?

5. Avez-vous essayé de vous intégrer à un groupe déjà constitué? Comment avez-vous fait?

Les goûts

Vous allez lire quelques annonces de rencontre *(personal ads)* du magazine *Le Nouvel Observateur*. Elles contiennent beaucoup d'adjectifs qui décrivent la personne qui cherche l'âme sœur et la personne recherchée.

1. Voici quelques adjectifs qui apparaissent dans les annonces que vous allez lire, mais ils sont abrégés. Les reconnaissez-vous? (La première partie de la liste est probablement plus facile.)

   a. div.
   b. fém.
   c. gd
   d. génrx
   e. intel.
   f. respect.
   g. sér.
   h. ssible
   i. cult.
   j. dce
   k. dist.
   l. lib.
   m. mce
   n. non prat.
   o. raff.
   p. retr.
   q. sens.
   r. tdre

2. Avant de lire les annonces, déchiffrez *(decipher)* d'autres abréviations pour mieux les comprendre.

RP F 52a div. Juive non prat. ch. H 50–65a même profil pr relation durable; photo souhaitée.

Note: Le début d'une annonce donne une indication sur l'endroit où habite la personne. Ici, "RP" signifie "région parisienne."

92 bel H tendre sensuel ét. sup. 48a ch. jolie JF sexy sportive.

Note: Personals in France often include a number that corresponds to the department of residence. For example, 92 is the number of **les Hauts-de-Seine,** which is located to the west of Paris.

Devinez la signification de ces abréviations.

a. F   **e.** H
b. a   **f.** pr
c. div.   **g.** ét. sup.
d. ch.   **h.** JF

3. Maintenant lisez les petites annonces à la page suivante pour déterminer les caractéristiques que chaque sexe recherche chez l'autre.

Some ads mention the person's height, for example, **1,68** means one meter and 68 centimeters, the equivalent of 5'7" (one inch equals 2.5 cm). **1,68** is expressed in French as **un mètre soixante-huit.**

    a. Expliquez quelles caractéristiques les hommes recherchent le plus chez les femmes et vice versa. Faites des phrases selon le modèle suivant.

      Exemple: **Les femmes aiment les hommes sociables, les hommes riches, etc.**

          Les hommes recherchent des femmes intéressantes, des belles femmes, etc.

    Les femmes aiment les hommes…
    Les hommes recherchent des femmes…

    b. Est-ce que les hommes et les femmes recherchent des qualités différentes? Êtes-vous surpris(e) par ces résultats?

PARTICULIERS FEMMES

Jolie créature brune de 41a personnalité forte et attachante ch. H âge mûr aisé génrx et compréhensif pr une belle histoire d'amour; réponse assurée **Ecrire journal réf.1240/10 G**

75 F 41a intérimaire de l'amour cherche CDI. Dans le désordre amoureux: petite, brune, sexy, divorcée, une enfant rêvée, cherche alter-ego, mélange de Clint East Wood dy Allen et Raphael CV avec photo please!! **Ecrire journal réf. 1240/10 H**

75 belle F 56a dist. enthousiaste ch. H lib., 55-60a, gd, ssible, NF, pr part. émotions, voy., lect., sorties, rel. dur.; ph. souh. **Ecrire journal réf. 1240/10 J**

RP F 52a div. juive non prat. ch. H 50-65a méme profil pr relation durable; photo souhaitée **Ecrire journal réf. 1240/10 K**

17 Avant grip. aviaire 2 oies cendrées 60a cult. raff. intellig. attend. canard huppé 68 + susc. off. parcours hs piste ds harm. luxe conniv. migrat. de haut vol? lettre dét. + photo ex. **Ecrire journal réf.1240/10 L**

89 F 45a char. mce ch. H culti. équil. quéte intér. pr rel. dur. **Ecrire journal réf.1240/10 N**

75 F 50a 1,68 div. dce, ouverte ch. H 45-60a pr relat. complice **Ecrire journal réf.1240/10 O**

Ch. H (45-55a), libre, honnête respect. volotitaire et animé d'assez de dynam. et de joie de vivre Pour accomp. dans la vie F 45a, cultivée féminine, gaie, mince, aimant sorties (théâ., concert, diners á 2 ou amis, golf, bridge). H mariés s'abstenir; photo souhaitée **Ecrire journal réf.1240/9 B**

Parisienne 65a désire amitié amoureuse avec H chaleureux et droit 55-65a libre aussi le we **Ecrire journal réf.1240/9 C**

41 F 72a assez bien enfin! rêve compagnon pr coeur câlins, sé-rieux max 75a, Sologne espérée **Ecrire journal réf.1240/9 D**

S-E/92 vraie F b. niv. soc-cult. sens. rousse yx verts 65a 1,62 mce NF ch. H 65–70 gd m. profil pr rel. sens. tdre sér. ph. souh. **Ecrire journal réf.1240/9 E**

Charm. mamy 65a aimt nat. cult. espère ami cœur esprit pr part. essentiel et superflu ds harm. **Ecrire journal réf.1240/9 F**

PARTICULIERS HOMMES

Direct. Sté div. 50a 1,80 bcbg ht niv. soc. épicurien et tr. sympa ch. tr. belle JF 30e aimt la vie, les sorties et les voyages; rép. assurée (photo impérative) **Ecrire journal réf.1240/10 A**

Paris ing. 72a sportif musicol., marié privé d'affect. très dispo shte renc, dame 60-65a qui aussi rech. tdresse rel. dur., NF **Ecrire journal réf. 1240/10 B**

75 50a bonne sit. aimant la vie sincère altruiste esprit ch. femme bon niveau en vue vie à 2 **Ecrire journal réf. 1240/10 C**

75/40 Comment le dire? 56 ans libre, prof. lib., mais il veut continuer à dire je t'aime et à se l'entendre dire, à partager des projets et un amour. Alors pourquoi pas nous? **Ecrire journal réf.1240/10 D**

H, 41 ans, ingénieur, sportif, cherche une JF en vue de construire une relation durable **Ecrire journal réf.1240/10 1**

75 Dirigeant haut niveau, 57a, offre appui et soutien à JF étudiante ou cadre débutante à Paris, 30a maxi, sexy, sensuelle. tél. et photo souhaités. **Ecrire journal réf.1240/10 E**

84 H marié 54a ch. ami-amante pour cultiver jardin hédoniste avec tendresse et sincérité **Ecrire journal réf.1240/10 R**

34 et + beau gentleman 56a lib. sportif humour aisé golf cult, voy. ch. JF fine intel. pr vie à 2 **Ecrire journal réf.1240/10 S**

75 H retr. c. sup. div. ch. amie sens. pr rel. amicale tdre loisirs **Ecrire journal réf.1240/10 T**

92 bel H tendre sensuel ét sup. 48a ch. jolie JF sexy sportive **Ecrire journal réf.1240/10 X**

92 Hauts de Seine 61/1,74/67, tendre, sincère cherche ami 50-60 ans, même profil pour relation simple et harmonieuse avec brin d'humour **Ecrire journal réf.1240/10 U**

RP H 61/172/72 ét. sup. sport. éq. cps-esp. ch. hum. sens. sh. F < 47a jol. mce fém. pr rel. qual. tdre harm. ss à priori **Ecrire journal réf.1240/10 W**

94 H 50e div. b. phys. exc. niv. soc. aisé ch. JJF raff. min. ssuel. pr part. plais. de la vie sort. we rel. compl. durab. voir +, ph. **Ecrire journal réf. 1240/10 Y**

75 H 67a phys. agré. épicur. tdre pas lib. dispo shte sortir rire aimer F classe désira. reçoit **Ecrire journal réf. 1240/10 Z**

Bretagne/RP, PDG dit bet H, libre, 1,82, brun, sportif, calme, humain générx humour, goûts éclec. procht libre, activ. pro., shte engager projet qualité et complicité avec jolie JF 30–40a, raffinée, sens., équilibrée. ttes origines, enft accept. photo svp **Ecrire journal réf.1240/9 A**

Lequel va-t-elle choisir? Pourquoi, d'après vous?

À l'écrit: Une petite annonce

Écrivez une petite annonce pour chaque personnage célibataire du film et une pour vous, si vous le souhaitez.

    a. Manie

    b. Clara

    c. Moreno

    d. Deschamps

    e. Vous

AVANT LE PROCHAIN COURS

Cahier: Faites **Préparation à la lecture.**

LECTURE

Castella prend goût au théâtre en assistant à une représentation de *Bérénice*, tragédie de Jean Racine dans laquelle Clara joue le rôle principal. Plus tard, on comprend qu'il assiste aussi à une pièce de Molière, *Le Malade imaginaire*. Il la trouve très amusante, mais les amis de Clara se moquent de lui car cette pièce n'est pas du tout intellectuelle. Vous allez mieux comprendre les goûts théâtraux de Castella en lisant un extrait d'une autre pièce de Molière, *Le Bourgeois gentilhomme*, dont les thèmes ressemblent un peu à ceux du film.

Discussion

1. Quelles difficultés rencontre-t-on quand on lit ou regarde une pièce de Shakespeare? Pourquoi ses pièces sont-elles encore populaires aujourd'hui?

2. Imaginez les actions d'un bourgeois *(middle-class man)* qui voudrait paraître aristocrate.

Shakespeare (1564–1616) and Molière (1622–1673), whom you'll discover in this section, lived a couple of generations apart.

Molière

Le Malade imaginaire (*The Imaginary Invalid*, 1673) is a comedy about a healthy rich man who believes he is sick. His imaginary condition threatens to destroy his family, as he plans to marry his daughter to a physician in order to be surrounded by doctors.

Le Bourgeois gentilhomme (1670) is another comedy about a middle-class merchant who goes to ridiculous lengths to pass himself off as a member of the nobility (a "gentleman"). To acquire social graces, he takes lessons in dance, fencing, music, philosophy, and speech. Like the imaginary invalid, he opposes his daughter's choice for a husband, and he falls prey to those who benefit from his desire to rise in society.

Que voulez-vous donc que je vous apprenne: *What do you want me to teach you*

Soit: D'accord

en ouvrant: *by opening*

j'entends: je comprends

Vive la science: *Long live science!*

comme si vous faisiez la moue: *as if you were pouting*

vous ne sauriez lui dire que U: *you could only say U to him*

Ah que n'ai-je étudié plus tôt: *Why didn't I study earlier*

The verb stem + -ant is called a participe présent; **en** followed by a **participe présent** is translated by + verb + -ing: (**en ouvrant:** by opening); there are several present participles in this section.

Le Bourgeois gentilhomme

Dans *Le Bourgeois gentilhomme*, Molière se moque des gens qui veulent imiter les personnes d'une classe sociale plus élevée. Le personnage principal est un bourgeois, Monsieur Jourdain, qui voudrait être noble (gentilhomme). Pour cela, il doit se cultiver, car il est très ignorant. Dans la scène qui précède ce passage, il a essayé d'apprendre le latin, la logique, la morale et la physique, mais il a trouvé ces matières trop difficiles et ennuyeuses. Maintenant il demande à son professeur (appelé "maître de philosophie") de lui enseigner l'orthographe.

MAÎTRE DE PHILOSOPHIE Que voulez-vous donc que je vous apprenne*?

MONSIEUR JOURDAIN Apprenez-moi l'orthographe.

MAÎTRE DE PHILOSOPHIE Très 5 volontiers.

MONSIEUR JOURDAIN Après vous m'apprendrez l'almanach, pour savoir quand il y a de la lune, et quand il n'y en a point. 10

MAÎTRE DE PHILOSOPHIE Soit*. Pour bien suivre votre pensée, et traiter cette matière en philosophe, il faut commencer selon l'ordre des choses, par une exacte connaissance de la nature 15 des lettres, et de la différente manière de les prononcer toutes. Et là-dessus j'ai à vous dire, que les lettres sont divisées en voyelles, ainsi dites voyelles, parce qu'elles expriment les voix; et en con- 20 sonnes, ainsi appelées consonnes, parce qu'elles sonnent avec les voyelles, et ne font que marquer les diverses articulations des voix. Il y a cinq voyelles, ou voix, A, E, I, O, U. 25

MONSIEUR JOURDAIN J'entends* tout cela.

MAÎTRE DE PHILOSOPHIE La voix, A, se forme en ouvrant* fort la bouche, A. 30

MONSIEUR JOURDAIN A, A, Oui.

MAÎTRE DE PHILOSOPHIE La voix, E, se forme en rapprochant la mâchoire d'en bas de celle d'en haut, A, E.

MONSIEUR JOURDAIN A, E, A, E. 35 Ma foi oui. Ah que cela est beau!

MAÎTRE DE PHILOSOPHIE Et la voix, I, en rapprochant encore davantage les mâchoires l'une de l'autre, et écartant les deux coins de la bouche 40 vers les oreilles, A, E, I.

MONSIEUR JOURDAIN A, E, I, I, I, I. Cela est vrai. Vive la science*.

MAÎTRE DE PHILOSOPHIE La voix, O, se forme en rouvrant les mâ- 45 choires, et rapprochant les lèvres par les deux coins, le haut et le bas, O.

MONSIEUR JOURDAIN O, O. Il n'y a rien de plus juste. A, E, I, O, I, O. Cela est admirable! I, O, I, O. 50

MAÎTRE DE PHILOSOPHIE L'ouverture de la bouche fait justement comme un petit rond qui représente un O.

MONSIEUR JOURDAIN O, O, O. Vous avez raison, O. Ah la belle chose, 55 que de savoir quelque chose!

MAÎTRE DE PHILOSOPHIE La voix, U, se forme en rapprochant les dents sans les joindre entièrement, et allongeant les deux lèvres en dehors, les 60 approchant aussi l'une de l'autre sans les rejoindre tout à fait, U.

MONSIEUR JOURDAIN U, U. Il n'y a rien de plus véritable, U.

MAÎTRE DE PHILOSOPHIE Vos 65 deux lèvres s'allongent comme si vous faisiez la moue*: d'où vient que si vous la voulez faire à quelqu'un, et vous moquer de lui, vous ne sauriez lui dire que U*.

MONSIEUR JOURDAIN U, U. Cela 70 est vrai. Ah que n'ai-je étudié plus tôt*, pour savoir tout cela.

MAÎTRE DE PHILOSOPHIE Demain, nous verrons les autres lettres, qui sont les consonnes. 75

Compréhension

1. Pourquoi certaines lettres s'appellent-elles voyelles?

2. Expliquez et démontrez comment on forme les sons A, E, I, O, U. Réécrivez les explications du maître de philosophie en remplaçant les participes présents par des impératifs ou par **il faut**.

   Exemple: La voix A se forme en ouvrant fort la bouche, A.

   Pour prononcer la voyelle A, ouvrez grand la bouche/il faut ouvrir grand la bouche, A.

Questions de langue

1. Les adjectifs
   a. Faites une liste des adjectifs qui précèdent les noms du passage. Sont-ils au masculin ou au féminin? Au singulier ou au pluriel?
   b. L'adjectif **exact** va en général après le nom. On le place parfois devant le nom pour produire un effet. Pourquoi est-il devant le nom dans "une exacte connaissance"?
   c. Cherchez deux adjectifs au comparatif.

2. Exprimez la phrase suivante d'une autre manière: "Ah que n'ai-je étudié plus tôt, pour savoir tout cela."

Après la leçon sur les voyelles, le maître de philosophie a enseigné les consonnes à Monsieur Jourdain. Il lui apprend maintenant la composition.

MONSIEUR JOURDAIN Je vous en prie*. Au reste il faut que je vous fasse* une confidence. Je suis amoureux d'une personne de grande qualité*, et je souhaiterais que vous m'aidassiez* à lui écrire quelque chose dans un petit billet* que je veux laisser tomber à ses pieds.

MAÎTRE DE PHILOSOPHIE Fort bien.

MONSIEUR JOURDAIN Cela sera galant*, oui.

MAÎTRE DE PHILOSOPHIE Sans doute. Sont-ce des vers que vous lui voulez écrire*?

MONSIEUR JOURDAIN Non, non, point de vers.

MAÎTRE DE PHILOSOPHIE Vous ne voulez que* de la prose?

MONSIEUR JOURDAIN Non, je ne veux ni prose, ni vers.

MAÎTRE DE PHILOSOPHIE Il faut bien que ce soit l'un, ou l'autre*.

MONSIEUR JOURDAIN Pourquoi?

MAÎTRE DE PHILOSOPHIE Par la raison, Monsieur, qu'il n'y a pour s'exprimer, que la prose, ou les vers.

MONSIEUR JOURDAIN Il n'y a que la prose, ou les vers?

MAÎTRE DE PHILOSOPHIE Non, Monsieur: tout ce qui n'est point prose, est vers; et tout ce qui n'est point vers, est prose.

MONSIEUR JOURDAIN Et comme l'on parle, qu'est-ce que c'est donc que cela?

MAÎTRE DE PHILOSOPHIE De la prose.

MONSIEUR JOURDAIN Quoi, quand je dis: "Nicole, apportez-moi mes pantoufles*, et me donnez* mon bonnet de nuit*", c'est de la prose?

MAÎTRE DE PHILOSOPHIE Oui, Monsieur.

MONSIEUR JOURDAIN Par ma foi, il y a plus de quarante ans que je dis de la prose, sans que j'en susse rien*; et je vous suis le plus obligé du monde, de m'avoir appris cela. Je voudrais donc lui mettre dans un billet: Belle Marquise, vos beaux yeux me font mourir

---

The adjective **galant** was a favorite adjective in the 1660's. The language of that period was influenced by famous aristocratic literary salons whose goals were to refine manners, speech, and the expression of love.

Monsieur Jourdain does not know that writing that does not follow the rules of poetry bears a name (prose).

Je vous en prie: *Please do*

il faut que je vous fasse: je dois vous faire

une personne de grande qualité: une aristocrate

je souhaiterais que vous m'aidassiez: *I would like you to help me*

billet: *love note*

galant: raffiné

Sont-ce... écrire: Do you want to write her in verse?

que vous lui voulez écrire: In the seventeenth century, pronouns went in front of the conjugated verb in structures *verb + infinitive*.

ne... que: *only*

Il faut bien que ce soit l'un, ou l'autre: *But it has to be one or the other*

pantoufles: *slippers*

me donnez: donnez-moi

bonnet de nuit: *night cap*

sans que j'en susse rien: *without knowing it*

Refer to page 55 in the **Cahier** for explanations on the different meanings of **que** in this reading.

je voudrais que cela fût mis... fût tourné: *I would like this to be written... to be expressed*

les feux de ses yeux réduisent votre cœur en cendres: *the fire in her eyes reduces your heart to ashes*

je ne veux que ce que je vous ai dit: *I only want what I told you*

étendre un peu la chose: *develop this a little*

on les peut mettre: on peut les mettre; *see* **que vous lui voulez écrire** *above*

du premier coup: *on my first attempt*

d'amour; mais je voudrais que cela fût mis d'une manière galante; que cela fût tourné* gentiment.

MAÎTRE DE PHILOSOPHIE Mettre 55 que les feux de ses yeux réduisent votre cœur en cendres*; que vous souffrez nuit et jour pour elle les violences d'un...

MONSIEUR JOURDAIN Non, non, non, je ne veux point tout cela; je ne 60 veux que ce que je vous ai dit*: Belle Marquise, vos beaux yeux me font mourir d'amour.

MAÎTRE DE PHILOSOPHIE Il faut bien étendre un peu la chose*.   65

MONSIEUR JOURDAIN Non, vous dis-je, je ne veux que ces seules paroles-là dans le billet; mais tournées à la mode, bien arrangées comme il faut. Je vous prie de me dire un peu, pour voir, les di- 70 verses manières dont on les peut mettre*.

MAÎTRE DE PHILOSOPHIE On les peut mettre premièrement comme vous avez dit: Belle Marquise, vos beaux yeux me font mourir d'amour. Ou bien: 75 D'amour mourir me font, belle Marquise, vos beaux yeux. Ou bien: Vos yeux beaux d'amour me font, belle Marquise, mourir. Ou bien: Mourir vos beaux yeux, belle Marquise, d'amour 80 me font. Ou bien: Me font vos yeux beaux mourir, belle Marquise, d'amour.

MONSIEUR JOURDAIN Mais de toutes ces façons-là, laquelle est la meilleure?   85

MAÎTRE DE PHILOSOPHIE Celle que vous avez dite: Belle Marquise, vos beaux yeux me font mourir d'amour.

MONSIEUR JOURDAIN Cependant je n'ai point étudié, et j'ai fait cela tout 90 du premier coup*.

Compréhension

1. Pourquoi Monsieur Jourdain est-il impatient d'apprendre à mieux écrire? D'après vous, pourquoi Monsieur Jourdain ne veut-il pas écrire un billet en vers?

2. Qu'est-ce que le professeur suggère pour améliorer le message que Monsieur Jourdain veut écrire?

3. Quelle est la réaction de Monsieur Jourdain quand il apprend qu'il parle en prose et que sa phrase "Belle Marquise, vos beaux yeux me font mourir d'amour" est la meilleure?

Questions de langue

1. Exprimez les phrases suivantes d'une autre manière.
   a. Sont-ce des vers que vous lui voulez écrire?
   b. Non, non, point de vers.
   c. Vous ne voulez que de la prose?
   d. Par la raison, Monsieur, qu'il n'y a pour s'exprimer, que la prose, ou les vers.

2. Quels articles trouve-t-on dans les phrases ci-dessus? Est-ce que ce sont des articles définis, indéfinis, ou partitifs? Expliquez le choix de ces articles.

3. Les adjectifs
   a. Faites une liste des adjectifs qui précèdent les noms du passage. Sont-ils au masculin ou au féminin? Au singulier ou au pluriel?
   b. Cherchez deux adjectifs au superlatif.
   c. Cherchez un adjectif possessif et un adjectif démonstratif.

4. Écrivez trois autres phrases sur le modèle de "Tout ce qui n'est point prose, est vers; et tout ce qui n'est point vers, est prose" en utilisant des mots de la **Liste de vocabulaire** qui s'opposent.

Réactions

Maintenant vous allez réfléchir aux rapports entre cette scène de la pièce *Le Bourgeois gentilhomme* et le film *Le Goût des autres*.

1. Quelles scènes du film est-ce que cette scène rappelle?

2. Quelles sont les ressemblances et les différences entre Monsieur Jourdain et Castella?
   Pensez en particulier à leur vie amoureuse, à leur attitude vis-à-vis de la culture et à leur opinion d'eux-mêmes.

AVANT LE PROCHAIN COURS

Cahier: Faites **Préparation à l'écriture.**

INTERACTIONS

Sketch

Choisissez un sujet, préparez la scène et jouez-la devant la classe.

> This section contains activities that will allow you to work creatively with the vocabulary and structures from the chapter.

1. Des conseils de décoration: Les Castella ont divorcé, et Madame Castella est devenue décoratrice. Elle a mis un peu d'eau dans son vin, c'est-à-dire qu'elle a appris à faire des concessions et à comprendre les goûts de ses clients (mais elle aime encore beaucoup les tissus fleuris!). Vous allez la consulter pour meubler et décorer votre nouvelle salle à manger ou votre salon.

2. Un PDG francophone doit suivre des leçons d'anglais pour mieux communiquer avec ses clients anglophones. Expliquez-lui et démontrez comment on prononce certains sons anglais, puis demandez-lui de répéter après vous et de faire des phrases. Le *th* (dans des mots comme *the, bother, both*), le *r*, et la différence entre voyelles courtes et voyelles longues *(eat/it)* posent souvent problème aux francophones.

3. Une déclaration d'amour: Imaginez une scène de film ou de pièce de théâtre dans laquelle un homme gauche *(awkward)* fait une déclaration d'amour. Imaginez aussi la réaction de la femme. Votre scène doit être touchante et amusante à la fois. Vous pouvez vous inspirer de la déclaration d'amour de Castella à Clara.

Exposé

Préparez un des trois sujets à la maison pour le présenter en classe

1. Présentez un tableau que vous aimez. Apportez une reproduction de ce tableau. Décrivez-le et dites pourquoi vous l'aimez. Utilisez la **Liste de vocabulaire,** le **Vocabulaire utile,** et un dictionnaire si nécessaire.

Vocabulaire utile

à droite (de): *on the right (of)*

à gauche (de): *on the left (of)*

à l'arrière-plan: *in the background*

au premier plan: *in the foreground*

flou: *blurred*

net: *well delineated*

un cadre: *frame*

un contour: *outline*

une couleur: *color*

une nature-morte: *still life*

une nuance: *nuance*

un paysage: *landscape*

un portrait: *portrait*

une toile: *canvas*

---

2. Vous êtes-vous déjà trouvé(e) dans une situation similaire à celle de M. Castella où vous avez dû assister à une pièce de théâtre (un film, un opéra, etc.) qui ne vous attirait pas du tout? Racontez votre expérience.

3. Imaginez que vous expliquez à une personne francophone quels clans (cliques, groupes) on trouve dans les lycées américains. Présentez les différents groupes et décrivez les caractéristiques des personnes qui les composent.

Débat

Préparez des idées pour défendre un point de vue sur un des sujets suivants.

1. Affaires de cœur: Imaginez que vous participez à une émission de télé où on demande aux spectateurs de donner leurs opinions sur des cas spécifiques. Après avoir écouté l'histoire de Manie, puis celle de Castella, vous devez répondre aux questions suivantes:
   a. Est-ce que Manie aurait dû revoir (*should have continued dating*) Moreno?
   b. Est-ce que Castella devrait (*should*) quitter sa femme et fréquenter Clara?

2. Vous faites partie d'un jury qui doit nominer des films pour un prix, par exemple l'Oscar du Meilleur film étranger. Imaginez des arguments pour ou contre la nomination du film *Le Goût des autres* et jouez la scène.

3. L'administration de votre université envisage *(considers)* d'éliminer les fraternités et les sororités parce qu'elles constituent des sortes de "clans." Elle a organisé une réunion où les étudiants sont invités à exprimer leurs opinions sur les questions suivantes: Les fraternités et sororités ont-elles un impact positif sur leurs membres et sur la vie de l'université? Sont-elles basées sur le conformisme et l'exclusion, ou encouragent-elles la diversité et l'ouverture d'esprit? Choisissez un point de vue et exprimez vos arguments.

LISTE DE VOCABULAIRE

Le goût (*Taste*)

à chacun son goût *to each his own*
avoir du goût, avoir bon goût *to have good taste*
On ne discute point/pas des goûts et des couleurs. *To each his own.*
prendre goût à quelque chose *to take a liking to something*

For extra practice with the vocabulary in this chapter, refer to the web quizzes at http://www.thomsonedu.com/french/sequences.

Adjectifs

abstrait(e) *abstract*
amusant(e) *amusing*
assorti(e) *coordinated, which goes well together*
attachant(e) *endearing*
clair(e) *clear; light (for colors)*
conciliant(e) *conciliatory, compromising*
confiant(e) *trustful*
contrarié *hurt, vexed*
conventionnel(le) *conventional*
critique *critical, judgmental*
cultivé(e) *cultured*
cynique *cynical*
déprimé(e) *depressed*
dévoué(e) *devoted*
direct(e) *direct*
drôle *funny, amusing; weird*
efficace *efficient*
fleuri(e), à fleurs *flowered*
foncé(e) *dark (colors)*
franc(he) *frank*
grossier(-ère) *coarse, crude*
honnête *honest*

hypocrite *hypocritical*
idéaliste *idealistic*
ignorant(e) *ignorant*
inculte *ignorant*
intellectuel(le) *intellectual*
intolérant(e) *intolerant*
méchant(e) *mean*
méfiant(e) *distrustful*
naïf (-ïve) *naive*
opportuniste *opportunistic*
pâle *pale*
pur(e) *pure*
réaliste *realistic*
respectueux(-euse) *respectful*
rigide *rigid*
rose *pink;* vieux rose *rose*
snob (invariable) *snobbish*
sombre *dark*
souple *flexible*
tolérant(e) *tolerant*
touchant(e) *touching*
vif(-ive) *bright*
vulgaire *vulgar*

Noms

un acteur, une actrice *actor, actress*	une intrigue *plot*
un(e) artiste *artist*	un metteur en scène *director*
une aventure *fling*	un milieu social *social milieu*
une banalité *commonplace*	un patron, une patronne *boss*
une belle-sœur *sister-in-law*	un PDG *CEO*
une blague *joke*	un peintre *painter*
un chauffeur *chauffeur*	la peinture *paint, painting*
un chef d'entreprise *business owner*	une pièce *room, play*
le chômage *unemployment*	une plaisanterie *joke*
une clique *click*	de bon/mauvais goût *in good/ bad taste*
une comédie *comedy*	entre soi/nous/vous/eux/elles *inside joke*
un comédien, une comédienne *actor, actress*	la première *opening night*
une déclaration d'amour *declaration of love*	une qualité *quality*
un décorateur, une décoratrice *decorator*	une représentation *performance*
un défaut *flaw*	la salle *room, audience*
la dernière *closing night*	une scène *scene, stage*
un divertissement *amusement*	un serveur, une serveuse *waiter, waitress*
un dramaturge *playwright*	un spectateur, une spectatrice *spectator*
un drame *drama*	un tableau *painting*
une entreprise *firm*	le théâtre *theater;* un théâtre *a theater*
une exposition *exhibition, art show*	un tissu *fabric*
un feuilleton populaire *soap opera*	une tragédie *tragedy*
une galerie *gallery*	une usine *plant, factory*
	un vers *line (of poetry)*

Verbes et expressions verbales

aller ensemble *to match, to go well together*	mener une vie précaire (comme **acheter**) *to lead a precarious existence*
assister à (une pièce, un concert) *to attend (a play, a concert)*	mépriser *to scorn*
démissionner *to resign*	mordre *to bite*
dire la vérité (irrégulier) *to tell the truth*	oublier *to forget*
enlever (comme **acheter**) *to remove*	peindre (irrégulier) *to paint*
être au chômage *to be unemployed*	plaire (à) (irrégulier) *to please*
évoluer *to change*	profiter (de) *to take advantage (of)*
faire confiance (à quelqu'un) *to trust (someone)*	raconter (des blagues, des histoires) *to tell (jokes, stories)*
faire des concessions *to compromise*	reconnaître (comme **connaître,** irrégulier) *to recognize*
faire des progrès *to make progress*	regarder les choses en face *to look things in the face*
faire partie de *to belong (to)*	rejeter (comme *appeler*) *to reject*
gagner sa vie *to earn one's living*	reprocher à quelqu'un de faire quelque chose *to blame someone for doing something*
jouer *to act*	
jouer de *to play (an instrument)*	
laisser tomber *to let go, to give up*	s'adapter (à) *to adjust, to adapt*
manquer (un cours, un rendez-vous) *to miss (a class, an appointment)*	

Refer to page 21 *(Manuel)* to practice **manquer** *(to miss someone)*.

Refer to page 21 *(Manuel)* to practice **plaire.**

s'affirmer *to assert oneself*
s'engager (à) *to commit (to)*
s'habituer (à) *to get used to something*
s'intégrer (à) (comme **préférer**) *to fit in*
s'intéresser (à) *to be interested (in)*
se cultiver *to acquire knowledge*
se divertir (comme **finir**) *to amuse oneself, to have fun*
se faire agresser *to be attacked*
se faire des illusions *to kid oneself*
se méfier (de) *to mistrust*
se moquer (de) *to make fun (of)*
se ridiculiser *to make a fool of oneself*
se sentir (seul[e], supérieur[e], etc.) (comme **partir**) *to feel (lonely, superior, etc.)*
se souvenir de (comme **venir**) *to remember*
tomber amoureux (-euse) (de) *to fall in love (with)*
vivre au jour le jour (irrégulier) *to live from day to day*
voir tout en noir, voir la vie en noir (irrégulier) *to see the glass half empty*
voir tout en rose, voir la vie en rose *to see the glass half full, to see life through rose-colored glasses*

Vocabulaire familier

Adjectifs

marrant(e) *funny, amusing*
râleur(-euse) *whiny, grouchy*
réac (réactionnaire) *conservative*
rigolo(te) *funny*
sans un sou *penniless*

Noms

chou *honey*
le fric *money, dough*
une magouille *shady deal*
un mec *guy*
une perle *gem*
une truffe *idiot*

Verbes et expressions

bouffer *manger*
coucher avec n'importe qui *to sleep around*
faire une croix sur quelque chose *to say good bye to something*
faire une drôle de tête *to have a funny look on one's face*
fermer sa gueule *to shut up*
n'y être pour rien *to have nothing to do with it*
râler *to whine*
rigoler *rire*
se laisser faire *to let someone take advantage of you*
se prendre pour quelqu'un, ne pas se prendre pour une merde *to be full of oneself*

Vocabulaire supplémentaire

Noms

une bonbonnière *candy dish*
une costumière *costume maker*
un coussin *decorative pillow*
une flûte *flute*
une fresque *fresco*
un garde du corps *bodyguard*
une huître *oyster*
du papier peint *wallpaper*

Chapitre 4

LA VIE PROFESSIONNELLE

Le Placard

Réalisateur: Francis
Véber, France (2001);
84 minutes

In this chapter, you will see how François Pignon, a nondescript, average Frenchman, manages to get back the job from which he was fired and to rebound in his personal life as well. Set in the workplace, this film stars several well-known French actors and addresses issues of discrimination with a comic tone. You will acquire vocabulary related to the workplace and review in depth how to provide details about people and things by using relative clauses. As in Chapter 1, the reading in this chapter addresses cultural differences; this reading, from *Les Chroniques de l'ingénieur Norton: Confidences d'un Américain à Paris* (1997), relates the difficulties of a fictional Frenchman who takes a job in the United States and is puzzled by some workplace practices.

Les personnages (La distribution: les acteurs/actrices): François Pignon (Daniel Auteuil), Félix Santini, le chef du personnel (Gérard Depardieu), Jean-Pierre Belone, le voisin (Michel Aumont), Guillaume, le directeur de la communication (Thierry Lhermitte), Mademoiselle Bertrand (Michèle Laroque), Ariane (Armelle Deutsch), Monsieur Kopel (Jean Rochefort), Christine, l'ex-femme de François (Alexandra Vandernoot), Frank, le fils de François (Stanislas Crevillen)

ENTRÉE EN MATIÈRE

Discussion

1. Quelles difficultés peut-on rencontrer dans sa vie personnelle et professionnelle?

2. Comment peut-on réagir face à une crise? Est-ce que les moments de crise sont toujours négatifs?

Le contexte du film

Lisez les informations sur le contexte pour mieux comprendre le film.

Note: Dans le film, on offre un pull à François pour sa fête, la Saint François.

1. **La Saint François**
   Dans le calendrier français, chaque jour de l'année est associé à un nom de saint. Ce jour-là, on célèbre la fête de toutes les personnes qui portent ce prénom. On offre parfois un petit cadeau. Le plus souvent, on dit seulement "Bonne fête!"

2. **La marche des fiertés homosexuelles (la Gay Pride)**
   Cet événement est célébré chaque année à Paris et dans les grandes villes françaises.
   Depuis une vingtaine d'années, la situation des homosexuels et des lesbiennes s'est améliorée en France. Il y a maintenant des lois qui pénalisent l'homophobie. Par exemple, le fait de commettre un crime en raison de l'orientation sexuelle de la victime est considéré comme une circonstance aggravante. Depuis 2004, on pénalise les insultes liées au sexe ou à l'orientation sexuelle. Le mariage homosexuel n'est pas autorisé en France, mais depuis 1999, les couples de même sexe et les couples hétérosexuels peuvent signer un pacte civil de solidarité (PACS). Il s'agit d'un contrat qui leur donne certains des avantages des couples mariés.

Lecture de comptes-rendus sur le film

Résumé du film

PRÉPARATION

1. Devinez la signification des mots suivants à partir de leur ressemblance avec des mots anglais.
   a. sombre (ligne 2)
   b. le secteur privilégié (ligne 4)
   c. il propage la rumeur (ligne 7)
   d. son comportement (ligne 14)

2. Le mot "le regard" (lignes 14–15) est apparenté au verbe "regarder." Quelle est sa signification?

Voici un bref résumé du film trouvé sur le web, suivi de quelques commentaires parus dans la presse. Lisez-les, puis répondez aux questions.

François Pignon, un homme au costume sombre et à l'allure discrète, est comptable dans une usine de caoutchouc*, dont le secteur privilégié est le préservatif*.

Il est sur le point d'être licencié*, ⁵ lorsque sur les conseils de Belon, son voisin d'immeuble, il propage la rumeur selon laquelle il est homosexuel. Suite à ce faux *coming out*, les cadres* de la di- rection* décident de garder Pignon pour ¹⁰ des raisons « politiquement correctes ».

Celui-ci [Pignon] passe brusquement pour un marginal, bien qu'il n'ait rien changé à son comportement. C'est le regard des autres qui va s'en trouver ¹⁵ modifié.

caoutchouc: *rubber*
préservatif: *condom*
licencié: *fired*
cadres: *executives*
la direction: *management*

How to Answer Questions about a Reading

Avoid general answers by referring to specifics in the passage. Note line numbers in your responses so you can refer your classmates to the words you are invoking and speak concretely about François Pignon, sexuality, and the workplace.

COMPRÉHENSION

1. Quelle est la personnalité de François Pignon? Que fait-il comme travail?

2. Pourquoi est-ce qu'il a propagé la rumeur selon laquelle il est homosexuel? Est-ce que c'était une bonne idée?

3. Qu'est-ce qui a changé après cet épisode?

RÉACTIONS

1. Imaginez comment Pignon propage "la rumeur selon laquelle il est homosexuel".

2. Pignon est le personnage principal sur les deux affiches qui figurent dans ce chapitre. Est-ce qu'il ressemble à "un homme au costume sombre et à l'allure discrète?"

3. À votre avis, qu'est-ce qui va se passer dans le film?

4. Comparez les pochettes des DVD français et américain. Comment expliquez-vous les différences?

5. Avez-vous déjà vu certains des acteurs? Dans quels films? Quels types de personnages jouaient-ils?

QUESTIONS DE LANGUE

1. Trouvez un synonyme dans le texte pour...
   a. perdre son travail
   b. suggestions
   c. après
   d. il est considéré comme un marginal

2. Traduisez les mots suivants à partir du contexte.
   a. dont (ligne 3)
   b. selon laquelle (ligne 8)
   c. qui (ligne 15)

> These are relative pronouns. You will study them in this chapter.

Extraits de comptes-rendus

PRÉPARATION

1. Traduisez les adverbes de la liste et donnez les adjectifs féminins et masculins qui leur correspondent.

> To form these adverbs, one adds **-ment** to the feminine form of the corresponding adjective; The French ending **-ment** corresponds to the English *-ly*. For example, **généreux** becomes **généreusement** *(generously).*

Adverbe	Traduction	Adjectif féminin	Adjectif masculin
a. impeccablement			
b. habilement			
c. humainement			
d. merveilleusement			
e. totalement			

2. Quel verbe reconnaissez-vous dans l'adverbe "savamment"?

3. Les noms suivants sont apparentés à des adjectifs. Quelle est leur signification?
   a. cruautés (ligne 2), de la même famille que "cruel"
   b. amertume (ligne 5), de la même famille que "amer" *(bitter)*
   c. gravité (ligne 5), de la même famille que "grave"
   d. condensé (ligne 12), de la même famille que "condensé"

> Adjectives ending in **-ant** have corresponding adverbs that end in **-amment**; the adverb that corresponds to **savant(e)** *(clever)* is **savamment** *(cleverly).*

Lisez les commentaires suivants pour avoir une meilleure idée du film que vous allez voir. Puis répondez aux questions qui suivent.

Le Nouvel Observateur

Comédie réussie, en ce sens qu'elle s'accompagne d'une rafale ininterrompue de rires, 1 "Le Placard" est en même temps … une étude implacable sur les cruautés du monde de l'entreprise, en même temps que l'histoire d'un homme qui échappe à la servitude …

Première

… le scénario est impeccablement construit et fait rire avec une certaine intelligence …

Studio Magazine

Veber a ajouté un peu d'amertume à son cocktail d'humour et de gravité, ce qui con- 5
fère au *Placard* une force dramatique encore jamais atteinte dans la filmo[graphie] de
son auteur.

MCinéma.com

… une comédie … avec une pointe de gravité qui évite* habilement la plupart des
clichés liés à l'homosexualité.

évite: *avoids*

Le Figaroscope

… une comédie aussi riche humainement que désopilante*. Et merveilleusement inter- 10
prétée par une pléiade* de comédiens irrésistibles.

désopilante: très amusante
pléiade: groupe

Cahiers du Cinéma

Dans *Le Placard*, on retrouve savamment agencé*, un condensé du cinéma populaire
français des vingt dernières années …

agencé: organisé

Les Inrockuptibles

Vivant aux États-Unis, Veber se révèle sur le fond* totalement déconnecté de la réalité
de la société française.   15

le fond: les idées

Positif

… Pas une idée de cinéma, deux silhouettes féminines pour cinq poids lourds* d'un
casting masculin d'évidence vébérien.

poids lourds: *heavy weights*

COMPRÉHENSION

Est-ce que vous vous attendez aux *(expect)* choses suivantes? Justifiez vos réponses en citant les commentaires de la presse.

1. un film pendant lequel on rit beaucoup   Oui/Non
2. une farce   Oui/Non
3. une comédie qui traite de thèmes sérieux   Oui/Non
4. des thèmes féministes   Oui/Non
5. un film bien structuré   Oui/Non
6. une excellente distribution *(cast)*   Oui/Non

QUESTIONS DE LANGUE

Except for **c.** and **d.**, all past participles follow a regular formation pattern. Refer to *La formation du participe passé* (page 250).

1. Le texte contient un certain nombre de participes passés utilisés comme adjectifs. Déterminez à quels verbes ils correspondent et traduisez-les.

Participe passé	Verbe à l'infinitif	Traduction du participe passé
a. réussie		
b. (in)interrompue		
c. construit		
d. atteinte		
e. liés		
f. interprétée		
g. agencé		
f. déconnecté		

You will study relative pronouns in this chapter, beginning on page 276.

2. On trouve deux pronoms relatifs dans les citations (**qui** et **ce qui**): "l'histoire d'un homme **qui** échappe à la servitude" et "Veber a ajouté un peu d'amertume à son cocktail d'humour et de gravité, **ce qui** confère au *Placard* une force dramatique encore jamais atteinte dans la filmo[graphie] de son auteur".
   a. Traduisez ces pronoms relatifs en vous basant sur le contexte.
   b. Quels mots est-ce que ces pronoms remplacent?
   c. Quelles ressemblances et différences remarquez-vous dans la structure de ces pronoms et dans le contexte dans lequel on les utilise?

Rappel   Vous devez déterminer pourquoi François Pignon perd son travail et comment il l'apprend.

Suggestion (*Hint*): Notez trois endroits où vous entendez une forme du verbe "virer," qui signifie "licencier."

Visionnement d'une séquence
(sans son ni sous-titres)

Du début du film jusqu'au moment où la femme et son fils quittent leur appartement (5 minutes).

Compréhension

Après le visionnement, notez la meilleure réponse.

1. Les deux hommes qui parlent à Pignon quand il arrive au travail _____.
   a. lui souhaitent probablement une bonne journée
   b. se moquent de lui
   c. admirent sa voiture

2. Le photographe est frustré parce qu(e) _____.
   a. les employés sont indisciplinés
   b. il y a trop de lumière *(light)*
   c. il ne peut pas inclure tout le monde dans le cadre

3. Dans les toilettes, les deux hommes discutent probablement _____.
   a. de la photo d'entreprise
   b. du patron (l'homme qui est au milieu de la photo et qui n'est pas content)
   c. du temps

4. Les collègues de François Pignon semblent être _____ à son égard.
   a. amicales
   b. indifférentes
   c. critiques

5. La femme dans l'appartement et son fils se disputent un peu parce qu(e) _____.
   a. le fils a laissé ses affaires dans le salon
   b. ils pensent que l'autre personne devrait répondre au téléphone
   c. ils ne trouvent pas la clé de leur voiture

Réactions

1. D'après vous, pourquoi est-ce que François Pignon semble triste en sortant des toilettes?

2. Qui sont la femme et le jeune homme dans l'appartement?

Deuxième visionnement de la séquence
(avec son, sans sous-titres)

Compréhension

Lisez les questions ci-dessous, puis visionnez la scène une seconde fois en faisant bien attention à la bande-son. Notez la réponse correcte.

1. Les deux hommes qui parlent à Pignon quand il arrive au travail _____.
   a. le tutoient (lui disent "tu")
   b. le vouvoient (lui disent "vous")
   c. parlent de lui à la troisième personne

2. Ils lui demandent s'il a mis _____ pour se faire beau pour la photo.
   a. une belle cravate
   b. un beau costume
   c. une belle chemise

3. Le photographe dit aux employés _____.
   a. de se serrer
   b. de se taire
   c. de ne pas rire

4. Le photographe ne connaît pas les employés, alors il appelle l'un d'eux _____.
   a. "le blouson à gauche"
   b. "la cravate rouge"
   c. "le grand brun à droite"

5. Aux toilettes, l'homme dit au photographe que l'homme qui n'a pas été photographié va perdre son travail. Il dit: _____.
   a. "Il est renvoyé le mois prochain."
   b. "Il est viré le mois prochain."
   c. "Il est licencié la semaine prochaine."

6. Pignon va perdre son travail _____.
   a. à cause d'une restructuration
   b. à cause d'une faute professionnelle
   c. car la compagnie est en déficit

7. Les collègues de François le trouvent _____.
   a. agaçant
   b. pauvre (pas riche)
   c. gentil mais pas très marrant

8. La femme dans l'appartement dit à son fils _____.
   a. qu'elle est en retard
   b. de rappeler plus tard
   c. qu'elle rappellera plus tard

Réactions

1. À quoi servent les quatre vignettes de l'extrait que vous venez de voir?

2. Imaginez ce que François Pignon va faire après l'extrait que vous avez vu.

Préparation au visionnement du film

En regardant le film, faites attention aux aspects suivants et prenez des notes.

1. Les personnages du film: Qui sont les personnages principaux? Certains personnages sont-ils traités de manière caricaturale?

2. Les gestes: La comédie est un genre où les acteurs sont très expressifs. C'est un genre idéal pour analyser les gestes et les expressions de visage, qui diffèrent parfois d'une culture à l'autre. Faites attention aux gestes et aux expressions des personnages et notez ceux qui vous semblent étranges.

3. Les thèmes: Quels thèmes sérieux sont traités sur le mode comique?

4. La technique: Qu'est-ce qui caractérise le comique de Francis Veber?

Viewing Tips

Notice:
• how colleagues greet and address each other in the office
• the director's approach to comedy

Ask yourself:
• How does the director treat stereotypes, homosexuality, and sexual harassment?

Anticipate:
• jokes that will be hard to understand
• a short sexual scene

AVANT LE PROCHAIN COURS

1. *Cahier:* Faites **Les mots pour le dire.**

2. *Le Placard:* Visionnez le film.

LES MOTS POUR LE DIRE

Définitions

Le mot juste

Identifiez les lieux, personnes et choses qui suivent en utilisant des noms de la **Liste de vocabulaire** et du **Vocabulaire supplémentaire.**

PERSONNES

1. l'homme qui dirige une entreprise

2. la personne qui s'occupe d'une équipe de rugby

3. quelqu'un qui achète les produits d'une entreprise

4. la femme que François aime à la fin du film

LIEUX *(PLACES)*

1. l'endroit où *(place where)* François et ses collègues travaillent

2. l'endroit où les employés prennent leur déjeuner

3. l'endroit où les joueurs de rugby se changent et prennent leur douche

4. le lieu où François trouve un petit chat abandonné

CHOSES

1. les choses qu'on fabrique dans l'entreprise où travaille François

2. ce que Félix aime faire pour détendre l'atmosphère

3. un comportement qui n'est pas acceptable au travail

4. ce qui explique la dépression de François au début du film

Définitions

Trouvez le synonyme le plus proche.

1. se venger	a. faire des suggestions
2. rater sa vie	b. être anonyme
3. dissuader	c. perdre son travail
4. être licencié	d. décourager
5. sympathiser avec quelqu'un	e. devenir ami(e) avec quelqu'un
6. conseiller	f. ne pas réussir
7. passer inaperçu(e)	g. contre-attaquer

Situations

Réactions

Expliquez ce que les personnages font dans les circonstances décrites. Dans chaque situation, faites une phrase complète en utilisant un verbe de la **Liste de vocabulaire** (page 106).

Exemple: ce que Mademoiselle Bertrand essaie de faire pour vérifier si François a un tatouage

Elle essaie d'enlever sa chemise.

> **Références à consulter**
> • **Liste de vocabulaire,** page 106
> • **Votre dictionnaire personnel** (page 61, *Cahier*)

> The exercises in this section require passive recognition of the relative pronouns **qui, ce qui, que, ce que,** and **où.** You will be prompted to study these pronouns in depth after this class period.

> **Ce que** means *what.*

Qu'est-ce que Guillaume conseille à Félix de faire? Comment Félix réagitil?

1. ce que François est sur le point de faire avant que son voisin ne le dissuade

2. ce que fait François quand il rentre dans le bureau avec son café

3. ce qui permet à François de garder son travail

4. ce qui arrive à François quand Mademoiselle Bertrand le fait boire

5. ce que Félix fait pour casser son image de macho homophobe

6. ce qui arrive à François quand son fils et ses collègues le respectent

Situations

Les personnes suivantes ont des difficultés professionnelles et vous demandent des conseils. Conseillez-les en utilisant des verbes de la **Liste de vocabulaire** (page 106).

Exemple: Mon collègue est très stressé car il travaille trop.

Je conseille à mon collègue de se détendre/de ne pas travailler demain.

Be careful with the verb **conseiller.** The correct structure is **conseiller** *à* **quelqu'un** *de* **faire quelque chose.** You have learned that the negation **ne. . . pas** surrounds a conjugated verb. When an infinitive is being negated, both parts of the negation precede the infinitive, as in **ne pas travailler** in the second example.

1. Marie a un entretien d'embauche dans une entreprise prestigieuse, mais elle a un tatouage sur le bras.

2. Mes amis viennent d'obtenir un nouveau travail. Ils ont un peu peur car ils ne connaissent personne dans l'entreprise.

3. Mon patron aimerait se débarrasser de quelques employés. Je ne suis pas d'accord avec lui.

4. Patrick n'aime pas du tout l'entreprise dans laquelle il travaille et il est déprimé.

5. Le chef d'entreprise a des difficultés à trouver des clients pour ses produits, qui sont pourtant de très bonne qualité.

Quelques chiffres

D'après un rapport de la Fondation européenne pour l'amélioration des conditions de vie et de travail publié en 2003, les pourcentages des travailleurs de l'Union européenne qui déclarent avoir été victimes de harcèlement ou de violence au travail sont les suivants:

- Violence physique: 2% en 2000 (contre 4% en 1995)
- Harcèlement sexuel: 2% en 2000 (même pourcentage en 1995)
- Intimidation et harcèlement moral: 9% en 2000 (contre 8% en 1995)

Source: Vittorio Di Martino, Helge Hoel et Cary L. Cooper, *Prévention du harcèlement et de la violence sur le lieu de travail* (Luxembourg: La Fondation européenne pour l'amélioration des conditions de vie et de travail): 45

À l'écoute: Le harcèlement moral

Suite à plusieurs rapports de la Fondation européenne pour l'amélioration des conditions de vie et de travail depuis les années 1990, les législateurs européens ont passé des lois sanctionnant le harcèlement moral. Le texte que vous allez entendre explique en quoi consiste le harcèlement moral et qui en sont les victimes.

1. Le harcèlement moral est _____.
   a. un nouveau phénomène
   b. un type de violence punie depuis longtemps
   c. une vieille pratique qu'on vient de définir

2. Quel exemple de harcèlement moral est donné?
   a. perdre des responsabilités
   b. avoir trop de responsabilités
   c. recevoir des ordres de son supérieur

3. Le harcèlement moral peut se manifester par _____.
   a. des augmentations de salaire
   b. des diminutions de salaire
   c. des salaires qui augmentent moins vite que ceux des collègues

4. D'après le texte, les victimes de harcèlement moral sont parfois _____.
   a. agressées physiquement
   b. encouragées à démissionner
   c. licenciées sans raison

5. Les femmes sont _____ victimes de harcèlement moral que les hommes.
   a. moins souvent
   b. aussi souvent
   c. plus souvent

6. Le harcèlement moral _____.
   a. est une cause d'absentéisme
   b. permet d'augmenter la productivité
   c. n'a pas de conséquences pour l'entreprise

AVANT LE PROCHAIN COURS

1. **Manuel:** Étudiez *La proposition relative* (pages 275–276), *Les pronoms relatifs (Le choix du pronom relatif; Les pronoms relatifs sujets: **qui, ce qui**; Les pronoms relatifs objets directs: **que, ce que**)* aux pages 276–280 et *Les pronoms démonstratifs* (pages 284–285) et faites les exercices des sections **Application immédiate 1** à **5** et **8**.

2. **Cahier:** Faites **Préparation à la discussion**.

DISCUSSION

Chronologie

Rétablissez la chronologie des scènes du film en les numérotant de 1 à 12. Puis lisez-les à voix haute en classe pour vérifier la chronologie.

———— Jean-Pierre conseille à François de sortir du placard.

———— Félix tente de sympathiser avec François à la cantine.

———— Frank s'intéresse à son père.

———— Mademoiselle Bertrand essaie d'enlever la chemise de François.

———— François accuse Mademoiselle Bertrand de harcèlement sexuel.

———— La femme de Félix menace de le quitter.

———— On licencie François.

———— Félix offre un pull à François.

———— François retrouve le goût à la vie.

———— Guillaume conseille à Félix d'avoir moins de préjugés.

———— François arrive au travail avec Mademoiselle Bertrand.

———— François défile pendant la Gay Pride avec un préservatif géant sur la tête.

Réactions

1. Quel problème se pose lors de la photo d'entreprise au début du film? Qu'est-ce que cette scène révèle sur François Pignon et sur les relations dans l'entreprise?

2. Quelle est l'attitude de François Pignon face à *(toward)* la vie au début du film? Pourquoi? Décrivez l'attitude de ses collègues envers lui et imaginez comment il se sent *(feels)* dans son travail.

3. Décrivez le stratagème de Jean-Pierre Belone pour que François Pignon garde son travail. Pourquoi Jean-Pierre donne-t-il ce conseil à François?

4. Mademoiselle Bertrand pense que la photo anonyme est un montage (elle pense que l'homme sur la photo n'est pas François). Pourquoi?

5. Comment Mademoiselle Bertrand et sa collègue veulent-elle prouver que François Pignon n'est pas l'homme sur la photo? Quelles en sont les conséquences? D'après vous, est-ce que la contre-attaque de François est justifiée?

6. Qui est Félix Santini? Est-ce qu'il correspond à un stéréotype aux États-Unis? Comment ses amis le traitent-ils? Pourquoi? Que pensez-vous de leur attitude envers Félix?

7. Racontez une des scènes où Félix tente de sympathiser avec François Pignon (à la cafétéria de l'entreprise, au restaurant, pour sa fête [la Saint François], etc.). Laquelle trouvez-vous la plus amusante?

8. Pourquoi et comment François Pignon participe-t-il au défilé de la Gay Pride? Quelles en sont les conséquences?

9. Comment se termine l'histoire dans l'entreprise? Comparez la photo d'entreprise de la fin du film à celle prise un an plus tôt. Comment François a-t-il changé?

Quel conseil est-ce que Jean-Pierre Belone donne à François? Pourquoi le chat est-il important?

À l'écoute: *Le Placard*

Vous allez entendre une conversation entre Marc et Véronique, qui viennent de voir le film *Le Placard* et discutent de leurs impressions à la sortie du cinéma. Écoutez leur conversation et déterminez si les phrases ci-dessous sont vraies ou fausses pour vérifier si vous avez compris. Si les phrases sont fausses, dites pourquoi.

1. Véronique et Marc ont beaucoup aimé _____.
   a. la distribution *(cast)*
   b. les plaisanteries
   c. la musique

2. Quel personnage est-ce que Véronique a apprécié?
   a. le voisin de François
   b. le fils de François
   c. le patron de l'entreprise

3. Véronique a trouvé le personnage de Félix _____.
   a. parfait
   b. exagéré
   c. pas assez amusant

4. Véronique pense que les femmes devraient _____ les hommes comme Félix.
   a. quitter
   b. éduquer
   c. essayer de comprendre

5. Marc a _____ que Véronique sur le traitement du harcèlement sexuel dans le film.
   a. la même opinion
   b. une opinion plus négative
   c. une opinion plus positive

6. Pour Marc et Véronique, le film montre que les gens ont des _____.
   a. préjugés
   b. difficultés professionnelles
   c. illusions

7. Quand elle parle de l'attitude des personnages envers l'homosexualité, Véronique utilise l'exemple _____.
   a. des joueurs de rugby
   b. des comptables
   c. du voisin de François

8. Marc s'intéresse _____.
   a. aux farces
   b. aux drames
   c. aux comédies sérieuses

AVANT LE PROCHAIN COURS

1. **Manuel:** Étudiez *Les pronoms relatifs (Les pronoms relatifs objets d'une préposition* [à l'exception de **de**]; *Les pronoms relatifs objets de la préposition de)* aux pages 280–283 et faites les exercices des sections **Application immédiate 6** et **7**.

2. **Cahier:** Faites **Pour aller plus loin.**

Before trying the grammar exercises here, review your questions about and answers to the discussion of relative pronouns in **Parlons de Grammaire** (page 69, *Cahier*).

This chapter presents relative clauses and demonstrative pronouns in the context of the workplace and sexuality in *Le Placard* so that, with the help of the **Liste de vocabulaire** (pages 106–108), you can discuss workplace issues and stereotypes. If you need to review the grammar, refer to **Grammaire**, beginning on page 275. Complete and correct the **Application immédiate** exercises in the textbook and then complete the workbook sections **Préparation à la discussion** (pages 64–67) and **Pour aller plus loin** (pages 67–71).

POUR ALLER PLUS LOIN

Qui a dit quoi?

Les phrases suivantes sont extraites du film. Complétez-les avec un pronom relatif. Puis notez qui a dit chaque phrase.

Exemple: Guillaume: "Je te demande pas *ce que* vous avez mangé."

1. _____: "Restez l'homme timide et discret _____ ils ont côtoyé (*been next to*) pendant des années."

2. _____: "_____ va changer, c'est le regard des autres."

3. _____: "Moi, _____ j'aime dans le rugby, c'est les douches."

4. _____: "Ce soir, je suis officiellement sorti d'un placard _____ j'étais jamais entré."

5. _____: "Elle a tous les hommes _____ elle veut. Pourquoi elle s'intéresserait à moi?"

6. _____: "Cette bonne femme (péjoratif pour "femme") _____ cherche à vous déshabiller ne me rassure pas du tout."

7. _____: "Je fais _____ me plaît et je veux qu'on me foute la paix."

8. _____: "Je connais une foule d'hommes dans l'entreprise, Mademoiselle Bertrand, _____ seraient ravis (*delighted*) d'être agressés par vous."

9. _____: "Celui _____ a envoyé ces photos n'était certainement pas un ami à vous, mais il a loupé son coup (*missed his mark*). C'est _____ vous a permis de garder votre place (*keep your job*)."

Structures

Faites une liste des pronoms relatifs qui apparaissent dans les citations ci-dessus. Quels pronoms étudiés dans ce chapitre n'apparaissent pas?

Les pronoms relatifs	
qui apparaissent dans les citations	**qui n'apparaissent pas dans les citations**
1.	
2.	
3.	
4.	
5.	

Can you identify the circumstances in which the characters made each of these statements in the film? Try to recall the context with a partner and to use correct relative pronouns and object pronouns to describe it for each question.

Take a look at the left column of your pronoun table. These are the relative pronouns most frequently used in conversational French.

Les relations des personnages

Les phrases suivantes décrivent les relations dans l'entreprise où François Pignon travaillait. Complétez-les en utilisant le pronom relatif qui convient.

1. L'entreprise pour _____ (*which*) François Pignon travaillait avait des difficultés économiques.

2. Guillaume appartenait à l'équipe de rugby de l'entreprise _____ (*whose coach was Félix*) Félix était l'entraîneur.

3. François Pignon ne s'entendait pas avec ceux _____ (*who*) jouaient au rugby.

4. François Pignon n'assistait pas aux matchs _____ *(in which)* l'équipe de l'entreprise participait.

5. Guillaume a voulu enseigner une bonne leçon à Félix, _____ *(whose prejudice)* il n'appréciait pas les préjugés.

6. Félix était très embarrassé le jour _____ *(when)* il a parlé à François à la cantine.

7. Un jour, Mademoiselle Bertrand a voulu voir le tatouage _____ *(that)* François avait sur la photo anonyme _____ *(that)* on avait envoyée à l'entreprise.

8. C'est _____ *(what)* lui a donné l'idée de déshabiller François Pignon.

9. François Pignon est tombé amoureux de la femme avec _____ *(whom)* il travaillait.

10. Les Japonais ont été surpris par _____ *(what)* ils ont vu quand ils ont visité l'usine.

> In order to complete number 4 correctly, you need to know that the verb is **participer à quelque chose.**

Le monde du travail

Vous allez parler des relations de travail dans le film et les comparer à votre expérience du monde de l'entreprise.

1. Un critique du *Nouvel Observateur* cité dans **Entrée en matière** écrit que le film est "une étude implacable sur les cruautés du monde de l'entreprise". Quelles "cruautés du monde de l'entreprise" sont décrites dans le film? François et Félix sont-ils victimes de harcèlement moral?

2. Est-ce que l'ambiance et les personnages de l'entreprise du film correspondent à ce que vous savez sur le monde du travail? Basez-vous sur votre expérience personnelle ou sur celle de quelqu'un que vous connaissez.

3. Comment Veber traite-t-il le thème du harcèlement sexuel? Est-ce un sujet qu'il prend au sérieux et qui l'intéresse ou un sujet dont il se moque?

Une autre version du film

Choisissez une des trois situations ci-dessous et imaginez ce que disent les personnages dans cette situation. Écrivez cinq phrases en utilisant les cinq pronoms relatifs que vous avez notés dans la colonne de gauche de **Structures** (page 100).

> Situation 1: François parle de son ex-femme et de leur mariage à Jean-Pierre.
> Situation 2: À la fin de l'histoire, Mademoiselle Bertrand donne ses impressions sur François et sur ce qui s'est passé.
> Situation 3: Vous exprimez des opinions sur le film.

> Incorporate relative and demonstrative pronouns in your responses.

AVANT LE PROCHAIN COURS

Cahier: Faites **Préparation à la lecture.**

LECTURE

Discussion

1. Imaginez qu'un employé américain arrive dans l'entreprise où travaille François Pignon. Que pense-t-il de l'atmosphère de travail et de l'attitude de Félix et de ses amis? Est-il surpris par certaines choses?

2. Donnez un exemple de ce qui constitue le harcèlement sexuel pour vous. Pensez-vous que les attitudes et la législation dans le domaine du harcèlement sexuel soient les mêmes partout?

Un Américain dans une entreprise française

Le texte que vous allez lire est extrait du livre *Les Chroniques de l'ingénieur Norton: Confidences d'un Américain à Paris* (1997), par Christine Kerdellant. L'ingénieur Robert Norton est un Américain de 42 ans qui habite à Paris depuis trois ans avec sa famille et qui travaille dans une entreprise de raffinages. Le livre consiste en une série de messages électroniques que Robert adresse à ses amis aux États-Unis et dans lesquels il leur explique les différences culturelles entre la France et son pays d'origine. Le ton est comique. Ce texte est dans la tradition d'un classique de la littérature française, *Les Lettres persanes* de Montesquieu (1721).

Dans le passage suivant, Robert Norton écrit à son ami Philip Tomkins pour lui parler des différences dans l'atmosphère de travail en France et aux États-Unis, en particulier en ce qui concerne les relations entre les sexes. La définition du harcèlement sexuel qui est implicite dans le texte est celle qui prévalait dans la législation française depuis 1992.

> This text was written before sexual harassment laws became stricter in France and Europe in 2002. The French definition of sexual harassment is now closer to the Anglo-Saxon one.
>
> When Norton uses the word **ici**, he means **in France**.

> Montesquieu's *Lettres persanes* is a fictitious exchange of letters between two Persians who are visiting Paris and a friend who stayed home in Persia (today's Iran). Montesquieu uses their naive observations of Parisian customs to critique French society. A similar, recent example of this genre is Larry Charles's *Borat* (2006), a film about a fictitious journalist from Kazakhstan reporting about life in the United States.

drague: *tries to pick up*
par la taille: *by the waist*
syndicat: *labor union*
trainera: *will [not] drag you*
décolleté plongeant: *plunging neckline*
elle te battra froid: *she will give you the cold shoulder*
sa boite: *son enterprise*
ça les fait hurler de rire: *it makes them scream with laughter*
les gauloiseries qu'il ne pourrait s'empêcher de débiter: *the dirty jokes he could not help utter*

philip tomkins@to.com
Mardi 11 juillet 1995

À la Compagnie française de raffinages, tout le monde drague* tout le monde, et personne ne semble avoir la 5 moindre idée de ce que signifie le mot harcèlement sexuel.

Tu peux siffler une femme à la cantine ou la prendre par la taille* sans qu'elle te dénonce au syndicat*. Ta 10 voisine de bureau ne te traînera* pas au tribunal si tu la complimentes pour son décolleté plongeant* ou sa nouvelle coiffure.

Pour tout dire, tu as même intérêt à 15 remarquer que ta secrétaire est passée chez le coiffeur. … sinon elle te battra froid* le reste de la journée.

J'avais un collègue à Milwaukee (Mike Stevenson, tu le connaissais peut- 20 être) qui a été obligé de quitter sa boîte* parce qu'il avait eu un problème avec la documentaliste. Il avait trente-trois ans,

elle soixante-deux. Il lui avait posé la main sur l'épaule alors qu'il lui expli- 25 quait le fonctionnement du nouveau tableur sur son micro-ordinateur. Elle l'a accusé de harcèlement sexuel, et il n'a pas pu prouver son innocence.

Lorsque je raconte ça ici, ça les fait 30 hurler de rire*.

Le seul qui n'ait pas le cœur à rire, c'est Patrice Saulnier, le responsable du Labo—un grand jeune homme blond, *bien sous tous rapports*—qui a passé un 35 an à Washington.

À sa descente d'avion, son nouveau patron, terrorisé à l'idée des répercussions que ne manqueraient pas d'avoir sur le climat social les gauloiseries qu'il 40 ne pourrait s'empêcher de débiter*, a commencé par lui faire la leçon. En lui disant textuellement:

« Oubliez ce que vous avez appris en France, même si vous avez l'impression 45 que toutes les Américaines rêvent du

French lover. Et enfoncez-vous dans le crâne* ces trois règles:

Ne fermez jamais votre porte lorsque vous recevez une subordonnée: tout le monde doit pouvoir voir ce qui se passe entre vous; 50

Ne complimentez jamais une femme sur sa robe ou son lifting, son apparence extérieure n'est pas votre affaire; 55

Ne tombez jamais amoureux d'une collègue. Je sais bien que vous êtes français, mais apprenez à vous retenir*. »

C'était plutôt bien résumé, non? 60 Malheureusement, ces précautions n'ont pas suffi.

En matière de *sexually correct*, le Français moyen est un éléphant dans un magasin de porcelaine. 65

Il y eut* une première alerte, six mois après son arrivée, le jour où le jeune play-boy a voulu traduire le jeu de mots choisi par une agence de pub française pour défendre l'image de 70 son pays: « En France, les jolies filles sont dans la rue, et les Boudin* dans les musées. »

Cela n'a fait sourire personne, et un de ses collègues l'a rappelé à l'ordre. 75

Mais le pauvre Saulnier a récidivé*. Il plaisantait régulièrement sur les baskets* que les Américaines portent avec un tailleur lorsqu'elles se rendent* au bureau. Un jour, il a ajouté qu'il trouvait 80 pour sa part les escarpins beaucoup plus jolis. Deux assistantes sont allées se plaindre* au patron.

Il eut beau dire* qu'il ne leur avait jamais demandé de porter des escarpins, 85 rien n'y a fait*. Il a été rapatrié quelques semaines plus tard.

Et quand il est arrivé en France, au beau milieu d'une grève* du métro, il a découvert que les Parisiennes, nécessité 90 faisant loi*, s'étaient converties elles aussi aux baskets...

En fait, le harcèlement sexuel existe bien en France, mais sa définition est nettement plus restrictive que chez 95 nous, où quelques grivoiseries* suffisent à vous faire condamner. Ici, il faut qu'il y ait eu des menaces*, des sollicitations sexuelles explicites, ou un abus de pouvoir. 100

enfoncez-vous dans le crâne: *beat into your skull*

vous retenir: *restrain yourself*

Il y eut: Il y a eu

les Boudin: *paintings by Eugène Boudin (1824–1898);*

un boudin: *a type of sausage; here, a fat, shapeless woman*

a récidivé: *relapsed*

baskets: *tennis shoes*

elles se rendent: elles vont

se plaindre: *to complain*

Il eut beau dire: *No matter how often he said*

rien n'y a fait: *nothing helped*

grève: *strike*

nécessité faisant loi: par nécessité

grivoiseries: *dirty jokes*

menaces: *threats*

Compréhension

Indiquez si les phrases suivantes sont vraies ou fausses, puis justifiez votre réponse.

1. Dans l'entreprise française où travaille Robert Norton, tout le monde est familier avec la signification de l'expression "harcèlement sexuel".

2. Les Françaises n'apprécient pas les compliments sur leur apparence personnelle.

3. Aux États-Unis, les gestes de familiarité avec les femmes sont dangereux, même si la femme est beaucoup plus âgée que l'homme.

4. Les Français trouvent l'histoire de Mike Stevenson et de sa documentaliste très amusante.

5. Patrice Saulnier était considéré comme un jeune homme de bonne moralité en France.

6. Le patron américain de Patrice Saulnier a mentionné trois précautions à Patrice au sujet des relations hommes-femmes.

7. Patrice a suivi ces précautions et s'est comporté avec beaucoup de délicatesse.

8. Les collègues de Patrice ont apprécié ses jeux de mots sur les Boudin.

9. Patrice aime les femmes qui portent des chaussures de sport pour aller travailler.

10. Patrice est resté longtemps dans l'entreprise américaine.

11. Les Parisiennes ne portent jamais de baskets pour aller travailler.

12. Les grivoiseries étaient considérées comme du harcèlement sexuel dans l'entreprise américaine où Patrice travaillait.

Réactions

1. Pourquoi est-ce que Mike Stevenson a été licencié?

2. Patrice Saulnier a été rapatrié parce qu'il a fait des faux-pas pendant qu'il travaillait aux États-Unis. Lesquels?

3. Est-ce que vous trouvez le licenciement de Mike Stevenson et le rapatriement de Patrice Saulnier justifiés?

4. Quels sont les stéréotypes sur les Français dans ce texte? Est-ce qu'ils correspondent à l'idée que vous avez d'eux? D'où viennent les stéréotypes du texte et les vôtres? De la presse? Du cinéma? De la littérature?

Questions de langue

1. Reformulez les phrases et expressions suivantes pour montrer que vous les comprenez.
   a. "… personne ne semble avoir la moindre idée de ce que signifie le mot harcèlement sexuel."
   b. "À sa descente d'avion…"
   c. "En matière de *sexually correct*, le Français moyen est un éléphant dans un magasin de porcelaine."

2. Expliquez de façon plus simple l'idée exprimée par le jeu de mots suivant: "En France, les jolies filles sont dans la rue, et les Boudin dans les musées."

3. Notez les pronoms relatifs et leurs antécédents.

4. Divisez la phrase suivante en quatre phrases en éliminant les pronoms relatifs. Suivez les directives.

> "Son nouveau patron, terrorisé à l'idée des répercussions que ne manqueraient pas d'avoir sur le climat social les gauloiseries qu'il ne pourrait s'empêcher de débiter, a commencé par lui faire la leçon." 5

   a. Son nouveau patron… [Look for the main verb.]
   b. Son nouveau patron était… [How did the boss feel, and at the thought of what?]
   c. Les gauloiseries ne manqueraient pas d'avoir _____ sur le climat social.
   d. Il [Patrice Saulnier] ne pourrait s'empêcher de débiter _____.

5. Notez quels temps sont utilisés dans le paragraphe suivant et expliquez leur utilisation.

> "J'avais un collègue à Milwaukee (Mike Stevenson, tu le connaissais peut-être) qui a été obligé de quitter sa boîte parce qu'il avait eu un problème avec la documentaliste. Il avait trente-trois ans, 5 elle soixante-deux. Il lui avait posé la main sur l'épaule alors qu'il lui expliquait le fonctionnement du nouveau tableur sur son micro-ordinateur. Elle l'a accusé de harcèlement sexuel, et il 10 n'a pas pu prouver son innocence."

INTERACTIONS

Sketch

Choisissez un sujet, préparez la scène et jouez-la devant la classe.

1. Les collègues de bureau de François Pignon viennent de recevoir la photo anonyme. Jouez leur réaction et ce qu'elles décident de faire. Vous n'êtes pas obligé(e)s d'imiter le film.

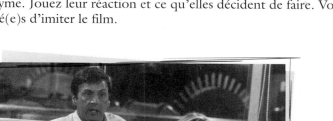

Qu'est-ce qui vient de se passer? Comment François va-t-il réagir?

2. François Pignon va voir le patron pour accuser Mademoiselle Bertrand de harcèlement sexuel. Le patron lui pose des questions pour connaître les faits. Avec diplomatie, il suggère un arrangement à l'amiable et rappelle à Pignon que son entreprise combat activement la discrimination en tous genres.

3. Madame Santini est furieuse car elle vient de découvrir que son mari a acheté un joli pull rose en mohair. Imaginez une conversation entre elle et Félix quand il rentre du travail.

4. Félix essaie de sympathiser avec François Pignon. Il veut le convaincre qu'il n'est pas une brute. Vous pouvez situer la scène dans le décor du film (la cantine, le restaurant) ou imaginer d'autres circonstances.

5. Une jeune femme américaine, Mademoiselle Smith, travaille dans une entreprise française à Paris. Elle va voir son patron pour se plaindre *(to complain)* d'un collègue qui lui a fait un compliment sur sa nouvelle robe. Le patron ne comprend pas où est le problème.

Exposé

Préparez un des sujets à la maison pour le présenter en classe.

1. Votre expérience du monde du travail. Faites une présentation sur votre travail. Expliquez où vous travaillez et ce que vous faites dans l'entreprise. Parlez de vos collègues et de l'atmosphère de travail.

2. Le harcèlement sexuel ou d'autres types de discrimination. Parlez d'un cas de discrimination dont vous ou un(e) ami(e) avez (a) été victime ou que vous avez découvert dans les médias. Expliquez en quoi consistait la discrimination, ce que la victime a fait et comment on a résolu le problème. Donnez votre opinion sur cette situation.

3. Une expérience qui permet de rebondir. Dans le film, "sortir du placard" permet à François Pignon de retrouver le goût à la vie. Parlez d'un événement qui a permis à quelqu'un de rebondir. Vous pouvez parler d'une expérience personnelle ou de celle d'un de vos amis ou d'une personne célèbre (comme Lance Armstrong qui a gagné sept fois le Tour de France après son cancer).

Débat

Préparez-vous pour défendre un point de vue sur un des sujets suivants.

1. Est-ce que la législation sur le harcèlement sexuel est une bonne chose pour les relations hommes-femmes?

2. Un critique de *MCinéma.com* cité dans **Entrée en matière** décrit le film comme "une comédie… avec une pointe de gravité qui évite habilement la plupart des clichés liés à l'homosexualité". Défendez soit le point de vue de ce critique, soit le point de vue contraire. Soyez prêt(e) à expliquer quels sont les clichés généralement associés à l'homosexualité et comment Veber les évite ou, au contraire, les renforce.

LISTE DE VOCABULAIRE

Adjectifs

For extra practice with the vocabulary in this chapter, refer to the web quizzes at http://www.thomsonedu.com/french/sequences.

The expressions **à l'aise** and **mal à l'aise** are not adjectives in French, but their English translations are adjectives.

Costaud is typically also used in the feminine; **costaude** exists, but is rarely used.

agréable *pleasant*
à l'aise *at ease, comfortable*
anonyme *anonymous; nondescript*
brutal(e) *brutal*
costaud(e) *big and strong*
démodé(e) *out of fashion*
déprimé(e) *depressed*
discret(-ète) *reserved*
doux(-ce) *kind, mild-mannered*
dynamique *energetic*
effacé(e) *self-effacing*
énergique *energetic*
ennuyeux(-euse) *boring*
expansif(-ive) *outgoing*
faible *weak*
fort(e) *strong*
gauche *awkward*
gentil(le) *kind, nice*
gris(âtre) *gray(ish)*

homophobe (adj. et nom) *homophobe*
homosexuel(le) (adj. et nom) *homosexual*
honnête *honest*
insignifiant(e) *insignificant*
(bien/mal) intégré(e) *(well/badly) integrated, fitting in*
lamentable *pitiful*
licencié(e) *fired*
macho (adj. inv. et nom) *macho*
maigre *(unpleasantly) thin*
mal à l'aise *uncomfortable*
médiocre *mediocre*
mince *thin*
musclé(e) *muscular*
plein(e) de bonne volonté *well-meaning, who tries hard*
plein(e) de vie *full of life*
réservé(e) *reserved*

sensible *sensitive*
seul(e) *alone*
sportif(-ive) *athletic*

sûr(e) de soi *self-confident*
timide *shy*
travailleur(-euse) *hard working*

Noms

des baskets (f. pl.) *tennis shoes*
un blouson (en cuir) *(leather) jacket*
une cantine *work or school cafeteria*
un(e) chef d'entreprise *business owner*
une chemise *man's shirt*
un chemisier *woman's blouse*
un(e) client(e) *customer*
un comportement *behavior*
un(e) (chef-)comptable *(chief) accountant*
un conseil *piece of advice*
une cravate *tie*
un entraîneur, une entraîneuse *coach*
une entreprise *firm*
une équipe (de rugby) *(rugby) team*
le harcèlement sexuel *sexual harassment*

un licenciement *layoff*
un pantalon *pair of pants*
un patron, une patronne *boss*
une photo *photo*
une plaisanterie (de bon/mauvais goût) *joke (in good/bad taste)*
un préjugé *prejudice*
un préservatif *condom*
une pub(licité) *ad(vertisement)*
un pull(-over) *sweater*
une réunion *meeting*
une robe *dress*
un tailleur *woman's business suit*
un tatouage *tattoo*

Verbes

accuser quelqu'un de (faire) quelque chose *to accuse someone of (doing) something*
agresser *to assault*
casser *to break*
casser le bras/la clavicule de quelqu'un *to break someone's arm/shoulder bone*
se casser le bras/la clavicule *to break one's arm/shoulder bone*
conseiller à quelqu'un de faire quelque chose *to advise someone to do something*
détendre, se détendre *to relax*
détendre l'atmosphère *to lighten up the atmosphere, to defuse a situation*
enlever *to take off, to remove*
essayer (de faire quelque chose) *to try (to do something)*
être sur le point de faire quelque chose *to be about to do something*
faire de la pub(licité) (pour quelque chose) *to advertise (something)*
faire des plaisanteries *to crack jokes*
licencier *to lay off*
passer inaperçu(e) *to go unnoticed*

plaisanter *to tease, to joke*
quitter quelqu'un *to leave someone*
renverser *to knock over; to spill*
retrouver *to get back, to recover, to find again*
retrouver le goût à la vie *to recover one's zest for life*
retrouver du/son travail *to find another job/to get one's job back*
s'endormir (comme *partir*) *to fall asleep*
se faire passer pour *to pass oneself off as*
se moquer (de) *to make fun (of)*
se réveiller *to wake up*
se sentir (comme *partir*) + adjectif *to feel + adjective*
se suicider *to commit suicide*
sensibiliser quelqu'un à quelque chose *to sensitize someone to something*
s'intéresser (à) *to be interested (in)*
sympathiser (avec quelqu'un) *to strike up an acquaintance, a friendship (with someone)*
venger (comme *voyager*) *to avenge*
se venger (de) *to take revenge (against)*

Present tense verb conjugation is reviewed on page 225, and the Appendix includes conjugation patterns (page 335). You will be referred to specific patterns in the Appendix every time an irregular verb is listed in the vocabulary lists.

Prépositions et expressions adverbiales

à droite (de), sur la droite (de) *to/on the right (of)*
à gauche (de), sur la gauche (de) *to/on the left (of)*
à la mode *in fashion*
à la télé (vision) *on TV*

au milieu (de) *in the middle (of)*
au premier/deuxième/ . . . /dernier rang *in the first/second/ . . . /last row*
en bas *at the bottom*
en haut *at the top*
sur la photo *in the picture*

Vocabulaire familier

Adjectifs

chiant(e) *boring*
embêtant(e) *boring*
marrant(e) amusant(e)
minable *pitiful*
moche laid(e)
viré(e) licencié(e)

Noms

une boîte une entreprise
une brute *bully*

Verbes

rater/louper quelque chose *to fail at something*
rater/louper sa vie *to be a failure*
sortir (comme *partir*) du placard *to come out of the closet*
virer licencier

Vocabulaire supplémentaire

Noms

un balcon *balcony*
des betteraves (f. pl.) *beets*
un cadre *frame; executive*
des carottes râpées (f. pl.) *shredded carrots*
un char *float (in a parade)*
un chat de gouttière *stray cat*
un défilé *parade*
une liaison *affair*
un vestiaire *locker room*

Verbes

contre-attaquer *to counterattack*
défiler *to (be in a) parade*
dissuader quelqu'un de faire quelque chose *to dissuade someone from doing something*
endommager *to damage*
entrer dans le cadre *to fit in the frame*
être promu(e)/obtenir une promotion *to be promoted*
rebondir (comme *finir*) *to rebound*
rendre *to give back*
se jeter (comme *appeler*) (sur/de) *to throw oneself (on/off of something)*
se serrer *to get closer*
tromper quelqu'un *to cheat on someone*

Chapitre **5**

POLITIQUE ET VIE PERSONNELLE

Indochine

Réalisateur: Régis Wargnier, France (1992);
142 minutes

*W*ith *Indochine,* you will witness the personal and professional tribulations of a rubber plantation owner (played by Catherine Deneuve) in the final period of colonialism in French Indochina (from the 1930's to the 1950's). The plot focuses on a mother-daughter relationship and love triangle that mirror the political turmoil of the time. In this chapter, you will acquire vocabulary to discuss personal relationships and the specific historical context of the film. The grammar focus on personal pronouns will enable you to express yourself more elegantly by avoiding repetition.

Les personnages (La distribution: les acteurs/actrices):
Éliane Devries (Catherine Deneuve), Jean-Baptiste Le Guen (Vincent Perez), Camille (Linh Dan Pham), Guy Asselin (Jean Yanne), Yvette (Dominique Blanc), Émile (Henri Marteau), Tanh (Éric Nyugen)

LES PRIX DU FILM

- Cinq Césars (1992) (et onze nominations): Meilleure actrice (Catherine Deneuve), Meilleur second rôle féminin (Dominique Blanc), Meilleure photographie, Meilleur décor, Meilleur son
- Un Oscar (1993): Meilleur film étranger (et une nomination pour Catherine Deneuve pour l'Oscar de la meilleure actrice)

ENTRÉE EN MATIÈRE

Discussion

1. Est-ce que le mot Indochine évoque quelque chose pour vous? Si oui, est-ce que ces connotations sont négatives, positives ou neutres? Et le mot Vietnam? Quelles associations faites-vous quand vous pensez à ce mot?

2. Quels sont les ingrédients d'un grand film romantique? Quels films romantiques à grand spectacle connaissez-vous?

3. Quels types de conflits existent dans les familles? Dans quelles circonstances ces conflits peuvent-ils mener à la rupture (c'est-à-dire au point où les membres d'une même famille ne se voient plus et ne se parlent plus)?

Le contexte du film

Lisez les informations sur le contexte pour mieux comprendre le film.

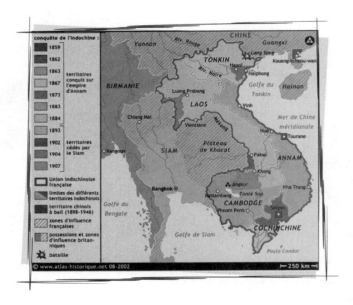

There are different spellings for the word **Vietnam**, another of which appears in the reading on page 124 **(Viêt-nam)**.

1. L'Indochine: géographie et histoire

Géographiquement, l'Indochine est le nom de la péninsule du sud-est asiatique située entre l'Inde et la Chine et comprenant la Birmanie, le Laos, la Thaïlande, le Cambodge, le Vietnam, et une partie de la Malaisie.

Historiquement, le terme Indochine (ou Indochine française ou Union indochinoise) est le nom donné en 1884 aux territoires indochinois colonisés par la France: la Cochinchine, l'Annam, le Tonkin (qui font partie de l'actuel Vietnam) et le Cambodge. Le Laos fut annexé à l'Indochine française en 1893.

Un mouvement nationaliste s'est développé en Indochine au vingtième siècle. Les Vietnamiens se sont opposés aux Français pendant la guerre d'Indochine qui a duré de 1946 à 1954. La France a perdu la guerre, et les Accords de Genève, signés en 1954, ont mis fin à sa domination.

2. Les événements historiques dans le film

L'histoire du film est racontée en flashback au moment des Accords de Genève (1954). L'histoire elle-même se passe de 1928 à 1932, pendant le développement du nationalisme vietnamien. Dans la scène au café au début du film, le chef de la sûreté mentionne la rébellion de Yen-Bay en 1930: Il s'agit d'une rébellion de soldats indochinois qui ont tué leurs officiers français. L'armée française a exécuté les soldats indochinois et détruit le village où ils s'étaient réfugiés. En réaction contre cette répression, des nationalistes indochinois qui vivaient à Paris ont organisé une manifestation *(demonstration)* devant le Palais de l'Élysée. Le fiancé de Camille, Tanh, étudiant à Paris, a été expulsé de France parce qu'il avait participé à cette manifestation de solidarité.

On assiste aussi à une brève scène ayant lieu en 1936 lorsque le Front populaire, gouvernement de coalition de gauche en France, a ordonné la libération des opposants politiques indochinois emprisonnés au bagne de Poulo Condor.

3. Catherine Deneuve (née en 1943)

Catherine Deneuve a commencé sa carrière d'actrice il y a presque 50 ans. Elle a joué dans plus de 80 films et a obtenu de nombreux prix, dont le César du meilleur rôle féminin pour son rôle dans *Le Dernier Métro* (1980) et *Indochine* (1992), et une nomination aux *Academy Awards* pour *Indochine*. Elle est souvent considérée comme une ambassadrice de la France à l'étranger. Dans les années 1980, elle a incarné "Marianne", qui est le symbole de la République française (l'équivalent de Marianne aux États-Unis est l'oncle Sam). Beaucoup de mairies *(town halls)* ont acheté le buste de Catherine Deneuve/Marianne et Catherine Deneuve a donné à Amnesty International le montant des sommes qu'elle a reçues pour le droit *(rights)* à la représentation de son image.

Lecture d'un compte-rendu sur le film

Préparation

1. Devinez *(Guess)* la signification des mots suivants à partir du contexte et en pensant à des mots français apparentés.

   Exemple: orageuse
   Ce mot est basé sur le mot "orage" (storm). → *stormy*

   a. elle a grandi (ligne 6)
   b. blessure (ligne 10) (blesser: *to hurt*)
   c. sûreté (ligne 25)
   d. durci (ligne 48)

2. Devinez la signification des mots suivants à partir du contexte et en pensant à des mots anglais apparentés.
   a. colon (ligne 7)
   b. vaisseau (ligne 31)
   c. fortuit (ligne 34)
   d. sauveur (ligne 35)
   e. fatalité (ligne 41)

Voici des extraits d'un compte-rendu sur le film paru dans *Le Monde* du 17 avril 1992. Lisez-le pour avoir une idée du genre de film que vous allez voir, puis répondez aux questions.

> Before reading the text about *Indochine* by Jacques Siclier, read the cultural context of the term **Indochine** in **Le contexte du film** and refer to the map of French Indochina.

hévéas: *rubber tree*

dont elle gère les biens: *whose assets she manages*

au fond d'elle-même, elle est "asiate": *deep down she is Asian*

ours mal léché: *a boor, a lout (literally, a badly licked bear)*

tout bascule: *tout change radicalement*

pourchassés: *hunted down*

pris en charge: *aidés*

l'épreuve du bagne: *the ordeal of the penal colony*

nos jardins à la française: *la tradition française*

le fond: *le contenu*

Le Monde du 17 avril 1992

How to Answer Questions about the Reading

Avoid general answers by referring to specifics in the passage. Note line numbers in your answers so you can refer your classmates to the word or words you are invoking and speak about concrete details you noticed about a tumultuous affair in the context of France and Indochina.

INDOCHINE de Régis Wargnier
Indochine, ton nom est femme. Une grande saga romanesque avec Catherine Deneuve, splendide, qui a l'aura des stars mythiques des années 30.

… L'Indochine de Régis Wargnier, celle très précisément des années 30, est une femme qui se nomme Éliane Devries. …

Éliane a trente ans. Née en Indochine, 5 privée très tôt de mère, elle a grandi auprès de son père, un colon aisé dont elle dirige la plantation d'hévéas* (richesse économique de la colonie). À la suite d'une rude blessure 10 d'amour, elle ne s'est pas mariée. Elle a adopté une princesse d'Annam, orpheline dès sa petite enfance, dont elle gère les biens*— très importants—avec les siens. Camille 15 (Linh Dan Pham) est sa fille. Riche, indépendante, énergique, suprêmement belle, Éliane Devries appartient à la bonne société blanche de Saïgon. Elle n'a jamais vu la France et, au fond d'elle- 20 même, elle est "asiate"*. Camille, adolescente, doit épouser un cousin, Tanh (Éric Nguyen), fils d'une femme d'affaires. Pour Éliane et son ami Guy Asselin (Jean Yanne), chef de la sûreté, ours mal 25 léché*, qui lui demande, en vain, de l'épouser, les jeunes gens représentent l'élite indochinoise de demain.

Mais lorsque surgit, telle une apparition romantique, le beau lieutenant 30 de vaisseau Jean-Baptiste Le Guen (Vincent Perez), tout bascule*. Éliane se laisse séduire, devient sa maîtresse. Liaison orageuse. Un incident fortuit transforme Jean-Baptiste en "sauveur" 35 de Camille, qui en tombe amoureuse. On exile le lieutenant sur un îlot du Tonkin qui est un petit enfer. On marie Camille. Elle s'enfuit, rejoint Jean-Baptiste au prix de mille difficultés. 40 Une sorte de fatalité en fait des êtres pourchassés* qui sont pris en charge* par les rebelles communistes. Héroïne d'un peuple en lutte, désormais incapable de rejoindre, d'absoudre et 45 d'aimer le monde des "Blancs" où elle a été élevée, Camille deviendra la Princesse rouge au cœur durci par l'épreuve du bagne*. …

Régis Wargnier, dans une superpro- 50 duction qui n'a pas craint les risques, a recréé une tradition du romanesque cinématographique qui n'appartient pas à nos jardins à la française*. …

Il nous emporte dans une atmo- 55 sphère exaltée, des émotions, des sentiments, des passions, des aventures, des destinées marquées par un environnement social, économique, politique, exact sur le fond*, ultra-romanesque 60 dans sa représentation. … Indochine est un coup de foudre, un coup de cœur. …

Compréhension

1. À quel milieu appartiennent les personnages principaux? Quelles sont les relations entre eux? au compte-rendu pour compléter le tableau ci-dessous.

	Milieu/profession	Relations familiales/amicales/amoureuses
Éliane		
Camille		
Tanh		
Guy		

2. Qu'est-ce qui a troublé la vie tranquille d'Éliane et de ses proches? Comment?

3. Quels aspects du contexte politique sont mentionnés?

Réactions

1. D'après vous, quels vont être les thèmes importants du film?

2. À quel type de décor vous attendez-vous *(do you expect)*?

3. Comment pouvez-vous imaginer les rapports entre la vie privée des personnages et le contexte politique?

4. Commentez les affiches du film. Comment l'affiche américaine se distingue-
t-elle de la française? Quels sentiments est-ce que ces deux affiches évoquent
pour vous?

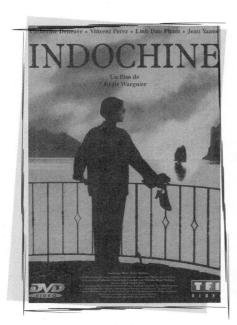

Questions de langue

1. Notez les mots du texte qui suggèrent qu'*Indochine* est une superproduction,
un film à grand spectacle.

2. Dans les trois derniers paragraphes, faites une liste des mots associés…
   a. au danger et aux difficultés
   b. au destin

3. Révisez des pronoms déjà étudiés dans ce manuel.
   a. Quel nom est-ce que le pronom démonstratif "celle" (ligne 2) remplace?
   b. Rappelez-vous qu'un pronom relatif lie *(links)* deux phrases. Éliminez le
   pronom **dont** dans les phrases ci-dessous et remplacez chaque phrase par
   deux phrases.
   - Elle a grandi auprès de son père, … **dont** elle dirige la plantation
     d'hévéas.
   - Elle a adopté une princesse d'Annam, … **dont** elle gère les biens.

4. Vous avez sans doute étudié les pronoms compléments d'objet direct et indirect. Pouvez-vous trouver les pronoms suivants?
   a. un pronom complément d'objet direct dans le deuxième paragraphe
   b. un pronom complément d'objet indirect dans le deuxième paragraphe
   c. un pronom complément d'objet direct dans le dernier paragraphe

If necessary, refresh your
memory about demonstrative
pronouns (page 284) and relative pronouns (page 276).

You will study and practice
pronouns of all sorts in this
chapter. If you would like to
better understand the role
pronouns play in the reading
on *Indochine* that you just
completed, look ahead to
Grammaire (page 287).

Visionnement d'une séquence
(sans son ni sous-titres)

Du début jusqu'à la fin de la course de bateaux, avant qu'Yvette arrive à la vente aux enchères (8 minutes).

1. Qui est mort, à votre avis? À quel milieu appartenaient ces personnes?

2. Qu'est-ce que vous avez remarqué sur la procession qui a lieu sur le fleuve *(river)*? Comment sont les premiers bateaux et leurs occupants? Et les bateaux qui suivent?

3. Quel peut être le rapport *(link)* entre les deux scènes suivantes:
   • la scène entre le vieil homme et la jeune Indochinoise
   • la scène dans la cuisine

4. De quoi parlent l'amiral et la femme au chapeau blanc?

Deuxième visionnement de la séquence
(avec son, sans sous-titres)

Lisez les questions ci-dessous, puis visionnez la scène une seconde fois en faisant bien attention à la bande-son. Répondez ensuite aux questions.

Compréhension

Après le visionnement, notez la réponse correcte.

1. Qui est mort?
   a. les grands-parents de Camille
   b. les amis de la narratrice
   c. des dignitaires français

2. La narratrice évoque des choses inséparables. Lesquelles?
   a. les montagnes et la mer
   b. les humains et les bêtes
   c. l'Indochine et la France

3. La plantation de Lansai _____.
   a. s'est agrandie quand la narratrice a adopté Camille
   b. est l'une des six plus grandes d'Indochine
   c. contient 60.000 hectares d'hévéas

4. La domestique n'est pas contente parce qu(e) _____.
   a. Monsieur Émile (le vieil homme) mange trop
   b. elle n'a pas réussi son repas
   c. elle veut renvoyer une employée qui est "mauvaise fille"

5. L'amiral demande à Éliane (la femme au chapeau blanc) si _____.
   a. son père fait de l'aviron
   b. son père entraîne beaucoup les Indochinois
   c. elle veut parier *(to bet)* sur le résultat de la course

6. Qui pense que les Indochinois vont gagner la course?
   a. la femme au chapeau rouge
   b. l'amiral
   c. Éliane (la femme au chapeau blanc)

7. Combien est-ce qu'Éliane et l'amiral ont parié *(bet)*?
  a. 2.000 piastres
  b. 10.000 piastres
  c. 12.000 piastres

La piastre was the coin used in Indochina.

Réactions

1. Quelles étaient les différentes classes de la société en Indochine pendant la colonisation française, d'après cet extrait?

2. Quels aspects de la personnalité d'Éliane sont révélés dans cet extrait?

3. Que pensez-vous des vêtements que portent Éliane et Camille (les deux femmes qui dansent le tango)?

4. Quel thème est annoncé par la course de bateaux?

Préparation au visionnement du film

En regardant le film, faites attention aux aspects suivants et prenez des notes sur vos observations.

1. L'utilisation du français et du vietnamien: Certains personnages parlent les deux langues. Dans quelles circonstances?

2. La structure du film (les flashbacks/retours en arrière): Notez quand vous voyez la narratrice en train de raconter l'histoire.

3. Les scènes où Éliane et Camille dansent: Pourquoi ces parallèles?

Viewing Tips

Notice:
• parallels between scenes, the use of French and Vietnamese, the way the landscape is filmed

Ask yourself:
• How important is the historical context for the story? How is the colonial situation presented?

Anticipate:
• some disorientation due to the narrative structure

AVANT LE PROCHAIN COURS

1. *Cahier:* Faites **Les mots pour le dire.**

2. *Indochine:* Visionnez le film.

3. *Manuel:* Étudiez *Les pronoms personnels; y et en (Introduction; Les pronoms compléments d'objet direct)* aux pages 287–292 et faites les exercices des sections **Application immédiate 1** et **2.**

LES MOTS POUR LE DIRE

Définitions

Le mot juste

Référez-vous à la **Liste de vocabulaire** (pages 128–130). À quels noms les pronoms font-ils référence dans les phrases suivantes?

> *Exemple:* On **en** voit beaucoup sur la rivière au début du film.
> *en = des bateaux*

Références à consulter
• Liste de vocabulaire, page 128
• **Votre dictionnaire personnel** (page 77, *Cahier*)
• *Les pronoms personnels; y et en (Introduction; Les pronoms compléments d'objet direct),* pages 287–292

1. Émile et son équipage **l'**ont gagnée au début du film.

2. Éliane **en** a eu beaucoup, mais elle ne s'est jamais attachée à un homme en particulier.

3. Éliane **les** traite comme des enfants.

4. Camille **en** a eu un la première fois qu'elle a vu Jean-Baptiste.

5. On **les** a célébrées dans le palais impérial.

6. Camille **l'**a découverte quand elle cherchait Jean-Baptiste. Elle ne savait pas que son pays était si pauvre.

7. Camille est recherchée par la police car elle **en** a commis un.

8. Les nationalistes ne **les** aiment pas.

9. Éliane **en** dirige une grande.

10. Les nationalistes **l'**ont incendiée.

Définitions

À vous! Écrivez des définitions pour trois autres noms de la **Liste de vocabulaire** en utilisant des pronoms compléments d'objet direct, comme dans l'exercice précédent. Puis lisez vos phrases à la classe et demandez à vos camarades de trouver les mots que vous avez définis.

Les mots apparentés

Complétez les tableaux suivants en ajoutant les mots qui manquent.
1. Trouvez l'adjectif qui correspond au nom et vice versa.

Notice the word **parent** in **apparentés**. Cognates are words that resemble each other because they descended from the same ancestral language. In the case of English (a Germanic language) and French (a Romance language), the similarities result from cultural exchange across the English Channel.

	Adjectif	Nom
a.	compatissant(e)	
b.		le conflit
c.		la destruction
d.	ferme	
e.		l'oppression

2. Trouvez le nom qui correspond au verbe et vice versa.

	Nom	Verbe
a.		disparaître
b.	la protection	
c.		rompre
d.		se fiancer
e.		se rebeller
f.		se retrouver
g.		souffrir

Quelques chiffres

1er septembre 1939–2 septembre 1945	Deuxième Guerre mondiale
2 septembre 1945	Création de la République démocratique du Vietnam
1946–1954	Guerre d'Indochine
1954	Accords de Genève; Partition du Vietnam en deux états: le Vietnam du Nord et le Vietnam du Sud
1964–1975	Guerre du Vietnam
juillet 1976	Réunification du Vietnam du Nord et du Vietnam du Sud; création de la République socialiste du Vietnam

La géographie

Associez les phrases de la première colonne aux lieux de la deuxième colonne.

1. On y a signé des accords en 1954.	**a.** dans le Tonkin
2. On y a muté Jean-Baptiste.	**b.** en Bretagne
3. Éliane y possède une maison.	**c.** en Chine
4. Camille et Jean-Baptiste s'y sont cachés.	**d.** à Poulo Condor
5. Camille y a été emprisonnée.	**e.** à Saïgon
6. Tanh y a fait ses études.	**f.** à Paris
7. Camille et Jean-Baptiste veulent s'y réfugier.	**g.** dans l'île du Dragon
8. Jean-Baptiste y a grandi.	**h.** à Genève

À l'écoute: La présence française en Indochine

Le texte que vous allez entendre est un bref résumé de la colonisation française en Indochine. Écoutez le passage et vérifiez si vous avez compris en répondant aux questions qui suivent.

> Refer to the map on page 110 while doing this exercise. **L'île du Dragon** is located in Halong Bay, near Haiphong.
>
> The pronoun **y** is translated *there* when it replaces a preposition (**dans, en, à**) followed by a place (**le Tonkin, Bretagne, Saïgon**). If you're curious to know more now, check out *Le pronom* **y** (page 296).
>
> Saigon is the former name of Hô Chi Minh-Ville, a city in South Vietnam. There are two spellings in French, **Saïgon** and **Saigon**.

 TRACK 22

Vocabulaire utile

la Deuxième Guerre mondiale (1939–1945): *World War II*
ont prévu: *made provisions for*
soutenu: *supported*

---

1. Quand est-ce que les Français ont colonisé l'Indochine?
   a. au dix-septième siècle
   b. au dix-huitième siècle
   c. au dix-neuvième siècle

2. Pourquoi est-ce que les Français ont colonisé l'Indochine?
   a. pour des raisons économiques
   b. pour des raisons religieuses
   c. pour des raisons économiques et religieuses

3. Les premiers nationalistes étaient _____.
   a. des intellectuels français
   b. des Vietnamiens éduqués en France
   c. des paysans communistes

4. Le parti communiste vietnamien a été fondé _____.
   a. au début du dix-neuvième siècle
   b. dans les années 30
   c. pendant la Deuxième Guerre mondiale

5. La guerre d'Indochine a eu lieu parce que les Français voulaient maintenir leur domination sur _____.
   a. l'Annam
   b. la Cochinchine
   c. le Tonkin

6. Qui a perdu la bataille de Diên Biên Phu?
   a. l'armée française
   b. l'armée américaine
   c. l'armée vietnamienne

7. La colonisation française en Indochine s'est terminée en _____.
   a. 1945
   b. 1954
   c. 1976

AVANT LE PROCHAIN COURS

1. **Manuel:** Étudiez *Les pronoms compléments d'objet indirect (**Me, te, se, nous, vous:** Pronoms compléments d'objet direct ou indirect?)* et *Les pronoms remplaçant un complément prépositionnel (Les pronoms disjoints; Le pronom **y**; Le pronom **en**)* (pages 292–297) et faites les exercices des sections **Application immédiate 3** à **7.**

2. **Cahier:** Faites **Préparation à la discussion.**

DISCUSSION

Chronologie

Rétablissez la chronologie des scènes du film en les numérotant de 1 à 12. Puis lisez les phrases à voix haute en classe pour vérifier la chronologie.

_____ Éliane vend sa plantation et elle part élever Étienne à Paris.

_____ Jean-Baptiste intercepte des trafiquants d'opium.

_____ Camille tombe amoureuse de Jean-Baptiste.

_____ Camille et Tanh se marient.

_____ Camille tue un militaire.

_____ Les communistes assassinent le mandarin et incendient l'usine d'Éliane.

_____ Jean-Baptiste meurt.

_____ Éliane et Jean-Baptiste ont une liaison.

_____ Tanh et ses amis aident Camille et Jean-Baptiste à échapper à la police.

_____ Jean-Baptiste revoit Camille au marché aux esclaves.

_____ Camille sort du bagne.

_____ Éliane raconte l'histoire de Camille et Jean-Baptiste à Étienne.

Réactions

1. Comment était composée la société en Indochine sous la colonisation? Comment est-ce que les relations entre les différents groupes sont décrites dans le film?

2. Quelles sont les valeurs de Jean-Baptiste au début du film et quelle est l'importance de la scène où il ordonne de brûler le sampan?

Un sampan is a flat-bottomed Chinese boat.

3. Quelle est l'attitude d'Éliane envers ses employés? Est-elle une bonne chef d'entreprise?

4. Comment Éliane élève-t-elle Camille?

5. Pourquoi Camille s'est-elle mariée avec Tanh? Pourquoi Tanh a-t-il accepté qu'elle parte juste après le mariage?

6. Qu'est-ce que Camille a appris pendant son voyage à travers le Vietnam et comment est-ce que cela a influencé son évolution politique? Comment ses vêtements illustrent-ils son évolution?

7. Pourquoi Guy (le chef de la police) veut-il retrouver Camille?

8. Quel contraste voyez-vous entre les scènes suivantes:
   • la scène où Jean-Baptiste ordonne de brûler le sampan au début du film
   • la scène du marché aux esclaves

9. D'après vous, comment Jean-Baptiste est-il mort: S'est-il suicidé? A-t-il été assassiné? Si oui, par qui?

10. Comment expliquez-vous la transformation de Camille et sa décision d'oublier sa famille après sa sortie du bagne?

Où sont Camille et Jean-Baptiste? Qu'est-ce qui vient de se passer?

11. D'un point de vue politique, est-ce que c'était une bonne idée de laisser Camille en prison? Quels étaient les avantages de la laisser en prison et les avantages de la libérer?

12. Pourquoi Camille a-t-elle demandé à sa mère adoptive d'emmener Étienne en France? De quoi voulait-elle le protéger?

13. Pourquoi est-ce qu'Étienne a refusé de parler à sa mère à la fin? Comprenez-vous sa décision?

14. À quoi servent les scènes et personnages suivants?
    • la scène de la vente aux enchères
    • les scènes où Éliane et Camille dansent
    • le personnage d'Yvette (la femme du contremaître qui devient chanteuse de cabaret)

À l'écoute: *Indochine*

La conversation que vous allez entendre est un entretien à la radio entre un journaliste et une critique de cinéma après la cérémonie des *Academy Awards* où le film *Indochine* a reçu l'Oscar du Meilleur film étranger. Écoutez la conversation et vérifiez si vous avez compris en répondant aux questions qui suivent.

1. Quel élément n'est pas mentionné pour expliquer le succès du film?
   a. la notoriété du réalisateur
   b. la qualité des acteurs
   c. la beauté des images

2. L'histoire se passe _____.
   a. au début des années 1930
   b. à la fin des années 1930
   c. au début des années 1940

3. La critique dit qu'Éliane et sa fille _____ au début du film.
   a. ne sont pas très proches
   b. sont en symbiose
   c. s'entendent bien

4. La critique pense qu'Éliane a fait muter Jean-Baptiste _____.
   a. pour protéger Camille
   b. par jalousie
   c. pour le bien de Camille et par jalousie

5. Le voyage à travers l'Indochine était important pour _____.
   a. la maturation politique de Camille
   b. l'éducation de Camille
   c. l'évolution psychologique de Camille

6. Le journaliste et la critique ont trouvé les retrouvailles entre Éliane et Camille _____.
   a. étouffantes
   b. éprouvantes
   c. émouvantes

AVANT LE PROCHAIN COURS

1. **Manuel:** Étudiez *Les pronoms remplaçant un complément prépositionnel (Les pronoms disjoints, y, en: récapitulation)* et *La position des pronoms* (pages 297–300), et faites les exercices des sections **Application immédiate 8** à **10.**

2. **Cahier:** Préparez **Pour aller plus loin.**

POUR ALLER PLUS LOIN

Qui a dit quoi?

Dites quel personnage a exprimé chaque idée.

1. Ce personnage pense qu'il ne faut pas encourager les Indochinois à participer à des courses d'aviron contre les Français.

2. Ce personnage se compare à une mère qui doit discipliner les travailleurs indochinois comme des enfants.

Que veut dire Éliane quand elle se compare à une mangue?

3. Ce personnage dit qu'il fait son devoir et obéit aux règlements.

4. Ce personnage accepte d'avoir été puni pour ses activités politiques et dit qu'il ne se rebellera plus.

5. Ce personnage appelle la recherche de Camille "l'Opération Molière".

6. Ce personnage compare Camille à Jeanne d'Arc.

7. Ce personnage manque de respect envers Éliane parce qu'on lui a dit qu'elle est communiste.

8. Ce personnage comprend que l'Indochine est en train de changer et que les métis seront maltraités.

L'Indochine et la France

1. Qu'est-ce que les situations évoquées dans la section **Qui a dit quoi** révèlent sur les relations coloniales?

2. Des critiques du film *Indochine* ont vu dans la relation entre Éliane et Camille un miroir de la relation entre la France et l'Indochine. Selon cette interprétation, Éliane représente la France et Camille l'Indochine. Quels parallèles pouvez-vous trouver entre les deux relations?

a. La relation entre Éliane et Camille: Considérez leurs personnalités, leurs comportements, et leurs réactions. Écrivez cinq phrases en vous référant à **Votre dictionnaire personnel** (page 77, *Cahier*) et au **Vocabulaire utile, à la page suivante**.

This chapter presents the personal pronouns in the context of *Indochine*. With the help of the **Liste de vocabulaire** (pages 128–130), you will discuss personal relationships and learn about the final period of colonialism in French Indochina while expressing yourself more elegantly by avoiding repetition. If you need to review the grammar, refer to **Grammaire**, beginning on page 287. Complete and correct the **Application immédiate** exercises and then complete the workbook sections **Préparation à la discussion** (pages 79–83) and **Pour aller plus loin** (pages 84–89).

These characters are allegorical figures—standing for ideas in addition to having a life of their own.

> **Vocabulaire utile**
>
> **(in)dépendant(e):** *(in)dependent*
> **malsain(e):** *unhealthy*
> **sain(e):** *healthy*
>
> **un climat de confiance:** *atmosphere of trust*
> **l'hostilité:** *hostility*
> **l'initiative:** *initiative*
> **les règles:** *rules*
> **la rivalité:** *rivalry*
>
> **autoriser quelqu'un à faire quelque chose:** *to allow someone to do something*
> **construire son identité:** *to build one's identity*
> **interdire à quelqu'un de faire quelque chose:** *to forbid someone to do something*
> **prendre une décision:** *to make a decision*
> **surveiller:** *to supervise, to watch over*
> **voler de ses propres ailes:** *to try one's wings, to strike out on one's own*

Exemple: **Éliane est autoritaire et Camille lui obéit quand elle est jeune.**

b. La relation entre la France et l'Indochine: Maintenant cherchez des parallèles entre les remarques que vous venez de faire et les liens entre la France et l'Indochine.

Exemple: **La France impose sa domination et de nombreux Indochinois sont soumis.**

c. Les relations entre les individus et les pays

Exemple: **Camille s'est rebellée contre sa mère; les Indochinois se sont battus contre les Français.**

> Remember that *pronoun* means *in the place of a noun.* Focus on incorporating pronouns to avoid repetition when answering questions.

Interview

Lors de leur séjour à Genève en 1954, Camille et Éliane ont accepté de répondre aux questions d'un(e) journaliste. Choisissez le rôle de Camille ou d'Éliane et travaillez avec un(e) partenaire. Répondez aux questions sur votre personnage, puis transformez-vous en journaliste pour interviewer votre partenaire.

Questions pour Éliane

1. Comment avez-vous élevé Camille et qu'est-ce que vous espériez pour elle?

2. Quand vous l'avez adoptée, étiez-vous consciente des difficultés potentielles?

3. Pourquoi avez-vous éloigné Jean-Baptiste quand vous avez compris que Camille était amoureuse de lui?

4. Comment est-ce que votre vie a changé quand Camille vous a quittée pour rejoindre Jean-Baptiste?

5. Pourquoi avez-vous décidé de vendre votre plantation et de vous installer en France?

6. Est-ce que l'Indochine vous manque? Avez-vous envie de retourner au Vietnam?

7. Pourquoi êtes-vous venue à Genève?

Questions pour Camille

1. Que pensez-vous de l'éducation que votre mère adoptive vous a donnée? Pourquoi l'avez-vous quittée?

2. Qu'est-ce que votre voyage à travers votre pays vous a appris?

3. Pourquoi avez-vous tué un militaire français? Le regrettez-vous?

4. Combien de temps avez-vous passé au bagne? Comment est-ce que cette expérience vous a changée?

5. Pourquoi est-ce que vous n'avez pas voulu vivre avec votre famille après votre libération? Est-ce qu'elle vous a manqué?

6. Parlez-moi de votre vie depuis votre sortie du bagne.

7. Allez-vous revoir votre famille maintenant que la guerre d'Indochine est terminée?

AVANT LE PROCHAIN COURS

Cahier: Faites **Préparation à la lecture.**

LECTURE

Discussion

1. Quel type d'informations trouve-t-on dans une autobiographie?

2. Qu'est-ce qui différencie une autobiographie d'une œuvre de fiction?

3. Pour quelles raisons est-ce qu'on peut avoir envie d'écrire son autobiographie?

4. Avez-vous déjà lu une autobiographie? Aimez rous ce genre?

Métisse blanche

Les passages que vous allez lire sont extraits de *Métisse blanche* (1989), un récit autobiographique de Kim Lefèvre. Kim Lefèvre est née et a vécu au Vietnam pendant la colonisation française. Sa mère était vietnamienne et son père était un militaire français qu'elle n'a jamais connu. C'est la raison pour laquelle elle a choisi le titre *Métisse blanche*. Au Vietnam, elle a beaucoup souffert de sa situation de métisse. Puis elle est allée faire des études universitaires en France et elle a décidé d'y rester. Dans *Métisse blanche*, elle raconte son enfance et sa jeunesse au Vietnam et explique comment elle a finalement accepté ses origines et trouvé son identité.

Note the different types of pronouns that appear in the text.

paraît-il: *supposedly*

une jeune Annamite: *a young woman from Annam, a region in central Vietnam*

règles: *menstruation*

vous a doté d'un fils: *endowed you with a son*

une bru craintive: *a timid daughter-in-law*

meurtris: *hurt*

charnières: *turning points (literally: hinges)*

Affolée: *Frightened*

allait faire peser: *was going to have*

me confia: m'a confiée

nourrice: *wet nurse*

rebâtir: *to rebuild*

chercha: a cherché, a essayé

afin de me «rendre à ma race»: *to give me back to my race (The narrator's mother was pressured by her family to give up her daughter and send her to an orphanage run by French Catholic nuns.)*

Viêt-minh: Ligue pour l'indépendance du Viêt-Nam

heurtait mes proches: *offended my relatives*

imprévu: *unpredictable*

On mettait... sur le compte: *One explained . . . by*

à mon égard: *toward me*

qui me videraient de ce sang maudit, me laissant: *that would empty me of this accursed blood and leave me*

mares: *ponds*

hormis: *except*

tare existentielle: *lack of identity*

L'enfance

Je suis née, paraît-il*, à Hanoi un jour de printemps, peu avant la Seconde Guerre mondiale, de l'union éphémère entre une jeune Annamite* et un Français. 5

Je n'ai, sur ce sujet, pas de preuve tangible, aucun acte de naissance n'ayant été établi avant ma quinzième année. D'ailleurs je n'ai pas cherché à le savoir. Cela n'avait aucune impor- 10 tance ni pour moi, ni pour les autres. Nous vivions dans une société où la notion du temps quantifié n'existait pas. Nous savions que notre vie se divise en grandes périodes: l'enfance, le temps 15 des règles* pour une fille—signe de l'enfantement possible, donc du mariage proche—, l'âge d'être mère, puis celui d'être belle-mère lorsque enfin on a acquis le droit—si la chance 20 vous a doté d'un fils*—de régner sur une bru craintive* qui entre dans votre maison. Quatre ou cinq ans de plus ou de moins représentaient peu de chose.

Je ne sais à quoi ressemble mon géni- 25 teur. Ma mère ne m'en a jamais parlé. Dans mes jours sombres il me plaît de l'imaginer légionnaire, non pas « mon beau légionnaire », comme dit ici la chanson, mais colon arrogant, détestable, 30 un homme de l'autre côté. J'ai nourri à l'égard de ce père inconnu une haine violente, comme seuls en sont capables les enfants profondément meurtris*.

J'ai porté des noms successifs qui ont 35 été les charnières* de ma vie. D'abord celui de ma mère—Trân—, lorsqu'elle s'est retrouvée seule avec une enfant à charge. Affolée* par l'ampleur des conséquences que mon existence allait 40 faire peser* sur sa vie, elle me confia* à une nourrice* avant de s'enfuir loin, jusqu'à Saigon, terre pour elle étrangère où elle espérait rebâtir* un avenir. Ensuite, le nom de mon géniteur— 45 Tiffon—, à l'époque où, poussée par la famille unanime, ma mère cherchait* à me placer dans un orphelinat afin de me « rendre à ma race »*. Car j'étais à pro- prement parler une monstruosité dans le 50 milieu très nationaliste où je vivais. Mon oncle faisait partie du Viêt-minh* depuis 1941 et tenait régulièrement des réunions dans la forêt de Tuyên-Quang. Tout en moi heurtait mes proches*: mon 55 physique de métisse, mon caractère im- prévu*, difficile à comprendre, si peu Viêt-Namien en un mot. On mettait tout ce qui était mauvais en moi sur le compte* du sang français qui circulait 60 dans mes veines. C'était ce qui em- pêchait les gens d'éprouver une affection réelle à mon égard*. Je les comprenais. Je les approuvais. Moi aussi, je détestais ce sang que je portais. Petite fille, je rê- 65 vais d'accidents providentiels qui me videraient de ce sang maudit, me lais- sant* pure Viêt-Namienne, réconciliée avec mon entourage et avec moi-même. Car j'aimais ce pays, les rizières, les 70 haies de bambous verts, les mares* où je pataugeais en compagnie d'autres en- fants du même âge.

Je n'ai gardé aucun souvenir des premières années de ma vie, hormis* ce 75 sentiment très tôt ressenti d'être partout déplacée, étrangère. J'en ai beaucoup souffert, non comme d'une injustice mais comme d'une tare existentielle*.

Compréhension

1. Pourquoi est-ce que la narratrice ne sait pas exactement quand elle est née et pourquoi est-ce que ce fait *(fact)* n'est pas très important?

2. Quelles étaient les étapes importantes dans la vie d'une femme vietnamienne de la génération de la narratrice? Laquelle était particulièrement importante pour être respectée?

3. Comment la narratrice nomme-t-elle son père? Quels sentiments avait-elle pour lui?

4. Qui s'est occupé de la narratrice pendant les premières années de sa vie?

5. Pourquoi est-ce que sa mère l'a confiée à une nourrice au lieu de *(instead of)* s'occuper d'elle?

6. Pourquoi est-ce que la narratrice était mal acceptée dans la famille de sa mère?

7. Comment la narratrice vivait-elle sa différence et l'attitude de sa famille? (Est-ce qu'elle acceptait facilement d'être différente? Comment jugeait-elle l'attitude de sa famille?)

Questions de langue

1. Quels adjectifs du dernier paragraphe résument *(sum up)* l'identité de la narratrice?

2. Qu'est-ce que les pronoms en italiques remplacent dans les phrases suivantes?
   a. je n'ai pas cherché à *le* savoir (ligne 10)
   b. il me plaît de *l'*imaginer légionnaire (ligne 28)
   c. comme seuls *en* sont capables les enfants profondément meurtris (ligne 33)
   d. Je *les* comprenais. Je *les* approuvais. (ligne 63–64)
   e. J'*en* ai beaucoup souffert (ligne 77)

3. Quelquefois les francophones ne respectent pas à la lettre les règles de l'orthographe et de la grammaire. Étudiez les mots en italique dans les phrases suivantes. Qu'est-ce qui est différent des règles que vous avez apprises? Réécrivez ces deux phrases en suivant les règles.
   a. Je ne sais à quoi ressemble mon géniteur. Ma mère ne m'*en* a jamais parlé.
   b. … mon caractère imprévu, difficile à comprendre, si peu *Viêt-Namien*…

La narratrice a grandi. Elle a fait de brillantes études et est devenue institutrice au Vietnam. Puis elle a obtenu une bourse pour faire des études universitaires en France où elle s'est installée définitivement. Le passage suivant décrit ses émotions au moment où elle a quitté le Vietnam et explique sa décision de rester en France.

> Refer to *Les noms et adjectifs de nationalité* (page 234) to review adjectives and nouns of nationality.

Le départ pour la France

Je me souviens du sentiment de terreur et de désespoir que j'ai éprouvé à l'approche du départ, sentiment semblable à* celui d'un enfant qu'on aurait brutalement arraché du sein maternel*. Je me souviens également de ma peur de la France, un mélange de panique et de répulsion, comme lorsqu'on jette une vierge* dans le lit d'un inconnu. La France, c'est l'image du père qui m'avait abandonnée.

Mais la vie s'est chargée d'apporter un démenti à mes pressentiments d'alors*. Car ce que le Viêt-nam m'avait refusé, la France me l'a accordé: elle m'a reçue et acceptée. Tout compte fait, je n'en suis pas déçue*. Ici, les choses me paraissent simples. Si je dis que je suis Viêt-Namienne, on me prend comme telle, si je dis que je suis française, on me demande de quelle origine je suis: sans plus. Certes, je n'ignore pas les courants racistes dirigés contre les communautés maghrébines et demain peut-être contre celles des Asiatiques de jour en jour plus nombreuses. Mais n'est-il pas réconfortant de constater* qu'il existe également tant d'antiracistes parmi les Français? Durant le temps que j'ai vécu au Viêt-nam, je n'ai pas rencontré un seul défenseur* des métis – l'attitude la plus tolérante consistant à faire comme si l'on n'avait pas remarqué leur particularité.

Je ne charge pas le Viêt-nam. C'est un pays cher à mon cœur. Je l'ai aimé d'un amour qu'il ne m'a jamais rendu. Les souvenirs de mon enfance sont imprégnés de son climat, de ses paysages, de ses odeurs, de la musique de sa langue. Je me surprends parfois à fredonner* des airs anciens que je croyais ensevelis dans l'oubli*. Le Viêt-nam, c'est la douceur du visage de ma mère.

Aujourd'hui, j'aime cette terre d'une autre façon, non plus à la manière d'une enfant meurtrie, mais comme une adulte capable de faire la part de ce qu'elle m'a donné de celle dont elle m'a soustraite*.

(lignes 1, 5, 10, 15, 20, 25, 30, 35, 40, 45)

semblable à: similaire à

arraché du sein maternel: *pulled away from his/her mother's breast*

une vierge: *a virgin*

Mais la vie s'est chargée d'apporter un démenti à mes pressentiments d'alors *But life has shown me that my former fears were unjustified*

déçue: *disappointed*

constater: *to note*

un seul défenseur: *a single advocate*

fredonner: *to hum*

ensevelis dans l'oubli: *buried in oblivion*

faire la part… soustraite: *to weigh what it gave me and what it took away from me*

Compréhension

1. Quels sentiments éprouvait la narratrice au moment de quitter le Vietnam? Pourquoi avait-elle peur d'aller en France?

2. La narratrice explique que sa peur était injustifiée et qu'elle apprécie sa vie en France. Pourquoi est-ce qu'elle se sent mieux en France qu'au Vietnam?

3. Que dit-elle sur le racisme en France?

4. Quels souvenirs du Vietnam a-t-elle gardés?

5. Comment ses sentiments pour le Vietnam ont-ils changé?

Questions de langue

1. Quels noms et quelles images la narratrice utilise-t-elle pour exprimer ses sentiments au moment de quitter son pays pour aller en France?

2. Dans les phrases suivantes, est-ce que **me** est un pronom complément d'objet direct ou indirect? Justifiez votre réponse.
   a. La France, c'est l'image du père qui *m*'avait abandonnée.
   b. Car ce que le Viêt-nam *m*'avait refusé, la France *me* l'a accordé…
   c. elle *m*'a reçue et acceptée
   d. Je l'ai aimé d'un amour qu'il ne *m*'a jamais rendu.

3. Cherchez deux verbes au plus-que-parfait et expliquez pourquoi la narratrice utilise ce temps.

> Refer to Chapter 2 (page 258) to refresh your memory about *plus-que-parfait.*

> Refer to both readings from *Métisse blanche* when reflecting on these questions.

Réactions

1. Quelquefois les personnes qui choisissent de s'exiler dans un autre pays ont une vision idyllique de leur pays adoptif. Est-ce le cas pour la narratrice?

2. Avez-vous l'impression que la narratrice s'est "réconciliée" avec le Vietnam?

3. Dans un entretien, Kim Lefèvre a dit que c'est la souffrance qui donne envie d'écrire. D'après les extraits que vous avez lus, en quoi consiste la blessure/la souffrance qui a mené Kim Lefèvre à écrire *Métisse blanche*?

4. Quels parallèles voyez-vous entre ces extraits de *Métisse blanche* et le film *Indochine*? Comprenez-vous mieux la décision de Camille de se séparer de son fils et son désir qu'il soit élevé en France?

5. Aimez-vous les récits autobiographiques (dans les livres ou les films)? Pourquoi (pas)? Est-ce qu'il y a des émissions de télévision qui se rapprochent du genre autobiographique?

AVANT LE PROCHAIN COURS

Cahier: Faites **Préparation à l'écriture.**

INTERACTIONS

Sketch

Choisissez un sujet, préparez la scène, et jouez-la devant la classe.

1. Étienne a décidé de voir sa mère à Genève. Imaginez leur conversation.

2. La mère de Tanh, exilée en France avec un autre fils, répond aux questions de ses petits-enfants sur le Vietnam d'autrefois et explique les raisons pour lesquelles ils ne sont pas restés là-bas.

3. Guy et Éliane se retrouvent en France. Ils évoquent le passé et parlent de leurs vies depuis leur départ d'Indochine. Guy lui demande encore une fois de se marier avec lui.

4. Guy parle de sa vie en Indochine avec un ami. Il passe beaucoup de temps à lui parler de son amie Éliane, une femme formidable.

Exposé

Préparez un des trois sujets à la maison pour le présenter en classe. Cherchez des informations dans des livres de référence ou sur l'Internet, si nécessaire.

1. Les sites touristiques du Vietnam: Sur l'Internet, faites une recherche sur les voyages proposés par les tours-opérateurs. Présentez les sites les plus visités à la classe.

2. L'histoire: Faites une présentation sur la guerre d'Indochine (1946–1954) ou la guerre du Vietnam (1957–1975).

3. La cuisine vietnamienne: Est-ce qu'il y a des restaurants vietnamiens là où vous habitez? En quoi consiste un repas ou un plat typique?

Débat

Préparez un des sujets pour le présenter en classe.

1. Certains commentateurs voient le film comme une représentation nostalgique de l'Indochine française, d'autres comme une critique de la colonisation française, d'autres comme une aventure romanesque qui minimise la situation politique. Imaginez que vous faites partie d'un jury qui doit évaluer le film. Défendez un de ces points de vue dans un débat avec d'autres critiques.

2. La République et ses représentations
Le maire de votre ville est très francophile et il aime bien l'idée de représenter la République sous les traits d'une personne réelle. Il propose à son conseil municipal *(city council)* de représenter l'oncle Sam sous les traits d'un Américain célèbre et de mettre son buste dans la mairie. Certains conseillers municipaux aiment son idée et proposent différentes personnalités qui pourraient représenter l'oncle Sam; d'autres sont absolument opposés à cette idée. Jouez la réunion du conseil municipal. Référez-vous à la photo à la page 128.

This section contains activities that will allow you to work creatively with the vocabulary and structures from the chapter.

Un peu d'histoire

Depuis la Révolution française, un des symboles de la France est "Marianne", une figure féminine qui personnifie la liberté et la raison. On la trouve sur des timbres et des pièces *(coins)*, sur des tableaux et des dessins humoristiques, dans des publicités, etc. Depuis les années 1970, on la représente sous la forme d'une femme célèbre, comme les actrices Brigitte Bardot, Catherine Deneuve et Sophie Marceau; la chanteuse Mireille Matthieu; et les mannequins *(models)* Inès de la Fressange et Laetitia Casta. Cette personnalité est élue par l'Association des maires *(mayors)* de France (92% des maires sont des hommes), et on fait un buste à son image. Les maires peuvent mettre ce buste dans leurs mairies. Bien sûr, il y a des gens qui critiquent cette pratique et disent que les personnalités choisies ne sont pas représentatives de la diversité de la France.

Est-il bon de représenter la République par une célébrité?

LISTE DE VOCABULAIRE

For extra practice with the vocabulary in this chapter, refer to the web quizzes at http://www.thomsonedu.com/french/sequences.

Adjectifs

adoptif(-ive) *adoptive*
aisé(e) *well-off*
amical(e) *friendly*
autoritaire *authoritarian*
compatissant(e) *compassionate*
conflictuel(le) *conflictual*
destructeur(-trice) *destructive*
docile *docile*
dominateur(-trice) *dominating*

émouvant(e) *moving*
étouffant(e) *stifling*
lâche *cowardly*
opprimé(e) *oppressed*
orphelin(e) *orphan*
passionnel(le) *passionate*
possessif (-ive) *possessive*
proche *close*

Noms

un accord *agreement*
une aventure de passage *fling*
un bateau *boat*
un colon *colonist*
la compassion *compassion*
un coup de foudre *love at first sight*
un couple mixte *mixed couple*
une course *race*
un désaccord *disagreement*
une disparition *disappearance*
une émeute *rebellion*
une épreuve *test, exam; competition*
la faiblesse *weakness*
la fermeté *strength of character*
les fiançailles (f. pl.) *engagement*
la haine *hate*

une légende *legend*
une liaison *affair*
la libération *liberation*
un lien *link; relationship*
la main-d'œuvre *labor*
un métis, une métisse *person of mixed race*
un meurtre *murder*
la misère *dire poverty*
un paysan *peasant*
la personnification *personification*
une plantation *plantation*
une rébellion *rebellion*
les retrouvailles (f. pl.) *reunion*
une rupture *breakup*
la souffrance *suffering*

un tabou *taboo*
la transgression *transgression*
une troupe de théâtre *theater company*

une usine *factory*
la voix off *voiceover*

Verbes

aider quelqu'un à faire quelque chose *to help someone to do something*
battre (irrégulier) *to beat; to defeat*
cacher/se cacher *to hide someone/to hide*
commander *to rule; to order*
défier *to defy, to challenge*
déserter *to desert*
diriger (comme *voyager*) *to run, to manage*
disparaître (comme *connaître*) *to disappear*
échapper à *to escape from someone/something*
élever (un enfant) (comme *acheter*) *to raise (a child)*
éloigner/s'éloigner (de) *to send away/to go away (from)*
étouffer *to suffocate*
évoluer *to change*
exploiter *to exploit*
faire confiance à *to trust*
faire face à *to face someone/something*
faire son devoir *to do one's duty*
fuir (irrégulier) *to flee*
grandir (comme *finir*) *to grow up*
incendier *to set fire to*
manquer à quelqu'un *to be missed by someone*
muter *to transfer*
prendre conscience de (irrégulier) *to become aware of*

protéger (comme *préférer* et *voyager*) *to protect*
rejoindre (comme *joindre*) *to meet up with; to reunite with*
renvoyer (comme *envoyer*) *to dismiss, to fire*
retrouver *to find (someone/something that was lost)*
rompre (avec) *to break up (with)*
sauver *to save*
se détacher (de) *to grow apart (from)*
se disputer (avec) *to quarrel*
s'échapper (de) *to escape (from a place)*
s'éloigner (de) *to go away (from)*
s'enfuir (comme *fuir*) *to flee*
s'entendre (bien/mal) (avec) *to get along well/to not to get along (with)*
se rapprocher (de) *to get closer (to)*
se rebeller (contre) *to rebel (against)*
se réconcilier (avec) *to reconcile*
se réfugier *to find refuge*
se rendre compte de/que *to realize something/that*
se révolter (contre) *to rise up, to rebel (against)*
se suicider *to commit suicide*
souffrir (comme *ouvrir*) *to suffer*
soutenir (comme *tenir*) *to support*
tomber amoureux(-euse) (de) *to fall in love (with)*

Refer to page 21 for practice on **manquer**.

Expressions

en deuil *in mourning*
par hasard *by chance*

Vocabulaire supplémentaire

Noms

une amnistie *amnesty*
un bagne *penal colony*
le caoutchouc *rubber*

un cercueil *casket*
le chef de la sûreté *security chief*
un contremaître *overseer*

une fumerie d'opium *opium den*
un hévéa *rubber tree*
une malédiction *curse*
un mandarin *mandarin (high dignitary)*
un marché aux esclaves *slave market*
la marine *navy*

un officier de marine *navy officer*
un sampan *sampan (flat-bottomed Chinese skiff)*
le travail forcé *forced labor*
une vente aux enchères *auction*

Verbes

accoucher (de) *to deliver (a baby)*
amnistier *to pardon*
gracier *to pardon*
passer en cour martiale *to be court martialed*

peser (comme acheter) *to weigh*
torturer *to torture*

Expressions

à bord (de) *on board, aboard*
à la dérive *adrift*

Chapitre 6

LES HOMMES ET LES FEMMES

Chaos

Réalisatrice: Coline Serreau,
France (2001); 109 minutes

ALAIN SARDE
PRÉSENTE

CATHERINE FROT   **VINCENT LINDON**
RACHIDA BRAKNI
César 2002 du Meilleur Espoir Féminin

CHAOS

UN FILM DE **COLINE SERREAU**
AVEC LA PARTICIPATION DE **LINE RENAUD**

AVEC **AURELIEN WIIK   IVAN FRANEK   MICHEL LAGUEYRIE   WOJTEK PSZONIAK**   MUSIQUE ST GERMAIN (LUDOVIC NAVARRE)
SCÉNARIO, DIALOGUE COLINE SERREAU   IMAGE JEAN-FRANÇOIS ROBIN A.F.C.   DÉCORS MICHELE ABBÉ   MONTAGE CATHERINE RENAULT
SON PIERRE LORRAIN, MURIEL MOREAU, JOËL RANGON   COSTUMES KAREN SERREAU   DIRECTION DE PRODUCTION ALAIN CENTONZE   PRODUCTION EXÉCUTIVE CHRISTINE GOZLAN
UNE COPRODUCTION LES FILMS ALAIN SARDE - FRANCE 2 CINEMA - ENILOC   AVEC LA PARTICIPATION DE CANAL+   DISTRIBUTION ET VENTES INTERNATIONALES STUDIOCANAL

www.chaos-lefilm.com

STUDIO CANAL

*I*n *Chaos,* Coline Serreau criticizes several aspects of contemporary society through comedy. The new vocabulary in this chapter will allow you to discuss male-female relationships, as well as issues such as violence, prostitution, and forced marriages. The

grammar focus on the conditional will enable you to talk about Serreau's ideal world and how you might change the film if you were the director. The reading from *Le Monde* provides a real-life context for the social issues raised in the film.

Les personnages (La distribution: les acteurs/actrices): Hélène (Catherine Frot), Malika/Noémie (Rachida Brakni), Paul (Vincent Lindon), Mamie (Line Renaud), Fabrice (Aurélien Wiik), Florence et Charlotte, les copines de Fabrice (Chloé Lambert et Marie Denarnaud), Zora, la sœur de Malika (Hajar Nouma), Touki et Pali, les proxénètes (Ivan Franek et Wojciech Pszoniak)

 *LES PRIX DU FILM*

- Cinq nominations aux Césars (2002): Meilleure actrice (Catherine Frot), Meilleur second rôle féminin (Line Renaud), Meilleur espoir féminin, Meilleur film, Meilleur scénario
- Un César (2003): Meilleur espoir féminin (Rachida Brakni)

ENTRÉE EN MATIÈRE

Discussion

1. Quelquefois on associe le mot "chaos" avec sa vie. Quand vous dites que votre vie est chaotique, qu'est-ce que vous voulez dire?

2. De manière plus générale, qu'est-ce qui est stressant dans la vie moderne pour les jeunes? Et pour les adultes? Et pour les personnes âgées?

3. Qu'est-ce que vous savez sur la condition des femmes dans le monde musulman?

4. Avez-vous l'habitude de voir de la violence au cinéma? Citez quelques films récents dans lesquels il y avait des scènes violentes. En quoi consistait la violence? Est-ce que certains types de violence vous dérangent (vous troublent) plus que d'autres?

Le contexte du film

Lisez les informations sur le contexte pour mieux comprendre le film.

1. **Les lieux**

   Le début et la fin du film se passent à Paris. On voit le métro et le boulevard périphérique (où travaille Malika). Le flashback se passe à Marseille, d'où partent les bateaux pour l'Algérie. Il y a d'autres scènes en Normandie et à Bâle, en Suisse.

2. **L'immigration en France**

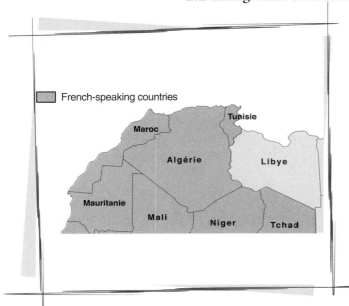

Malika enlists help in an SOS Racisme office.

Après la Deuxième Guerre mondiale, la France, en période d'expansion économique, avait besoin de main-d'œuvre. Les immigrés qui sont venus travailler en France dans les années 50, 60 et 70 étaient pour la plupart originaires d'Afrique du Nord, en particulier d'Algérie. Souvent, leurs familles restaient dans leurs pays d'origine, et les travailleurs immigrés leur rendaient visite pendant les vacances. En 1974, le gouvernement a autorisé le regroupement familial, c'est-à-dire qu'on a permis aux travailleurs de faire venir leurs familles en France. Les enfants de ces familles nés en France sont des Franco-Maghrébins. On les appelle aussi des Beurs. La majorité des Beurs est d'origine algérienne car l'Algérie a été colonisée par la France à partir de 1830. Quand elle a obtenu son indépendance en 1962 après une longue guerre (la guerre d'Algérie, 1954–1962), de nombreux Algériens ont décidé d'immigrer en France.

3. **SOS Racisme**

   C'est une association créée en 1984 à la suite d'un incident raciste dans le métro parisien, pendant lequel un jeune Sénégalais a trouvé la mort. L'association a été créée pour lutter contre la xénophobie et pour faciliter l'intégration des jeunes issus de l'immigration.

Lecture d'un compte-rendu sur le film

Préparation

Vous allez lire un compte-rendu sur le film paru dans *Le Point* du 5 octobre 2001. C'est un texte difficile (surtout le dernier paragraphe) qui donne une bonne idée du style très personnel que l'on peut trouver dans des articles de presse français. Préparez-vous pour la lecture en considérant les points suivants.

1. Pensez à des mots anglais qui ressemblent à des mots français. Par exemple, quels mots anglais sont apparentés aux mots suivants?
   a. poli (ligne 10)
   b. prédit (ligne 10)
   c. époux (ligne 18)
   d. sauve (ligne 26)
   e. prélude (ligne 56)

2. Éliminez les passages qui ne sont pas absolument nécessaires à la compréhension du texte.

   Exemple: "Si « Chaos », ~~le dernier film de Coline Serreau,~~ s'était limité à l'histoire de Malika, ~~jeune fille arabe qui, échappant à un mariage arrangé par son père, tombe dans la prostitution et subit l'horreur des maisons de dressage~~, sans doute aurions-nous regardé cette nouvelle dénonciation de l'oppression des femmes arabes avec un intérêt poli."

   À vous: "Si, en revanche, « Chaos » s'en était tenu à la rébellion d'Hélène, bourgeoise française qui en a assez de « torcher » ses deux hommes, un époux et un fils épinglés avec virulence, il aurait fallu constater que Coline Serreau, décidément, aime à nous faire rire, depuis « Trois hommes et un couffin », avec la désertion des femmes."

3. Remarquez les parallélismes. Cela peut vous aider à comprendre des mots que vous ne connaissez pas. Par exemple, il y a un parallèle dans les deux propositions suivantes:

   "Si « Chaos » … **s'était limité** à l'histoire de Malika … "

   ET

   "Si, en revanche *(on the contrary)*, « Chaos » **s'en était tenu** à la rébellion d'Hélène … "

   Grâce au parallélisme, vous pouvez deviner que "s'en tenir à" est un synonyme de "se limiter à".

4. Identifiez les structures. Cela vous permet de trouver le verbe principal plus rapidement. Les exemples qui suivent commencent par si + un verbe au plus-que-parfait. On sait que le verbe principal va être au conditionnel passé.

   "**Si « Chaos »**, le dernier film de Coline Serreau, **s'était limité** à l'histoire de Malika, jeune fille arabe qui, échappant à un mariage arrangé par son père, tombe dans la prostitution et subit l'horreur des maisons de dressage, sans doute **aurions-nous regardé** cette nouvelle dénonciation de l'oppression des femmes arabes avec un intérêt poli."

   (sans doute aurions-nous regardé = nous aurions sans doute regardé [*we probably would have watched*])

Don't let yourself be intimidated by this text! These exercises should help you make sense of it even before you actually begin to read.

Commas can help a reader grasp a main idea without reading every word. As in this passage, one can often ignore information set off by commas. Here the deleted text provides additional information about Malika.

When one refers to **un parallélisme** (a parallelism), this means that there is a parallel structure. In this case, there are two si clauses followed by the **plus-que-parfait**.

After an expression with si + **imparfait** or si + **plus-que-parfait**, the main verb is in the **conditionnel**. You will study and work with these structures in the grammar presentation later in this chapter. If you wish to look ahead, refer to pages 307–309.

bouscule: choque, fait réfléchir

Et prédit: *And [we would have] predicted*

« les événements »: allusion aux attentats terroristes du 11 septembre 2001

mou: indifférent, pas enthousiaste

en revanche: d'un autre côté

s'en était tenu: s'était limité

torcher (fam.): *to wipe, to clean after*

épinglés: pinned down, described

dérangeante: troublante

Drôle de rencontre: *Strange encounter*

proxénètes: *pimps*

verrouille: *locks*

tabassée: *hit*

efface: *wipes off*

démarre: *starts the car*

Si cela ne tenait qu'à Paul: Si c'était Paul qui décidait/S'il n'y avait que Paul

Et de vie, justement, il est question: *And it is really about life*

déménage: *makes us think*

How to Answer Questions about the Reading

Avoid general answers by referring to specifics in the passage. Note line numbers in your answers so you can refer your classmates to the word or words you are invoking and speak about concrete details you understood about Malika, Hélène, Paul, and Coline Serreau.

"**Si,** en revanche, « **Chaos** » **s'en était tenu** à la rébellion d'Hélène, bourgeoise française qui en a assez de « torcher » ses deux hommes, un époux et un fils épinglés avec virulence, **il aurait fallu constater** que Coline Serreau, décidément, aime à nous faire rire, depuis « Trois hommes et un couffin », avec la désertion des femmes."

(il aurait fallu constater = on aurait dû constater, nous aurions dû constater [*one would have had to note*])

Femmes au bord du chaos
Cinéma. « Chaos », la fable de Coline Serreau, bouscule*. Une rencontre choc entre une bourgeoise française et une jeune prostituée arabe
François-Guillaume Lorrain

Si « Chaos », le dernier film de Coline Serreau, s'était limité à l'histoire de Malika, jeune fille arabe qui, échappant à un mariage arrangé par son père, tombe dans la prostitution et subit l'horreur des maisons de dressage, sans doute aurions-nous regardé cette nouvelle dénonciation de l'oppression des femmes arabes avec un intérêt poli. Et prédit*, malgré les « événements »*, un accueil assez mou* d'un public français s'estimant encore peu concerné.

Si, en revanche*, « Chaos » s'en était tenu* à la rébellion d'Hélène, bourgeoise française qui en a assez de « torcher* » ses deux hommes, un époux et un fils épinglés* avec virulence, il aurait fallu constater que Coline Serreau, décidément, aime à nous faire rire, depuis « Trois hommes et un couffin », avec la désertion des femmes.

Mais « Chaos » est plus que tout cela. Car Malika—Rachida Brakni—et Hélène—Catherine Frot—se rencon-

trent. Rencontre qui sauve les deux femmes de leur asservissement et pose une question bien plus dérangeante*: et si une femme française gagnait à prendre modèle sur la révolte d'une femme arabe?

Drôle de rencontre*, dira-t-on: Malika fuit ses proxénètes* et se jette vers la voiture d'Hélène, dont l'époux, Paul—Vincent Lindon—verrouille* les portes. Malika rattrapée et tabassée*, Paul, sous les yeux d'Hélène, efface* le sang sur ses vitres, puis démarre*. Une ouverture choc filmée sur la musique trépidante de Saint-Germain qui donne le ton d'un film remarquablement frénétique. Si cela ne tenait qu'à Paul*, il n'y aurait pas de film. Mais, chez Serreau, ce sont les femmes qui font vivre la fiction. Et de vie, justement, il est question*, ou plutôt de résurrection: très vite, Hélène retrouve Malika dans un hôpital, l'aide à sortir de son enfer et, l'épaulant, se découvre d'autres qualités que celles de femme au foyer. Fidèle à son titre, « Chaos » est un film rude qui bouscule, déménage*, bref, nous emmène loin de la voiture verrouillée de Paul. Mais le cinéma, n'est-ce pas d'abord une drôle de rencontre qui prélude à un grand voyage?

Le Point no. 1516, 05 octobre 2001, p. 118

Compréhension

Paragraphe 1

1. Qui est Malika et qu'est-ce qui lui arrive dans le film?

2. En général, quelle est la réaction du public français quand un film parle des femmes arabes? Pourquoi?

Paragraphe 2

3. Qui est Hélène et qu'est-ce qu'elle fait dans le film?

4. Les hommes de la famille d'Hélène sont-ils dépeints de manière positive ou négative? Expliquez votre réponse en citant le texte.

5. Il existe un remake américain du film de Coline Serreau *Trois Hommes et un couffin*. Pouvez-vous deviner le titre?

Paragraphe 3

6. Qu'est-ce que Malika et Hélène ont en commun? Quel verbe trouve-t-on dans le mot "asservissement"? Pouvez-vous deviner la signification de ce mot?

Paragraphe 4

7. Qu'est-ce Malika a fait?

8. Comment Paul a-t-il réagi? Et Hélène?

9. Quel effet a le film sur les spectateurs?

Réaction

D'après vous, quel impact est-ce que la rencontre entre Hélène et Malika va avoir sur elles et sur leurs familles?

Questions de langue

1. Reliez les verbes du texte (colonne de gauche) à un synonyme (colonne de droite) en vous aidant du contexte.

1. subir (subit, paragraphe 1)	a. aider
2. asservir (asservissement, pararaphe 3)	b. fermer à clé
3. fuir (fuit, paragraphe 4)	c. troubler
4. verrouiller (verrouille, paragraphe 4)	d. dominer
5. tabasser (tabassée, paragraphe 4)	e. s'échapper
6. épauler (épaulant, paragraphe 4)	f. battre
7. bousculer (bouscule, paragraphe 4)	g. endurer

2. Remarquez l'utilisation de **faire + infinitif** dans les phrases suivantes. Comment les traduiriez-vous *(would you translate them)*?
   a. "Coline Serreau … aime à nous faire rire"
   b. "… ce sont les femmes qui font vivre la fiction"

3. Cherchez un pronom d'objet direct et un pronom démonstratif dans le dernier paragraphe et expliquez quels noms ils remplacent.

Visionnement d'une scène du film
(sans son ni sous-titres)

Du début du film à la fin du générique, quand Paul et Hélène sortent de la laverie de voiture (4 minutes).

Compréhension

Après avoir visionné la scène sans son ni sous-titres, racontez-la de façon chronologique en utilisant le vocabulaire du paragraphe 4 du compte-rendu.

> **Vocabulaire utile**
>
> **se dépêcher:** *to hurry*
> **éteindre:** *to turn off*
> **un ascenseur:** *elevator*

Réactions

1. Où allait le couple quand l'incident s'est produit?

2. Est-ce que l'homme et la femme semblent heureux ensemble?

3. Quels sons imaginez-vous?

4. Que dit Malika quand elle se jette sur la voiture?

5. À qui est-ce qu'Hélène veut téléphoner?

Deuxième visionnement de la scène
(avec son, sans sous-titres)

Lisez les questions ci-dessous, puis visionnez la scène une seconde fois en faisant bien attention à la bande-son. Répondez ensuite aux questions.

Compréhension

1. La jeune fille _____.
   a. demande qu'on lui ouvre la porte
   b. dit qu'on veut la tuer
   c. demande qu'on appelle la police

2. Paul et Hélène remontent vite dans leur voiture parce que Paul a vu _____.
   a. une ambulance
   b. les flics (les policiers)
   c. les proxénètes

3. Hélène veut téléphoner _____.
   a. à la police
   b. aux pompiers (*fire department*)
   c. au SAMU (Service d'Aide Médicale d'Urgence)

4. Quand elle commence à téléphoner, Paul lui dit qu'elle n'est pas raisonnable. Il dit qu'elle est _____.
   a. folle
   b. dingue
   c. malade

5. Paul ne veut pas qu'Hélène téléphone parce qu' _____.
   a. il ne veut pas être en retard à son dîner
   b. il a peur d'être considéré responsable de l'accident
   c. il a peur de la réaction des proxénètes

Réactions

1. D'après le compte-rendu que vous avez lu et la séquence que vous venez de visionner, pourquoi le film s'appelle-t-il *Chaos*?

2. Le compte-rendu parle de l'asservissement d'Hélène et de Malika. Avez-vous remarqué des exemples d'asservissement dans la séquence?

3. Quel symbolisme voyez-vous dans le lavage de la voiture? Et dans la manière dont le titre, *Chaos,* apparaît sur l'écran? Quel mot du paragraphe 4 du compte-rendu pouvez-vous associer à ces images?

4. Regardez les affiches française et américaine. Quels aspects du film illustrent-elles? Comment l'affiche américaine se distingue-t-elle, et pourquoi, à votre avis?

5. Comment imaginez-vous la suite du film?

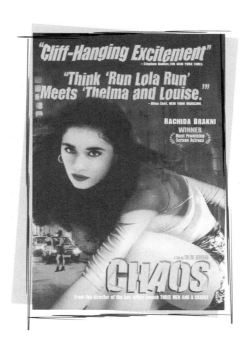

Préparation au visionnement du film

En regardant le film, faites attention aux aspects suivants et prenez des notes sur vos observations.

1. Les scènes: Sont-elles courtes ou longues?

2. Les transitions: Sont-elles subtiles ou explicites?

3. Les parallèles: Quelles scènes se font écho?

4. Le retour en arrière (le flashback): Quand commence-t-il?

Viewing Tips

Notice:
• transitions between scenes, parallels, the soundtrack

Ask yourself:
• What aspects of society does Coline Serreau criticize, and how does her technique reinforce the criticism?

Anticipate:
• a few scenes depicting violence against women and prostitution

---

AVANT LE PROCHAIN COURS

1. *Cahier:* Faites les exercices A, B, et C, **Les mots pour le dire.**

2. *Chaos:* Visionnez le film.

3. *Cahier:* Faites l'exercice D, **Les mots pour le dire.**

▪ LES MOTS POUR LE DIRE ▪▪▪▪▪▪▪▪▪▪▪▪▪▪

Définitions

Le mot juste

Quels noms correspondent aux descriptions suivantes?

Références à consulter
• Liste de vocabulaire, page 150
• Votre dictionnaire personnel (page 97, *Cahier*)

1. l'enfant le (la) plus âgé(e) dans une famille

2. quelque chose qui n'est pas plausible

3. un trait de personnalité de quelqu'un qui veut s'en sortir

4. l'endroit où on investit de l'argent

5. une personne qui profite financièrement du travail d'une prostituée

6. un groupe de personnes qui se procure des prostituées et organise leur travail

7. là où on dépose son argent dans une banque

8. un mariage décidé par les parents

9. le fait de rompre avec une personne ou avec sa famille, de décider de ne plus les voir

10. une personne trop gentille (**Vocabulaire familier**)

Définitions

Inventez des définitions pour trois autres mots de la **Liste de vocabulaire** à la page 150.

Le français familier

Après avoir révisé le **Vocabulaire familier** à la fin du chapitre, remplacez les mots soulignés par leurs équivalents en français classique.

> *Exemple:* Quand Malika était sur le point de mourir, <u>un toubib</u> lui a donné des antibiotiques.
>
> *un médecin*

1. Quand Hélène a répondu au message de son mari de la cabine au sous-sol du bar, elle était complètement <u>bourrée</u>.

2. Paul a vite démarré quand <u>les flics</u> sont arrivés.

3. Malika a été obligée de <u>faire le trottoir</u>.

4. Quand Fabrice a dit qu'il n'aimait pas le poisson, sa mère lui a dit de <u>fermer sa gueule</u>.

5. Malika a commencé à mettre de l'argent dans <u>des planques</u> un peu partout.

6. Les proxénètes fournissaient <u>de la came</u> aux prostituées.

7. Les frères de Malika s'intéressent surtout <u>au fric</u>.

8. Paul s'intéresse surtout à <u>son boulot</u>.

9. Quand Malika avait faim, elle était obligée de <u>faire la manche</u>.

10. Paul et Fabrice ne savent pas <u>faire la bouffe</u>.

Situations

Réactions

Qu'est-ce que ces personnes ont fait ou ressenti *(felt)* dans les circonstances suivantes? En petits groupes, faites de courtes phrases à l'aide des verbes de la **Liste de vocabulaire** ou de **Vocabulaire supplémentaire**.

> *Exemple:* Paul, quand Malika s'est jetée sur son pare-brise
>
> *Il a verrouillé les portières.*

1. les voyous, quand Malika n'a pas réussi à monter dans la voiture

2. Hélène, après qu'elle et Paul ont laissé Malika sur le trottoir et sont allés laver la voiture

3. Paul, quand Mamie est arrivée pour lui apporter de l'huile de noix

4. Florence, pour se venger de Fabrice qui la trompait

5. la mère de Malika, quand on lui a pris ses enfants et que son amant l'a abandonnée

6. Malika, quand son père lui a dit qu'il l'emmenait en Algérie pour la marier à un vieil homme

7. Malika, quand elle a accepté de faire une promenade en voiture avec Touki

8. les truands, quand ils sont allés dans la chambre de Malika dans la maison de dressage

9. le vieux monsieur riche de Bâle, avant de mourir

10. la police, quand elle a arrêté les membres du réseau

Situations

Sur le modèle de l'exercice ci-dessus, décrivez trois situations du film. Lisez vos situations à la classe et demandez à vos camarades d'identifier le contexte, comme précédemment.

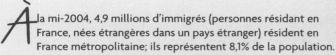

À la mi-2004, 4,9 millions d'immigrés (personnes résidant en France, nées étrangères dans un pays étranger) résident en France métropolitaine; ils représentent 8,1% de la population.

1,7 million d'immigrés sont originaires de l'Union européenne.

Les immigrés natifs du Maghreb sont au nombre de 1,5 million.

2 millions d'immigrés sont de nationalité française, soit 40% des immigrés.

Source: INSEE Première 1098 (août 2006)

TRACK 27

The word **beur** is a particular type of slang called **le verlan**. **Le verlan** (which explains it- self from the word **l'envers**) means that the syllables of certain words are reversed— as in **café** (**féca**) and **métro** (**tromé**). Some variation can occur, as is the case for **beur** (inversion of **arabe**) and **meuf** (inversion of **femme**).

À l'écoute: Les Beurs

Le texte que vous allez entendre vous permettra de comprendre qui sont les Beurs (dans le film, Malika et ses frères et sœurs sont des Beurs) et quelle est leur place dans la société française. Avant de l'écouter, relisez les informations sur l'immigra- tion dans **Entrée en matière: Le contexte du film,** consultez le vocabulaire et lisez les questions. Puis vérifiez si vous avez compris en répondant aux questions.

> **Vocabulaire utile**
>
> **maghrébin(e):** originaire du Maghreb (l'Algérie, le Maroc, la Tunisie)
> **musulman(e):** *Muslim*
> **un échec:** *failure*
> **se maquiller:** *to wear make-up*
> **le voile:** *veil*

1. Les Beurs sont de nationalité _____.
   a. algérienne
   b. française
   c. marocaine

2. Quand les parents des Beurs ont immigré en France, la majorité _____.
   a. parlait couramment français
   b. avait un bon niveau d'éducation
   c. parlait arabe

3. Les Beurs sont _____ pauvres que les autres Français de leur génération.
   a. moins
   b. aussi
   c. plus

4. Les filles ont _____ de difficultés d'intégration que les garçons.
   a. moins
   b. autant *(as many)*
   c. plus

5. Souvent, les parents maghrébins n'autorisent pas leurs filles à _____.
   a. aller à l'école
   b. faire les tâches ménagères
   c. sortir et se maquiller

6. Aujourd'hui, les Beurs sont très représentés dans _____.
   a. les romans et les films beurs uniquement
   b. de nombreux films et romans français
   c. dans la littérature et le cinéma algériens

AVANT LE PROCHAIN COURS

1. **Manuel:** Étudiez *La formation du futur, L'emploi du futur, La formation du conditionnel présent,* et *L'emploi du conditionnel présent* (pages 301–305) et faites les exercices des sections **Application immédiate 1** à **6.**

2. **Cahier:** Faites **Préparation à la discussion.**

DISCUSSION

Chronologie

Rétablissez la chronologie des scènes du film en les numérotant de 1 à 12. Puis lisez les phrases à haute voix en classe pour vérifier.

_____ Malika séduit Paul.

_____ Les proxénètes sortent Malika de l'hôpital en fauteuil roulant.

_____ Hélène apporte une bouilloire à Fabrice.

_____ Hélène emmène Malika chez Mamie.

_____ Hélène et Paul assistent à l'agression d'une prostituée.

_____ Mamie se rend à Paris pour voir son fils.

_____ Malika et Hélène viennent en aide à Zora à Marseille.

_____ Hélène rend visite à la jeune fille à l'hôpital.

_____ Malika raconte son histoire.

_____ Malika va à Bâle pour s'occuper de ses finances.

_____ La police démantèle le réseau de prostitution.

_____ Hélène, Mamie, Malika, et Zora se retrouvent près de la mer.

Réactions

1. Comment la rencontre entre Hélène et Malika a-t-elle provoqué le chaos dans la famille d'Hélène?

2. Serreau crée un parallélisme dans les deux scènes du début du film où les mères (Mamie et Hélène) vont rendre visite à leurs fils. Expliquez les similarités. Pourquoi ce parallèle est-il important?

3. Pourquoi Serreau met-elle en parallèle la scène où les deux copines de Fabrice s'installent chez lui et celle où Mamie, Hélène et Malika partent en voyage?

4. Pourquoi Malika a-t-elle décidé de séduire Paul? Et Fabrice, qui ne lui avait rien fait *(who hadn't done anything to her)*?

5. Pourquoi est-ce que Zora a refusé de suivre Malika initialement, et pourquoi l'a-t-elle suivie à la fin du film?

6. Décrivez et interprétez la dernière image du film. Qu'est-ce qui va peut-être se passer après, d'après vous?

Où sont Malika et Paul?

7. Comment Serreau dépeint-elle les différents milieux sociaux (les bourgeois et les immigrés)? Est-ce que leurs valeurs sont différentes?

8. Comment est-ce que Serreau présente les trois générations du film (Mamie; Hélène et Paul/les parents de Malika; Fabrice et ses amies/les frères et sœurs de Malika)? Est-ce que sa critique est plus virulente pour une des générations?

9. Comment Serreau présente-t-elle les hommes et les femmes? Que pensez-vous de sa façon de montrer Paul amoureux?

10. Quel aspect du film vous a le plus intéressé(e)? L'histoire d'Hélène? Celle de Malika? Autre chose?

11. Quelle(s) scène(s) avez-vous particulièrement aimée(s)? Quelle(s) scène(s) vous a/ont fait rire?

12. Coline Serreau utilise souvent la caricature pour dépeindre les problèmes de société. Dans quel sens les personnages principaux sont-ils caricaturaux, et à quoi sert la caricature dans chaque cas? (Considérez Paul, Fabrice, Hélène, Malika et Mamie.)

> The proverb **Tel père, tel fils** (*Like father, like son*) might be useful here.

TRACK 30

À l'écoute: *Chaos*

Imaginons que Coline Serreau soit l'invitée d'une émission de télévision consacrée au cinéma. La présentatrice a choisi de parler de *Chaos*. Écoutez leur discussion et vérifiez si vous avez compris en répondant aux questions qui suivent.

1. La présentatrice dit que Paul et Hélène réagissent _____ lorsqu'ils assistent à l'agression de Malika.
   a. indifféremment
   b. violemment
   c. différemment

2. Avant l'agression, ils menaient une vie _____.
   a. routinière
   b. stimulante
   c. passive

3. Hélène est choquée par _____ de son mari.
   a. l'égoïsme
   b. l'indifférence
   c. le matérialisme

4. Hélène aide Malika à _____.
   a. se rendre compte du manque de respect des hommes
   b. surmonter ses difficultés
   c. exploiter les hommes

5. On reproche souvent à Coline Serreau _____.
   a. de filmer des moments de crise
   b. de ne pas respecter ses personnages
   c. de critiquer les hommes

6. Coline Serreau pense que Paul _____.
   a. est naturellement méchant
   b. mène une vie équilibrée
   c. a perdu le sens des priorités

7. Pour Serreau, les gens ne pensent plus parce qu(e) _____.
   a. leur vie est trop facile
   b. ils consomment trop
   c. ils travaillent trop

8. Les femmes prennent plus conscience de leur "robotisation" parce qu'elles _____.
   a. sont peu sensibles
   b. ont plus de temps que les hommes
   c. souffrent plus que les hommes

AVANT LE PROCHAIN COURS

1. **Manuel:** Étudiez *La formation du conditionnel passé* (pages 306) et *Les phrases hypothétiques* (pages 307–309) et faites les exercices des sections **Application immédiate 7** à **11.**

2. **Cahier:** Préparez **Pour aller plus loin.**

POUR ALLER PLUS LOIN

Le monde de Coline Serreau

Qui a dit quoi?

Notez quel personnage a exprimé chaque idée.

1. _____: Ce personnage reste totalement indifférent quand on lui annonce une séparation.

2. _____: Ce personnage dit que les femmes n'apportent que des embêtements et qu'il préfère se consacrer à son travail.

3. _____: Ce personnage dit que l'amour est une illusion à quelqu'un qui a un chagrin d'amour.

4. _____: Ce personnage regrette d'avoir été trop permissif.

5. _____: Ce personnage n'est pas content parce que le dîner n'est pas prêt et la cuisine est mal rangée.

6. _____: Ce personnage critique ceux qui sont matérialistes mais prétendent avoir de fortes valeurs religieuses.

7. _____: Ce personnage critique un membre d'une association antiracisme qui ne s'intéresse pas aux prostituées musulmanes.

8. _____: Ce personnage ne veut pas qu'on batte Zora avant de la présenter à son futur mari.

This chapter presents the future, the conditional, and hypothetical sentences in the context of male-female relationships, especially those involving violence, prostitution, and forced marriage. With the help of the **Liste de vocabulaire** (pages 150–152), you will articulate possible outcomes and discuss hypothetical situations related to Coline Serreau's social criticism and utopian ideas that surface in *Chaos*. If you need to review the grammar, refer to **Grammaire**, beginning on page 301. Complete and correct the **Application immédiate** exercises in the textbook and then complete the workbook sections **Préparation à la discussion** (pages 100–105) and **Pour aller plus loin** (pages 105–110).

Le commentaire social

Oralement, expliquez dans quelles circonstances les personnages ont réagi de cette manière et dites ce que Coline Serreau critique dans chaque situation de Qui a dit quoi?

> ## Vocabulaire utile
>
> **le chacun pour soi:** *everyone for him/herself*
> **le conservatisme:** *conservatism*
> **le cynisme:** *cynicism*
> **l'égoïsme (m.):** *egotism*
> **l'hypocrisie (f.):** *hypocrisy*
> **l'indifférence (f.):** *indifference*
> **le manque de respect:** *lack of respect*
> **le matérialisme:** *materialism*
> **la paresse:** *laziness*
> **le sexisme:** *sexism*

La société idéale

À partir des critiques de la société que vous avez remarquées dans le film, imaginez comment serait la société idéale selon Coline Serreau. En petits groupes, faites des phrases décrivant cinq aspects de cette nouvelle société. Utilisez le conditionnel présent.

> *Exemple:* **Dans une société idéale, les personnes âgées ne vivraient pas seules.**

Les invraisemblances du film

Dans la réalité, qu'est-ce qui ne se passerait pas? Faites une liste des situations invraisemblables du film. Écrivez vos réponses au conditionnel présent.

> *Exemple:* **Dans la réalité, Hélène n'abandonnerait pas son travail.**

Hypothèses et réactions

- Imaginez la vie de Malika si elle s'était mariée avec le vieil Algérien. Faites quatre phrases au conditionnel passé en utilisant la structure suivante.
  Si Malika s'était mariée avec le vieil Algérien,…

- Essayez d'aller plus loin avec les propositions avec **si**. Complétez chaque phrase oralement au conditionnel passé, puis transformez la fin de la phrase en proposition introduite par **si**. Continuez ainsi, selon le modèle, en petits groupes.

> *Exemple:* Si Hélène n'avait pas offert de bouilloire à Fabrice,…
>
> *Étudiant(e) 1:* Si Hélène n'avait pas offert de bouilloire à Fabrice, elle ne serait pas allée chez lui.
>
> *Étudiant(e) 2:* Si elle n'était pas allée chez lui, elle n'aurait pas su qu'il ne voulait pas la voir.
>
> *Étudiant(e) 3:* Si elle n'avait pas su qu'il ne voulait pas la voir, elle n'aurait pas eu d'épiphanie…

1. Si Malika n'avait pas retrouvé son vrai passeport,…

2. Si Rosario (la femme de ménage) avait été là,…

3. Si Malika avait téléphoné à Paul pendant sa réunion *(meeting)*,…

4. Si Hélène n'avait pas été une poire,…

5. Si Mamie avait été plus stricte avec Paul,…

When one refers to **une invraisemblance** *(an improbability)*, this means that the events represented in the film are unlikely to happen in real life. The situations in this film are exaggerated to create comedy and to communicate a message.

Do you understand why **Algérien** is capitalized? If not, refer to *Les noms et adjectifs de nationalité* (page 234).

Pay attention to your structures: si + plus-que-parfait → conditionnel passé for the main verb. Then take the main verb of the first sentence and put it in a **si** clause, and so on.

À l'écrit: Une autre version du film

Qu'est-ce que vous auriez ou n'auriez pas fait à la place de Coline Serreau? Écrivez cinq commentaires au conditionnel passé.

> ### Vocabulaire utile
>
> **le décor:** *set*
> **le dénouement:** *denouement, ending*
> **le dialogue:** *dialog*
> **la distribution:** *cast*
> **le générique:** *credits*
> **l'intrigue (f.):** *plot*
> **le jeu/l'interprétation (f.):** *acting*
> **le personnage:** *character*
> **le retour en arrière/le flashback:** *flashback*
> **interpréter (un rôle, un personnage):** *to play (a part, a character)*
> **jouer:** *to act*
> **tourner:** *to shoot (a film)*

Suggestions

- **Les personnages:** Sont-ils bien interprétés? Sont-ils trop caricaturaux? Les acteurs sont-ils bien choisis?
- **La longueur et la structure du film:** Le film est-il trop court? Trop long? Comme il faut? Le film est-il équilibré? Avez-vous aimé les transitions? Est-ce que Serreau maintient votre intérêt?
- **L'action:** Est-elle trop compliquée? Est-ce que le retour en arrière est bien intégré?
- **Les scènes:** Auriez-vous éliminé des scènes? En auriez-vous ajouté?
- **Le dénouement:** Auriez-vous choisi une fin moins ouverte? Comment auriez-vous terminé le film?

> When considering the film that you might have created, base your ideas on these suggestions or choose criteria of your own for each of the five categories.

Exemple: **Les personnages:** *Dans mon film, Fabrice aurait été plus responsable et plus respectueux.*

1. Les personnages

2. La longueur et la structure du film

3. L'action

4. Les scènes

5. Le dénouement

AVANT LE PROCHAIN COURS

Cahier: Faites **Préparation à la lecture.**

LECTURE

Discussion

1. D'après vous, pourquoi est-ce que le père de Malika voulait marier ses filles avec des Algériens?

2. Quand vous étiez au lycée, qu'auriez-vous fait si une de vos camarades de classe n'était pas revenue après les vacances de printemps sans avoir mentionné son absence?

L'histoire vraie de Fatoumata

Dans son film, Coline Serreau s'est inspirée de la réalité des mariages arrangés. L'article que vous allez lire relate une histoire similaire à celle de Malika, l'histoire d'une jeune Sénégalaise qui a disparu pendant sa dernière année de lycée. La journaliste explique ce que les professeurs et les amis de cette jeune fille ont fait pour la retrouver.

The official website for the film had a section called **Dossier,** in which Serreau had posted articles with themes relevant to her film, such as arranged marriages, prostitution, and domestic violence. This article was included there.

lycée: *high school*
craignent: *fear*
sa missive: *sa lettre*

Le Monde, 28 mai 2000

hypokhâgne: after the **bac,** the first year of **classe préparatoire** for students who want to prepare a competitive exam for admission to a **grande école** specialized in the humanities

Un lycée* se mobilise après la disparition d'une élève sénégalaise. Fatoumata n'est pas rentrée de vacances
Marie-Pierre Subtil

Excellente élève de latin, elle avait choisi cette option, facultative au baccalauréat. Mais le jour de l'examen, elle n'était pas là. Aujourd'hui, ses camarades du lycée Colbert, dans le 10e arrondissement de Paris, craignent* qu'elle manque aussi les épreuves à venir, alors qu'elle avait toute chance d'être admise en hypokhâgne* à la prochaine rentrée.

Mais où est donc passée Fatoumata Konta, brillante élève de terminale littéraire, disparue depuis début avril? L'ensemble du lycée, élèves, administration et enseignants, remuent ciel et terre pour résoudre l'énigme. Lors de la première semaine des vacances de Pâques, cette Sénégalaise de vingt ans rencontre des camarades de classe dans le métro. Pendant la seconde, elle doit rejoindre son père—« sans profession », selon les uns, « marabout » , selon les autres— au Sénégal depuis un mois. Juste pour les vacances. Mais deux de ses amies reçoivent un courrier, posté le 18 avril de Dakar. Dans l'un, elle charge sa camarade de « bien prendre les cours » pour elle. Dans l'autre, elle dit que tout va bien, mais termine sa missive* par: « Très bonne rentrée... sans moi. A bientôt.... Fatou. »

UN MARIAGE FORCÉ?

Depuis, pas de nouvelles. Ses camarades, qui savaient sa détermination à poursuivre des études supérieures, pensent qu'elle est restée au Sénégal contre son gré. Ils craignent un mariage forcé. Simple supposition, mais les présomptions sont fortes. La mère de la jeune fille, domiciliée dans le 19e arrondissement, multiplie les versions en fonction de ses interlocuteurs. Dans un premier temps, elle invoque « un problème d'avion », puis une maladie. A l'un, elle dit que Fatoumata, aînée d'une famille de sept enfants, est en Afrique mais pas au Sénégal, à l'autre, elle affirme que sa fille est à Paris...

Des 750 élèves du lycée Colbert, 600 ont signé une pétition en faveur de « Fatou », qui a été remise au service social de l'ambassade du Sénégal à Paris. Profitant de la visite officielle du président Abdoulaye Wade, une délégation d'élèves a rencontré la conseillère de l'épouse du chef de l'Etat sénégalais. Elle leur a suggéré d'entrer en contact avec une association de défense des droits de l'homme à Dakar, qui pourrait 60 jouer les intermédiaires.

Reste à localiser la jeune fille*. Notre correspondante à Dakar, Brigitte Breuillac, nous indique qu'aucune Sénégalaise du nom de Fatoumata 65 Konta n'a été enregistrée ni à l'arrivée ni au départ, à l'aéroport Léopold-Sédar-Senghor, entre le 10 mars et le 25 avril, selon les services de la police des frontières. Les amis de Fatou mènent 70 l'enquête, ne négligeant aucun détail. Elle avait emprunté un téléphone portable à un camarade, avant son départ, afin de passer un coup de fil* au Sénégal? Ils se débrouillent pour 75 retrouver le numéro appelé, pour localiser son interlocuteur. Ils alertent le ministère de l'éducation nationale.

Jack Lang a fait savoir qu'il avait demandé à son homologue* des affaires 80 étrangères, Hubert Védrine, de tout mettre en œuvre pour que la jeune fille puisse réintégrer sa classe. Mais nul n'est dupe*: si sa famille la séquestre, il sera très difficile de la retrouver. 85

Reste à localiser la jeune fille: *But first the young woman must be found*

passer un coup de fil: *to give someone a ring*

son homologue: *his counterpart*

nul n'est dupe: *no one can be fooled*

Compréhension

1. Qu'est-ce que vous avez appris sur Fatou dans cet article?

2. Pourquoi les camarades de Fatoumata ont-ils trouvé son absence bizarre?

3. Sous quel prétexte Fatou est-elle allée au Sénégal?

4. Comment sa mère explique-t-elle son absence? Est-ce que ses explications sont logiques?

5. Qu'est-ce que les lycéens ont fait pour obtenir des informations sur Fatoumata et commencer sa recherche?

6. Quel élément de l'enquête rend la situation encore plus mystérieuse?

Questions de langue

1. Donnez des synonymes pour les expressions suivantes:
   a. craignent (ligne 6)
   b. les épreuves à venir (lignes 7–8)
   c. lors de (ligne 17)
   d. qui savaient sa détermination à poursuivre des études supérieures (lignes 34–35)

2. Aux lignes 17–32, la journaliste utilise le présent pour parler du passé (c'est ce qu'on appelle le présent historique).
   a. Réécrivez ce passage au passé. Utilisez le passé composé ou l'imparfait, selon le contexte.
   b. Comparez la version au présent et celle au passé. D'après vous, quel effet a le présent historique?

3. Quel type de pronom est utilisé dans les phrases suivantes? Quel nom est-ce que le pronom remplace?
   a. "Elle leur a suggéré" (ligne 58)
   b. "il sera très difficile de la retrouver" (ligne 84–85)

4. Utilisez une phrase avec **si** pour expliquer les conséquences de l'absence de Fatou sur son avenir. Ces conséquences sont expliquées dans la phrase "Aujourd'hui, ses camarades du lycée Colbert … craignent qu'elle manque aussi les épreuves à venir, alors qu'elle avait toute chance d'être admise en hypokhâgne … " Si Fatou …

This excerpt relates the happy ending of Fatoumata's story. Held against her will in Senegal, she succeeded to escape and returned to France three months after her disappearance.

Le Monde, 19 juillet 2000

un marabout: *marabout (wise man with supernatural powers in Muslim Africa)*

dont: *including*

hypokhâgne: *see student annotation in previous excerpt*

Après avoir été retenue au Sénégal par son père, Fatoumata Konta est rentrée en France
Sandrine Blanchard et Brigitte Breuillac

Fatoumata Konta est rentrée en France. Brillante élève du lycée Colbert à Paris, cette jeune fille de vingt ans, partie au Sénégal pendant les vacances de Pâques, était retenue dans un village du sud de la Casamance par son père, un marabout*, qui refusait sa relation amoureuse avec un Français. Fatoumata est arrivée, lundi 17 juillet, à Paris et « est à nouveau libre », a indiqué le ministre de l'éducation nationale.

Depuis trois mois, ses amies, l'équipe du lycée et plusieurs associations, dont* le MRAP et la Ligue des droits de l'homme, s'étaient mobilisés pour obtenir le retour de Fatoumata. Résidant à Paris avec sa mère depuis l'âge de huit ans, la jeune fille devait passer son bac et avait toute chance d'être admise en hypokhâgne* à la prochaine rentrée. « Dimanche dernier, Fatoumata a réussi à regagner Dakar. C'est alors que son fiancé a pu lui transmettre un billet d'avion pour la France, » explique le ministre. « Jack Lang s'est longuement entretenu au téléphone dimanche après-midi avec le président du Sénégal, qui a immédiatement donné son accord pour que la lycéenne quitte sans encombre le territoire sénégalais. »

Compréhension

1. Où était Fatou, et pourquoi son père l'avait-il séquestrée?
2. Qui a participé à sa recherche?
3. Comment a-t-elle pu rentrer en France?

Questions de langue

1. Quels synonymes pourrait-on utiliser pour les mots suivants?
   a. résidant (ligne 17)
   b. regagner (ligne 23)
   c. longuement (ligne 26)
   d. le territoire (ligne 31)

2. Cherchez des synonymes dans le texte pour les mots ou expressions suivants.
   a. douée
   b. a retrouvé sa liberté
   c. sans incident

3. Choisissez la traduction correcte.
   a. la jeune fille devait passer son bac
      had to pass the bac   was supposed to take the bac
   b. et avait toute chance d'être admise
      was lucky to be admitted   was likely to be admitted
   c. Jack Lang s'est longuement entretenu au téléphone
      had an entertaining phone call   had a long phone conversation

Réaction

Quels sont les rapports entre ce texte et le film *Chaos*?

AVANT LE PROCHAIN COURS

Cahier: Faites **Préparation à l'écriture.**

INTERACTIONS

Sketch

This section contains activities that will allow you to work creatively with the vocabulary and structures from the chapter.

Choisissez un sujet, préparez la scène et jouez-la devant la classe.

1. C'est la guerre! Hélène part de chez elle un matin pour rendre visite à Malika à l'hôpital. La cuisine n'est pas rangée; il n'y a rien dans le frigo; la lessive n'est pas faite. Paul explose et ils se disputent.

2. Chez le conseiller conjugal. À la fin du film, Paul et Hélène vont consulter un conseiller conjugal pour essayer de reconstruire leur couple sur de nouvelles bases.

3. Vous êtes assistant(e) social(e) dans un lycée. Une jeune fille d'origine étrangère vient vous voir car elle pense que son père veut la marier avec un homme qu'elle ne connaît pas. Vous convoquez le père pour discuter de la situation et essayer de le dissuader. Soyez respectueux(-euse) des différences culturelles.

4. Mamie rend visite à une amie. Elles parlent de leurs vies et de leurs familles. Mamie parle de ses difficultés avec Paul et demande conseil à son amie.

5. Vous êtes journaliste et vous interviewez Malika après le démantèlement du réseau de proxénétisme. Vous voulez connaître son histoire personnelle et savoir comment elle est arrivée à s'en sortir.

Exposé

Préparez un des sujets à la maison pour le présenter en classe.

1. Connaissez-vous un(e) jeune d'une autre culture qui vit aux États-Unis? Comment s'est passée son intégration (à l'école, dans la société)? Quelles difficultés a-t-il/elle rencontrées? Présentez son itinéraire à la classe. N'oubliez pas de donner des exemples spécifiques et de raconter des anecdotes. Vous pouvez apporter des photos si vous le souhaitez.

2. Faites une petite recherche sur les mariages arrangés. Où les pratique-t-on aujourd'hui? Où les pratiquait-on autrefois? Pour quelles raisons?

3. Avez-vous vu un autre film ou lu un livre qui traite d'une épiphanie ou d'une histoire similaire à celle de Malika? Si oui, présentez ce livre ou ce film à la classe.

Qu'est-ce qui est arrivé à Malika?

Débat

Préparez-vous pour défendre un point de vue sur un des sujets suivants.

1. Quels sont les avantages et les inconvénients d'un mariage arrangé?

2. Les parents devraient-ils accepter que leurs enfants adultes s'installent chez eux avec une copine/un copain?

3. Comment peut-on lutter contre la prostitution et la violence envers les femmes?

LISTE DE VOCABULAIRE

For extra practice with the vocabulary in this chapter, refer to the web quizzes at http://www.thomsonedu.com/french/sequences.

Adjectifs

complice (adj. et nom) *accomplice*
invraisemblable *implausible, unlikely*
irresponsable *irresponsible*

lâche *cowardly*
pressé(e) *in a hurry*

Noms

une agression *attack*
un(e) aîné(e) (adj. et nom) *oldest child*
la Bourse *the stock exchange*
une cité *housing project*
un compte en banque *bank account*
un embêtement *complication*
une épiphanie *epiphany*
la force de caractère *strength of character*
un investissement *investment*
une invraisemblance *implausibility*
un mariage arrangé *arranged marriage*

un portable *cell phone*
une prostituée *prostitute*
un proxénète *pimp*
un réseau (de prostitution) *(prostitution) network, ring*
une rupture *breakup*
le sang *blood*
la solidarité *solidarity*
les tâches ménagères (f. pl.) *housework*
un témoin *witness*
la volonté *will power*
un voyou *crook, bad guy*

Verbes

agresser *to attack*
annuler *to cancel*
appeler au secours *to call for help*
assister à quelque chose *to attend; to witness*
avertir (comme *finir*) *to warn*
avoir le coup de foudre *to fall in love at first sight*
battre (irrégulier) *to beat (up)*
démanteler (comme *acheter*) *to dismantle*
donner rendez-vous à quelqu'un *to set up a date with someone*

être dans le coma *to be in a coma*
être en manque *to have withdrawal symptoms*
faire confiance à quelqu'un *to trust someone*
faire des économies/économiser *to save money*
faire un investissement/investir (comme *finir*) *to invest*
protéger (comme *préférer* et *voyager*) *to protect*
rompre avec quelqu'un *to break up with someone*

saccager (comme *voyager*) *to destroy*
se cacher *to hide*
s'échapper *to escape*
se consacrer à *to dedicate oneself to*
s'embêter *to complicate one's life; to be bored*
se méfier (de) *to mistrust, to beware (of)*
s'en sortir (comme *partir*) *to succeed, to rise above a difficult situation*
se rendre compte (de quelque chose/que) *to realize (something/that)*

se sentir coupable (comme *partir*) *to feel guilty*
se sentir revivre *to feel alive again*
se venger (comme *voyager*) *to take revenge*
séduire (comme *lire*) *to seduce*
subir (des violences, une situation) (comme *finir*) *to be the victim of; to accept*
tromper quelqu'un *to cheat on someone*
venir en aide à quelqu'un (irrégulier) *to help someone in need*
violer *to rape*

Vocabulaire familier

Adjectifs

accro (adj. invariable et nom) dépendant (d'une drogue)
bourré(e) ivre (pas familier) *(drunk)*
dingue *crazy*

Noms

une bécane une bicyclette, une mobylette, une moto
un boulot un travail
la came la drogue
un dealer un revendeur
un flic un policier
le fric l'argent
un gros bonnet, un gros poisson une personne importante dans son milieu
un maquereau, un mac un proxénète
une meuf une femme
une passe un rapport sexuel avec un(e) client(e)
une planque une cachette
une poire quelqu'un qui se laisse exploiter
une pute une prostituée
un toubib un médecin

Verbes

allumer séduire
avoir la haine ressentir une grande haine
déjanter devenir un peu fou, avoir un comportement anormal
faire la bouffe faire la cuisine
faire la manche mendier
faire le trottoir se prostituer
fermer sa gueule se taire
ramer faire des efforts, se donner du mal
tabasser frapper

Vocabulaire supplémentaire

Noms

un fauteuil roulant *wheelchair*
une maison de dressage *training center*
un pare-brise *windshield*
une planche *board, plank*
un portefeuille *portfolio (of investments)*
une portière *car door*
une procuration *power of attorney*
la réanimation (être en réanimation) *intensive care unit (to be in the ICU)*
un règlement de compte *settling of scores*
un truand *gangster, crook*

Verbes

amocher quelqu'un *to mess someone up (to make someone ugly, by beating, for example)*
assommer quelqu'un *to knock someone out*
blanchir (de l'argent) (comme *finir*) *to launder (money)*
déchiqueter (comme *jeter*) *to tear to shreds*
démarrer *to start (a car)*
léguer (comme *préférer*) *to bequeath, to will*
mettre de l'argent de côté (irrégulier) *to save money*
placer (de l'argent) (comme *commencer*) *to invest*
rechuter *to relapse*
se pendre *to hang oneself*
sursauter *to start, to jump*
verrouiller *to lock*

Chapitre 7

DILEMMES MORAUX ET PROBLÈMES DE SOCIÉTÉ

La Promesse

Réalisateurs: Luc et Jean-Pierre Dardenne, Belgique (1996); 93 minutes

La Promesse describes a turning point in the life of a young underprivileged Belgian teenager who must decide whether to betray his father or break a promise he made to a near stranger. The stranger is an illegal immigrant from Africa who works for his father. As in their other films, the directors stress the ways in which the social context—poverty and unemployment in particular—shapes the characters' actions and moral standards. The vocabulary for the chapter will help you discuss the protagonist's dilemma and environment. You will explore uses of the subjunctive in order to express your opinions about the characters' actions and to propose solutions to the problems raised by the film.

Les personnages (La distribution: les acteurs/actrices): Roger, le père (Olivier Gourmet), Igor, le fils (Jérémie Renier), Hamidou, l'immigré clandestin (Rasmané Ouedraogo), Assita, sa femme (Assita Ouedraogo), Nabil (Hachemi Haddad)

LES PRIX DU FILM

- De nombreux petits prix
- Une nomination aux Césars (1997), Meilleur film étranger *(Best Foreign Film)*

ENTRÉE EN MATIÈRE

Discussion

1. En quoi consiste la vie d'un adolescent de quinze ans dans votre culture?

2. Connaissez-vous des films dans lesquels le personnage principal est un adolescent? Quels sont les thèmes habituellement développés dans ce type de film?

3. En général, comment sont les conditions de vie et de travail des clandestins (personnes qui vivent illégalement dans un pays)?

Regardez l'affiche du film et répondez aux questions suivantes.

4. Quel âge a Igor, le garçon sur l'affiche?

5. Imaginez où va Igor sur sa mobylette.

6. Quelle impression avez-vous de lui?

Le contexte du film

Lisez les informations sur le contexte pour mieux comprendre le film.

1. **La Belgique**
   C'est aujourd'hui un état fédéral composé de trois Communautés (flamande, francophone, et germanophone) et de trois Régions (flamande, wallonne, et Bruxelles-Capitale). Les trois langues nationales du pays sont donc le français, le néerlandais, et l'allemand. La Belgique est une ancienne puissance coloniale. Elle a colonisé le Congo de 1885 à 1960, ce qui explique la présence d'immigrés africains en Belgique aujourd'hui.

2. **L'immigration**
   Comme la France, la Belgique a encouragé l'immigration du début du vingtième siècle jusqu'en 1975. Le choc pétrolier des années 70 a mis fin au recrutement d'ouvriers étrangers non qualifiés, ce qui a mené à la création de réseaux d'immigration clandestine.

3. **Seraing**
   L'histoire se passe à Seraing, une banlieue de Liège, en Wallonie, dans les années 80. Cette ville, où les frères Dardenne ont passé leur enfance, se trouve dans une région industrielle touchée par la crise économique et le chômage.

4. **Le chômage**
   Roger reçoit des allocations de chômage *(unemployment benefits)*. On le comprend au début du film, dans la scène où il passe devant un groupe d'hommes qui fait la queue devant la Section de pointage de Seraing. La Section de pointage est un bureau où les personnes au chômage doivent se présenter chaque semaine pour signer des papiers et prouver qu'elles sont domiciliées dans la région.

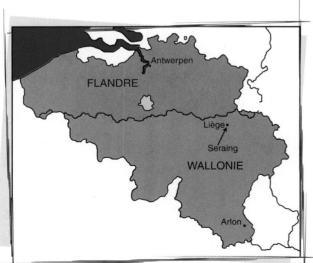

Lecture d'un compte-rendu sur le film

Voici un compte-rendu du film paru dans *Le Monde* du 24 janvier 2004. Lisez-le avant de visionner le film, puis répondez aux questions.

Préparation

1. Devinez *(Guess)* la signification de ces mots.
   a. enterre (ligne 30)
   b. étrangeté (ligne 50)
   c. il a grandi (ligne 51)

2. Quel est l'infinitif du verbe "a vécu" (ligne 52)?

3. Regardez de près la phrase "Après la mort d'Hamidou…" (ligne 53)
   a. Notez la position du verbe (**se dessine**) et du sujet (**une autre promesse**).
   b. Le verbe **dessiner** signifie *to draw*. Comment comprenez-vous "une autre promesse se dessine"?

La Promesse

Un film des frères Dardenne qui fut à la fois un choc et une révélation
Jacques SICLIER

APPRENTI-MÉCANICIEN dans une station-service de la banlieue de Liège, Igor (Jérémie Renier), âgé de 15 ans, fauche*, à l'occasion, un porte-monnaie. Il aide aussi son père, Roger (Olivier Gourmet), pour certaines 'livraisons*'. Dans sa camionnette, Roger charge* des travailleurs clandestins immigrés d'Afrique ou d'ex-Yougoslavie et les emmène dans la cour d'un vieil immeuble. Là, contre de l'argent, il leur propose un logement (insalubre) et des papiers.

Ce commerce lucratif devrait permettre au père et au fils d'acheter la maison qu'ils habitent. Sans rien manifester*, Igor prélève les loyers* des clandestins, avec Roger toujours sur le dos. Un jour, l'adolescent téléphone à son père pour qu'il prévienne* les clandestins employés sur le chantier de la maison* de l'arrivée d'inspecteurs du travail. Mais Hamidou (Rasmané Ouedraogo), un Noir du Burkina-Faso, tombe d'un échafaudage. Igor veut conduire à l'hôpital le clandestin, grièvement blessé*, ce que Roger refuse. Avant de mourir, Hamidou fait promettre à Igor de s'occuper de son épouse Assita (Assita Ouedraogo) et de leur bébé. Roger enterre le mort sous l'escalier de la maison et tente d'empêcher Igor de tenir sa promesse…

Réalisé en 1996, ce film était le troisième long métrage* d'un tandem de cinéastes belges, les frères Luc et Jean-Pierre Dardenne, qui avaient débuté par des vidéos dans les cités ouvrières de Wallonie, traitant d'urbanisme et de vie collective.

Présenté au festival de Cannes, au sein de la Quinzaine des réalisateurs*, La Promesse causa un choc fameux, dû à la fois à la relation maître-esclave entre un père monstrueux et son fils et à l'horreur, crûment révélée, d'une réalité sociale basée sur l'exploitation de l'homme par l'homme.

Mais le personnage d'Igor donne à cet univers impitoyable une étrangeté qui tient au fait que*, formé à l'image du père, il a grandi, vécu dans le mal, sans avoir idée de la notion du bien. Après la mort d'Hamidou, le film devient un itinéraire à la fois géographique et moral, rythmé comme un 'thriller', au cours duquel* se dessine une autre promesse: celle d'un changement chez Igor, jusque-là indifférent, opaque. L'humanité pointe derrière l'atrocité du réel. Les frères Dardenne ont tourné ensuite Rosetta (1999), Palme d'or du Festival de Cannes, et Le Fils (2002). On peut parler de révélation.

Source: Le Monde, 24 janvier 2004

Reading Tips

Avoid general answers by referring to specifics in the passage. Note line numbers in your responses so you can refer your classmates to the words you are invoking and speak concretely about illegal workers, the Dardenne brothers, and Roger and Igor.

fauche: *steals*

livraisons: *deliveries*

charge: *carries*

Sans rien manifester: *Emotionless*

prélève les loyers: *collects the rent*

pour qu'il prévienne: *so that he can warn*

le chantier de la maison: *the building site*

grièvement blessé: *seriously injured*

long métrage: *feature film*

la Quinzaine des réalisateurs: une section parallèle à la sélection officielle du Festival de Cannes

qui tient au fait que: *which is due to the fact that*

au cours duquel: *during which*

Compréhension

1. Quel type de travail fait Igor?

2. Quel "commerce" est-ce qu'Igor et son père font ensemble?

3. Qu'est-ce qui s'est passé le jour où les inspecteurs du travail sont venus sur le chantier?

4. Quelle phrase révèle le début du conflit entre Igor et son père?

5. Qu'est-ce qu'Igor a promis à Hamidou avant sa mort?

6. Comment les frères Dardenne ont-ils commencé leur carrière cinématographique?

7. Qu'est-ce qui a choqué les spectateurs lors de la sortie du film?

Réactions

Le critique Jacques Siclier écrit: "Après la mort d'Hamidou, le film devient un itinéraire à la fois géographique et moral, rythmé comme un 'thriller'…" Imaginez comment le film va devenir "un itinéraire géographique" et "un itinéraire moral".

Questions de langue

1. Dans les deux derniers paragraphes, faites une liste des mots négatifs qui décrivent la réalité de la vie dans le film.

2. Dans le dernier paragraphe, quels adjectifs sont utilisés pour décrire l'attitude d'Igor au début du film? Quel nom suggère comment il va changer?

3. Trouvez un synonyme dans le texte pour les mots suivants.
   a. emmener en voiture (paragraphe 2)
   b. essayer (paragraphe 2)
   c. commencer (paragraphe 3)
   d. sans pitié (dernier paragraphe)

4. Révisez les pronoms. Dites ce que les pronoms suivants remplacent.
   a. le pronom d'objet indirect **leur** ("il leur propose", premier paragraphe)
   b. le pronom relatif **ce que** ("Igor …, ce que Roger refuse", paragraphe 2)
   c. le pronom démonstratif **celle** ("au cours duquel se dessine une autre promesse: celle d'un changement chez Igor", dernier paragraphe)

Rappel Vous devez déterminer si les actions décrites sont habituelles ou ponctuelles.

Suggestion *(Hint):* Cherchez un mot qui marque le début d'une action ponctuelle, comme **tout à coup, hier, la semaine dernière,** etc.

If you need to review the **passé composé** and the **imparfait** before completing this exercise, refer to page 253.

5. Révisez les temps du passé. Mettez les verbes des deux premiers paragraphes au passé composé ou à l'imparfait.

Visionnement d'une séquence
(sans son ni sous-titres)

Du générique au moment où Roger passe devant les autres à la Section de pointage (4 minutes).

Compréhension

Après le visionnement, notez la bonne réponse.

1. Avant de monter dans la voiture de la vieille dame, le jeune garçon a l'air
_____ .
  a. malhonnête
  b. paresseux
  c. travailleur et sympathique

2. La vieille dame est dans tous ses états *(shaken up)* parce qu(e) _____ .
  a. sa voiture ne marche pas
  b. elle a perdu quelque chose
  c. elle se sent mal

3. Le patron semble _____ .
  a. s'intéresser à Igor
  b. être indifférent à Igor
  c. ne pas aimer Igor

4. Les personnes qui font la queue devant les bureaux attendent _____ .
  a. pour recevoir un chèque
  b. pour chercher du travail
  c. pour présenter leurs papiers d'identité

5. Les mouvements de la caméra créent une impression _____ .
  a. de calme
  b. d'instabilité
  c. de surprise

Réactions

Pour quelle raison est-ce que l'homme qui porte des lunettes et le jeune homme blond vont chercher les personnes qui sont dans les voitures?

Deuxième visionnement de la séquence
(avec son, sans sous-titres)

Lisez les questions ci-dessous, puis visionnez la scène une seconde fois en faisant bien attention à la bande-son. Répondez ensuite aux questions.

Compréhension

1. Après avoir réparé la voiture de la vieille dame, Igor lui dit de rajouter un peu
_____ .
  a. d'eau
  b. d'huile
  c. d'essence

2. Quand il a fini de réparer la voiture, qu'est-ce que la vieille dame lui demande?
  a. "C'est combien?"
  b. "Combien ça coûte?"
  c. "Je vous dois combien?"

3. Quelle réponse n'est pas correcte? Avant de venir au garage, la vieille dame
_____ .
  a. est allée à la banque
  b. est passée à la poste
  c. a fait des courses

4. Elle est dans tous ses états parce que _____ .
   a. son porte-monnaie contenait des cartes de crédit
   (b) elle venait de toucher sa pension
   c. elle n'a plus son permis de conduire

5. Qu'est-ce qu'Igor ne dit pas quand il entend klaxonner dehors?
   a. "Je dois y aller."
   (b) "Je dois m'en aller."
   c. "Il faut que j'y aille."

6. Quelle excuse l'homme aux lunettes (Roger) donne-t-il pour passer devant les autres?
   a. "Pardon, excusez moi, mon fils a eu un accident de moto; je dois aller à l'hôpital."
   b. "Pardon, excusez moi, mon fils a eu un accident d'auto; je dois aller à l'hôpital."
   c. "Pardon, excusez moi, mon fils a eu un accident de moto; il vient d'aller à l'hôpital."

7. Quels sons avez-vous entendus dans ces séquences? Cochez toutes les réponses correctes.

   _____ une pompe à essence (*gas pump*)

   _____ un moteur de voiture

   _____ un klaxon (*horn*)

   _____ des avions

   _____ une soudeuse (*soldering gun*)

   _____ de la circulation (*traffic*)

   _____ des clés

   _____ des portes qui se ferment

   _____ des sirènes

   _____ de la musique d'accompagnement (*background music*)

   _____ des conversations

8. Quels mots associez-vous avec ces sons? Cochez toutes les réponses qui conviennent.

   _____ le réalisme

   _____ la caricature

   _____ le romantisme

   _____ un film d'aventure

   _____ un documentaire

Réactions

1. Est-ce que le vol (*theft*) qu'Igor a commis vous a surpris(e)? Pourquoi?

2. Qu'est-ce qu'Igor et Roger ont en commun?

Préparation au visionnement du film

En regardant le film, faites attention aux aspects suivants et prenez des notes.

1. Roger: Quand apprend-on que c'est le père d'Igor?

2. Les sons: Remarquez la musique et les sons d'accompagnement. Quels sons avez-vous remarqués? Est-ce que ces sons et cette musique viennent de l'action du film?

3. Igor: Comment est-il présenté le plus souvent? Quelles sont ses attitudes les plus marquantes: ses paroles, ses gestes, ses regards? Dans quelle partie du film est-ce qu'il parle le plus?

Viewing Tips

Notice:
• camera movements, close-ups, and silences

Ask yourself:
• When do we learn that Roger is Igor's father?
• How much and when does Igor speak?

Anticipate:
• a scene of domestic violence and some foul language

AVANT LE PROCHAIN COURS

1. *Cahier:* Faites **Les mots pour le dire.**

2. *La Promesse:* Visionnez le film.

3. *Manuel:* Étudiez *Le subjonctif* (*Introduction, Le subjonctif présent,* et *Le subjonctif passé*) aux pages 311–315 et faites les exercices des sections **Application immédiate 1** à **3.**

LES MOTS POUR LE DIRE

Définitions

Le mot juste

Quels noms correspondent aux descriptions suivantes?

1. une personne qui travaille sans papiers ou avec des faux papiers

2. une personne qui passe sur les chantiers pour vérifier les papiers des ouvriers

3. quelqu'un qui apprend un métier

4. l'endroit où les ouvriers du bâtiment travaillent

5. le véhicule avec lequel Roger va chercher les clandestins qui arrivent à Seraing

6. l'endroit où on met de l'essence dans sa voiture (où on fait le plein)

7. le fait de faire ce qu'on a promis de faire

8. un logement malsain

9. confesser quelque chose

10. ce qu'il faut avoir pour vivre et travailler légalement dans un pays

Références à consulter
• Liste de vocabulaire, page 174
• Votre dictionnaire personnel (page 119, *Cahier*)

Définitions

Inventez des définitions pour trois autres mots de la **Liste de vocabulaire** à la page 174.

Associations

L'intrus

Éliminez le mot qui ne va pas avec les autres.

1. battre   (chatouiller)   enchaîner   violer
2. aider   secourir   maltraiter   guérir
3. un chantier   un échafaudage   un devin   du béton
4. avouer   dire la vérité   admettre   (mentir)
5. porter plainte se révolter   (se soumettre)   se rebeller
6. s'enfuir   se rapprocher   disparaître   se cacher
7. avertir   prévenir   empêcher   alerter

Associations

Quels mots est-ce que vous associez avec les mots suivants (en général ou dans le film)? Donnez au moins trois réponses différentes pour chaque mot ou expression de la liste.

Exemple: chantier → *ouvrier, échafaudage, travailler*

échafaudage → *dangereux, tomber, Hamidou*

1. clandestin
2. taudis
3. soigner
4. sang
5. chômage
6. maltraitance
7. chacun pour soi

Structures

> Four of these verbs appear in the review that you read in **Entrée en matière** (page 155), and will be useful in your discussion of the film.
>
> For extra practice with infinitives, refer to *Subjonctif ou infinitif?* in **Grammaire** (page 321).

Écrivez des phrases avec les verbes ci-dessous en faisant attention à la structure et en vous référant à *La Promesse* ou à un autre film que vous avez étudié ce semestre.

empêcher: *to prevent*	**permettre:** *to allow*
essayer: *to try*	**promettre:** *to promise*
prévenir: *to warn*	**tenter:** *to try*

1. Roger tente d'empêcher Igor de tenir sa promesse.
   - Structure 1: tenter de + infinitif/essayer de + infinitif

   Exemple: Le garagiste tente de convaincre Igor d'être ponctuel.

   → À vous (Faites une phrase.)

   - Structure 2: empêcher quelqu'un de + infinitif (*to prevent someone from doing something*)

   Exemple: Roger empêche Igor de jouer avec ses amis.

   → À vous

2. L'adolescent téléphone à son père pour qu'il prévienne les clandestins employés sur le chantier de l'arrivée des inspecteurs du travail.

* Structure: prévenir quelqu'un de quelque chose *(to warn someone about something)*

Exemple: Igor prévient Assita des intentions de son père.

→ À vous

3. Ce commerce lucratif devrait permettre au père et au fils d'acheter la maison qu'ils habitent.

* Structure: permettre à quelqu'un de + infinitif *(to allow someone to do something)*

Exemple: La présence d'Igor permet à Assita de survivre.

→ À vous

4. Promettre a la même structure que **permettre:** promettre à quelqu'un de + infinitif *(to promise someone to do something)*

Exemple: Igor promet à Hamidou de s'occuper de sa famille.

→ À vous

Qu'est-ce qu'Igor a promis à Hamidou?

Quelques chiffres

En 2000, les étrangers en situation régulière (légaux) représentaient 8,4% de la population belge. Il s'agissait surtout d'Européens. En 1999, les deux premiers pays d'origine des sans-papiers étaient le Congo et le Maroc.

Source: L'Immigration en Belgique: Effectifs, mouvements et marché du travail. Rapport 2001 (Bruxelles: Service public fédéral Emploi, Travail et Concertation sociale, mai 2003). 9, 23.

TRACK 32

À l'écoute: L'immigration en Belgique

Le texte que vous allez entendre est un extrait de l'article intitulé "Besoin de main-d'œuvre dans l'après-guerre" qui a paru dans *L'Essentiel* (novembre 2003); il explique le contexte de l'immigration en Belgique et l'évolution de la politique en matière d'immigration. Consultez le vocabulaire et lisez les questions, puis écoutez le passage et vérifiez si vous avez compris en répondant aux questions.

> **Vocabulaire utile**
>
> **du charbon:** *coal*
> **la main-d'œuvre:** *labor*
> **des ressortissants:** *citizens*
> **des demandeurs d'asile:** *asylum seekers*
> **malgré tout:** *anyway*

1. La Belgique a ouvert ses portes à l'immigration _____ .
   a. dans les années 30
   b. après la Seconde Guerre mondiale
   c. dans les années 90

2. La Belgique a surtout accueilli des étrangers _____ .
   a. pour des raisons humanitaires
   b. pour des raisons économiques
   c. parce que la population belge était trop âgée

3. Les premiers immigrés en Belgique étaient _____ .
   a. espagnols
   b. algériens
   c. italiens

4. Pourquoi est-ce qu'on a restreint l'immigration en Belgique dans les années 70?
   a. à cause du chômage
   b. parce que l'Europe a imposé une nouvelle politique d'immigration
   c. parce qu'il y avait trop de réfugiés politiques

5. Quelles catégories de personnes peuvent immigrer en Belgique depuis 1974?
   a. les étrangers non européens
   b. les travailleurs non qualifiés
   c. les Européens

6. Quelle est la conséquence de la politique de l'immigration depuis trente ans?
   a. Il y a plus de travailleurs illégaux.
   b. L'économie belge fonctionne mieux.
   c. Il y a moins de demandeurs d'asile.

7. Quelle expression est utilisée comme synonyme de "travailleurs illégaux"?
   a. des demandeurs d'asile
   b. des réfugiés
   c. des sans-papiers

AVANT LE PROCHAIN COURS

1. **Manuel:** Étudiez *Emploi du subjonctif* aux pages 316-321 et faites les exercices des sections **Application immédiate 4 à 7.**

2. **Cahier:** Faites **Préparation à la discussion.**

DISCUSSION

Chronologie

Rétablissez la chronologie des scènes du film en les numérotant de 1 à 12. Puis lisez les phrases à haute voix en classe pour vérifier.

_____ Igor avoue la mort d'Hamidou à Assita.

_____ Des motocyclistes font peur à Assita et renversent ses affaires.

_____ Igor emmène des clandestins dans un bar pour les livrer à la police.

_____ Assita et Igor se réfugient dans le garage.

_____ Hamidou meurt en tombant d'un échafaudage.

_____ Assita consulte un devin pour avoir des nouvelles de son mari.

_____ Igor vole et enterre le porte-monnaie d'une cliente.

_____ Roger et Igor accueillent des immigrés clandestins.

_____ Nabil fait semblant de violer Assita.

_____ Roger décide de conduire Assita à Cologne.

_____ Igor vend la bague que son père lui a offerte.

_____ Roger et Igor s'amusent dans un karaoké.

Réactions

1. Quelle impression avez-vous d'Igor dans la première scène, avant qu'il vole le porte-monnaie de la dame? (Pensez à son âge, à son physique.) Pourquoi est-il présenté ainsi?

2. Décrivez le rythme des premières scènes du film. Quel effet a le rythme sur le spectateur? Quelle relation y a-t-il entre le rythme du film et la vie d'Igor?

3. Quand apprend-on que Roger est le père d'Igor? Pourquoi est-ce que les réalisateurs maintiennent un mystère sur l'identité de Roger au début du film?

4. Comment Igor aide-t-il son père à organiser le trafic d'immigrés clandestins, et quelle est son attitude face à ce travail au début du film?

5. L'épisode des immigrés roumains
   a. Comment le maire et Roger ont-ils bénéficié de l'arrestation des Roumains?
   b. Qu'est-ce que les frères Dardenne suggèrent par cette scène?
   c. Pourquoi est-ce qu'Igor est allé aux toilettes au moment où les policiers sont arrivés?

Qu'est-ce qu'Igor a découvert au contact d'Assita?

6. Donnez un exemple spécifique pour décrire:
   a. la relation entre Igor et son père au début du film
   b. comment la mort d'Hamidou transforme cette relation

7. Pourquoi est-ce que Roger participe au trafic d'immigrés clandestins? Est-ce que sa situation matérielle est bien supérieure à celle des clandestins? Quelle est l'attitude des réalisateurs à son égard?

8. Racontez la scène à la gare. Visuellement, comment l'aveu d'Igor est-il présenté? (Est-ce qu'on voit les personnages de face? de profil? de dos?) Pourquoi?

9. D'après vous, qu'est-ce qui va se passer après qu'Igor et Assita seront sortis de la gare?

10. Quelles difficultés Assita a-t-elle rencontrées dans son adaptation à la société belge? Que pensez-vous de son attitude face à ces difficultés? Donnez des exemples spécifiques.

11. Quelle est l'importance des objets suivants dans le film?
    a. la bague
    b. le turban
    c. les véhicules (camionnette, mobylette, go-kart)

12. Pour vous, quelle est la scène la plus marquante du film?

TRACK 37

À l'écoute: *La Promesse*

Vous allez entendre une conversation entre Aurélie et Pierre, qui sont amateurs de cinéma. Ils discutent des films des frères Dardenne, en particulier de *La Promesse*. Écoutez leur conversation et vérifiez si vous avez compris en répondant aux questions qui suivent.

1. Quel film des Dardenne est-ce que Pierre n'a pas vu?
   a. *Le Fils*
   b. *L'Enfant*
   c. *Rosetta*

2. Pierre préfère *La Promesse* parce que ce film _____ .
   a. est très psychologique
   b. parle de l'impact de la pauvreté sur l'individu
   c. montre les conséquences des problèmes économiques pour la société

3. Pierre pense que Roger emploie des clandestins _____ .
   a. parce qu'il est pauvre
   b. parce que son patron l'exige *(demands it)*
   c. parce qu'il veut les aider

4. De quelle scène du film est-ce qu'Aurélie parle?
   a. de la scène où Hamidou tombe de l'échafaudage
   b. de la scène où Roger bat Igor
   c. de la scène où Roger interrompt le travail d'Igor

5. Aurélie a été impressionnée par _____ .
   a. l'acteur qui interprétait Roger
   b. l'acteur qui interprétait Igor
   c. l'acteur qui interprétait Hamidou

6. Aurélie est _____ .
   a. moins critique que Pierre envers Roger
   b. aussi critique que Pierre envers Roger
   c. plus critique que Pierre envers Roger

7. Pierre dit que la mort d'Hamidou a été _____ .
   a. une tragédie pour Igor
   b. une chance pour Igor
   c. une chance pour les clandestins africains

8. Si Igor n'avait pas changé, _____ .
   a. Aurélie aurait moins aimé le film
   b. Roger aurait continué à vivre comme avant
   c. les Dardenne n'auraient pas été nominés aux Césars

AVANT LE PROCHAIN COURS

1. **Manuel:** Étudiez *Subjonctif ou infinitif?* aux pages 321–324 et faites les exercices des sections **Application immédiate 8 à 12.**

2. **Cahier:** Faites **Pour aller plus loin.**

POUR ALLER PLUS LOIN

Qui a dit quoi?

Notez quel personnage a dit chaque citation.

1. _____ : "Les journalistes emmerdent le bourgmestre *(the mayor)* sur les étrangers. Il veut que sa police fasse quelque chose."

   _____ : "Je peux peut-être en trouver quatre."

2. _____ : "Ça te plaît? Eh, pile (= exactement) la même [bague] que moi."

   _____ : "Merci, papa."

   _____ : "Je m'appelle Roger."

3. _____ : "Eh, où tu vas?"

   _____ : "Au go-kart."

   _____ : "Et les certificats?"

4. _____ : "Dis donc, tu te prends pour qui? T'es apprenti. T'as signé un contrat. Tu dois le respecter."

5. _____ : "Pourquoi t'es pas au garage aujourd'hui?"

   _____ : "J'ai fait des heures sup [supplémentaires] et le patron m'a donné un jour de congé."

This chapter presents the subjunctive in the context of moral dilemmas and societal problems presented in *La Promesse*. Use the **Liste de vocabulaire** (pages 174–176) to express your opinions and propose solutions. To review the grammar, refer to **Grammaire**, beginning on page 311. Complete and correct the exercises in **Application immédiate 4–7** and the workbook sections **Préparation à la discussion** (pages 123–127) and **Pour aller plus loin** (pages 128–130).

6. _____ : "Il faut l'emmener à l'hôpital, il perd tout son sang … Aide-moi à serrer, aide-moi à serrer."

7. _____ : "Igor, c'est pas à cause de nous s'il est tombé. C'est un accident. S'il était pas tombé, il serait rien arrivé."

8. _____ : "Pourquoi il vous doit de l'argent?"

_____ : "Dette de jeu, ma gazelle."

9. _____ : "Arrête, pleure plus … T'as déjà été avec une fille?"

10. _____ : "Monsieur, vous croyez que c'est à qui la carte d'identité—à elle [Assita] ou à elle [l'employée de l'hôpital]?"

_____ : "À celle qui a le turban."

_____ : "Ah, ah, tu vois que ça marche!"

Réactions

1. Classez les actions suivantes selon le degré d'horreur qu'elles vous inspirent, de la plus horrible à la moins horrible. Puis comparez votre liste avec celle d'un(e) camarade de classe.

_____ a. Roger bat son fils.

_____ b. Roger loue des logements malsains aux clandestins.

_____ c. Roger a laissé mourir Hamidou.

_____ d. Roger veut vendre Assita comme prostituée.

_____ e. Roger interrompt le travail d'Igor au garage.

_____ f. Roger livre *(turns over)* des clandestins à la police.

_____ g. Roger fait du chantage affectif à son fils.

_____ h. Roger a invité une prostituée pour qu'elle initie son fils.

_____ i. Roger empêche Igor de jouer avec ses amis.

_____ j. Roger a menti pour passer devant les autres à la Section de pointage.

2. Maintenant exprimez votre indignation pour chaque action de Roger ci-dessus. Utilisez une des expressions suivantes.

> **Il est inadmissible que…**
> **Je ne peux pas croire que…**
> **C'est une honte que… :** *It's a shame that …*
> **Je (ne) comprends (pas) que…**
> etc.

Exemple: a. Roger bat son fils.

> *Il est inadmissible que Roger batte son fils. Je pense qu'un père ne doit pas battre son fils, surtout quand il a fait une bonne action (Igor a donné de l'argent à Assita pour l'aider). Je comprends qu'Igor soit choqué par la réaction de son père.*

Les relations père-fils

Les caractéristiques d'un bon père

Par écrit, donnez quatre qualités que doit
avoir un bon père.

1. Il faut que…

2. Il est normal que…

3. Il vaut mieux que…

4. Il est important/essentiel/nécessaire que…

Igor et son père: réalité et idéal

Igor parle de son père avec un travailleur social.
Il décrit son père et le père qu'il aimerait avoir.
Complétez les phrases selon le modèle.

Est-ce que ce moment est typique de la relation entre Roger et Igor?

> *Exemple:* **Mon père interrompt mon travail au
> garage. (réalité → indicatif)**
>
> **J'aimerais avoir un père qui s'
> intéresse à mes études. (idéal → subjonctif)**

1. Mon père…J'aimerais avoir un père qui…

2. Mon père…J'aimerais avoir un père qui…

3. Mon père…J'aimerais avoir un père qui…

Les regrets du jeune Igor

La plupart du temps, Igor ne remet pas en cause *(does not question)* les décisions
de son père. Mais il a quelquefois des regrets concernant sa vie présente. Par
exemple, il aimerait avoir plus de temps libre pour faire ses études et jouer avec ses
copains. Imaginez trois phrases qu'il pourrait dire à ses copains de go-kart.

1. C'est dommage que…

2. Je suis triste de…

3. Je regrette que mon père…

Les regrets d'Igor adulte

Igor est devenu adulte, et il exprime des regrets
sur son adolescence et sur ses relations avec son
père en particulier.

1. C'est dommage que…

2. Je suis triste de…

3. Je regrette que mon père…

Les responsabilités d'Igor et de Roger

Quel sont les degrés de culpabilité de Roger et d'Igor dans l'affaire des immigrés
clandestins et la mort d'Hamidou? Ont-ils des circonstances atténuantes
(mitigating)? Comment est-ce qu'ils devraient être punis? Faites quatre phrases
avec des conjonctions ou des prépositions pour exprimer votre opinion.

> *Exemple:* **Je pense qu'Igor n'est pas responsable de la mort d'Hamidou, bien qu'il
> n'ait pas appelé de médecin. Il n'avait jamais désobéi à son père avant
> d'assiter à la mort d'Hamidou.**

À l'écrit: Écrire une pétition

Imaginez que vous faites partie d'une association de défense des immigrés clandestins qui s'est réunie pour rédiger *(to write)* une pétition après la mort d'Hamidou.

1. Écrivez d'abord une liste de trois choses que vous considérez inadmissibles (les circonstances du voyage des immigrés, leurs conditions de vie et de travail, etc.)

> **Vocabulaire utile**
>
> **Il est inadmissible que/de… :** *It is totally unacceptable . . .*
> **Nous ne pouvons pas accepter que/de… :** *We cannot accept . . .*
> **C'est une honte que/de… :** *It is a shame . . .*

2. Demandez aux autorités de trouver des solutions au problème de l'immigration clandestine. Faites trois phrases.

> **Vocabulaire utile**
>
> **Nous demandons que… :** *We ask . . .*
> **Nous exigeons que… :** *We demand . . .*
> **Il est urgent que/de… :** *It is urgent . . .*
> **Il faut (absolument) (que)… :** *One must . . .*
> **Nous tenons à ce que… :** *We insist . . .*

AVANT LE PROCHAIN COURS

Cahier: Faites **Préparation à la lecture.**

LECTURE

Discussion

1. D'après vous, pourquoi Hamidou et sa famille sont-ils allés en Belgique? Quels sont les problèmes liés à l'immigration clandestine dans *La Promesse*?

2. Comment pourriez-vous résumer la situation de l'immigration aux États-Unis?

3. Êtes vous au courant des débats sur la réforme de l'immigration aux États-Unis? Quelles sont les opinions exprimées?

L'immigration: problèmes et solutions

L'immigration est un thème important dans *La Promesse*. C'est un problème qui concerne non seulement la Belgique, mais aussi les autres pays européens et tout le monde industrialisé. Les articles que vous allez lire sont des éditoriaux qui commentent les réformes de l'immigration proposées en Europe et aux États-Unis en 2006. Pour vous préparer à lire ces passages et pour avoir une vision plus globale, vous allez d'abord consulter des titres et sous-titres d'articles consacrés à ce sujet.

Lire des titres d'articles

Lisez les titres et sous-titres d'articles parus dans le journal *La Croix* des 11 mars et 6 avril 2006 et répondez aux questions qui suivent.

Titres du 11 mars 2006

Europe
Destins clandestins
Les filières se diversifient. Beaucoup de sans-papiers convergent vers l'Angleterre. Récits de longs parcours d'immigrés.

Passeurs et clandestins
- Ils viennent d'Afrique et d'Asie, rêvent de l'Angleterre et se cachent autour de Calais   5
- La France ne se résigne pas à cette immigration illégale
- Certains proposent une politique européenne des quotas   10

Immigration illégale
La France intensifie sa lutte

Une odyssée africaine
Les rêves de Kiran et d'Ariful

Pour le directeur de l'OIM, l'Europe est en pleine contradiction: elle ferme ses portes aux migrants tout en tolérant   15
le travail au noir
 « L'Europe doit mettre en place des quotas »

La Croix, 11-12 mars 2006, par Alain Guillemoles, Solenn de Royer et Julla Ficatier

Titres du 6 avril 2006

L'immigration divise l'Amérique

Aux États-Unis, un projet de loi répressif contre les clandestins soulève la contestation de la communauté hispanique et   20
de l'Église catholique. Une polémique qui affaiblit encore un peu plus George W. Bush.

Les Hispaniques défendent leur droit au rêve américain
- Un projet de loi criminalisant l'immigration illégale provoque de nom-   25
  breuses critiques, notamment au sein de l'Église catholique
- George W. Bush ne maîtrise plus ses troupes au Congrès
- Le débat met en lumière le traitement   30
  de la main-d'œuvre illégale, question qui se pose aussi en Europe.

L'épiscopat catholique apporte son soutien aux sans-papiers mexicains. Mais l'intégration des Hispaniques,   35
plus forte minorité catholique, est loin d'être réalisée dans l'Église.
Les évêques contre une approche punitive de l'immigration

Du Danemark à l'Italie, la législation à l'égard des étrangers se modifie profondément   40
Les pays du Vieux Continent optent pour une immigration sélective

La Croix, 6 avril 2006, par Stéphanie Fontenoy, Pierre Schmidt et Grégory Lecomte

Compréhension

1. D'où viennent les immigrés qui travaillent illégalement en Europe? Et aux États-Unis?

2. D'après les titres et les sous-titres, quels genres de problèmes est-ce que les États-Unis et l'Europe ont en commun en ce qui concerne l'immigration? Quelles solutions sont proposées?

Réactions

1. D'après vous, qui sont Kiran et Ariful? De quoi va probablement traiter l'article les concernant?

2. D'après vous, pourquoi le journal *La Croix* consacre-t-il des dossiers spéciaux aux problèmes de l'immigration?

Questions de langue

1. Dans les titres et sous-titres du 6 avril, cherchez tous les termes qui expriment:
   a. une politique stricte dans le domaine de l'immigration
   b. une opinion défavorable au projet de loi sur l'immigration *(immigration bill)*
   c. un aspect religieux

2. Trouvez un synonyme dans le texte pour chaque expression suivante.
   a. les réseaux (dans les sous-titres du 11 mars)
   b. le travail illégal (dans les sous-titres du 11 mars)
   c. les travailleurs illégaux (dans les sous-titres du 6 avril)

Lire des éditoriaux

Quelles sont les opinions de cet éditorialiste au sujet de l'immigration? Lisez son article et répondez aux questions pour vérifier votre compréhension.

manifestations: *demonstrations*
visent à: *aim at*
Quitte à écorner son image: *Even if it damages its image*
brassage: *melting pot*
preneurs: *takers*

La Croix, 6 avril 2006, «Ouvrir ou fermer?» par Dominique Quinio

Éditorial
Ouvrir ou fermer
Dominique Quinio

Aux États-Unis, le sujet suscite débats et manifestations*, d'une ampleur inconnue depuis les grandes protestations contre la guerre du Vietnam. Le projet de réforme de la politique d'immigration passe mal auprès des Américains, notamment d'origine hispanique. Les mesures envisagées visent à* sanctionner pénalement l'immigration illégale et à dresser une barrière matérielle et légale entre le Mexique (le plus gros pourvoyeur de clandestins) et le sud des États-Unis, pour éviter les infiltrations incessantes de travailleurs rêvant de l'eldorado américain. Le gouvernement voudrait ne laisser entrer que les immigrés utiles à l'économie. Quitte à écorner son image*, constitutive de l'identité américaine, de terre d'accueil et de brassage*.

L'actualité est américaine mais de nombreux pays développés, dont la France, se trouvent confrontés aux mêmes problématiques: une population vieillissante; des emplois peu qualifiés qui ne trouvent pas preneurs* (même dans les pays où le taux de chômage est élevé); une anxiété croissante devant l'intégration parfois difficile des populations immigrées. Leurs responsables, du coup*, hésitent entre la nécessité de faire appel à une main-d'œuvre étrangère et la peur de ne pouvoir la contrôler, entre un désir d'ouverture et 35 une tentation de fermeture. Cela se traduit par des politiques dites d'«*immigration choisie*», où l'on sélectionne les candidats selon leur âge, leurs diplômes ou leur origine, au risque de dépouiller 40 les pays d'origine de leurs forces vives* et de dresser une typologie des «bons» et des «mauvais» immigrés. Par des politiques où l'on restreint le regroupement familial, où l'on limite le droit 45 d'asile...

Cette vision, très tournée vers les intérêts propres des pays du Nord, fait bien peu de cas* des besoins du Sud. Certes, toutes les législations occidentales s'étant durcies, les flux migratoires se sont, selon un rapport de l'ONG publié hier, nettement ralentis. Mais, du sud de l'Espagne aux côtes italiennes ou à la frontière du Mexique, 55 chaque jour, des hommes, des femmes, des enfants indifférents aux quotas tentent leur chance, au péril de leur vie, parce que, chez eux, aujourd'hui est trop dur; quant à demain... 60

du coup: *consequently*

au risque de dépouiller... de leurs forces vives: *at the risk of robbing . . . of their life blood*

fait bien peu de cas: *does not show much interest for*

Compréhension

1. Quels sont les trois points de la réforme de l'immigration mentionnés dans le premier paragraphe?

2. Pourquoi est-ce que cette réforme peut surprendre aux États-Unis?

3. Quels facteurs expliquent l'importance du sujet de l'immigration aux États-Unis et ailleurs?

4. Quelles attitudes ambivalentes ont les gouvernements au sujet de l'immigration? À quel type de politique est-ce que cela mène? Citez trois mesures concrètes.

5. Qu'est-ce que c'est que "l'immigration choisie"? Quels en sont les inconvénients?

6. Est-ce que l'immigration est en augmentation *(on the rise)*? Pourquoi (pas)?

7. Que pense l'éditorialiste de la situation?

Questions de langue

Relisez le premier paragraphe et répondez aux questions.

1. Quels mots indiquent que les Américains ont réagi de façon passionnée lors des discussions sur l'immigration?

2. Par quelle expression l'auteur rappelle-t-il que les États-Unis sont connus comme un pays d'immigration?

3. Trouvez un synonyme pour chaque expression ou mot suivant.
   a. surtout
   b. proposées
   c. criminaliser
   d. entrées illégales

4. Reformulez la phrase suivante: "Le projet de réforme de la politique d'immigration passe mal auprès des Américains."

5. Trouvez une phrase avec un infinitif que l'auteur pourrait *(could)* reformuler avec le subjonctif. Proposez une réécriture au subjonctif.

Quelles sont les opinions de cet éditorialiste au sujet de l'immigration? Lisez son article et répondez aux questions pour vérifier votre compréhension.

ONG: organisation non gouverne-
mentale
subie: imposée
Quelles que soient: *Whatever*
un droit: *a right*
comme le prévoit le projet de loi:
as planned in the bill
on manque de bras: *workers (literally
"arms") are scarce*

La Croix, 6 avril 2006, «Paroles d'ONG françaises», par Pierre Henry

PAROLES D'ONG* FRANÇAISES
« Immigration choisie renvoie à immigration subie »*
Pierre Henry
Directeur général de France Terre d'Asile

Le terme d'immigration choisie est détestable parce qu'il renvoie à l'immigration subie. Quelles que soient* les raisons pour lesquelles quelqu'un décide de venir en France, cette personne a en effet besoin d'une politique équilibrée, qui ne soit ni laxiste, ni précaire. Ainsi, je trouve profondément choquant de réduire le regroupement familial—qui est un droit*— comme le prévoit le projet de loi* français présenté par Nicolas Sarkozy. J'ajoute que ce regroupement familial ne concerne que 25 000 personnes dans un pays [la France] qui compte plus de 63 millions d'habitants. Quant à l'immigration "du savoir", elle pose une autre question, celle du risque de piller les pays en développement de leurs élites. On ferait bien d'obliger tous ceux qui auraient obtenu en France un master financé par leur pays d'origine à retourner travailler quelque temps au moins dans ce même pays. Enfin, au lieu de faire venir de la main-d'œuvre étrangère parce qu'on manque de bras* dans certains secteurs, mieux vaudrait régulariser pour cela le très grand nombre d'étrangers en situation irrégulière déjà présents en France.

Compréhension
1. Pierre Henry critique deux aspects de la politique d'immigration choisie. Lesquels et pour quelles raisons?
2. Il propose deux solutions aux problèmes liés à l'immigration. Lesquelles?

Questions de langue
1. Comment expliquez-vous le subjonctif dans la phrase "cette personne a en effet besoin d'une politique équilibrée, qui ne **soit** ni laxiste, ni précaire"?
2. Reformulez la phrase "On ferait bien d'obliger tous ceux qui auraient obtenu en France un master financé par leur pays d'origine à retourner travailler quelque temps au moins dans ce même pays" en commençant par **Il serait bon que…**
3. Reformulez la phrase "Mieux vaudrait régulariser pour cela le très grand nombre d'étrangers en situation irrégulière déjà présents en France" en commençant avec **Il vaudrait mieux que…**

Réactions

Référez-vous aux deux éditoriaux pour répondre aux questions suivantes.

These questions ask you to synthesize ideas from both editorials.

1. D'après vous, pourquoi l'immigration clandestine est-elle si répandue *(widespread)*?

2. Quels sont les avantages et les inconvénients de l'immigration clandestine pour le pays d'accueil et pour les clandestins? Comment peut-on lutter contre ce problème?

AVANT LE PROCHAIN COURS

Cahier: Faites **Préparation à l'écriture.**

INTERACTIONS

Sketch

This section contains activities that will allow you to work creatively with the vocabulary and structures from the chapter.

Choisissez un sujet, préparez la scène et jouez-la devant la classe.

1. Jouez une scène du film en utilisant vos propres mots.

2. Quelqu'un a téléphoné aux services sociaux pour dire qu'Igor était maltraité par son père. Un travailleur social interroge Igor pour déterminer si ces accusations sont justifiées.

3. Une dispute (verbale) entre Igor et son père: Igor reproche à son père la façon dont il l'a élevé. Ils parlent aussi de la mère d'Igor. (Note: Nous ne savons rien d'elle; c'est à vous d'imaginer.)

4. Après avoir appris la vérité, Assita va au commissariat de police pour raconter son histoire. Un policier l'écoute, lui pose des questions et décide de ce qu'il faut faire ensuite.

Exposé

Préparez un des sujets suivants à la maison pour le présenter en classe.

1. L'immigration en Belgique, en France ou aux États-Unis. (Commentez un article de journal, par exemple.)

2. Posez des questions à quelqu'un qui a immigré aux États-Unis. Présentez le parcours *(itinerary)* de cette personne à la classe (les raisons pour lesquelles elle a immigré; les procédures administratives; son adaptation à sa nouvelle vie).

3. Posez des questions à une ou des personne(s) d'un pays où il existe des pratiques médicales ou des coutumes différentes des vôtres. Rapportez ce que vous avez appris à la classe.

Débat

Préparez-vous à défendre un point de vue sur un des sujets suivants.

1. Quelle est la meilleure manière de contrôler l'immigration? Faut-il choisir les immigrants et, si oui, selon quels critères?

2. Que faire pour lutter contre l'immigration illégale?

LISTE DE VOCABULAIRE

For extra practice with the vocabulary in this chapter, refer to the web quizzes at http://www.thomsonedu.com/french/sequences.

Sain(e) and **malsain(e)** can be used to discuss a relationship, a situation, housing, or food.

Adjectifs

bien/mal payé(e) *well/poorly paid*
(grièvement) blessé(e) *(seriously) injured*
clandestin(e) *illegal*
débrouillard(e) *resourceful*
étrange *strange*
favorisé(e)/défavorisé(e) *privileged/ underprivileged*

obéissant(e)/désobéissant(e) *obedient/disobedient*
pressé(e) *in a hurry*
sain(e)/malsain(e) *healthy/unhealthy*
soumis(e) *submissive*
vivant(e), en vie *alive*

Noms

un apprenti (-mécanicien, -électricien, -plombier, etc.) *trainee*
un aveu *confession*
une bague *ring*
le bien *good*
une camionnette *van*
une carte de séjour *resident alien card*
un certificat de logement *proof of residency*
le chacun pour soi *everyone for himself or herself*
le chantage affectif *emotional blackmail*
un chantier *building yard*
le chauffage *heat*
le chômage *unemployment*
un (immigré) clandestin *illegal alien*
une dette (de jeu) *(gambling) debt*
un dilemme moral (= un problème de conscience) *moral dilemma*
une disparition *disappearance*
un engagement *commitment*
des faux papiers (m. pl.) *forged papers*
les frais médicaux (m. pl.) *medical expenses*
un garage *garage, shop*

un inspecteur du travail *immigration inspector*
le loyer *rent*
le mal *evil*
la maltraitance *(child) abuse*
un mécanicien *mechanic*
le mensonge *lie, lying*
un meublé *furnished room or apartment*
un ouvrier (du bâtiment) *(construction) worker*
la pauvreté *poverty*
un permis de travail *work permit*
un porte-monnaie *pocketbook, wallet*
la prise de conscience *awareness*
une promesse *promise*
un réseau (d'immigration clandestine) *(illegal immigration) ring, network*
le sang *blood*
un sourire *smile*
une station-service *gas station*
un taudis *slum*
la vérité (dire/avouer/révéler la vérité) *truth (to tell/confess/reveal the truth)*
un viol *rape*

> ## To make or keep a promise
>
> **promettre (à quelqu'un) de faire quelque chose (comme *mettre*)** *to promise (someone) to do something*
> **faire une promesse (à quelqu'un)** *to make a promise (to someone)*
> **tenir une promesse (irrégulier)** *to keep a promise*

Verbes

aider quelqu'un (à faire quelque chose) *to help someone (do something)*

attacher/détacher *to tie/untie*

avertir (comme *finir*) *to warn*

avouer *to admit, to confess*

battre (irrégulier) *to beat up, to hit*

cacher quelqu'un ou quelque chose/se cacher *to hide someone or something/to hide (oneself)*

confier quelqu'un/quelque chose à quelqu'un *to entrust someone/something with someone*

déporter *to deport*

disparaître (irrégulier) *to disappear*

échapper à quelqu'un ou à quelque chose/s'échapper *to escape from someone or something/to escape*

empêcher quelqu'un de faire quelque chose *to prevent someone from doing something*

employer quelqu'un (comme *envoyer*) *to employ someone*

enterrer *to bury*

être en règle *to be legal, to have one's papers*

exploiter quelqu'un *to exploit someone*

faire du chantage (à quelqu'un) *to blackmail (someone)*

guérir quelqu'un/guérir (comme *finir*) *to cure someone/to recover, to get better*

interrompre *to interrupt*

louer *to rent, to lease*

maltraiter *to abuse*

mentir (comme *partir*) *to lie*

obéir (à quelqu'un) (comme *finir*) *to obey (someone)*

perdre son sang *to bleed heavily*

porter plainte (contre) *to register a complaint (against)*

porter secours à quelqu'un *to help someone who is in danger, to rescue*

prendre conscience de quelque chose (irrégulier) *to become aware of something*

prévenir (comme *venir*) *to warn*

réparer *to repair*

retrouver quelqu'un/quelque chose *to find someone/something that one was separated from*

s'améliorer *to improve*

se débrouiller *to be resourceful*

se dépêcher *to hurry up*

se détacher de quelqu'un *to grow apart from someone*

se détériorer *to get worse (for a thing or a situation)*

s'enfuir (comme *fuir*) *to flee*

se rapprocher (de) *to get closer (to)*

se réconcilier *to reconcile, to make up*

se révolter (contre) *to rebel (against)*

se taire (irrégulier) *to be quiet (not to speak)*

secourir quelqu'un (comme *courir*) *to help someone who is in danger, to rescue*

signaler *to report (a disappearance, a theft, etc.)*

soigner *to treat (to give medical assistance)*

sourire (comme *rire*) *to smile*

trahir (comme *finir*) *to betray*

travailler au noir *to work under the table*

travailler dans le bâtiment *to work in construction*

violer *to rape*

voler *to steal*

Vocabulaire supplémentaire

Adjectif

carié(e) (avoir les dents cariées) *unhealthy (tooth) (to have cavities)*

Noms

le béton *concrete*
une bonbonne de gaz *gas cylinder*
une chaîne *chain*
un devin *seer*
un échafaudage *scaffolding*
la fièvre (avoir de la fièvre) *fever (to
      have a fever)*
le fluide correcteur *white-out*
un garrot (faire/défaire un garrot)
      *tourniquet (to make/un do a
      tourniquet)*

un go-kart *go-kart*
un mauvais esprit *evil spirit*
un motocycliste/motard *motorcyclist*
une pompe à essence *gas pump*
le sable *sand*
un tatouage *tattoo*
un turban *turban*

Verbes

chatouiller/faire des chatouilles *to
      tickle*
collecter *to collect*
enchaîner quelqu'un *to chain someone*
klaxonner *to honk*

livrer quelque chose/livrer quelqu'un *to
      deliver something/to turn someone in*
regarder par le trou de la serrure *to
      look/peep through the keyhole*
souder/faire une soudure *to solder*

Chapitre *8*

DIVERTISSEMENT

Le Dîner de cons

Réalisateur: Francis Véber,
France (1998); 77 minutes

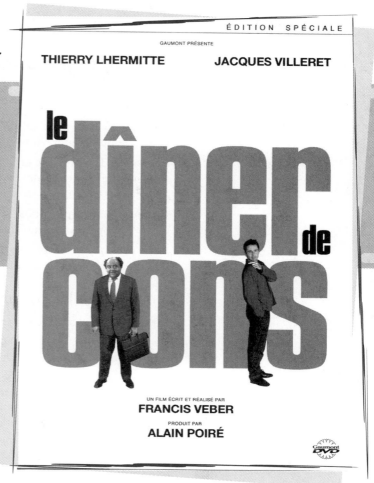

GAUMONT PRÉSENTE

THIERRY LHERMITTE — JACQUES VILLERET

le dîner de cons

UN FILM ÉCRIT ET RÉALISÉ PAR
FRANCIS VEBER
PRODUIT PAR
ALAIN POIRÉ

ÉDITION SPÉCIALE

*M*any things went wrong when Pierre Brochant tried to organize a dinner in which the guests were to play a very unusual game. The vocabulary and grammar you have learned this semester will help you describe, comment on, and reenact very intricate situations.

Les personnages (*La distribution: les acteurs/actrices*):
François Pignon (Jacques Villeret), Pierre Brochant (Thierry Lhermitte), Christine Brochant (Alexandra Vandernoot), Juste Leblanc (Francis Huster), Lucien Cheval (Daniel Prévost), Marlène Sasseur (Catherine Frot), Jean Cordier (Edgar Givry), Le professeur Sorbier (Christian Pereira)

LES PRIX DU FILM

- Six nominations aux Césars (1999): Meilleur acteur, Meilleur second rôle masculin, Meilleur second rôle féminin (Catherine Frot), Meilleur réalisateur, Meilleur film, Meilleur scénario
- Trois Césars (1999): Meilleur acteur (Jacques Villeret), Meilleur second rôle masculin (Daniel Prévost), Meilleur scénario

ENTRÉE EN MATIÈRE

Discussion

1. À quelles occasions est-ce que vous invitez des amis à dîner? Qui invitez-vous? De quoi parlez-vous?

2. Avez-vous déjà organisé un dîner ou une soirée à thème? Si oui, quel thème aviez-vous choisi et comment avez-vous procédé? Sinon, quels thèmes seraient intéressants pour un tel dîner?

3. Connaissez-vous quelqu'un de maladroit (*clumsy, tactless*) qui cause toujours des catastrophes ou à qui il arrive toujours des catastrophes? Expliquez.

4. Avez-vous déjà passé une journée horrible où vous n'avez eu que des problèmes? Racontez ce qui vous est arrivé.

Le contexte du film

Lisez les informations sur le contexte pour mieux comprendre le film.

1. **Le titre du film, *Le Dîner de cons***
   Le mot "con" signifie "imbécile" ou "idiot" en français familier.

2. **Le réalisateur, Francis Véber**
   Francis Véber est le réalisateur, scénariste et dialoguiste de nombreuses comédies à succès, dont *La Chèvre* (1981), *Les Compères* (1983) et *Le Placard* (2000). En 2005, il a obtenu le prix Henri-Jeanson de la Société des Auteurs et Compositeurs Dramatiques pour l'ensemble de son œuvre. Francis Véber est aussi auteur et metteur en scène de théâtre. *Le Dîner de cons* est adapté d'une de ses pièces de théâtre qui a connu quatre ans de succès ininterrompu.

3. **Jacques Villeret (1951–2005), l'interprète de François Pignon**
   Jacques Villeret était un comédien de théâtre et acteur de talent. Il a obtenu le César du meilleur acteur pour son rôle dans *Le Dîner de cons*. La lecture de ce chapitre lui est consacrée.

4. **La chanson du générique**
   C'est *Le temps ne fait rien à l'affaire*, de Georges Brassens (1921–1981). Chanteur-compositeur très apprécié, Brassens était considéré comme un troubadour des temps modernes: il écrivait ses propres chansons et les chantait simplement, accompagné de sa guitare.

5. **Les maquettes de Pignon**
   le Concorde: avion supersonique réalisé en commun par les industries aéronautiques française et britannique; le dernier vol du Concorde a eu lieu en 2003.
   le château de Chenonceaux: un des châteaux de la Loire, près de Tours; il date de la Renaissance.
   le pont de Tancarville: pont suspendu construit dans les années cinquante en Normandie
   la tour Eiffel: construite pour l'Exposition universelle de 1889

6. **Le docteur Sorbier**
   Comme la plupart des médecins français, il fait des visites à domicile (il va chez ses patients). Une visite à domicile est un peu plus chère qu'un rendez-vous au cabinet du médecin, mais elle est presque complètement remboursée par l'assurance-maladie. Donc tous les Français, riches et pauvres, y ont accès.

Look up the lyrics for *Le temps ne fait rien à l'affaire*, the **Georges Brassens** song playing during the credits, at http://www.thomsonedu.com/french/sequences. Can you find the reference to a *con*?

7. **Le Ministère des Finances**

Pignon et Lucien travaillent pour le Ministère des Finances. C'est là que Xavier a rencontré l'ami de son père au début de *L'Auberge espagnole.*

8. **Auxerre et l'OM (l'Olympique de Marseille)**

Ce sont deux équipes de foot très connues. Auxerre est en Bourgogne; Marseille est en Provence. "Allez l'OM, allez l'OM, allez!" est le chant des supporters de l'équipe de foot de Marseille.

9. **Le Château-Lafitte**

C'est un bon vin de Bordeaux.

Lecture d'un compte-rendu sur le film

Préparation

1. L'expression "qui lui a été conseillé par un tiers" (lignes 6–7) est à la voix passive. Pour mieux comprendre, mettez-la à la voix active en suivant le modèle suivant:

   le film (qui m'a été recommandé par un ami) → *le film (qu'un ami m'a recommandé)*

   Pignon (qui lui a été conseillé par un tiers) → Pignon (_____)

2. À quel nom est-ce que le pronom **le** fait référence dans "vient de **le** quitter" (ligne 11)?

3. Analysez la phrase suivante: "Pignon propose les services de son collègue Lucien Cheval, contrôleur fiscal qui détient l'adresse d'un play-boy que les deux amis réconciliés soupçonnent d'héberger la fugueuse."

   a. Qui a l'adresse d'un playboy?
   b. Qui est soupçonné de loger une femme?
   c. Qui soupçonne cette personne?

Editeur parisien connu, Pierre Brochant organise, tous les mercredis, avec ses amis, des "dîners de cons" au cours desquels chacun invite un imbécile confirmé. Lorsqu'il rencontre, à son [5] domicile, François Pignon (qui lui a été conseillé par un tiers*), il le reçoit immobilisé par un tour de reins*. Pignon va accumuler les initiatives catastrophiques. La femme de Brochant, [10] Christine, vient de le quitter et sa maîtresse, Marlène, survient*. Pignon confond l'une et l'autre*; elles sont ulcérées*. Puis il appelle Juste Leblanc, chez qui Brochant pense que sa femme [15] s'est réfugiée. Mais il n'en est rien*. Tandis que* Juste vient réconforter Pierre, Pignon propose les services de son collègue Lucien Cheval, contrôleur [20] fiscal qui détient l'adresse d'un play-boy que les deux amis réconciliés soupçonnent d'héberger la fugueuse*. Mais on découvre que c'est la femme de Cheval qui est infidèle. Furieux, le [25] contrôleur promet à Brochant une vérification serrée. Christine téléphone pour se réconcilier avec son mari. Mais Pignon commet une ultime bévue*…

Bibliothèque du film, 1998

un tiers: *a third person*
un tour de reins: un mal au dos
survient: arrive par surprise
confond l'une et l'autre: *confuses one for the other*
ulcérées: vexées
il n'en est rien: ce n'est pas vrai
tandis que: pendant que
qui détient: qui a
d'héberger la fugueuse: *the runaway*
serrée: *tight*
bévue: *blunder*

How to Answer Questions about the Reading

Avoid general answers by referring to specifics in the passage. Note line numbers in your answers so you can refer your classmates to the word or words you are invoking and speak concretely about Pierre, François, and the dinner party.

Compréhension

1. Qu'est-ce que c'est qu'un "dîner de cons"? Qu'est-ce qu'on y fait, d'après vous?

2. Qui est-ce que Brochant a invité?

3. Pourquoi est-ce que le tour de reins de Brochant est mentionné? Qu'est ce que François Pignon a fait chez Brochant?

4. Établissez l'identité des personnages du texte en choisissant parmi les combinaisons possibles. Pour chaque phrase, complétez le premier blanc avec un nom de la colonne de gauche et le deuxième blanc avec un nom de la colonne de droite.

a.	b.
la maîtresse	Pierre Brochant
la maîtresse présumée	François Pignon
l'amant présumé	un playboy
le collègue	Juste Leblanc
l'ami	Christine Brochant
la femme	
le con	

a. François Pignon est _____ de _____ .
b. Christine est _____ de _____ .
   Christine est aussi _____ de _____ .
   Enfin, Christine est _____ de _____ .
c. Marlène est _____ de _____ .
d. Juste Leblanc est _____ de _____ .
   Juste Leblanc est aussi _____ de _____ .
e. Lucien Cheval est _____ de _____ .
f. La femme de Cheval est _____ de _____ .

5. Qui sont les "les deux amis réconciliés" (ligne 22)? Pourquoi étaient-ils fâchés?

Questions de langue

1. Trouvez un synonyme dans le texte pour les expressions et mots suivants.
   a. chez lui
   b. aider, consoler
   c. il téléphone
   d. un contrôle
   e. une erreur

2. Les pronoms relatifs
   a. Trouvez un pronom relatif sujet.
   b. Trouvez un pronom relatif complément d'objet direct.
   c. Expliquez pourquoi on utilise le pronom relatif **desquels** (**au cours desquels**, lignes 3–4) et le pronom relatif **qui** (**chez qui**, ligne 15).

Réactions

1. Pourquoi ce résumé est-il difficile à comprendre? D'un point de vue stylistique, qu'est-ce qui contribue à la complexité du texte? Pourquoi l'auteur a-t-il choisi ce style?

2. Comment imaginez-vous le rythme du film?

3. Qui est la victime des catastrophes causées par Pignon? Pourquoi, à votre avis?

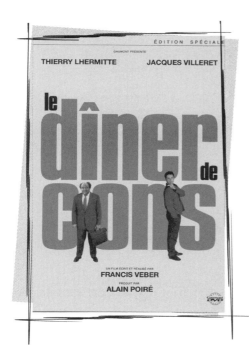 

4. D'après vous, sur l'affiche française, quels hommes sont Pignon et Brochant? Justifiez votre opinion.

5. Quelle affiche préférez-vous, la française ou l'américaine? Expliquez.

6. Francis Véber a dit dans une interview que des amis à lui ont vraiment participé à des dîners de cons. Et vous, avez-vous entendu parler de *(have you heard about)* dîners de ce genre? Aimeriez-vous y participer?

Visionnement d'une séquence
(sans son ni sous-titres)

Du début du film jusqu'au générique (6 minutes).

Les questions de compréhension portent sur les scènes qui ont lieu au club de sport, dans le train, et dans la voiture.

Compréhension

Pour chaque question, notez la meilleure réponse.

1. L'homme qui arrive au club de sport (Pierre Brochant) est surtout _____ .
   a. pressé *(in a hurry)*
   b. soucieux *(worried)*
   c. décontracté *(relaxed)*

2. L'homme à qui il parle (Jean Cordier) _____ .
   a. lui fait confiance
   b. le respecte
   c. se méfie de lui

3. À votre avis, pourquoi Pierre Brochant s'intéresse-t-il à la louche *(ladle)* qui est dans les bagages de Jean Cordier?
   a. Il collectionne les louches.
   b. Il pense que Jean Cordier a peut-être une passion pour les louches.
   c. Il veut savoir l'âge de la louche.

4. Comment est l'homme qui arrive dans le TGV, d'après vous?
   a. passionné
   b. complexé
   c. attentif aux autres

5. Cet homme parle probablement _____ à son voisin.
   a. des monuments qu'il a visités
   b. de sa collection de photos
   c. des maquettes qu'il a construites

Réactions

1. Comment sont les relations entre Pierre Brochant et Jean Cordier? Imaginez pourquoi.

2. Si vous remarquiez une louche dans les bagages d'un de vos amis, quelle question poseriez-vous?

Refer to *Les phrases hypothétiques* (pages 307–309) to review this type of **si** clause.

Deuxième visionnement de la séquence
(avec son, sans sous-titres)

Lisez les questions ci-dessous, puis visionnez la scène une seconde fois en faisant bien attention à la bande-son. Répondez ensuite aux questions.

Compréhension

1. Jean Cordier (l'ami de Pierre Brochant) part pour _____ .
   a. Paris
   b. Biarritz
   c. Annecy

2. Jean Cordier part parce qu'il _____ .
   a. veut aller à la mer
   b. va fêter l'anniversaire de son père
   c. va acheter des antiquités

3. Pierre Brochant est embêté _____ .
   a. parce que son ami ne peut pas venir au dîner mercredi soir
   b. parce qu'il a un dîner d'affaires mercredi soir
   c. parce qu'il n'a pas d'invité pour mercredi

4. D'après Jean Cordier, pourquoi est-ce que Pierre Brochant s'intéresse à la collection de louches de son père (le père de Jean Cordier)?

   a. Pierre voudrait acheter une de ses louches.

   b. Pierre voudrait lui poser des questions sur une louche du dix-huitième siècle.

   c. Pierre voudrait l'inviter pour qu'il parle de sa collection.

5. Dans le train, François Pignon parle _____ à son voisin.

   a. de ses voyages

   b. des matériaux qu'il a utilisés pour faire ses maquettes

   c. d'une présentation qu'il vient de faire sur ses maquettes

6. À la fin du voyage, Jean Cordier est heureux _____ .

   a. de pouvoir recommander François Pignon à son ami Brochant

   b. de savoir comment on fait des maquettes

   c. d'avoir passé du temps avec François Pignon

Réactions

1. D'après vous, quel est le rapport *(connection)* entre l'homme qui joue au boomerang, l'homme qui parle au café, et François Pignon?

2. Si vous étiez à côté d'un homme comme François Pignon (dans un avion, par exemple), que feriez-vous?

Préparation au visionnement du film

En regardant le film, faites attention aux aspects suivants et prenez des notes sur vos observations.

1. Le lieu et la durée de l'action: Où se passe l'histoire? Combien de temps dure-t-elle? À quoi est-ce que cela vous fait penser?

2. Notez la façon dont les gens se saluent *(greet)*. Qui se serre la main? Qui se fait la bise *(a kiss on the cheek)*? Combien de bises fait-on?

AVANT LE PROCHAIN COURS

1. *Cahier:* Faites **Les mots pour le dire.**

2. *Le Dîner de cons*: Visionnez le film.

3. *Manuel:* Révisez *La forme interrogative* (pages 235–243).

Viewing Tips

Notice:
• the similarities between the film and a play

Ask yourself:
• What is Pignon's role in the film?
• How are women portrayed?
• What are some similarities between this film and *Le Placard*?

Anticipate:
• not understanding some of the humor, much of which comes from the dialogue

---

LES MOTS POUR LE DIRE

Définitions

Le mot juste

Donnez les réponses aux questions suivantes.

1. Qu'est-ce qu'on utilise pour servir de la soupe?

2. Avec quoi est-ce qu'on téléphone quand on n'est pas chez soi?

3. Avec qui est-ce qu'on trompe son mari ou sa femme?

Références à consulter
• **Liste de vocabulaire** (including **Vocabulaire supplémentaire** and **Vocabulaire familier**), page 200
• **Votre dictionnaire personnel** (page 137, *Cahier*)

4. Qu'est-ce qui vient d'Australie?

5. De quoi est-ce qu'on a besoin pour faire des maquettes?

6. Quand est-ce que les joueurs se reposent pendant un match de foot?

7. Dans quoi est-ce qu'on trouve un numéro de téléphone?

8. Quel type de vin se boit tous les jours?

9. Qui encourage une équipe de foot?

10. Comment s'appelle une dispute entre un mari et sa femme?

11. Sur quoi laisse-t-on un message quand personne ne décroche le téléphone?

12. Qu'est-ce qui cause parfois une dépression?

Définitions

Inventez des définitions pour trois autres mots de la **Liste de vocabulaire** à la page 200.

À qui Pignon a-t-il téléphoné? Pourquoi Brochant s'impatiente-t-il?

Situations

Réactions

Pignon aime bien résoudre les situations difficiles, mais il cause parfois des problèmes. Dites ce qu'il a fait dans les situations indiquées. Reliez les phrases de la colonne "Ce que Pignon a fait" à celles de la colonne "Comment il l'a fait." Utilisez un participe présent.

Note: On forme le participe présent de la plupart des verbes en prenant la forme **nous** du présent de l'indicatif, en enlevant **-ons**, et en ajoutant **-ant.** Le participe présent est introduit par **en** et se traduit dans cet exercice par *by* + *verb* + *-ing*.

Exemple: inviter → nous invit~~ons~~ → en invitant (*by inviting*)

Ce que Pignon a fait	Comment il l'a fait
1. __a__ Il a mis en danger la fortune de Brochant *en invitant un contrôleur fiscal.*	**a.** Il a invité un contrôleur fiscal.
2. _____ Il a essayé de trouver Christine…	**b.** Il s'est trompé de numéro de téléphone.
3. _____ Il a contacté Marlène…	**c.** Il a dit que Brochant avait une maîtresse.
4. _____ Il a éloigné Christine…	**d.** Il s'est fait passer pour un producteur.
5. _____ Il a surmonté son divorce…	**e.** Il s'est trompé de porte.
6. _____ Il a servi de cobaye *(guinea pig)*…	**f.** Il a construit des maquettes.
7. _____ Il a révélé les œuvres d'art à Cheval…	**g.** Il a fait beaucoup de bêtises.
8. _____ Il s'est vengé de Brochant…	**h.** Il a bu de la piquette.

Suggestions

Comme Pignon, vous aimez bien intervenir dans la vie des gens qui vous entourent. Faites des suggestions aux personnes suivantes en utilisant des verbes de la **Liste de vocabulaire** (page 200). Utilisez ces deux structures différentes:

> **a.** suggérer à quelqu'un de faire quelque chose
>
> **b.** suggérer que + subjonctif

Exemples: J'ai très mal au dos.

> *a. Je te (vous) suggère d'appeler un médecin.*
>
> *b. Je suggère que tu appelles (vous appeliez) un médecin.*
>
> **Votre ami est triste parce que sa femme l'a quitté.**
>
> *a. Je lui suggère de ne pas faire de bêtises.*
>
> *b. Je suggère qu'il ne fasse pas de bêtises.*

When using the expression **suggérer à quelqu'un de faire quelque chose**, you need to use indirect object pronouns **(me, te, lui, nous, vous, leur)**. Review these on pages 292–294.

1. Votre amie aime beaucoup les poupées anciennes *(antique dolls)*.

2. Votre amie a le trac car elle va jouer dans une pièce la semaine prochaine.

3. Le téléphone sonne au moment où je pars chercher mes enfants à l'école.

4. Ma mère vient de me raccrocher au nez.

5. Votre ami ne se sent pas bien. Il est invité à un repas ce soir.

Le français familier

En d'autres mots

Voici des expressions utilisées par les personnages du film. Reliez-les aux explications qui suivent.

1. _____ ne pas être une lumière	**a.** gagner le premier prix
2. _____ envoyer quelqu'un sur les roses	**b.** ne pas être très intelligent
3. _____ mettre les pieds dans le plat	**c.** se moquer de quelqu'un

4. _____ un coureur de jupon

d. quelqu'un qui aime s'amuser et faire rire les gens

5. _____ se payer la tête de quelqu'un

e. quelqu'un qui aime les femmes

6. _____ décrocher la palme

f. dire à quelqu'un qu'il est gênant/qu'il vous embête

7. _____ un boute-en-train

g. faire une gaffe

Associations

Choisissez une des expressions de vocabulaire familier ci-dessus pour décrire chaque personnage ou action suivante. Conjuguez les verbes.

1. François Pignon

2. Meneaux

3. Lucien Cheval

4. l'attitude des hôtes des dîners de cons envers leurs invités

5. Pignon, quand il révèle à Christine que son mari a une maîtresse

6. la réaction de Lucien lorsque Pignon le dérange pendant le match de foot

Quelques chiffres

Quels pays ont participé à la finale de la Coupe du monde de football? Les chiffres en caractères gras *(bold face)* indiquent en quelle(s) année(s) une équipe a gagné (par exemple, la France a gagné la Coupe du monde en 1998).

Nombre de qualifications en finale	Équipe	Années
7	RFA et Allemagne	**1954**, 1966, **1974**, 1982, 1986, **1990** et 2002
	Brésil	1950, **1958**, **1962**, **1970**, **1994**, 1998 et **2002**
6	Italie	**1934**, **1938**, 1970, **1982**, 1994 et **2006**
4	Argentine	1930, **1978**, **1986** et 1990
2	Uruguay	**1930** et **1950**
	France	**1998** et 2006
	Hongrie	1938 et 1954
	Tchécoslovaquie	1934 et 1962
	Pays-Bas	1974 et 1978
1	Angleterre	**1966**
	Suède	1958

Source: http://fr.wikipedia.org

À l'écoute: La Coupe du monde de football de 1998

TRACK 39

Comme Lucien Cheval, des millions de personnes se passionnent pour le foot, et surtout pour la Coupe du monde, qui a lieu tous les quatre ans. Le texte que vous allez entendre explique pourquoi la Coupe du monde de 1998 a été un grand événement médiatique.

> ### Vocabulaire utile
>
> **surnommé(e):** *nicknamed*
> **un maillot:** *jersey*
> **le quart de finale:** *quarter final*
> **la demi-finale:** *semi final*
> **un but:** *goal*
> **le Maghreb:** *les pays d'Afrique du Nord*
> **un Beur:** *un Français d'origine algérienne*
> **un drapeau:** *flag*
> **"Liberté, égalité, fraternité":** *la devise française*

1. Où a eu lieu la Coupe du monde en 1998?
   a. en France
   b. en Allemagne
   c. en Italie

2. Quelle équipe était favorite?
   a. la France
   b. la Croatie
   c. le Brésil

3. Quel est le surnom de l'équipe de France?
   a. "les Bleus"
   b. "les Blacks"
   c. "les Bleus, blancs, rouges"

4. Combien de buts est-ce que les Français ont marqué en finale?
   a. un
   b. deux
   c. trois

5. Pourquoi est-ce que cette finale est mémorable?
   a. parce que des disputes ont éclaté au Stade de France
   b. parce qu'elle a généré un immense enthousiasme en France
   c. parce que le Brésil a gagné sa cinquième Coupe du monde

6. Quel aspect du match a intéressé les médias?
   a. la composition de l'équipe de France
   b. le fait que c'était la première qualification de la France en finale
   c. le score final

7. Comment Zinédine Zidane est-il décrit?
   a. C'est un Black.
   b. C'est un Blanc.
   c. C'est un Beur.

8. Quelle caractéristique de la société française est-ce que la finale a révélée?
   a. la xénophobie
   b. la diversité
   c. les divisions

AVANT LE PROCHAIN COURS

1. **Manuel:** Révisez *Le passé composé et l'imparfait* (pages 253–255) et *Le plus-que-parfait* (pages 258–259).

2. **Manuel:** Révisez *Le conditionnel* (pages 304–306).

3. **Manuel:** Révisez *Les pronoms compléments d'objet direct, Les pronoms compléments d'objet indirect, Le pronom **y** et Le pronom **en*** (pages 289–297).

4. **Cahier:** Faites **Préparation à la discussion.**

DISCUSSION

Chronologie

Rétablissez la chronologie des scènes du film en les numérotant de 1 à 12. Puis lisez les phrases à haute voix en classe pour vérifier.

_____ Jean Cordier fait la connaissance de Pignon et le recommande à Brochant comme invité.

_____ Christine quitte Brochant.

_____ Pignon se fait passer pour un producteur belge.

_____ Pignon se trompe de numéro de téléphone et appelle Marlène au lieu d'un docteur.

_____ Pignon tombe sur Brochant et aggrave son tour de reins.

_____ L'inspecteur fiscal apprend que sa femme le trompe.

_____ Christine a un accident.

_____ Brochant se rend compte que c'est lui le con.

_____ Brochant se fait mal au dos et doit annuler sa participation au dîner.

_____ Pignon téléphone à Cheval pendant la mi-temps et fait semblant de soutenir l'OM.

_____ Pignon prend Christine pour Marlène et se débarrasse d'elle.

_____ Brochant et Leblanc enlèvent les objets de valeur du salon.

Réactions

1. Qu'est-ce que c'est, un "dîner de cons"?

2. Comment est-ce que Pierre Brochant a trouvé son invité? Quel autre "con" est invité?

3. Quel est le passe-temps de Pignon? Depuis quand pratique-t-il cette activité?

4. Que pensez-vous des passe-temps des personnes que Brochant considère idiotes?

5. Pourquoi Christine a-t-elle décidé de quitter son mari? Quelle est la goutte d'eau qui a fait déborder le vase *(the last straw)*?

6. D'après vous, est-ce que Christine a raison de quitter son mari? Qu'est-ce que vous feriez à sa place?

7. Sous quel prétexte est-ce que Brochant a invité François Pignon? Comment Pignon a-t-il réagi?

8. Comment Pignon a-t-il essayé d'aider Brochant et comment ses actions ont-elles aggravé la situation? Décrivez ses différentes actions aux moments suivants.
   a. quand Brochant avait mal au dos
   b. quand Pignon voulait débarrasser Brochant de Marlène
   c. quand Pignon voulait aider Brochant à trouver sa femme (l'épisode avec Juste Leblanc et Lucien Cheval)

9. Expliquez les dialogues suivants.
   a. _____Il s'appelle Juste Leblanc.
      _____Ah bon, il a pas d' prénom?
   b. _____C'est Marlène Sasseur.
      _____C'est pas vot' sœur?

10. Qui est Meneaux? Quel est son rôle dans l'histoire?

11. Quelle dernière action est-ce que Pignon a faite avant de partir de chez Brochant?

12. De quoi est-ce que Brochant s'est rendu compte à la fin? Qu'est-ce qu'il a suggéré à Pignon pour le mercredi suivant?

13. Quelle est la morale de ce film?

14. Expliquez la valeur symbolique du boomerang du début.

15. Ce film est adapté d'une pièce de Francis Véber. Quels aspects théâtraux avez-vous remarqués?

Qui est Lucien Cheval? Que fait-il chez Pierre Brochant?

À l'écoute: *Le Dîner de cons*

Eric suit un cours de français. Il doit passer un examen oral qui consiste à résumer un des films qu'il a vus pendant le semestre, en utilisant le vocabulaire qu'il a appris, et à exprimer son opinion sur le film. Eric a préparé un paragraphe sur *Le Dîner de cons*. Il le lit à une amie pour s'entraîner. Écoutez ce qu'il dit et vérifiez si vous avez compris en répondant aux questions qui suivent.

1. Eric dit qu'il _____.
   a. a le trac
   b. est une lumière
   c. est heureux de parler du film

2. Eric a un bon niveau en français?
   a. Oui, c'est une crac.
   b. Oui, il ne fait pas beaucoup d'erreurs.
   c. Non, ce n'est pas une lumière.

3. Il a peur _____.
   a. que son/sa prof se moque de lui
   b. de dire des bêtises
   c. d'avoir une mauvaise note

4. Il trouve François comique _____.
   a. parce qu'il donne beaucoup de détails sur ses maquettes
   b. à cause de son physique
   c. à cause de sa passion pour les maquettes et de son physique

5. Quel adjectif est-ce qu'Eric n'utilise pas quand il parle du physique de François?
   a. gros
   b. rond
   c. petit

6. Eric ne parle pas de la scène où _____.
   a. François dit qu'il veut acheter les droits d'un roman
   b. l'ami de François apprend que sa femme est infidèle
   c. François prend la maîtresse de Brochant pour sa femme

7. Il a apprécié les subtilités _____.
   a. des situations du film
   b. des dialogues
   c. du jeu des acteurs

8. Il a aimé _____.
   a. que Brochant soit puni
   b. que Pignon continue à aider Brochant bien qu'il soit méchant
   c. que Brochant prenne Pignon pour un imbécile

AVANT LE PROCHAIN COURS

1. *Manuel:* Révisez *Le subjonctif présent, Le subjonctif passé, Emploi du subjonctif* et *Subjonctif ou infinitif?* (pages 311–324).

2. *Cahier:* Préparez **Pour aller plus loin.**

Pour aller plus loin

Qui a dit quoi?

Notez quel personnage a dit chaque phrase, puis conjuguez chaque verbe selon le contexte.

1. _____: "J'ai peur qu'il _____ (falloir) annuler votre dîner."

2. _____: "Imaginez qu'il _____ (apprendre) pourquoi vous l'avez invité!"

3. _____: "Qu'un grand éditeur comme vous _____ (vouloir) publier un ouvrage sur mes maquettes et que vous m'_____ (inviter) à dîner en plus! Vous avez changé ma vie, Monsieur Brochant."

4. _____: "Je n'arrive pas à croire que votre femme _____ (partir) avec un con."

5. _____: "Je ne crois pas qu'elle _____ (revenir)."

6. _____: "Vous voulez pas que je l'_____ (attendre)?"

7. _____: "Vous savez ce qui m'a manqué quand la mienne (*mine = my wife*) est partie? Un ami qui m'_____ (tenir) la main."

8. _____: "J'ai pas de très bonnes nouvelles. J'ai peur qu'elle n(e) _____ (aller) chez Meneaux."

9. _____: "—D'accord, mais à une condition.

   _____: —Laquelle?

   _____: —C'est que tu _____ (crier) 'Allez l'OM'."

10. _____: "Je ne suis pas sûr que ce _____ (être) très prudent d'inviter un contrôleur fiscal chez soi."

11. _____: "Si vous n'_____ (avoir) rien à vous reprocher, si tous ces tableaux, tous ces bibelots sont clairs, (il) y _____ (avoir) pas de problème."

12. _____: "S'il _____ (ne pas se faire) un tour de reins ce soir, il _____ (être) en train de se moquer d'un pauvre type."

> This chapter recycles grammar presented in other chapters of *Séquences* in the context of humor and entertainment and *Le Dîner de cons* so that, with the help of the **Liste de vocabulaire** (pages 200–202), you can discuss hobbies and interpersonal relationships.
>
> In 3., the implied beginning of the first clause is **Je suis surpris/flatté (qu'un grand éditeur...)**.
>
> These quotes illustrate the use of the subjunctive and **si** clauses. Review the subjunctive on pages 311–324 and **si** clauses on pages 307–309. Keep the story in mind when choosing between the present and the past subjunctive, and when deciding which **si** clause to use. In some cases, the context may allow you to use more than one tense.

Les loisirs

Référez-vous au tableau qui suit pour faire les activités de cette section.

Type d'activité	Verbe utilisé	Exemples
Sports individuels	**faire de**	Je **fais de la** marche, **de** l'aérobic, **du** bateau. *I walk for exercise, I do aerobics, and I go boating.*
Activités artistiques		Je **fais de la** peinture et **du** théâtre. *I paint and I am in the theater.*
Sports d'équipe, jeux sportifs	**jouer à**	Je **joue au** baseball.
Jeux		Je **joue au** monopoly, **à la** bataille navale, **aux** cartes. *I play monopoly, battleship, cards.*
Instruments musicaux	**jouer de***	Je **joue de la** guitare, **du** piano, **des** cymbales. *I play the guitar, the piano, the cymbals.*

Autres	**pêcher, aller à la pêche:** *to go fishing*
	chasser, aller à la chasse: *to go hunting*
	tenir un journal: *to keep a journal*

* Pour vous souvenir que **jouer de** est la structure à utiliser avec un instrument, remplacez le **d** dans **de** par une note de musique: ♪e.

Les loisirs des personnages

Imaginez les activités des personnages du film. Utilisez le subjonctif quand c'est approprié.

> Quelles collections font-ils?
> À quels sports jouent-ils?
> À quelles activités culturelles ou artistiques est-ce qu'ils s'intéressent?
> Est-ce qu'ils jouent d'un instrument?
> Que font-ils le week-end?

Exemple: François Pignon

> *Je sais qu'il fait des maquettes et qu'il s'intéresse au foot. Je ne pense pas qu'il pratique un sport. Il est possible qu'il fasse une collection de boîtes d'allumettes.*

1. Pierre Brochant
2. Christine Brochant
3. Lucien Cheval
4. Marlène Sasseur

Le sport et vous

This exercise includes several of the points you have reviewed in this chapter. Refer to previous exercises if you need help with past tenses, the conditional, or the subjunctive.

Référez-vous au document à la page 193 pour vous familiariser avec les activités sportives des Français, comparer les activités des Français et des Américains, et parler de votre pratique sportive passée, présente et future.

1. Êtes-vous surpris(e) que certains sports soient absents de la liste? Est-ce que la liste contient des sports que vous ne connaissez pas? Contient-elle des activités que vous ne considérez pas comme des sports?

2. Quel(s) sport(s) pratiquez-vous régulièrement? Combien de fois et pendant combien de temps par semaine? Quand avez-vous commencé ce sport? Feriez-vous plus de sport si vous aviez plus de temps ou d'argent?

3. Quels sports pratiquiez-vous quand vous étiez plus jeune? Si vous ne le(s) pratiquez plus, pourquoi avez-vous arrêté? Quels sports pratiquerez-vous quand vous serez plus âgé(e)?

4. De quelle(s) équipe(s) êtes-vous supporter? Comment manifestez-vous votre soutien *(support)*?

5. Est-il important qu'il y ait des équipes de football américain dans les lycées et les universités? Justifiez votre opinion.

6. Si vous étiez responsable de la santé publique, que feriez-vous pour encourager l'activité physique à tous les stades de la vie?

Les principales pratiques d'activités physiques et sportives en 2003

Champ = personnes de 15 ans ou plus

Activités ou familles d'activités	Effectifs de pratiquants (1) (en milliers)	% au moins une fois par semaine
Ensemble des sportifs	34 082	74
Dont:		
Vélo	18 128	24
natation, plongée	14 144	13
marche	12 683	25
pétanque, billard	10 550	8
course à pied, footing, athlétisme	8 057	28
ski, surf	7220	5
gymnastique	6275	40
pêche	5306	11
tennis de table, badminton, squash	4639	9
football	4319	26
musculation	4161	16
moto, kart, automobile	3634	23
tennis	3599	14
basket-ball, volley-ball, handball	2914	19
danse	2482	16
roller, skate	2452	13
canoë, aviron, ski nautique	5154	6

Source: INSEE, enquête « Participation culturelle et sportive », mai 2003.
(1) personnes ayant répondu avoir pratiqué cette activité au moins une fois au cours des douze mois précédant l'enquête, y compris occasionnellement.

le vélo: *biking*
la natation: *swimming*
la plongée: *diving*
la marche: *walking for exercise*
la pétanque: *a type of outdoor bowling*
le billard: *billiards*
la course à pied: *running*
le footing: *jogging*
l'athlétisme: *track*
le ski: *skiing*
le surf: *surfing*
la gymnastique: *gymnastics*
la pêche: *fishing*
le tennis de table: *table tennis*
le badminton: *badminton*
le squash: *squash*
le football: *soccer*
la musculation: *weight training*
la moto: *motocycling*
le kart: *kart racing*
le handball: *handball*
la danse: *dance*
le roller: *rollerblading*
le skate: *skateboarding*
le canoë: *canoeing*
l'aviron: *rowing*
le ski nautique: *waterskiing*

Les loisirs d'un(e) camarade de classe

Interrogez un(e) étudiant(e) de la classe sur ses passe-temps.

1. Écrivez cinq questions que vous souhaitez poser à votre camarade pour comprendre l'évolution de ses goûts.

Combien	Préposition + quoi
Combien de fois	Qu'est-ce que
Pendant combien de temps	Qu'est-ce qui
Comment	Quand
Où	Quel(le)(s)
Pourquoi	Qui
Préposition + qui	Qui est-ce que

   a. (au passé composé)
   b. (à l'imparfait)
   c. (au subjonctif)
   d. (avec une structure avec si + imparfait)
   e. (avec une une structure avec si + plus-que-parfait)

2. Interrogez votre camarade en notant ses réponses.

3. Présentez les réponses de votre camarade à la classe.

À l'écrit: loisirs d'un(e) camarade de classe

Écrivez cinq phrases pour décrire une activité de loisir d'un(e) camarade de classe. Expliquez comment son intérêt pour cette activité a commencé et dites quand et comment il/elle pratique cette activité. Expliquez aussi comment il/elle pense pratiquer cette activité dans l'avenir et ce qui la rendrait encore plus intéressante.

AVANT LE PROCHAIN COURS

Cahier: Faites **Préparation à la lecture.**

LECTURE

Discussion

1. Comment les personalités des acteurs et actrices diffèrent—elles dans leurs films et dans la vie? Quels acteurs et quelles actrices sont très différents dans ces deux domaines?

2. Qu'est-ce qui explique que certains acteurs ou actrices jouent toujours le même type de rôle (l'amoureux, le clown, etc.)?

Jacques Villeret, l'interprète de François Pignon

Vous allez lire deux brefs passages qui vont vous permettre de faire connaissance avec le grand acteur comique Jacques Villeret (1951–2005). Le premier est extrait d'un article du journal *La Croix* paru juste après sa mort en janvier 2005. Le deuxième est une interview pour le magazine *L'Express*.

Lire un article

L'insoutenable fragilité de Jacques Villeret

DÉCÈS. En 80 films et trente ans de carrière, Jacques Villeret, emporté vendredi à l'âge de 53 ans, aura offert l'expression d'une extrême sensibilité à travers des compositions tragi-comiques qui masquaient de grandes fêlures*.

Le regard de Jacques Villeret portait quelque chose d'une fragilité innée, d'une insurmontable incapacité à l'insouciance*. Ses yeux, aux fausses allures de naïveté, affrontaient* le monde 5 avec une implacable lucidité qui lui rendait douloureuse la répétition des jours. Dix fois, cent fois, il livra combat aux démons de l'alcool. Les illusions apaisantes de « cet ami qui vous veut 10 du mal »*, comme il l'appelait, l'ont progressivement détruit jusqu'à rendre inéluctable* cette hémorragie interne* qui l'a emporté vendredi à l'âge de 53

ans, dans une chambre de l'hôpital 15 d'Évreux. Pour guérir ses blessures secrètes et s'inventer un monde à sa mesure*, l'enfant de Loches, en Touraine, avait un autre baume, moins nocif*. Dans la cour de récréation*, Jacques Villeret—son père adoptif, agent technique dans un lycée, lui avait légué* son nom après s'être marié avec sa mère, 25 coiffeuse—imitait ses professeurs avec une prédisposition à la comédie qui lui offrait l'adhésion générale de ses camarades. Le président du groupe local des Éclaireurs de France*, qui était aussi le 30 proviseur du lycée, ne tarda pas à repérer* les facultés exceptionnelles de l'adolescent lorsque celui-ci se produisit pour la première fois sur la scène du Palace Cinéma de Loches. 35

Le théâtre lui apporta* l'évidence d'un destin, l'assurance* d'une seconde peau. …

La Croix, 31 janvier 2005, «L'insoutenable fragilité de Jacques Villeret», par Bruno Bouvet

fêlures: *cracks; here, deep wounds*

insouciance: *carefreeness*
affrontaient: *faced*
cet ami qui vous veut du mal: *this friend that means you harm*
inéluctable: *unavoidable*
hémorragie interne: *internal hemorrhage*
à sa mesure: *tailor-made*
nocif: *dangereux*
Dans la cour de récréation: *At recess*
lui avait légué: *lui avait donné*
proviseur: *principal*
Éclaireurs de France: *un groupe de scouts*
ne tarda pas à repérer: *was not long in noticing*
apporta: *a apporté*
assurance: *strength*

Compréhension

1. Dans les deux premières phrases, quels noms décrivent les différentes personnalités de Jacques Villeret?
   a. sa personnalité apparente (l'impression qu'il donnait)
   b. sa vraie personnalité

2. Comment est-ce que Villeret faisait face aux difficultés de l'existence?

3. De quoi est-il mort?

4. De quel milieu venait-il?

5. Qui a découvert ses talents de comédien? Dans quelles circonstances?

6. Quelle importance a eu le théâtre dans sa vie?

Questions de langue

1. Analysez cette phrase du premier paragraphe: "Les illusions apaisantes de « cet ami qui vous veut du mal », comme il l'appelait, l'ont progressivement détruit…" À qui ou à quoi les mots suivants font-ils référence?
   a. l'expression "Cet ami qui vous veut du mal"
   b. le pronom **l'** ("comme il l'appelait")
   c. le pronom **l'** ("l'ont progressivement détruit")

2. Que signifient les parties de phrases suivantes? Suggérez une façon plus simple de dire la même chose.
   a. "qui lui rendait douloureuse la répétition des jours" (lignes 6–7)
   b. "il livra combat aux démons de l'alcool" (lignes 8–9)
   c. "jusqu'à rendre inéluctable cette hémorragie interne qui l'a emporté" (lignes 12–13) (Utilisez **jusqu'à ce que** dans votre réponse.)

3. Notez quelques verbes à l'imparfait et au passé composé, un verbe au plus-que-parfait, et un infinitif passé. Comment expliquez-vous le grand nombre de verbes à l'imparfait?
   a. verbes à l'imparfait
   b. verbes au passé composé
   c. verbe au plus-que-parfait
   d. verbes à l'infinitif passé

4. Donnez un synonyme pour chaque mot suivant tiré du texte.
   a. emporté (ligne 14)
   b. masquaient (introduction)
   c. baume (ligne 20)
   d. après s'être marié (ligne 25)
   e. l'adhésion (ligne 28)
   f. se produisit (lignes 33–34)

Lire une interview

Interview de Jacques Villeret (1951–2005)

L'interview de Jacques Villeret (1951–2005) que vous allez lire fait partie d'une série d'interviews sur le même modèle réalisées par le magazine français *L'Express*. Ce sont surtout des interviews d'artistes et de politiciens français, mais il y a aussi des célébrités mondiales.

L'Express du 6 novembre 2003

le paumé (fam.): *the lost soul*

il récidive: il recommence

trublion: *agitator*

Ce n'est pas tant: *It's not so much*

bouille (fam.): *face*

disjoncter (fam.): *to lose it*

piquer des colères (fam.): se mettre en colère

En revanche: Au contraire

emmerdements (fam.): problèmes, complications

Il était le con du *Dîner de cons* et le paumé* sublime des *Enfants du marais*. Deux films qui ont été parmi les plus grands succès de ces dernières années. Aujourd'hui, il récidive* avec *Le Furet*, sous la direction du trublion* Jean-Pierre Mocky: une nouvelle réussite, dont il est, cette fois, le producteur. Car ce n'est pas tant* sa bouille* ronde qui explique sa popularité que sa capacité à prendre les risques qu'il faut. Et quand il le faut.

Journaliste: Le principal trait de votre caractère?

Jacques Villeret: Je suis perfectionniste au point d'en devenir obsessionnel. Faire du comique, c'est moyennement amusant: si je n'ai pas ce que je veux, si ça ne tombe pas au millimètre, je peux disjoncter* et piquer des colères* démesurées.

J: Votre principal défaut?

JV: Je manque d'humour. C'est vrai, on me le reproche souvent.

J: La qualité que vous préférez chez un homme?

JV: Qu'il soit attentif aux autres. Qu'il ne juge pas. Je n'aime pas du tout les conseilleurs.

J: Et chez une femme?

JV: La douceur.

J: Le bonheur parfait selon vous?

JV: Ça ne dure qu'un instant. En revanche*, les emmerdements*, eux, durent toujours...

J: La dernière fois que vous avez pleuré?

JV: En écoutant une chanson de Brel.

J: Vos musiciens préférés?

JV: J'aime les choses douces: Chopin, Schubert. Mais aussi les chanteurs: Trenet, Brassens, Brel, Léo Ferré, Gainsbourg. Ou Dutronc.

J: La chanson que vous sifflez sous votre douche? 45

JV: « La Mélancolie », de Ferré.

J: Votre film culte?

JV: *Les Lumières de la ville*, de Chaplin. 50

J: Votre écrivain préféré?

JV: Céline.

J: Le personnage historique que vous admirez le plus?

JV: Georges Mandel, un grand 55 homme politique assassiné, en 1944, par la Milice de Vichy.

J: Vos héros aujourd'hui?

JV: Les grands sportifs et les grands artistes. Tous ceux qui arrivent à se dé- 60 passer et qui, par leurs exploits, procurent du bonheur aux autres.

J: Et que possédez-vous de plus cher?

JV: Le goût toujours intact d'exercer 65 mon métier. J'ai attrapé le virus du théâtre à l'âge de 5 ans. Et, depuis, il ne m'a jamais quitté.

J: Votre fleur préférée?

JV: Toutes celles de mon jardin. 70

J: Que détestez-vous par-dessus tout?

JV: La vulgarité. Les gens qui parlent à 120 décibels au restaurant ou dans un lieu public. Comme s'ils étaient seuls au monde. 75

J: Votre occupation préférée?

JV: La pêche. En eau calme. Je peux rester une journée entière derrière mes cannes à fixer mon bouchon. C'est bon, ça me fait réfléchir, ça me vide de ma 80 mauvaise énergie. Je viens d'ailleurs de découvrir qu'au XIXe siècle, au Japon, la pêche était l'exercice obligé des samouraïs avant une bataille.

J: Et si vous deviez changer une 85 chose dans votre apparence physique?

JV: Je n'ai pas ce problème...

J: Votre plus grand regret?

JV: Ne savoir ni peindre ni jouer de la musique. 90

J: Comment aimeriez-vous mourir?

JV: J'aimerais m'évanouir*.

J: État présent de votre esprit?

JV: La joie de travailler de façon encore assez artisanale. Mon plaisir est 95 dans l'aboutissement* de ce travail. Je crois que rien ne résiste au travail.

J: Votre devise?

JV: Je me suis souvent raccroché à la phrase de Nietzsche: «Tout ce qui ne 100 vous tue pas vous rend plus fort.» C'est très vrai. Même si parfois la lame* passe près.

Les Lumières de la ville: City Lights (1931). Chaplin wrote, directed, and starred in this silent film, which was his last.

Louis Céline (1894–1961), French writer and doctor whose novels deal with war, poverty, and suffering. They express a pessimistic view of life. His anti-semitism and collaboration with the Nazis during World War II tarnished his literary reputation.

m'évanouir: *to faint*
aboutissement: *outcome, result*
lame: *blade, i.e., death*

Le gouvernement de Vichy: The French government in Vichy, in central France, during the German Occupation (1940–1944), often referred to merely as "Vichy." This government collaborated with Germany and put to death those who dissented, as was the case with Mandel.

The nineteenth century German philosopher Nietzche (1844–1900) asserted the authority of the private will in the making of moral decisions, rejecting any religious or traditional models for human behavior.

Compréhension

1. Trois films auxquels Jacques Villeret a participé sont mentionnés. Pour chaque film, dites s'il était acteur, réalisateur ou producteur.
   a. *Le Dîner de cons*
   b. *Les Enfants du marais*
   c. *Le Furet*

2. Qu'est-ce qui explique la réussite de Villeret?

3. Quel aspect de sa personnalité peut paraître paradoxal?

4. Est-ce qu'il vous semble plutôt optimiste ou plutôt pessimiste?

5. Qu'est-ce qui est le plus important pour lui? À quoi compare-t-il sa passion du théâtre?

6. Quel est son passe-temps favori et qu'est-ce qu'il lui apporte?

7. Expliquez la signification de la devise préférée de Jacques Villeret.

Refer to *La forme interrogative* (pages 235-243) for 1., *Les phrases hypothétiques* (pages 307-309) for 2., and *Les pronoms démonstratifs* (pages 284-285), *Les pronoms disjoints* (page 295), and *Les pronoms relatifs* (pages 276-283) for 4.

Questions de langue

1. Les questions du journaliste sont incomplètes. Complétez-les en ajoutant les mots interrogatifs qui manquent.
   a. Votre principal défaut?
   b. La qualité que vous préférez chez un homme?
   c. Vos musiciens préférés?

2. Comment le journaliste pourrait-il compléter les questions suivantes.
   a. Et si vous deviez changer une chose dans votre apparence physique, _____?
   b. _____, comment aimeriez-vous mourir?

3. Maintenant terminez les réponses de Jacques Villeret.
   a. Journaliste: La qualité que vous préférez chez un homme?
      JV: Je _____ qu'il soit attentif aux autres.
   b. Journaliste: Votre plus grand regret?
      JV: Je _____ ne savoir ni peindre ni jouer de la musique.

4. Les pronoms
   a. Cherchez deux pronoms démonstratifs.
   b. Cherchez un pronom disjoint qui met l'accent sur le sujet de la phrase (comme **moi, je**).
   c. Cherchez quatre pronoms relatifs.

5. Cherchez des phrases contenant l'équivalent français des négations suivantes.
   a. *not . . . at all*
   b. *only*
   c. *never (not . . . ever)*
   d. *neither . . . nor*
   e. *nothing (sujet, comme dans nothing happens)*

Réactions

1. Comment Villeret exerçait-il son métier, d'après l'entretien?

2. Parmi les adjectifs suivants, lesquels s'appliquent au Jacques Villeret que vous avez découvert dans l'article et/ou dans l'interview? Cochez toutes les réponses qui conviennent.

   _____ décontracté *(relaxed)*   _____ paresseux

   _____ grossier   _____ passionné

   _____ insouciant *(carefree)*   _____ persévérant

   _____ optimiste   _____ psensible *(sensitive)*

3. Comparez Jacques Villeret et le personnage qu'il incarne dans *Le Dîner de cons*.

4. Qu'est-ce que vous pouvez conclure sur la vie de Villeret en lisant sa devise préférée?

5. Quelle est votre devise?

AVANT LE PROCHAIN COURS

Cahier: Faites **Préparation à l'écriture.**

INTERACTIONS

Sketch

Choisissez un sujet, préparez la scène, et jouez-la devant la classe.

1. Jouez une scène du film en utilisant votre propre dialogue.

2. Cheval vient d'apprendre que sa femme le trompe. Pignon essaie de le réconforter.

3. On n'assiste pas vraiment au "dîner de cons" dans le film. Jouez ce dîner avec Pignon et le collectionneur de boomerangs comme invités.

4. Un ami vous téléphone pour vous dire qu'il a trouvé un(e) invité(e) parfait(e) pour votre dîner de personnes originales. Posez-lui des questions pour savoir comment il/elle l'a rencontré(e) et pour avoir le maximum d'informations sur la personne en question.

Exposé

Préparez un des sujets suivants à la maison pour le présenter en classe.

1. Si vous connaissez quelqu'un qui a un passe-temps original (ou même bizarre), parlez-en à la classe.

   Répondez aux questions suivantes.
   a. Qui est cette personne? Où l'avez-vous rencontrée?
   b. Quel est son passe-temps?
   c. Comment avez-vous découvert son passe-temps?
   d. Pourquoi trouvez-vous cette personne originale ou bizarre?

2. Faites-vous une collection? Si oui, parlez-en à la classe.

   Répondez aux questions suivantes.
   a. Qu'est-ce que vous collectionnez?
   b. Depuis quand avez-vous cette collection?
   c. Comment est-ce que cette passion a commencé?
   d. Que faites-vous pour développer votre collection?

3. Référez-vous à **http://www.thomsonedu.com/french/sequences** pour faire une recherche sur l'un des monuments ou objets français dont François Pignon a fait une maquette et présentez-le à la classe: le Concorde, le château de Chenonceaux, le pont de Tancarville, la tour Eiffel.

   Répondez aux questions suivantes.
   a. Où trouve-t-on ce monument? (Expliquez ce qu'est le Concorde.)
   b. Quand est-ce qu'on a construit ce monument ou cette chose?
   c. Pourquoi est-ce qu'on l'a construit(e)?
   d. Pourquoi est-il/elle célèbre? Est-il/elle encore visité(e) ou utilisé(e)?

Débat

Préparez-vous à défendre un point de vue sur un des sujets suivants.

1. Vous faites partie d'une commission *(committee)* chargée de l'organisation d'un festival de films français dans votre université. Vous pouvez inclure un des deux films de Francis Véber que vous avez vus ce semestre (*Le Dîner de cons* ou *Le Placard*). Choisissez celui que vous préféreriez montrer. Trouvez

des arguments en sa faveur et soyez prêt(e) à expliquer pourquoi il est plus intéressant que l'autre. (Variation: Incluez un autre film que vous avez vu ce semestre.)

2. D'après un bref article du journal *Le Monde* du 26 janvier 1999, le studio DreamWorks envisageait *(was thinking about)* de faire un remake du film *Le Dîner de cons,* avec Robin Williams dans le rôle du "con" et Kevin Kline ou Steve Martin dans celui de Pierre Brochant. Finalement, le remake ne s'est pas fait (on ne sait pas pourquoi).

Imaginez une discussion entre les personnes du studio qui voulaient faire le remake et celles qui s'y opposaient. Pour trouver des arguments pour, faites une liste des choses qui vous ont plu dans le film et faites des suggestions sur les changements que l'on pourrait faire. Pour trouver des arguments contre, demandez-vous quels aspects du film pourraient ne pas plaire au public américain. Défendez l'un ou l'autre de ces points de vue.

LISTE DE VOCABULAIRE

For extra practice with the vocabulary in this chapter, refer to the web quizzes at http://www.thomsonedu.com/french/sequences.

Adjectifs

condescendant(e) *condescending*
fidèle/infidèle (à) *faithful/unfaithful (to)*
grossier(-ière) *vulgar*

Noms

une allumette *match*
un amant *lover*
un annuaire *phone book*
une blague *joke*
un chagrin d'amour *broken heart*
un collaborateur, une collaboratrice *collaborator*
une collection *collection*
un contrôleur fiscal *tax auditor*
un éditeur, une éditrice *publisher*
une équipe *team*
un(e) invité(e) *guest*
une maîtresse *lover*
une maquette *model*
un match de foot *soccer game*

un médecin *(medical) doctor*
un médicament *medicine*
la mi-temps *half time*
un passe-temps *hobby*
un portable *cell phone*
un producteur, une productrice *producer*
un répondeur *answering machine*
un roman *novel*
un romancier, une romancière *novelist*
une scène de ménage *marital dispute*
un supporter *fan*
un tableau *painting*
un vin ordinaire *table wine*
du vinaigre *vinegar*

un maîtresse male

Verbes

aggraver *to make worse*
annuler *to cancel*
appeler *to call*
avoir le trac *to be nervous, to have stage fright*

avoir pitié (de) *to feel pity (for)*
collectionner *to collect*
composer un numéro *to dial a number*
construire (comme lire) *to build*
décrocher *to pick up the phone*

déranger (comme voyager) *to bother*

empêcher quelqu'un de faire quelque chose *to prevent someone from doing something*

encourager quelqu'un à faire quelque chose *to encourage someone to do something*

enlever (comme acheter) *to remove*

éprouver (de la tristesse, de la compassion, etc.) *to feel (sadness, compassion, etc.), to have an emotion*

fabriquer *to build*

faire pitié *to be pitiful*

faire une bêtise *to do something wrong*

faire une collection (de + nom) *to collect*

inviter quelqu'un à faire quelque chose *to invite someone to do something*

oublier de faire quelque chose *to forget to do something*

plaisanter *to joke*

prendre quelqu'un pour quelqu'un d'autre (irrégulier) *to mistake someone for someone else*

prendre quelqu'un pour un imbécile *to consider someone stupid*

quitter quelqu'un/un endroit *to leave someone/a place*

raccrocher (au nez de quelqu'un) *to hang up (on someone)*

rappeler (comme appeler) *to call back*

remonter le moral à quelqu'un *to cheer someone up*

répéter (comme préférer) *to rehearse; to repeat*

ressentir (de la tristesse, de la compassion, etc.) (comme partir) *to feel (sadness, compassion)*

se faire mal (au dos) *to hurt oneself (one's back)*

se faire passer pour quelqu'un *to pass oneself off as someone*

se moquer (de) *to make fun (of)*

se régaler *to have a good time; to enjoy one's food*

se retourner contre quelqu'un (pour une situation) *to backlash*

se tromper *to make a mistake*

se tromper (de + nom) *to (do/go) the wrong + (noun)*

se tromper d'adresse *to go to the wrong address*

se tromper d'exercice *to do the wrong exercise*

se tromper de jour *to do something the wrong day*

se tromper de numéro de téléphone *to dial the wrong number*

se venger (comme voyager), prendre sa revanche *to take one's revenge*

s'intéresser (à) *to be interested (in)*

soutenir (comme tenir) *to support (someone or something); to withstand, to bear (a situation)*

tromper *to cheat on; to betray*

venger quelqu'un (comme voyager) *to avenge someone*

Prépositions

au lieu de 1 infinitif *instead of + verb + -ing*

au lieu de 1 nom *instead of + noun*

de la part de quelqu'un *for someone else, on behalf of*

Expressions

Ça (ne) me (te, le, la, etc.) regarde (pas). *It's (none of) my (your, his, her, etc.) business.*

En route! *Let's go!*

J'arrive! *I'm coming!*

Je meurs de faim. *I'm starving.*

Qu'est-ce qu'il/elle est + adjectif! *He/She is so . . . ! What a . . . !*

Qu'est-ce qu'il est bête! *What a dummy!*

Qui est à l'appareil? *Who's calling?*

Sans blague! *No kidding!*

Vocabulaire supplémentaire

Noms

un bibelot *knick-nack*
un boomerang *boomerang*
la colle *glue*
une devise *motto*
un haut-parleur *loudspeaker*
une louche *ladle*

Verbes

avoir le fou rire *to have the giggles*
faire boomerang, avoir un effet
  boomerang *to have a boomerang
  effect, to backlash*

Vocabulaire familier

Adjectifs

chiant(e) *boring, a drag*
con(ne) idiot(e), imbécile
épatant(e) fantastique, super

Noms

un boute-en-train *the life of the party*
un(e) con(ne) un(e) idiot(e), un(e)
  imbécile
un(e) crac une personne très intelligente
une garçonnière *bachelor pad*
un pauvre type *poor guy (someone you
  feel sorry for)*
de la piquette du vin de mauvaise qualité, qui pique *(burns)* quand on
  le boit

Verbes et expressions

C'est bien fait pour toi (lui, etc.)! *Serves
  you (him, etc.) right!*
C'est pas une lumière. *He/She's not
  very bright.*
décrocher (un prix, la palme) gagner
draguer *to pursue, to pick up*
envoyer quelqu'un sur les roses *to tell
  someone to buzz off*
J'en peux plus. *I've had it. (I can't take it
  any more.)*
Je peux plus le (la, etc.) voir. *I can't stand
  him (her, etc.) anymore.*
piquer voler *(to steal)*
se faire un tour de reins se faire mal
  au dos
se payer la tête de quelqu'un (comme
  essayer) se moquer de quelqu'un

LES ÉTUDES

Le premier chapitre de *Séquences* contient un extrait du roman *L'Étudiant étranger*, de Philippe Labro (1986), présenté dans le contexte du film *L'Auberge espagnole*. Ce livre raconte le séjour d'un jeune Français dans une petite université de Virginie en 1954. Ce jeune Français est très frappé par la beauté du campus et par les différences avec les universités de son pays.

"L'instruction est la clé qui ouvre la deuxième porte de notre liberté."

1. Quelles ressemblances ou différences remarquez-vous avec les campus que vous connaissez? Qu'est-ce que la photo vous apprend sur les étudiants qui fréquentent cet établissement?

2. Qu'est-ce qui surprendrait un(e) étudiant(e) de l'université sur la photo s'il/si elle venait étudier sur votre campus?

3. Comment l'instruction (c'est-à-dire ce qu'on apprend à l'école ou à l'université) permet-elle de trouver la liberté? Quelle est l'importance de ce qu'on apprend en dehors des cours?

4. Pensez-vous que la citation sous la photo s'applique de la même manière aux enfants de *Rue Cases Nègres*, aux étudiants de *L'Auberge espagnole*, à Malika et Zora dans *Chaos*, et à Camille dans *Indochine*? Est-ce qu'Igor *(La Promesse)* serait plus libre s'il était plus instruit?

LA VIE CULTURELLE

La culture occupe une place très importante dans la vie de certains personnages, comme Clara et ses amis dans *Le Goût des autres* et Kiné dans *Tableau Ferraille*. Rappelez-vous leurs activités en regardant les photos ci-dessous.

Galerie d'art Perreault, Québec

Théâtre Royal de La Monnaie, Bruxelles

"En tout cas, moi, j'aime pas du tout le théâtre."

1. Qu'est-ce que Clara et ses amis dans *Le Goût des autres* aiment faire pendant leur temps libre? Pourquoi est-ce que Monsieur Castella a du mal à s'intégrer dans leur groupe?

2. Quelquefois une pièce, un film, un livre ou un tableau peut avoir une grande influence sur les individus ou la société. Comment est-ce que le goût de Monsieur Castella a évolué? Comment est-ce que son expérience au théâtre a transformé sa vie? Avez-vous été touché(e) de la même manière par une œuvre d'art?

3. Dans les films que vous avez vus, qu'est-ce que les personnages font quand ils ont du temps libre (par exemple dans *Rue Cases Nègres*, *Indochine*, *La Promesse*, ou *Le Dîner de cons*)?

4. Qu'est-ce que vous faites pour vous divertir? Parlez d'une sortie culturelle qui vous a beaucoup plu ou déplu.

5. Quand vous allez au cinéma, préférez-vous les films qui vous font réfléchir ou ceux qui vous divertissent? Classez les films que vous avez vus dans ce cours par ordre de préférence et expliquez votre classement.

LE SPORT

Le foot et le rugby sont deux sports très populaires en Europe et dans le monde entier. Ils sont aussi très appréciés par les personnages des films *Le Placard* et *Le Dîner de cons*.

Allez les Bleus!

1. Êtes-vous étonné(e) de trouver des références au foot et au rugby dans *Le Placard* et *Le Dîner de cons*? Expliquez.

2. D'après vous, pourquoi est-ce que les sports d'équipe sont si importants? En pratiquez-vous un? Si vous êtes supporter d'une équipe, comment manifestez-vous votre soutien?

3. Que pensez-vous de la composition de l'équipe de France de football? D'après vous, pourquoi est-ce que les journalistes ont utilisé l'expression "Black, blanc, beur" pour la décrire quand elle a gagné la Coupe du monde en 1998? Quels sont les rapports entre cette expression et le drapeau français? Qu'est-ce que les Bleus symbolisaient à ce moment-là?

4. Pensez-vous que le sport soit un facteur d'intégration? Dans les compétitions de haut niveau, pensez-vous que le sport unisse ou divise les pays qui participent?

LES STRUCTURES SOCIALES ET FAMILIALES

Différents modèles sociaux et familiaux sont représentés dans les films que vous avez vus ce semestre.

Une famille étendue au Congo

1. Quelles sont les caractéristiques d'une famille étendue? Dans quels films de *Séquences* avez-vous remarqué des familles étendues? Quelles autres structures familiales sont représentées dans les films que vous avez vus dans ce cours (célibataires, couples, familles adoptives, mono-parentales, nucléaires, polygames)?

2. Dans quels films est-ce que la communauté joue un rôle important? Comment diffère son influence sur l'individu d'un film à l'autre?

3. Quels films vous semblent les plus critiques de l'individualisme? Comment sont les rapports dans le couple et entre les générations dans ces films? Qu'est-ce qui pourrait améliorer la société dans ces films?

4. Qu'est-ce qui remplace la famille dans *L'Auberge espagnole* et *Le Goût des autres*? Connaissez-vous d'autres films où le groupe est presque aussi important que le personnage principal?

LES HOMMES ET LES FEMMES

Les choix de vie et les relations entre hommes et femmes sont des thèmes importants dans les films de *Séquences*.

Claudie Haigneré, première astronaute française à se rendre à bord de la Station spatiale internationale en 2001, ministre déléguée aux Affaires européennes depuis 2004

1. Pourquoi est-ce que Tortilla *(Rue Cases Nègres)*, Malika *(Chaos)*, et Kiné et Gagnesiri *(Tableau Ferraille)* ne sont pas totalement libres de choisir leur destin? Est-ce que les difficultés qu'elles rencontrent sont du même type que celles de Xavier *(L'Auberge espagnole)*, José *(Rue Cases Nègres)* ou Igor *(La Promesse)*?

2. Que pensez-vous de la représentation des femmes et des thèmes qui les concernent dans les films de Francis Véber *(Le Placard, Le Dîner de cons)*?

3. Est-ce que les femmes et les relations hommes-femmes sont présentées sous un angle différent par les réalisatrices (dans *Rue Cases Nègres, Le Goût des autres*, et *Chaos*)?

4. Un personnage de *Tableau Ferraille* dit que les habitants de son pays se battent pour sortir du chaos (il parle du chaos provoqué par la colonisation). Comment le mot "chaos" peut-il s'appliquer aux relations entre les hommes et les femmes dans les films que vous avez vus? Que font les personnages pour en sortir? (Pensez aux films *Le Goût des autres, Indochine, Chaos*, et *Tableau Ferraille*.)

LES CLICHÉS ET LES STÉRÉOTYPES

"*Tu es français et tu chéris ton identité française.*"

Les films peuvent renforcer les clichés et les stéréotypes ou, au contraire, offrir de nouvelles perspectives sur les personnes et les lieux représentés.

1. Quelles impressions de la France donnent les photos de ces deux pages? Quelles photos correspondent le plus à votre image mentale de ce pays?

2. Quelles images se présentent à votre esprit quand vous pensez aux endroits suivants: la Belgique, la Martinique, le Sénégal, le Vietnam? Est-ce que la représentation de ces lieux dans *La Promesse, Rue Cases Nègres, Tableau Ferraille* et *Indochine* correspond à l'idée que vous en aviez?

3. Comparez la représentation du paysage dans *Rue Cases Nègres* et *Indochine*. Pourquoi la réalisatrice et le réalisateur de ces films ont-ils choisi de représenter les lieux ainsi?

LES CLICHÉS ET LES STÉRÉOTYPES (SUITE)

4. Quels stéréotypes vous viennent à l'esprit quand vous pensez aux nationalités suivantes: les Allemands, les Anglais, les Espagnols, les Français? Comment ces stéréotypes sont-ils traités dans *L'Auberge espagnole*?

5. Quels autres types de stéréotypes trouve-t-on dans les films de *Séquences* que vous avez vus?

6. Comment est-ce qu'Agnès Jaoui, Coline Serreau et Francis Veber combattent les stéréotypes dans *Le Goût des autres, Chaos, Le Dîner de cons,* et *Le Placard*?

LES DIFFÉRENCES

La nationalité, la sexualité, et la religion créent parfois des difficultés qui peuvent sembler impossibles à surmonter.

Quels conflits sont représentés ici?

1. D'après cette photo, pourquoi les Maghrébins ont-ils eu du mal à s'adapter à la vie française?

2. Comment la photo peut-elle expliquer les conflits qui opposent parfois les jeunes filles issues de l'immigration et leurs parents? Comment ce conflit se manifeste-t-il dans *Chaos*? Que veut faire le père de Malika? Comment Malika réagit-elle?

3. Est-ce que ce type de conflit affecte seulement les immigrants ou s'agit-il aussi d'un conflit de générations? Quels sujets causent des conflits ou des différences d'opinion entre votre génération et celle de vos parents?

4. Quelles sont d'autres causes de conflit et d'exclusion représentées dans les films de *Séquences*?

ARRÊT SUR IMAGES

LES VÊTEMENTS

Les vêtements permettent souvent de connaître les valeurs des personnes qui les portent. Analysez les choix vestimentaires des personnes représentées sur les photos.

Cette jeune fille manifeste pour avoir le droit de porter le foulard à l'école.

Attention! L'habit ne fait pas toujours le moine.

1. Que pouvez-vous dire sur les valeurs des personnes représentées? Quelles normes culturelles acceptent-elles ou refusent-elles?

2. Quelles remarques pouvez-vous faire sur l'habillement des personnages suivants: Carmen (l'ami de José) et la mère de Léopold dans *Rue Cases Nègres;* Camille et Éliane dans *Indochine;* Malika dans *Chaos;* Assita dans *La Promesse;* Kiné et Gagnesiri dans *Tableau Ferraille*? Quels sont les rapports entre ces personnages et la culture dominante?

3. Le port du voile par les femmes musulmanes vivant dans les sociétés occidentales est un sujet controversé. Le voile est souvent perçu comme un symbole d'oppression, mais certain(e)s le considèrent au contraire libérateur. Quels arguments pouvez-vous trouver pour ces deux interprétations?

4. Un proverbe français dit que "l'habit ne fait pas le moine *(monk)*", ce qui veut dire qu'il ne faut pas juger les gens par l'apparence. Expliquez une situation où vous vous êtes trompé(e) sur quelqu'un en vous basant sur les vêtements qu'il/elle portait.

5. Quel est votre style vestimentaire? Qu'est-ce que vos vêtements révèlent sur votre personnalité?

LES VOYAGES

Dans *L'Auberge espagnole*, Xavier fait un séjour linguistique à Barcelone dans l'espoir d'obtenir un bon poste au Ministère de l'économie, des finances et de l'industrie à son retour. Mais les voyages peuvent transformer les gens. En rentrant d'Espagne, Xavier décide de changer d'orientation professionnelle.

ARRÊT SUR IMAGES

Le Ministère de l'économie, des finances et de l'industrie à Paris

L'église de la Sainte Famille à Barcelone

1. Comparez ces deux bâtiments. Que pouvez-vous dire sur la personnalité de ceux qui les ont conçus? Comment sont présentés les personnages qui ont des fonctions importantes au Ministère de l'économie, des finances et de l'industrie (Monsieur Perrin dans *L'Auberge espagnole* et Lucien Cheval dans *Le Dîner de cons*)? À quel bâtiment vous identifiez-vous le plus?

2. Le séjour à l'étranger de Xavier a eu un énorme impact sur sa vie. Comment ces deux bâtiments peuvent-ils raconter la transformation de Xavier dans le film *L'Auberge espagnole*?

3. Comment distinguez-vous un(e) touriste d'une personne qui vit quelque part? Comment décririez-vous la façon dont les personnages de *L'Auberge espagnole* ont vécu à Barcelone?

4. Comment est-ce que le fait de voyager a transformé Camille dans *Indochine*? Dans quel autre film du cours est-ce que la situation géographique est intimement liée au développement d'un personnage?

5. Et vous, avez-vous déjà fait un voyage qui a changé votre perspective?

LES MIGRATIONS

On se déplace pour faire du tourisme et découvrir de nouveaux horizons, mais aussi pour chercher du travail et de meilleures conditions de vie.

"Belgique Beau Pays. Belgium nice country."

1. À quel genre de vie s'attendent ceux qui immigrent en Europe ou en Amérique du Nord? D'où viennent leurs attentes?

2. En général, comment sont les conditions de vie et de travail des immigrés clandestins?

3. Expliquez l'ironie de la citation qui apparaît sous la photo. Décrivez les expériences des personnages qui s'installent dans un nouveau pays dans *Chaos* et *La Promesse* ou qui quittent la campagne pour la ville dans *Rue Cases Nègres* et *Tableau Ferraille*.

4. Dans *L'Auberge espagnole*, Anne-Sophie est frappée par la pauvreté qu'elle découvre dans certains quartiers de Barcelone. Et vous, avez-vous parfois remarqué un contraste marqué entre la richesse et la pauvreté aux États-Unis ou à l'étranger? Décrivez cette expérience.

L'HISTOIRE

Quel contraste remarquez-vous?

Plusieurs films de *Séquences* évoquent des circonstances historiques précises et leur impact sur la vie des personnages.

1. Quel contraste remarquez-vous entre le bâtiment et ce qui l'entoure?

2. La question de l'identité est un thème important dans les films du cours qui traitent de la colonisation et de ses conséquences, en particulier dans *Rue Cases Nègres, Indochine,* et *Tableau Ferraille.* Quel est le contexte historique pour chacun de ces films? Comment se pose la question de l'identité dans ces films?

3. José *(Rue Cases Nègres)* et Camille *(Indochine)* ont probablement appris l'histoire dans des manuels français. Imaginez ce qu'ils ont pu ressentir quand ils ont appris que leurs ancêtres étaient des Gaulois (un peuple celtique qui vivait en Europe occidentale pendant l'Antiquité, avant la conquête romaine).

4. En août 2006, un pétrolier *(tanker)* a déversé des déchets toxiques à Abidjan, en Côte d'Ivoire, causant une dizaine de morts et de nombreuses hospitalisations. Comment cet événement vous rappelle-t-il *Tableau Ferraille*? Quel rapport peut-on faire entre cet événement et la colonisation?

ARRÊT SUR IMAGES

LES LIEUX DE MÉMOIRE

Certains objets et lieux réels ou imaginaires occupent une place importante dans notre mémoire collective et individuelle. On les appelle des "lieux de mémoire."

Le festival de la Gay Pride sur la place de la Bastille

1. François Pignon, le protagoniste du film *Le Dîner de cons,* aime faire des maquettes d'objets et de monuments célèbres. De quoi a-t-il fait des maquettes? Pourquoi a-t-il choisi ces objets ou monuments?

2. Certains monuments ont une valeur symbolique. Par exemple, la place de la Bastille commémore l'endroit où la Révolution française a commencé, et elle symbolise depuis *(since then)* la lutte contre l'oppression. D'après vous, pourquoi est-ce que le défilé de la Gay Pride passe par la place de la Bastille (dans *Le Placard* et dans la réalité)? Qu'est-ce qui arrive à François Pignon grâce à cet événement?

3. Que représente la Statue de la Liberté pour les Américains et pour ceux et celles qui souhaitent vivre aux États-Unis? Dans *Tableau Ferraille,* on voit une reproduction de la Statue de la Liberté sur le mur du cimetière. Quel rapport y a-t-il entre ce symbole et le contexte politique du film? Et entre ce symbole et l'évolution personnelle de Gagnesiri?

4. Imaginez de quels lieux (spécifiques ou abstraits) les personnages suivants se souviennent : Xavier *(L'Auberge espagnole),* Médouze et José *(Rue Cases Nègres),* Éliane *(Indochine),* Gagnesiri *(Tableau Ferraille).* Expliquez vos choix.

5. Quels sont vos lieux de mémoire?

LA LANGUE

Dans *L'Auberge espagnole,* Isabelle ne comprend pas qu'on veuille maintenir le catalan tout en développant l'Union européenne. Pour elle, la création d'une identité européenne est en contradiction avec la préservation des langues et identités régionales.

Carcassone en français et en catalan.

1. Comment l'Union européenne peut-elle constituer un danger pour les identités nationales ou régionales?

2. Dans quels films est-ce que l'on entend une autre langue en plus du français? Dans quelles circonstances les personnages parlent-ils chaque langue? Comment est-ce que l'utilisation de cette autre langue est liée au thème de l'identité?

3. Même si on parle une seule langue, on la parle différemment en fonction des circonstances et des personnes à qui on s'adresse. Dans quels films avez-vous appris du français familier? Pourquoi trouve-t-on plus de langage populaire dans ces films que dans d'autres films de *Séquences*? Quels personnages emploient beaucoup d'expressions familières?

4. Comparez votre façon de parler avec celle de vos amis et de vos professeurs. Quelle importance peut avoir le langage qu'on choisit d'employer? Comment est-ce que votre langue et votre façon de parler sont liées à vos origines géographiques et aux différentes facettes de votre identité?

IDENTITÉS EN TRANSITION

La littérature et le cinéma dépeignent des personnages dans des moments de crise, confrontés à des situations qui les obligent à réfléchir et à redéfinir leur identité.

Le Penseur *d'Auguste Rodin*

ARRÊT SUR IMAGES

1. À quoi pense l'homme sculpté par Rodin, à votre avis? Comment pouvez-vous relier la sculpture à ces mots de Xavier dans *L'Auberge espagnole*: "J'ai en général jamais su pourquoi j'étais là où j'étais"?

2. Dans quels films de *Séquences* la crise identitaire est-elle liée à des circonstances historiques? Dans lesquels est-elle due à des circonstances personnelles? Quel titre de film exprime le plus l'idée de crise?

3. Qu'est-ce qui permet aux personnages de sortir de la crise et de trouver leur voie? (Un voyage? Une expérience esthétique? L'intervention d'une autre personne? Une situation douloureuse?)

4. Quel événement personnel, artistique ou politique a eu un grand impact sur vous et a changé votre vision de la vie (même momentanément)?

LECTURES ALLÉGORIQUES

Eugène Delacroix, La Liberté guidant le peuple (1830)

Dans les arts visuels et en littérature, les femmes ont parfois un rôle allégorique, c'est-à-dire qu'elles représentent non seulement des personnages, mais aussi des idées. On peut trouver des allégories dans les tableaux ou films qui dépeignent des événements historiques.

1. Regardez le célèbre tableau de Delacroix, *La Liberté guidant le peuple,* qui dépeint la révolution de 1830 contre le régime monarchique en France. Que représente la femme sur le tableau? Comment est-ce que le peintre a renforcé sa position dominante? À votre avis, est-ce que Madame Castella ou Monsieur Castella *(Le Goût des autres)* aimerait ce tableau?

2. Qu'est-ce que Camille et Éliane représentent dans le film *Indochine*? Et Gagnesiri et Kiné dans *Tableau Ferraille*?

3. En 1994, une adaptation du tableau de Delacroix a servi de poster pour un festival de films français organisé dans les universités américaines et subventionné par le gouvernement français. Dans cette adaptation, la femme est sur un globe, et la baïonnette dans sa main gauche est remplacée par une pellicule *(film reel)*. Comment interprétez-vous cette adaptation en sachant que l'affiche a été créée au moment des négociations du GATT (présentées dans le Chapitre préliminaire)? Quel est le rapport entre le cinéma (comme art) et la liberté?

4. Pourquoi est-il important d'encourager tous les pays qui le souhaitent à produire des films? Comment est-ce que les films de *Séquences* ont contribué à votre appréciation du cinéma en général?

Chapitre *9*

VIE PRIVÉE, VIE PUBLIQUE

Tableau Ferraille

TABLEAU FERRAILLE

"The find of the festival...A full-bodied study of ambition and corruption that doesn't seek to simplify matters."
Chicago Tribune

Réalisateur: Moussa Sene Absa, Sénégal (1998); 85 minutes

*S*et in postcolonial Senegal, the film for this chapter tells the story of an idealistic politician who is discredited because of the greed and corruption around him. His political life is enmeshed with his personal life, as he yields to pressure to take a second wife.

The film is in both French and Wolof; the new vocabulary for this chapter focuses on politics and private life; and the reading addresses one of the themes of the film, polygamy.

Les personnages (La distribution: les acteurs/actrices): Daam (Ismaël Lô), Gagnesiri (Ndèye Fatou Ndaw), Kiné (Ndèye Binela Diop), Gora (Amadou Diop), Président (Thierno Ndiaye), Anta (Isseu Niang), Ndiaye Civilisé (Akéla Sagna), Diop Dollar (Daniel Ripert)

LES PRIX DU FILM

FESPACO (1997): Meilleure image; le FESPACO est le Festival Panafricain du Cinéma et de la Télévision de Ouagadougou, qui a lieu tous les deux ans au Burkina Faso.

ENTRÉE EN MATIÈRE

Discussion

1. Dans quelles circonstances est-ce qu'un homme ou une femme politique peut perdre sa réputation? Comment est-ce qu'on peut réagir dans ce genre de situation?

2. Comment est-ce que la mort de quelqu'un peut affecter la vie de ses proches? Donnez des exemples de cette situation dans des films que vous avez vus.

Le contexte du film

Lisez les informations sur le contexte pour mieux comprendre le film.

1. Le Sénégal

Ancienne colonie française qui a obtenu son indépendance en 1960. La capitale est Dakar. L'action du film se passe à Tableau Ferraille, un village situé à l'extérieur de Dakar. Le français est la langue officielle du Sénégal (utilisée dans l'administration et l'enseignement), mais il n'est parlé et compris que par une petite fraction de la population. Les Sénégalais parlent la langue de leur groupe ethnique. Quatre-vingt-dix pour cent de la population parle et comprend le wolof, qui est la langue de l'ethnie la plus importante du pays. Le wolof est donc la langue utilisée dans la communication de tous les jours et dans le monde des affaires. Les émissions de radio sont généralement en wolof, alors que les journaux utilisent le français.

2. Le réalisateur, Moussa Sene Absa

Moussa Sene Absa est né à Dakar en 1958. Il a fait des études de cinéma à Paris. Il a réalisé de nombreux films depuis 1988, dont *Ça twiste à Poponguine* (1993), *Tableau Ferraille* (1996), et *Madame Brouette* (2003).

3. Ismaël Lô, l'interprète de Daam

Ismaël Lô est un chanteur et guitariste bien connu. On l'appelle parfois "le Bob Dylan sénégalais."

4. La polygamie

C'est un régime matrimonial courant en Afrique, qui permet à un homme d'avoir plusieurs femmes. Cette pratique sera documentée dans la section **Lecture** du chapitre.

5. *Chevaliers de la table ronde*

C'est une chanson à boire *(drinking song)* très connue. Daam chante cette chanson quand il est soûl après sa disgrâce.

Moussa Sene Absa, le réalisateur de Tableau Ferraille

Lecture d'un compte-rendu sur le film

Avant de lire le compte-rendu du film qui a paru dans *Le Monde*, faites les activités de la section **Préparation**. Puis lisez le texte et répondez aux questions pour vérifier votre compréhension.

Préparation

La phrase suivante est longue et complexe car elle comprend des pronoms démonstratifs et des propositions relatives. Analysez-la pour mieux la comprendre.

"Ce film ne raconte pas autre chose que l'histoire d'un deuil, celui des aspirations de Daam, natif du village, qui se sera hissé jusqu'aux plus hautes sphères de l'État par son sens de la probité, avant d'être trahi par ceux des siens, devenus affairistes, dont il a favorisé l'ascension." 5

1. Quel mot est-ce que le pronom démonstratif **celui** remplace?

2. Quelle est la proposition principale *(the main clause)*?

3. Qu'est ce qu'on apprend sur Daam?
   a. Cherchez un adjectif qui le décrit.
   b. Trouvez la proposition relative qui le décrit.

4. Qu'est ce qu'on apprend sur les proches de Daam?
   a. Cherchez un adjectif qui les décrit.
   b. Trouvez la proposition relative qui les décrit.

5. Remplacez la proposition relative "dont il a favorisé l'ascension" par une proposition indépendante.

   Il a favorisé l'ascension…

Refer to *La proposition relative* (pages 275–276) and *Les pronoms démonstratifs* (pages 284–285).

TABLEAU FERRAILLE
Film sénégalais de Moussa Sene Absa
par Jacques Mandelbaum

Cinquième long métrage du cinéaste sénégalais Moussa Sene Absa, *Tableau Ferraille* est un réquisitoire* contre le pouvoir corrupteur de l'argent et la prévarication* des élites. Le film s'ouvre sur un montage parallèle entre l'inauguration d'une route dans le village de Tableau Ferraille et une famille quittant les rues en liesse* dans une carriole*. Une femme en descend pour se recueillir devant une tombe et introduit le long retour en arrière qui va mettre en lumière le sens de cette mystérieuse séquence d'ouverture. Ce film ne raconte pas autre chose que l'histoire d'un deuil*, celui des aspirations de Daam, natif du village, qui se sera hissé* jusqu'aux plus hautes sphères de l'État par son sens de la probité*, avant d'être trahi par ceux des siens, devenus affairistes, dont il a favorisé l'ascension. Scandée par des scènes chantées et dansées, cette œuvre parvient* à dépasser les limites illustratives d'un genre, la parabole sociale, abondamment fréquentée par* le cinéma africain.

Le Monde,
9 avril 1998

réquisitoire: *indictment*
prévarication: *failure to fulfill one's duties*
en liesse: *rejoicing*
carriole: *cart*
deuil: *mourning*
qui se sera hissé: *who will have risen*
probité: *honesty, integrity*
ceux des siens: *those close to him*
affairistes: *deal makers*
parvient: *succeeds*
abondamment fréquentée par: *a common theme of*

Compréhension

Dites si les affirmations sont vraies ou fausses.

1. Le film est une critique de la corruption des personnes qui gouvernent.
2. Les premières images du film font alterner un événement public et une scène privée.
3. On voit une personne dans un cimetière.
4. La structure du film est linéaire et chronologique.
5. Daam est né à Tableau Ferraille.
6. Daam était un politicien respecté.
7. Le cinéma africain s'intéresse aux questions de société.
8. Ce film obéit totalement aux conventions du genre de la parabole sociale.

Réactions

1. Imaginez qui quitte le village de Tableau Ferraille et pourquoi.
2. Imaginez qui est la femme au cimetière et dites sur quelle tombe *(tomb)* elle médite, à votre avis.
3. Par quel personnage du film l'histoire est-elle racontée?

Questions de langue

1. Quels noms est-ce que les pronoms suivants remplacent?
   a. en (ligne 10)
   b. qui (ligne 12)
   c. qui (ligne 18)
2. Quels pronoms utiliserait-on en anglais pour b. et c. Expliquez la différence entre le français et l'anglais dans ce cas.

Visionnement d'une séquence
(sans son ni sous-titres)

Du début du film à la fin de la conversation des hommes dans un bureau (9 minutes).

Rappel
1. Le film est organisé autour d'un retour en arrière.
2. Le wolof est la langue de communication principale au Sénégal, et le français est la langue de l'administration.

Suggestions
1. Notez l'endroit où le retour en arrière commence dans cet extrait.
2. Faites attention au contexte pour déterminer si les personnages vont parler en français ou en wolof.

You will hear very few dialogues in the opening sequence, and there is more Wolof than French. Pay attention to the setting and try to notice when French is spoken.

Après le visionnement, trouvez la bonne réponse.

1. Qu'est-ce qu'on ne voit pas dans cette séquence?
   a. une plage polluée
   b. des yachts
   c. la Statue de la Liberté

2. Pourquoi est-ce qu'il y a beaucoup de gens dans les rues?
   a. Ils assistent à une célébration religieuse.
   b. Ils sont en grève *(on strike)*.
   c. Ils célèbrent un changement politique.

3. Les hommes dans le bureau _____.
   a. sont des personnages que nous n'avons pas encore *(not yet)* vus
   b. préparent une élection
   c. sont tous très optimistes

4. Il y a un retour en arrière _____.
   a. quand la femme en orange est dans le cimetière
   b. quand la foule quitte le couple
   c. quand l'enfant joue avec un camion au bord de la mer

5. Pourquoi est-ce que le couple s'en va? Choisissez la réponse la plus probable.
   a. C'est par choix; ils veulent déménager.
   b. L'homme a perdu les élections.
   c. Ils sont discrédités car la femme a eu une aventure.

6. D'après vous, les hommes en bleu qui chantent _____.
   a. sont chargés d'éloigner le couple du village
   b. sont au village pour présenter un spectacle *(show)*
   c. font des commentaires sur ce qui se passe

Deuxième visionnement de la séquence
(avec son, sans sous-titres)

Compréhension

Lisez les questions ci-dessous, puis visionnez la scène une seconde fois en faisant bien attention à la bande-son. Répondez ensuite aux questions.

1. Qui parle français? Choisissez toutes les réponses qui conviennent.
   a. les personnes qui sont sur la carriole *(cart)*
   b. les hommes dans le bureau
   c. les hommes qui accompagnent l'homme en violet

2. L'homme qui entre dans le bureau est _____.
   a. député
   b. ministre
   c. sénateur

3. De quel problème est-ce qu'il parle?
   a. Depuis 30 ans, le pays ne sait pas où il va.
   b. Son parti risque de perdre les élections.
   c. Les États-Unis ont trop d'influence.

4. Que dit l'homme au costume jaune dans le bureau?
   a. Il pense gagner les élections à Tableau Ferraille.
   b. Il ne pense pas que l'Afrique puisse sortir du chaos.
   c. Il veut négocier avec les compagnies pétrolières.

Réactions

1. Quels thèmes sont introduits dans les images et dialogues du début du film?

2. Imaginez à quoi pense la femme au cimetière.

Préparation au visionnement du film

En regardant le film, faites attention aux aspects suivants et prenez des notes sur vos observations.

1. Quels éléments vous permettent de distinguer entre le passé et le présent? Qu'est-ce qui se passe au présent? En combien de séquences est-ce que le passé est présenté?

2. Comment est-ce que Daam fait sa demande en mariage? Comment est-ce que Daam et Gagnesiri passent leur première nuit ensemble (leur nuit de noces)?

3. Quelle est la réaction de Gagnesiri quand Daam décide de prendre une seconde femme?

4. Notez comment est organisée la vie de la famille polygame.

AVANT LE PROCHAIN COURS

1. *Cahier:* Faites A, B, C, **Les mots pour le dire.**

2. *Tableau Ferraille:* Visionnez le film.

3. *Cahier:* Faites D, **Les mots pour le dire.**

LES MOTS POUR LE DIRE

Définitions

Le nom juste

Quels noms de la **Liste de vocabulaire** (page 221) correspondent aux descriptions suivantes?

1. une association qui défend les droits des travailleurs

2. ce qu'on perd quand on a la maladie d'Alzheimer

3. quelque chose qu'on achète pour se souvenir d'un voyage

4. celui ou celle qui est responsable d'un musée

5. ce dont il faut se débarrasser *(to get rid of)* pour éviter la pollution

6. l'endroit où on enterre les morts

7. la période de tristesse et de réflexion qui suit la mort d'une personne chère

8. la cérémonie qui a lieu après la mort de quelqu'un

9. ce qui cause parfois la chute d'un politicien

10. les neuf mois pendant lesquels une femme attend un enfant

Le verbe juste

Que font les personnes suivantes? Utilisez des verbes de la **Liste de vocabulaire** (page 221) dans vos phrases.

> *Exemple:* ce que fait parfois une personne qui n'est pas loyale
>
> *Elle trahit.*

1. ce qui se passe parfois quand une femme sans ressources a besoin d'argent
2. ce que fait un candidat avant une élection
3. ce qui arrive à quelqu'un qui tombe amoureux instantanément
4. ce que fait souvent un politicien impliqué dans un scandale
5. ce que font les patrons en période de difficultés économiques

Définitions

Inventez des définitions pour trois autres mots de la **Liste de vocabulaire.**

Structures

Tableau Ferraille est structuré par des retours en arrière pendant lesquels Gagnesiri se souvient de sa vie passée. Référez-vous à **Expressions du souvenir** dans la **Liste de vocabulaire** (page 221) pour faire les exercises suivants.

Les souvenirs des personnages

Complétez les phrases suivantes en utilisant le nom ou la structure qui convient.

1. Daam _____ du jour où il a rencontré Gagnesiri. Il _____ avoir eu le coup de foudre pour elle.
2. Gagnesiri a des _____ positifs du début de son mariage.
3. Daam _____ lui et ses amis avaient beaucoup d'ambitions pour leur pays.
4. Quand Gagnesiri pense à la vie d'Anta, cela lui _____ la sienne *(hers).*
5. Daam boit beaucoup, alors sa _____ est affectée. Il _____ mal des événements qui ont causé sa chute.
6. Pendant la grossesse de Kiné, Gagnesiri devait lui _____ de bien se nourrir.
7. Au cimetière, Gagnesiri _____ de nombreux moments de son passé.

Vos souvenirs

Pensez à une période de votre enfance ou de votre adolescence et dites à un(e) partenaire ce dont vous vous souvenez. Commencez vos phrases de la façon suggérée et ajoutez des détails. Consultez les phrases modèles dans la section **Expressions du souvenir** de la **Liste de vocabulaire**.

Review *Le passé composé et l'imparfait* (pages 253–255).

Exemple: Je me souviens de…

> *Je me souviens de ma prof de français du lycée. C'était une prof sympa/une peau de vache (a mean, harsh teacher), etc.*

1. Je me souviens de…
2. Je me rappelle…
3. Je me souviens de…/Je me rappelle + infinitif passé…
4. Je me souviens…/Je me rappelle que + proposition…
5. Ma mère (Mon père, Mes profs) me rappelai(en)t toujours de + infinitif…

Le Sénégal

- Population: 9,8 millions d'habitants en 2001; 25% de la population est concentrée dans la région de Dakar; 58% de la population a moins de 20 ans.
- Ethnies: Le Sénégal compte une vingtaine d'ethnies dont les principales sont les Wolofs (43%), les Peuls ou Pulaars (24%), et les Sérères (15%).
- Religion: 94% des Sénégalais sont musulmans, 5% chrétiens, 1% de religion traditionnelle.
- Système politique: République, depuis 1960.

Source: République du Sénégal, Site officiel du gouvernement **http://www.gouv.sn/senegal**

TRACK 44

À l'écoute: Le Sénégal

Le texte que vous allez entendre explique la situation linguistique au Sénégal dans son contexte historique. Lisez les questions, puis écoutez le passage et vérifiez si vous avez compris en répondant aux questions.

1. Le Sénégal est devenu une colonie française en _____.
   a. 1500
   b. 1895
   c. 1960

2. Quel pourcentage de la population sénégalaise parle le français?
   a. moins de 20%
   b. 40%
   c. 90%

3. Le premier président du Sénégal s'appelait _____.
   a. Léopold Sédar Senghor
   b. Abdou Diouf
   c. Abdoulaye Wade

4. Le premier président du Sénégal était _____.
   a. un homme d'affaires
   b. un intellectuel
   c. un médecin

5. Il a été président _____.
   a. de 1960 à 1970
   b. de 1960 à 1980
   c. de 1970 à 1980

6. Il a encouragé _____.
   a. l'élimination du français à l'école
   b. l'utilisation de l'arabe
   c. le développement des langues nationales

7. Combien de langues nationales figurent dans la constitution du Sénégal?
   a. six
   b. huit
   c. dix

8. Quand est-ce que l'enseignement du wolof dans les écoles élémentaires a commencé?
   a. dans les années 40
   b. dans les années 70
   c. dans les années 90

AVANT LE PROCHAIN COURS

1. **Manuel:** Révisez *Les pronoms personnels; y* et *en* (pages 287–300).

2. **Cahier:** Faites **Préparation à la discussion.**

DISCUSSION

Chronologie

Rétablissez la chronologie des scènes du film en les numérotant de 1 à 12. Puis lisez les phrases à haute voix en classe pour vérifier.

_____ Daam se dispute avec Président devant la conserverie. ·

_____ Dam est élu député de Tableau Ferraille. ·

_____ Gagnesiri se souvient de son amie Anta. ·

_____ Daam prend une deuxième femme. ·

_____ Daam est accusé de corruption et il est discrédité. ·

_____ Daam est nommé Ministre de l'économie et du développement et s'installe à · Dakar.

_____ Gagnesiri et Daam quittent le village et s'arrêtent au cimetière. ·

_____ Daam ne soutient pas le projet de pont de Président, mais Président obtient · le contrat.

_____ Daam fait campagne dans le village où vit Gagnesiri. ·

_____ Gagnesiri sort du cimetière et part. ·

_____ Kiné devient conservatrice de musée. ·

_____ Gagnesiri va chercher Daam qui est ivre dans un bar. ·

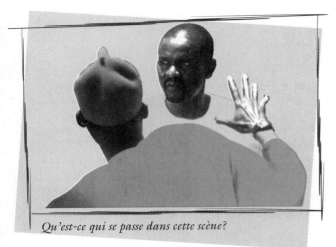

Qu'est-ce qui se passe dans cette scène?

Réactions

1. Décrivez la structure narrative du film et comment on passe du présent au passé.

2. Quel genre de politicien est Daam au début du film? À quoi croit-il?

3. Dans quelles circonstances est-ce que Daam a rencontré Gagnesiri? Comment avez-vous trouvé sa proposition de mariage?

4. Décrivez les rapports entre Daam et Président, le gérant de la conserverie.

5. Qui était Anta? Qu'est-ce qui lui est arrivé? Qu'est ce qui est arrivé à sa fille, Ndoumbé?

6. Pourquoi Daam a-t-il décidé de prendre une seconde femme? Comment l'a-t-il annoncé à Gagnesiri? Décrivez la réaction de celle-ci.

7. Comment s'est organisée la vie de la nouvelle famille?

8. Comment les hommes de Tableau Ferraille ont-ils réussi à obtenir le contrat pour la construction du pont?

9. Qu'est-ce qui a causé la chute politique de Daam?

10. Comment Daam et ses femmes ont-ils réagi au moment du scandale?

11. Pourquoi Gagnesiri s'est-elle arrêtée au cimetière en quittant le village? Quelle est l'importance de cette scène?

12. Donnez votre opinion sur le film. L'avez-vous aimé? Y a-t-il des choses que vous n'avez pas comprises? Y a-t-il des choses qui vous ont surpris(e) ou même choqué(e)? Avez-vous eu des difficultés à comprendre le français?

TRACK 47

À l'écoute: *Tableau Ferraille*

Jacqueline et Michel sortent du cinéma où ils viennent de voir *Tableau Ferraille* et ils donnent leurs impressions. Écoutez ce qu'ils disent et vérifiez si vous avez compris en complétant les phrases qui suivent.

1. Jacqueline a eu des difficultés à comprendre le film à cause _____.
   a. des thèmes
   b. de la structure
   c. de la langue

2. Elle a remarqué les transitions entre passé et présent grâce _____.
   a. à la bande-son
   b. aux couleurs
   c. aux dialogues

3. Michel a trouvé surprenant _____.
   a. que Daam tombe amoureux si vite
   b. que Daam fasse campagne dans un petit village
   c. que Daam veuille se marier avec Gagnesiri

4. Jacqueline a été troublée par l'attitude négative envers les femmes _____.
   a. vierges
   b. mères
   c. stériles

5. Pour Jacqueline, le film est _____ des femmes modernes que des femmes traditionnelles.
   a. moins critique
   b. aussi critique
   c. plus critique

6. La modernité est synonyme d(e) _____.
   a. amélioration
   b. corruption
   c. américanisation

7. Michel est surpris _____.
   a. que Kiné n'ait pas résisté aux pressions
   b. que Daam n'ait pas fait son devoir
   c. que Daam n'ait pas clamé son innocence

8. Jacqueline pense que Daam est devenu _____.
   a. corrompu
   b. cynique
   c. alcoolique

AVANT LE PROCHAIN COURS

1. **Manuel:** Révisez *La formation du conditionnel présent* (page 304), *L'emploi du conditionnel présent* (page 305), *Les pronoms relatifs* (pages 276–283), et *Les pronoms démonstratifs* (pages 284–285).

2. **Cahier:** Préparez **Pour aller plus loin.**

POUR ALLER PLUS LOIN

Qui a dit quoi?

Complétez chaque phrase avec les pronoms appropriés (pronoms personnels, **y**, pronoms relatifs). Puis notez quel personnage a dit chaque phrase.

1. _____: "Ah, si seulement on savait pourquoi on se bat aujourd'hui."

   _____: "Mais pour sortir du chaos."

   _____: "Sortir du chaos? Est-ce encore possible?"

   _____: "On va y arriver."

2. Daam _____: "Je veux t'épouser … Comment tu t'appelles?"

3. President _____ "Toi, tu fais de la politique. Moi, je fais des affaires."

4. President _____: "Ne te laisse pas bouffer (= manger) par cette femme qui ne te donne pas d'enfant."

This chapter presents **Expressions du souvenir** (page 221) in the context of Gagnesiri's past and recycles object pronouns and relative pronouns in the context of the characters' personal lives and the political context of Senegal in *Tableau Ferraille* so that, with the help of the **Liste de vocabulaire** (pages 221–223), you can discuss politics and polygamy. If you need to review any grammar points from *Séquences*, refer to **Grammaire**, beginning on page 225. Review the corresponding **Application immédiate** exercises in the textbook and then review the corresponding workbook sections (**Préparation à la discussion** and **Pour aller plus loin**).

Refer to *Les pronoms relatifs* (pages 276–283) and *Les pronoms personnels;* **y** et **en** (pages 287–300). Consult *La position des pronoms à l'impératif* (page 299) for #5.

5. _____: "Quoi, un député qui n'arrive pas à se faire entendre?"

   Daam : "Écoute-*moi* bien Gagnesiri. Tu commences à *ne* casser les oreilles (*to get on my nerves; literally, to break my ears*) avec les enfants des autres pour *qui* tu t'inquiètes. *Moi*, je m'inquiète pour les enfants *que* tu [ne] *m'* as pas donnés."

6. _____: "Kiné, *elle* doit être féconde comme une brebis." *(eux)*

7. _____: "Voici Kiné. Je veux ~~la~~ épouser." *nous*

   _____: "Pour moi c'est oui. À condition qu'elle ___ *nous* rende heureux."

   _____: "Je *te* promets." *go brzkuch*

8. _____: "C'est un client américain *qui* me *l'a* a rapporté spécialement des États-Unis."

9. _____: "Sincèrement je ne reconnais pas la superbe femme émancipée *que* tu étais."

10. _____: "Je suis pas une poule pondeuse. Je veux travailler ~~y~~ *moi* aussi."

Qui sont-elles? Comment sont leurs vies?

Réactions

Répondez aux questions sur la condition de la femme.

1. D'après les citations ci-dessus, quel est le rôle des femmes dans la société sénégalaise?

2. Comment est-ce que les scènes suivantes du film confirment ce rôle de la femme?
   a. la nuit de noces (Comment la nuit de noces de Gagnesiri et Daam diffère-t-elle d'une nuit de noces typique dans votre culture?)
   b. les scènes où le Conseil des femmes apparaît, au moment du mariage et après la disgrâce de Daam (Qu'est-ce qui explique son changement d'attitude envers Gagnesiri?)

3. Comparez les valeurs que Gagnesiri et Kiné représentent.

L'économie et la politique

La vie économique

1. En quoi consistait la vie économique de Tableau Ferraille?

2. Quel était l'impact de l'activité économique sur l'environnement?

3. Comment étaient les relations entre les travailleurs et les dirigeants de la conserverie? Qu'est ce qui est arrivé à Ndoumbé, la fille d'Anta?

4. Quelles références aux États-Unis avez-vous remarquées? À quel personnage sont-elles associées? Qu'est-ce que le réalisateur suggère par ces références?

La vie politique

À quels mots du domaine politique de la **Liste de vocabulaire** ou de votre **Dictionnaire personnel** les pronoms en caractères gras font-ils référence?

> *Exemple:* On **le** contacte parfois quand on veut attirer l'attention sur un problème.
>
> **le** = le/son député

1. Ceux et celles qui s'intéressent à la politique **en** sont souvent membres.

2. On s'**y** présente quand on a des ambitions politiques.

3. On fait souvent pression sur **eux.**

4. Un candidat **en** a beaucoup et il doit obtenir plus de voix qu'**eux.**

5. Les candidats doivent **les** séduire pour obtenir leurs voix.

6. Les conseillers d'un politicien doivent **l'**être pour avoir sa confiance.

7. On **en** offre parfois aux politiciens pour obtenir leur soutien, mais c'est illégal.

8. Un politicien **le** fait après un scandale, car il n'a plus de crédibilité.

9. On **le** fait en novembre aux États-Unis pour élire ses représentants.

La carrière politique de Daam

1. Expliquez les différents stades de la carrière politique de Daam. Pour chaque lieu, dites en quoi consistait son travail, quelles idées il défendait et à quels problèmes il était confronté.
   a. à Tableau Ferraille
   b. à Dakar

2. D'après vous, pourquoi est-ce que Daam n'a pas essayé de clamer son innocence et de défendre sa réputation?

À l'écrit: Les mémoires de Daam

Une vingtaine d'années après sa disgrâce, Daam a décidé d'écrire ses mémoires. Imaginez comment il parle de sa carrière politique et du scandale qui y a mis fin. Basez-vous sur vos réponses à **La carrière politique de Daam** pour écrire un paragraphe de cinq phrases au passé, en faisant attention à votre choix de temps verbal. Utilisez des pronoms pour relier vos phrases et éviter les répétitions.

AVANT LE PROCHAIN COURS

Cahier: Faites **Préparation à la lecture.**

LECTURE

Vous avez rencontré un exemple de polygamie dans le film *Tableau Ferraille.* Les extraits que vous allez lire vont vous permettre de mieux comprendre cette pratique, qui est courante en Afrique et dans d'autres pays.

Discussion

1. Quels hommes de Tableau Ferraille ont décidé de prendre une deuxième femme? Pourquoi? Comment les premières femmes ont-elles réagi?

2. D'après vous, pourquoi la polygamie s'est-elle développée puis maintenue dans certaines sociétés?

Polygamie d'hier à aujourd'hui

Ce passage met la polygamie dans son contexte historique et distingue deux formes de polygamie qui se pratiquent en Afrique.

indice: *sign, index*
foyers: *households*
demeure: *remains*
dispose encore d': *still has*
eut: *had* **(passé simple of avoir)**
a pris le train en marche: *jumped on the bandwagon*
à l'aune de: *according to*
être logées à la même enseigne: *be treated the same way*

« Polygamie d'hier à aujourd'hui » from *Francophonies du sud* #6, a supplement to *Le Français dans le monde* #330, novembre 2003

Un indice* de réussite sociale

En Afrique, mariage a longtemps rimé avec polygamie. À une époque pas encore si lointaine, 80% des foyers* étaient polygames. 5 Aujourd'hui, les statistiques offrent un meilleur visage: 30% de polygames, dont 80% de bigames, c'est-à-dire des hommes mariés à deux épouses. 10

Mais l'Afrique a-t-elle inventé la polygamie? Une certitude: si ce continent demeure* le lieu par excellence où ce phénomène dispose encore d'*une certaine acceptation morale, il est très loin 15 d'en avoir été le précurseur. Les Saintes Écritures, à travers l'Ancien Testament, rappelaient déjà que Salomon eut* 700 femmes, dont 300 épouses et 400 domestiques! 20

L'Afrique a donc forcément pris le train en marche*, mais y a trouvé pendant plus longtemps que les autres une source d'équilibre et d'harmonie de sa société.

Deux grandes formes de polygamie 25 se pratiquent en Afrique. Une polygamie héritée des traditions, et une autre héritée principalement de la religion musulmane. La polygamie héritée des traditions est sans limite. En clair, 30 l'homme peut prendre autant de femmes qu'il le souhaite, à l'aune de* sa capacité à leur donner des terres à cultiver. La polygamie musulmane a quant à elle des règles strictes: l'homme ne doit pas 35 prendre plus de quatre femmes, et doit les traiter toutes de manière égale. En clair, elles doivent être logées à la même enseigne*, recevoir toutes les mêmes cadeaux, et garder leur mari à temps 40 presque égal dans leur lit!

Compréhension

1. Quel pourcentage de foyers africains est polygame? Et bigame?

2. Où trouve-t-on les premiers exemples de polygamie?

3. Comment l'Afrique se distingue-t-elle des autres cultures polygames?

4. Qu'est-ce qui différencie les deux types de polygamie en Afrique?

Réactions

À quel type de polygamie décrite dans l'article ressemble la polygamie pratiquée dans *Tableau Ferraille*? Expliquez.

Questions de langue

1. Réécrivez les phrases suivantes en remplaçant les pronoms en italique par des noms.
   a. "… *il* est très loin d'*en* avoir été le précurseur."
   b. "L'Afrique … *y* a trouvé … une source d'équilibre et d'harmonie de sa société."
   c. "… sa capacité à *leur* donner des terres à cultiver."
   d. "l'homme … doit *les* traiter toutes de manière égale."

2. Réécrivez les phrases suivantes en faisant les changements suggérés.
   a. "… l'homme peut prendre autant de femmes qu'il le souhaite …" (Utilisez le verbe **se marier** et le mot **fois** [*time(s)*].)
   b. "… elles doivent … recevoir toutes les mêmes cadeaux, et garder leur mari à temps presque égal dans leur lit!" (Remplacez **les mêmes cadeaux** par l'équivalent de *as many gifts* et **à temps presque égal** par l'équivalent de *as much time*.)

> Refer to *La comparaison avec le nom* (page 263) to review the use of **autant** in 2.

3. Comment traduit-on les mots suivants?
   a. si (ligne 4)
   b. si (ligne 12)
   c. rappelaient (ligne 18)
   d. en clair (lignes 30 et 37–38)

Ce passage explique pourquoi la polygamie s'est développée en Afrique et quel impact la modernisation a eu sur cette pratique.

> **ne pas s'en tenir à:** *not to limit themselves to*
>
> **leur vécu quotidien:** *their daily lives*
>
> **en fonction de:** *according to*
>
> **disposer:** *to have*

Un mode de vie

… Si les facteurs explicatifs de la polygamie sont d'ordre économique, religieux, social ou politique, la pratique, elle, est d'abord culturelle. Les uns et les autres choisissent de ne pas s'en   5
tenir à* une seule épouse, non pas au terme d'un calcul stratégique, mais simplement parce qu'il s'agit d'un mode de vie présent dans leur vécu quotidien* et dans leur histoire.   10

Il se trouve cependant un certain nombre de commodités qui ont permis à la pratique de prospérer. Cultiver la terre nécessitait une abondante main-d'œuvre et pour beaucoup, la polygamie apportait une solution au problème, et permettait par ailleurs, dans les villages où la   15

répartition des terres se faisait en fonction de* la taille de la famille, de disposer* d'une surface plus grande.   20

Pour d'autres, en plus de l'avantage économique, s'ajoutait la dimension politique. «Mon grand-père était chef dans l'est de la Centrafrique, raconte   25
Donguama. Pour avoir un royaume prospère et stable, il avait impérativement besoin d'avoir plusieurs femmes. D'abord parce qu'avec les enfants, cela donnait plus d'importance à son royaume, mais surtout parce que les dif-   30
férents mariages lui permettaient de s'allier aux groupes ethniques rivaux qui non seulement ne pouvaient plus l'attaquer parce qu'il avait épousé leur fille, mais en plus lui devaient assis-   35
tance en cas de danger et vice versa».

renvoyer à: *to call up*

au même titre que: *like*

ce qui ne veut nullement dire: *which does not mean at all*

Fon: *ethnic group in Benin and southwest Nigeria*

très juste: *tight (financially)*

aurait le dessus sur: *would lead to the disappearance of*

semble déjouer ces pronostics: *seems to prove this prediction false*

Au grand dam des: *This enrages*

préconisent: *advocate*

mettrait de surcroît fin: *would also end*

Tout cela peut sembler bien lointain et renvoyer à* des clichés de l'Afrique pré-coloniale. Et pourtant la polygamie a survécu à la modernité et continue d'être dans de nombreux pays africains une pratique courante, légale, reconnue comme régime matrimonial au même titre que* la monogamie. Au Cameroun, au Mali, au Sénégal, au Togo, la législation prévoit que les conjoints peuvent opter pour le régime matrimonial de leur choix. En Guinée et en Côte d'Ivoire, la polygamie est abolie, ce qui ne veut nullement dire* qu'elle n'existe plus.

Si des chefs comme Mswati III, trente-cinq ans, roi du Swaziland en Afrique australe, ou les Fon* du Nord-Ouest Cameroun peuvent avoir plus d'une demi-douzaine d'épouses, 80% des polygames africains sont... seulement bigames. Très souvent, ce sont les impératifs socio-économiques qui les incitent à s'en tenir à deux épouses. «Si j'avais plus d'argent, j'aurai eu trois ou quatre femmes», reconnaît Étienne Dossou, fonctionnaire béninois. «Parce que je suis le seul fils de ma mère. Mais là, avec deux femmes et sept enfants, ça commence à être très juste*.»

Mettre fin à l'hypocrisie

Alors que beaucoup prédisaient que la modernisation, à travers les contraintes de la vie urbaine et la scolarisation des populations, aurait le dessus sur* la polygamie, le phénomène semble déjouer ces pronostics* et fait de la résistance. Au grand dam des* associations de défense des droits de la femme qui dénoncent une pratique «contraignante et avilissante pour la femme».

Celles-ci considèrent la polygamie comme une pratique «moyenâgeuse, traumatisante pour les femmes et les enfants qui en sont issus pour le seul ego des hommes». Les mariages polygamiques offrent parfois le spectacle de violentes scènes de ménage et de querelles entre les enfants et les différentes femmes du foyer.

Mais ce serait oublier que la polygamie offre aussi une structure familiale plus élargie, qui permet un meilleur encadrement et une école de solidarité pour les enfants. À tel point qu'à Liège en Belgique, des chercheurs réunis dans le cadre de la «Chaire Hoover d'éthique économique et sociale» préconisent* ni plus ni moins «l'autorisation du mariage civil polygame». Leur argumentaire se fonde notamment sur le fait qu'une «démocratie moderne repose en particulier sur l'attachement à la neutralité de l'État vis-à-vis des choix de vie des individus qui la constituent». Autre argument, «la reconnaissance du mariage polygame mettrait de surcroît fin* à une hypocrisie». L'allusion renvoie entre autres à tous les hommes qui vivent avec une femme et une maîtresse quasi-officielle. C'est ce que l'on appelle un «deuxième bureau» en Afrique.

Compréhension

1. Pour quelle raison principale est-ce que certains Africains choisissent d'être polygames?

2. Quels avantages économiques est-ce que la polygamie apportait aux sociétés traditionnelles? Expliquez la signification de la phrase suivante: "… la polygamie … permettait … de disposer d'une surface plus grande."

3. Quels étaient les avantages politiques de la polygamie?

4. À quelle période historique associe-t-on en général la polygamie? A-t-on raison?

5. Quels aspects de la vie moderne semblent s'opposer à la persistance de la polygamie?

6. L'article évoque des aspects négatifs et positifs de la polygamie.

   a. Qui la critique et pourquoi? Notez les adjectifs utilisés pour critiquer la pratique.

   b. Quel aspect positif est évoqué?

   c. Qui suggère d'autoriser la polygamie en Europe? Quels sont leurs arguments?

Réactions

1. Qu'est-ce que vous avez appris sur la polygamie en lisant ce texte?

2. Quels arguments (pour ou contre la polygamie) mentionnés dans la dernière section vous semblent les plus cohérents?

3. Est-ce que certains de ces arguments s'appliquent à la représentation de la polygamie dans *Tableau Ferraille*? Est-ce que le film présente la polygamie de façon négative, positive ou neutre?

Questions de langue

1. Les pronoms

   a. Cherchez trois pronoms relatifs différents dans ce passage.

   b. Expliquez l'utilisation du pronom disjoint dans "… la pratique, **elle,** est d'abord culturelle …" (lignes 3–4). Comment le traduiriez-vous?

   c. Quel nom est-ce que les pronoms suivants remplacent?

   • celles-ci (ligne 77)

   • en (ligne 80)

   • la (ligne 100)

2. En vous basant sur les lignes 44–49, décidez quel article défini (**le** ou **la**) on utilise avec les pays suivants. Puis utilisez ces pays dans une phrase qui commence par **Il vient…** *(He comes from [Cameroon.])*.

   a. Cameroun

   b. Côte d'Ivoire

   c. Guinée

   d. Mali

   e. Sénégal

   f. Togo

3. Le verbe **permettre** (paragraphe 2)

   a. Quelle structure utilise-t-on avec ce verbe? (Analysez les lignes 16–21 pour la trouver.)

   b. Comment est-ce que cette structure vous aide à comprendre les trois dernières lignes du paragraphe?

4. Trouvez l'erreur de grammaire! Il y a une erreur de structure dans la phrase d'Étienne Dossou: "Si j'avais plus d'argent, j'aurai eu trois ou quatre femmes …" Quelle(s) structure(s) aurait-il dû utiliser?

5. Cherchez

   a. le comparatif de trois adjectifs dans les paragraphes 2 et 8

   b. le comparatif d'un nom dans le paragraphe 3

Refer to these points for the following questions:

1. *Les pronoms relatifs* (pages 276–283)

2. *Les articles avec les pays et les états américains* and *Les prépositions avec les villes, les pays, et les états américains* (pages 232–233)

3. **Structures 3** (page 161)

4. *Les phrases hypothétiques* (pages 307–309)

5. *La comparaison avec le nom* (page 263) and *Le comparatif des adjectifs* (page 272)

AVANT LE PROCHAIN COURS

Cahier: Faites **Préparation à l'écriture.**

INTERACTIONS

Sketch

Choisissez un sujet, préparez la scène, et jouez-la devant la classe.

1. Président veut vraiment obtenir le contrat pour la construction du pont. Il fait pression sur Kiné pour arriver à ses fins *(to get what he wants).*

2. Dialogue entre Daam et un de ses amis: Daam explique à un de ses amis ce qui s'est vraiment passé concernant le contrat du pont, et il lui demande conseil. Doit-il se taire? Doit-il révéler la vérité? Son ami l'aide à décider.

3. Gagnesiri ne sait pas très bien ce qu'elle devrait faire ou ce qu'elle veut faire après la disgrâce de Daam. Elle cherche conseil auprès d'une femme traditionnelle.

4. Gagnesiri ne sait pas très bien ce qu'elle devrait faire ou ce qu'elle veut faire après la disgrâce de Daam. Elle cherche conseil auprès d'une femme émancipée.

Exposé

Préparez un des sujets suivants à la maison pour le présenter en classe.

1. Faites une recherche sur l'histoire du Sénégal, en particulier ses relations avec la France, et présentez ce que vous avez découvert.

2. Faites une présentation sur un aspect du Sénégal contemporain (l'économie, la situation politique, les coutumes, la littérature, la chanson, la gastronomie, la langue, etc.).

3. Interrogez un(e) étudiant(e) francophone sur la situation politique et les élections dans son pays. Présentez vos résultats en les comparant à la situation aux États-Unis.

Qui est président? Depuis quand? Combien de partis politiques y-a-t-il? Quels sont leurs programmes?, etc.

Débat

Préparez-vous pour défendre un point de vue sur un des sujets suivants.

1. Est-ce que Daam aurait dû essayer de se défendre contre les accusations de corruption? Avait-il une chance de sauver sa réputation?

2. Faut-il autoriser le mariage civil polygame? Des chercheurs mentionnés dans la dernière partie de la lecture, "Mettre fin à l'hypocrisie", proposent d'autoriser le mariage civil polygame. Organisez un débat sur ce sujet entre ces chercheurs et des représentants d'une association de défense des droits des femmes.

LISTE DE VOCABULAIRE

For extra practice with the vocabulary in this chapter, refer to the web quizzes at http://www.thomsonedu.com/french/sequences.

Expressions du souvenir

Noms

un flashback, un retour en arrière	*flashback*
la mémoire	*memory (the ability to remember)*
J'ai peu/beaucoup de mémoire.	*I have a bad/good memory.*
J'ai une mauvaise/une bonne mémoire.	*I have a bad/good memory.*
les mémoires (f. pl.)	*memoirs*
Il écrit ses mémoires.	*He is writing his memoirs.*
un souvenir	*memory; souvenir*
J'ai peu de souvenirs de mon enfance.	*I have few childhood memories.*
J'ai acheté des souvenirs à Athènes.	*I bought souvenirs in Athens.*

Verbes

TO REMEMBER

The following structures express the idea of remembering the past. Note their differences and study the examples closely.

se souvenir de + groupe nominal (comme *venir*)/ se rappeler + groupe nominal (comme *appeler*)	*to remember something/ someone*
Je me rappelle le discours de ce candidat./Je me souviens du discours de ce candidat.	*I remember this candidate's talk.*
se souvenir de/se rappeler de + infinitif présent	*to remember to do something*
Souviens-toi/Rappelle-toi de passer à la poste.	*Remember to go to the post office.*
se souvenir de/se rappeler + infinitif passé	*to remember doing something*
Tu te souviens d'avoir visité ce monument?/Tu te rappelles avoir visité ce monument?	*Do you remember visiting this monument?*
se souvenir que/se rappeler que + clause	*to remember that*
Vous vous souvenez/rappelxez que nous sortons ce soir?	*Do you remember that we are going out tonight?*

TO REMIND

Rappeler (without the pronoun se) means to *remind.* Pay attention to its different uses.

rappeler quelque chose à quelqu'un	*to remind someone of something*
Ça me rappelle un épisode du film.	*It reminds me of an episode in the film.*
rappeler quelqu'un à quelqu'un	*to remind someone of someone*
Cette femme me rappelle ma mère.	*This woman reminds me of my mother.*
rappeler à quelqu'un de faire quelque chose	*to remind someone to do something*
Rappelle-moi de passer à la banque.	*Remind me of going to the bank.*

Adjectifs

cynique *cynical*
déchu(e) *fallen*
digne *full of dignity*
discrédité(e) *discredited*
enceinte *pregnant*
idéaliste *idealist*
ivre *drunk*

loyal(e) *loyal*
polygame *polygamous*
radioactif(-ive) *radioactive*
résolu(e) *resolute*
soûl(e) *drunk*
stérile *sterile*
vierge *virgin*

Noms

un(e) adversaire *opponent*
un(e) candidat(e) *candidate*
le capitalisme (sauvage) *(unrestrained) capitalism*
un chef d'entreprise *CEO*
un cimetière *cemetery*
un(e) citoyen(ne) *citizen*
un conservateur, une conservatrice (de musée) *curator*
un contrat *contract*
la convoitise *greed*
les déchets industriels (m. pl.) *industrial waste*
un(e) député(e) *deputy, representative*
le deuil *mourning* (être en deuil *to be in mourning*)
la dignité *dignity*
un dossier *proposal, file*
un entrepreneur *entrepreneur*
une entreprise *business*
un fonds de solidarité *solidarity fund*

une foule *crowd*
une galerie d'art *art gallery*
une grève *strike*
un licenciement *lay-off*
la loyauté *loyalty*
la maternité *motherhood*
la nuit de noces *honeymoon*
les obsèques (f. pl.) *burial*
un ouvrier, une ouvrière *blue-collar worker*
un parti *party*
un(e) politicien(ne) *politician*
la polygamie *polygamy*
un pont *bridge*
un pot-de-vin *bribe*
un projet *plan, project*
un scandale *scandal*
une subvention *subsidy*
un syndicat *(labor) union*
une tombe *tomb*
la virginité *virginity*

Verbes

accuser quelqu'un de quelque chose *to accuse someone of something*
améliorer *to improve*
avoir le coup de foudre (pour) *to fall in love at first sight (with)*
compromettre quelqu'un (comme mettre) *to compromise someone*
convoiter *to covet*
démissionner (de) *to resign (from)*
élire (comme *lire*) *to elect*
être candidat(e) (à) *to be a candidate (for)*
faire campagne *to campaign*
faire confiance à *to trust*

faire pression sur quelqu'un *to put pressure on someone*
faire son devoir *to do one's duty*
licencier *to lay off*
quitter quelqu'un/un endroit *to leave someone/a place*
reprocher quelque chose à quelqu'un *to blame someone for something*
reprocher à quelqu'un de faire quelque chose *to blame someone for doing something*
se compromettre *to compromise oneself*
se disputer *to quarrel*

se fâcher *to get angry; to have a falling out*
se fier à *to trust*
se marier *to get married*
se méfier (de) *to mistrust*
se présenter (à une election) *to run (for office)*
se prostituer *to prostitute oneself*

se recueillir (sur la tombe de quelqu'un) (irrégulier) *to meditate*
soutenir (comme *tenir*) *to support*
tirer profit de *to profit from*
tomber amoureux(-euse) (de) *to fall in love (with)*
trahir (comme finir) *to betray*
voter *to vote*

Vocabulaire supplémentaire

Adjectif

taché(e) (de sang) *(blood) stained*

Noms

une carriole *cart*
une charrette *cart*
un chœur *chorus*
une conserverie *cannery*
un drap *sheet*
un garde du corps *bodyguard*
un griot *storyteller and family historian*
une grossesse *pregnancy*
un mandat *term (of office)*
un ministre *minister (politics)*
le népotisme *nepotism*
un tonneau *barrel*

4. être: *to be*

5. faire: *to do*

6. louer: *to rent*

7. partager: *to share*

8. perdre: *to lose*

9. réfléchir: *to think (like **finir**)*

10. remplacer: *to replace*

Les verbes pronominaux

Pronominal verbs, also known as reflexive verbs, have the pronoun **se** in front of the infinitive. They follow the same conjugation patterns as non-pronominal verbs. When the subject pronoun changes, the reflexive pronoun changes as well.

se disputer (to fight, to argue)	
je **me** dispute	nous **nous** disputons
tu **te** disputes	vous **vous** disputez
il/elle/on **se** dispute	ils/elles **se** disputent

Application immédiate 2

Mettez les verbes au présent de l'indicatif.

1. Comment _____ (s'appeler) le réalisateur de ce film?

2. Tu _____ (reconnaître) cet acteur?

3. Qui _____ (interpréter) le rôle principal?

4. On _____ (s'habituer) aux sous-titres.

5. Ce film me _____ (plaire).

6. Nous _____ (appartenir) à un ciné-club.

7. Vous _____ (s'identifier) souvent aux personnages?

8. Tu _____ (se souvenir) du film?

9. Mes amies _____ (se divertir) en voyant des comédies.

10. Nous ne _____ (s'ennuyer) jamais en regardant des dessins animés.

L'emploi du présent de l'indicatif

1. The present tense describes actions that take place on a regular basis.

   Je vais à l'université trois fois par semaine.
   I go to the university three times a week.

2. The present tense also describes actions that are taking place right now.

   Que fais-tu?
   What are you doing?
   Je lis.
   I am reading.

GRAMMAIRE P

Translating the Present Tense

There are three translations in English for most French verbs in the present: *I speak, I do speak, I am speaking. I have been speaking* is also a possible translation of the present tense when *since* or *for* is used.

3. As in English, the present is used to describe future events.

Je pars samedi prochain.
I'm leaving next Saturday.

Note that, unlike English, French uses the future after "when" in cases where the verb of the main clause is in the future.

Je **mangerai** quand le cours **sera** terminé.
I will eat when the class is over. (literally: *when the class will be over,* since it isn't yet over)

4. Aller in the present followed by an infinitive expresses the future (**le futur proche**).

Nous allons voir un film.
We are going to see a film.

5. The present is also used to talk about an action that began in the past and is still going on in the present. This is expressed by **depuis, il y a... que,** or **cela fait... que (ça fait... que).** Note that French uses the present tense in these cases, but English does not.

Depuis can be followed by:

- an expression indicating a duration/span of time. In this case, the translation for **depuis** is *for.*

Je **fais** mes devoirs depuis 20 minutes.
I have been doing my homework for 20 minutes.

or

- an expression indicating a specific date or time. In this case, the translation for depuis is *since.*

J'**étudie** le français depuis 1990/depuis le mois d'août/depuis 2 heures de l'après-midi.
I have been studying French since 1990/since August/since 2:00 PM.

Another way to say that an action has been going on for a period of time is to use **Il y a ... que** or **Cela fait... que (Ça fait...que)** and a verb in the present.

Je **fais** mes devoirs depuis 20 minutes.
Il y a 20 minutes que je **fais** mes devoirs.
Cela fait (Ça fait) 20 minutes que je **fais** mes devoirs.
I have been doing my homework for 20 minutes.

Application immédiate 3

Traduisez.

1. I have been taking film courses for two years.
2. What film is showing at the art-house theater today?
3. They are going to buy the tickets.
4. We have been shooting (the film) since January 1.
5. She makes a film every year.

Chapitre 1

GRAMMAIRE

Pays, états américains, langues, nationalité

Sommaire

La forme interrogative

Sommaire

> This is a self-study module that you will encounter for each chapter. Each grammar section will include formal explanations and self-corrected **Application immédiate** exercises. Cross-references in the workbook will tell you when to study the different sections. Your instructor may also go over the explanations in class.

> For more grammar practice visit the website at **http://www.thomsonedu.com/french/sequences**.

PAYS, ÉTATS AMÉRICAINS, LANGUES, NATIONALITÉ

> Compare with **le Japon** and **l'Australie** (larger islands); and la **Guadeloupe**, la **Martinique**, la **Réunion** (small islands that are not independent).

Here are some guidelines about the gender of countries and American states and the prepositions to use with them. The rules are not always clear-cut, so it is always a good idea to check in a dictionary when you come across the name of a new country.

Les articles avec les pays et les états américains

1. Like other nouns, countries are either masculine (**le Luxembourg**) or feminine (**la France, l'Inde**). Some are plural (**les États-Unis, les Pays-Bas**). The names of countries are capitalized.

   J'ai envie de visiter l'Irlande, la Roumanie et le Ghana.

2. Countries that end in -e are usually feminine; countries that end with a different vowel or a consonant are masculine (**le Pérou, le Canada, le Portugal**).

   Exceptions

   le Mexique, le Cambodge, le Mozambique, le Belize, le Suriname, le Zimbabwe

3. An article precedes the name of most countries in French.

   Le Sénégal est en Afrique de l'Ouest.

4. Some independent countries that are islands do not take an article. Usually this is the case with small islands: **Malte, Chypre, Madagascar, Cuba, Haïti.**

5. American states follow the same general rules as countries.
   - States that end in -**e** are usually feminine: **la Californie, la Floride.**

     Exceptions

     le Delaware, le Maine, le New Hampshire, le Nouveau-Mexique, le Tennessee

   - States that end with a vowel other than e or with a consonant are masculine: **l'Alaska, le Colorado, le Michigan.**
   - Islands are often treated differently. In the case of the United States, Hawaii does not take an article and is sometimes preceded by **l'état d'**: **l'état d'Hawaii.**
   - The states of New York and Washington are called **l'état de New York** and **l'état de Washington** to distinguish them from New York City and Washington, D.C.

l'Alabama (m.)	l'Indiana (m.)	l'état de New York (m.)
l'Alaska (m.)	l'Iowa (m.)	le Nouveau-Mexique
l'Arizona (m.)	le Kansas	l'Ohio (m.)
l'Arkansas (m.)	le Kentucky	l'Oklahoma (m.)
la Californie	la Louisiane	l'Oregon (m.)
la Caroline du Nord	le Maine	la Pennsylvanie
la Caroline du Sud	le Maryland	le Rhode Island, l'état de
le Colorado	le Massachusetts	Rhode Island (m.)
le Connecticut	le Michigan	le Tennessee
le Dakota du Nord	le Minnesota	le Texas
le Dakota du Sud	le Mississippi	l'Utah (m.)
le Delaware	le Missouri	le Vermont
la Floride	le Montana	la Virginie
la Géorgie	le Nebraska	la Virginie-Occidentale
Hawaii	le Nevada	l'état de Washington (m.)
l'Idaho (m.)	le New Hampshire	le Wisconsin
l'Illinois (m.)	le New Jersey	le Wyoming

GRAMMAIRE 1

Les prépositions avec les villes, les pays et les états américains

1. To express the idea of going to/being in a country, state, or city

- **Cities:** Use **à**.
  Ils vont **à** Paris, **à** Tokyo, **à** Londres (exception: **en** Avignon).

- **Countries:** Use **en** for feminine countries.
  J'habite **en** Colombie.

  Use **en** for masculine countries that start with a vowel.
  Ils habitent **en** Iran.

  Use **au** for other masculine countries.
  Nous allons **au** Nicaragua, **au** Chili et **au** Mexique.

  Use **aux** for plural countries.
  Nous habitons **aux** États-Unis.

  Use **à** for island countries that do not take an article.
  Nous allons **à** Malte, **à** Chypre, **à** Madagascar, **à** Cuba (exception:
  en Haïti).

- **States:** Use **en** for feminine states.
  Je vais voyager **en** Louisiane et **en** Virginie.

  Use **en** or **dans l'** for masculine states that start with a vowel.
  Elle fait du ski **en** Alaska. Moi, je vais **dans l'**Utah.

  Use **dans** le or **au** for other masculine states.
  Elle va voyager **dans le** Texas. Elle va aussi **au** Nevada.

  Use **dans l'état de** for New York state and Washington state.
  Use **à** for Hawaii.

2. To express the idea of coming/arriving from a country, state, or city

- **Cities:** Use **de (d')**.
  Elles arrivent **de** New York. Ils viennent **d'**Annecy.

- **Countries:** Use **de (d')** for feminine countries and small islands.
  Je viens **d'**Algérie. Il est **de** Cuba.

  Use **du** for masculine countries.
  Elle vient **du** Congo. Il est **du** Vietnam. Ils sont originaires **du** Bénin.

  Use **des** for plural countries.
  Ils viennent **des** États-Unis/**des** Pays-Bas.

- **States:**
  Use **de (d')** for feminine states and islands.
  Je suis originaire **de** Géorgie/**d'**Hawaii.

  Use **du** or **de l'** for masculine states.
  Elle arrive **du** New Hampshire/**de l'**Alabama.

  Use **de l'état de** for New York state and Washington state.
  Nous venons **de l'état de** New York.

GRAMMAIRE 1

With **parler**, it is possible to omit the article. One can say: **Je parle le japonais** or **Je parle japonais.**

Les langues

Languages are masculine and are not capitalized. An article precedes the name of a language.

> Comprends-tu **le** russe?

Memorize the adjectives of nationality. To create the feminine and plural forms, follow the rules of regular adjectives (pages 267–270).

Les noms et adjectifs de nationalité

The nouns and adjectives that describe nationality usually have the same form. Only nouns are capitalized.

> C'est une **Italienne** *(noun)* de Milan. Daniela est **italienne** *(adjective).*

Application immédiate 1

Voici une liste d'étudiants qui sont partis de chez eux pour faire des études. Dites d'où ils viennent et où ils sont.

	Étudiant(e)	Pays/État d'origine	Ville universitaire	Pays/État où il/elle étudie
Ex.	Farah	Iran	Londres	Royaume-Uni
1	Patrick	Nebraska	Syracuse	New York
2	Rose	Congo	Berlin	Allemagne
3	Marco	Colombie	Lisbonne	Portugal
4	Shoji (homme)	Japon	Bruxelles	Belgique
5	Peter	Californie	Houston	Texas
6	Andrea	Grèce	Rotterdam	Pays-Bas
7	Simida (femme)	Roumanie	Miami	Floride

Exemple: Farah vient/est originaire **d'Iran.** Elle fait des études **à** Londres, **au** Royaume-Uni.

1. Patrick vient _____ Nebraska. Il fait des études _____ Syracuse, _____ New York.

2. Rose

3. Marco

4. Shoji

5. Peter

6. Andrea

7. Simida

This chapter presupposes familiarity with the conjugation and uses of the present tense. Refer to *Le présent de l'indicatif* (pages 225–230) if you need a review.

GRAMMAIRE 1

LA FORME INTERROGATIVE

Les questions auxquelles on peut répondre par oui ou non

There are three ways of asking yes/no questions in French:

Intonation

1. The structure of the question remains the same as that of a declarative sentence, but you need to raise your voice at the end. This way of asking questions is the most frequent in oral speech.

   Tu restes chez toi ce soir? *Are you staying home tonight?*

2. Another type of intonation question is a statement followed by "**n'est-ce pas?**". Use this type of question when you want to confirm the accuracy of what you are saying.

   Elle est allemande, n'est-ce pas? *She is German, isn't she?*

   Nous partons demain, n'est-ce pas? *We are leaving tomorrow, aren't we?*

   Vous avez obtenu votre diplôme, n'est-ce pas? *You graduated, didn't you?*

> The translation of **n'est-ce pas** will vary. It is helpful to translate it as *right* even though this word is less formal than **n'est-ce pas.**

Est-ce que

By adding **est-ce que** in front of a declarative sentence, you turn that sentence into a question. This means that **est-ce que** will always be followed by a subject and a verb. Do not try to translate **est-ce que** (or if you must, translate it as *Is it that…?*) Think of it simply as a question marker.

> Est-ce que becomes **est-ce qu'** in front of a vowel sound:
> **Est-ce qu'elle aime danser?**

   Est-ce que tu vas à la plage ce week-end? *Are you going to the beach this weekend?*

Inversion

Another way of asking yes/no questions is to invert the subject and the verb unit. The verb unit consists of the *conjugated* verb, the object pronouns in front of it, and the **ne** part of the negation (see verb units in bold below).

1. When the subject is a *pronoun*, invert the verb unit and the subject pronoun.

Intonation question	Inversion question
Tu **vas** à la plage ce week-end?	**Vas**-tu à la plage ce week-end?
Elle **s'est** inscrite à l'université?	**S'est**-elle inscrite à l'université?
Vous **me le recommandez**?	**Me le recommandez**-vous?
Vous **n'avez** pas vu ce film?	**N'avez**-vous pas vu ce film?

2. When the subject is a *noun*, ask yes/no questions as follows:

   subject noun + verb unit + corresponding subject pronoun + rest of the question

Paul et Jeanne	viennent-	ils?
subject noun(s)	verb	pronoun that replaces **Paul et Jeanne**

   Are Paul and Jane coming?

> Don't doubt yourself: The apparent repetition of the subject in inversion questions is correct.
>
> Notice the **-t-** that appears between the verb and the pronoun in the first inversion question. This occurs when the verb ends with a vowel:
> **Aime-*t*-il la plage?**

GRAMMAIRE 1

Intonation question	Inversion question
Marc va à la plage ce week-end?	**Marc** va-t-**il** à la plage ce week-end?
Marie s'est inscrite à l'université?	**Marie** s'est-**elle** inscrite à l'université?
Tes amis te le recommandent?	**Tes amis** te le recommandent-**ils**?

Les questions pour demander des informations spécifiques

To request information, start your question with an interrogative adverb, adjective, or pronoun.

Les adverbes interrogatifs

Pourquoi?	*Why?*
Quand?	*When?*
Où?	*Where?*
Comment?	*How?*
Combien + verb	*How much*
Combien est-ce que cette voiture coûte?	
Combien coûte cette voiture?	
Combien de + noun	*How much, How many*
Combien de coca est-ce que tu bois?	*How much coke do you drink?*
Combien de cours suis-tu ce semestre?	*How many classes are you taking?*

1. The interrogative adverb comes at the beginning of questions with **est-ce que** and inversion.

   Quand est-ce que le semestre finit?

   Pourquoi étudies-tu le français?

2. The interrogative adverb is sometimes preceded by a preposition.

   D'où viens-tu? *Where are you coming from? (From where are you coming?)*

   De (D') (preposition) + **où** (interrogative adverb)

   Depuis quand habites-tu ici? *How long have you lived here? (Since when have you lived here?)*

3. Unlike in English, the interrogative adverb cannot be separated from a preposition that precedes it.

   D'où viens-tu? *Where are you coming from?*

   Pour combien de personnes cuisines-tu? ***How many** people are you cooking **for**?*

4. In intonation questions, the adverbs **combien, comment** and **où** appear at the beginning or at the end of the question. **Pourquoi** is usually only used at the beginning, and **quand** at the end.

   Comment est-ce que tu voyages ? → **Comment** tu voyages ?/Tu voyages **comment**?

   Quand est-ce que le semestre finit? → Le semestre finit **quand**?

   When a preposition precedes the adverb, both stay together.

   D'où viens-tu? → **D'où** tu viens?/Tu viens **d'où**?

Questions with **depuis** and **pendant** are presented in more detail on page 241.

Application immédiate 1

Complétez les questions suivantes avec un adverbe interrogatif: **pourquoi, com-ment, où, quand, combien (de).**

1. _____ travaille Monsieur Perrin?

   Au Ministère de l'Économie et des Finances.

2. _____ sont les couloirs du ministère?

   Ils sont longs et froids.

3. _____ personnes est-ce que Xavier voit avant de parler à M. Perrin?

   Il voit deux ou trois personnes.

4. _____ Xavier est-il allé voir M. Perrin?

   Son père le lui a recommandé.

5. _____ est-ce que Xavier a pris la décision d'aller en Espagne?

   Il a pris la décision d'aller en Espagne après sa conversation avec M. Perrin.

L'adjectif interrogatif quel (what + noun, which + noun)

1. **Quel** is an adjective, which means that
   - it is followed by a noun. The noun follows **quel** directly, except when **être** is used.

     Quel sport est-ce que tu préfères? (**quel** + noun + rest of the question)

     Quel est ton sport favori? (**quel** est + noun phrase)

   - it agrees with the noun that it modifies.

Masculin singulier	quel	Quel âge as-tu?
Féminin singulier	quelle	Quelle heure est-il?
Masculin pluriel	quels	Quels sont tes auteurs préférés?
Féminin pluriel	quelles	Quelles chansons aimes-tu?

2. A preposition can precede **quel** + noun.

   À quelle heure est ton cours? *At what time is your class?*

   De quel film parlez-vous? *What film are you talking about?*

   Pour quelle compagnie travaillez-vous? *What company do you work for?*

Le pronom interrogatif lequel (which one)

1. **Lequel** is a pronoun. It is used to avoid the repetition of a noun.

Masculin singulier	lequel	**Quel chanteur** aimes-tu? ... Et toi, **lequel** aimes-tu? *What singer do you like?... And you? Which one do you like?*
Féminin singulier	laquelle	Je préfère **la robe rouge.** ... Et toi, **laquelle** vas-tu acheter? *I prefer the red dress.... How about you? **Which one** will you buy?*
Masculin pluriel	lesquels	**Quels pays** ton fils a-t-il visités? ... **Lesquels** a-t-il préférés? *What countries did your son visit? ... **Which ones** did he prefer?*
Féminin pluriel	lesquelles	**Quelles langues** parlez-vous? ... Et toi, **lesquelles** parles-tu? *What languages do you speak?... **Which ones** do you speak?*

2. A preposition can precede **lequel.**

> **Pour quelle entreprise** est-ce que tu travailles? → **Pour laquelle** est-ce que tu travailles?
>
> *What company do you work for? Which one do you work for?*

3. It is necessary to make contractions when the prepositions **à** and **de** precede **lequel.**

	With the preposition à	With the preposition de
Masculin singulier	auquel (à + lequel) **À quel lycée** vas-tu? → **Auquel** vas-tu? *What high school do you go to? Which one do you go to?*	duquel (de + lequel) **De quel pays** sont-ils → **Duquel** sont-ils? *What country are they from? → Which one are they from?*
Féminin singulier	à laquelle **À quelle université** t'es-tu inscrit? → **À laquelle** t'es-tu inscrit? *What university did you register at? → Which one did you register at?*	de laquelle **De quelle ville** viennent-ils? → **De laquelle** viennent-ils? *What city do they come from? → Which one do they come from?*
Masculin pluriel	auxquels (à + lesquels) **À quels cours** assistez-vous → **Auxquels** assistez-vous? *What classes do you attend? Which ones do you attend?*	desquels (de + lesquels) **De quels livres** parlez-vous? → **Desquels** parlez-vous? *What books are you talking about? → Which ones are you talking about?*
Féminin pluriel	auxquelles (à + lesquelles) **À quelles organisations** appartiens-tu? → **Auxquelles** appartiens-tu? *What organizations do you belong to? Which ones do you belong to?*	**desquelles (de + lesquelles)** **De quelles organisations** es-tu membre? → **Desquelles** es-tu membre? *What organizations are you a member of? Which ones are you a member of?*

Application immédiate 2

Complétez les questions suivantes avec une forme de **quel** ou de **lequel.**

1. _____ langue parle Xavier? _____ veut-il étudier?

   Il parle français. Il veut étudier l'espagnol.

2. _____ est le titre du livre que Martine et Xavier regardent ensemble?

   Martine à la ferme.

3. Parmi *(Among)* les amis de Xavier, _____ choisiriez-vous comme colocataires?

   Je choisirais *(would choose)* Wendy et Tobias.

4. Il existe plusieurs programmes d'échange à l'étranger. _____ est-ce que Xavier a participé?

   Il a participé au programme Erasmus.

5. _____ pays vient Wendy? _____ vient Lars?

   Wendy vient d'Angleterre. Lars vient du Danemark.

Les pronoms interrogatifs: qui **(est-ce qui)** (who), **qui est-ce que** (whom), **qu'est-ce qui** (what, subject), **qu'est-ce que** (what, object)

Interrogative pronouns can be daunting to students of French, but they are very logical. After you understand when to use one instead of another, you should try to memorize a few questions so that you can come up with the right pronoun when you don't have time to think in stages (as in most conversational situations!).

Here are the steps to follow:

1. First determine the beginning of your question.
   - Use **qui** if the question is about a person.
   - Use **que** if the question is about a thing.

2. Then choose the ending of your question based on the grammatical function of the person or thing.
   - End your question with **est-ce qui** if the person/thing is the subject of the verb.

     Qui est-ce qui parle espagnol? (The person is the subject.)
     Who speaks Spanish?

     Qu'est ce qui se passe? (The thing is the subject.)
     What is happening?

   - End your question with **est-ce que** if the person/thing is the object of the verb.

     Qui est-ce que tu aimes? (The person is the object of the verb.)
     Whom do you like?

     Qu'est-ce que tu aimes? (The thing is the object of the verb.)
     What do you like?

   - End your question with **est-ce que** if the person/thing is the object of the preposition; you will also need to add the preposition at the beginning of your question and change **que** to **quoi** after the preposition.

     De qui est-ce que tu parles?
     About whom are you talking?/Who(m) are you talking about?

     De quoi est-ce que tu parles?
     About what are you talking?/What are you talking about?

See column 1 in the chart on pg. 240.
See column 2 in the chart.

See row A.

See column 1, row A.

See column 2, row A.

See row B.

See column 1, row B.
Do you see why **qui** never becomes **qu'**, even when followed by a vowel?

See column 2, row B.

See row C.

See column 1, row C.

See column 2, row C.

GRAMMAIRE 1

		1	**2**
	When the PERSON or THING is	Question about a PERSON The question begins with **qui.**	Question about a THING The question begins with **que/qu'.**
A	Subject The question ends with **qui.**	**Qui (est-ce qui)** + verb	**Qu'est-ce qui** + verb
B	Object of the verb The question ends with **que/qu'.**	**Qui est-ce que** + subject + verb	**Qu'est-ce que** + subject + verb
C	Object of a preposition The question begins with the preposition.	Preposition + **qui** + rest of the question	Preposition + **quoi** + rest of the question

GRAMMAIRE 1

Unlike **que**, **qui** never becomes **qu'**.

Return to page 235 to review inversion questions, and to page 242 to learn how to ask questions in conversational French.

Autres remarques et exemples

A.⅁A.2. QUI (EST-CE QUI)?/QU'EST-CE QUI?

- **Qui** is used more frequently than **qui est-ce qui.**
- Use the third person of the verb after **qui.**

  Qui ne **comprend** pas? *Who does not understand?*
  Qu'est-ce qui **est** difficile en français? *What is difficult in French?*

- There is no inversion or intonation question when the interrogative pronoun is the subject of the verb.

B.1. QUI EST-CE QUE?

  Qui est-ce que tu as invité? *Whom did you invite?*
  Inversion question: Qui as-tu invité?
  Intonation question: Qui tu as invité? Tu as invité qui?

B.2. QU'EST-CE QUE?

  Qu'est ce que tu vas faire ce soir? *What are you going to do tonight?*
  Inversion question: Que vas-tu faire ce soir?
  Intonation question: Tu vas faire quoi ce soir?

C.1. PREPOSITION + QUI + REST OF THE QUESTION

  Pour qui est-ce que tu travailles? ***Whom do you work for?***
  Inversion question: Pour qui travailles-tu?
  Intonation question: Pour qui tu travailles? Tu travailles pour qui?

You have certainly encountered prepositions (**à, avec, de, pour, sur,** etc.) followed by the pronouns **qui** and **quoi** in French. Note that **pour** and **quoi** are never separated; they combine as **pourquoi** (*why,* literally *for what*).

C.2. PREPOSITION + QUOI + REST OF THE QUESTION

  À quoi est-ce qu'elle pense? ***What is she thinking about?***
  Inversion question: À quoi pense-t-elle?
  Intonation question: À quoi elle pense? Elle pense à quoi?

Application immédiate 3

Reliez chaque question à la réponse qui convient.

_____ 1. Qui nettoie la baignoire le plus souvent?   a. son fiancé

_____ 2. Qu'est-ce que Wendy fait souvent?   b. de littérature

_____ 3. Qu'est-ce qui est très sale?   c. écrire

_____ 4. Qu'est-ce que Wendy aime?   d. avec un Américain

_____ 5. Qui est-ce qu'elle aime?   e. le réfrigérateur

_____ 6. Avec qui est-ce qu'elle sort?   f. de son frère

_____ 7. De quoi est-ce qu'elle aime parler?   g. le ménage

_____ 8. De qui est-ce qu'elle a honte *(is ashamed)*?   h. Wendy

Depuis quand/depuis combien de temps/ pendant combien de temps?

1. To find out how long something has been going on, ask a question with **depuis quand** or **depuis combien de temps** + present tense.

   Depuis quand/Depuis combien de temps est-ce que tu fais tes devoirs?
   Depuis 7 heures du soir/Depuis 20 minutes.
   Since when/How long have you been doing your homework?
   Since 7:00PM/For 20 minutes.

   On a timeline, this continuous action can be drawn as follows:

   _____|_____||_____

   When the action started (7:00PM)   Present (7:20PM); the action is still
                                          going on)

2. To ask how long an action takes place (on a regular basis) or took place in the past, use a question with **pendant combien de temps.**

   Pendant combien de temps est-ce que tu fais tes devoirs le soir?
   Pendant 20 minutes.
   How long do you do your homework at night?
   For 20 minutes.

   Pendant combien de temps est-ce que tu as fait tes devoirs hier?
   Pendant 20 minutes.
   How long did you do your homework last night?
   For 20 minutes.

   On a timeline, this completed action can be drawn as follows:

   _____|_____|_____||_____

   When the action started   When the action stopped   Present (the action
                              (20 minutes later)   is no longer going on)

> Note the difference in tense between French and English when using **depuis.**

> In English, the present perfect is used to speak about an action that started in the past and is still going on: a form of *have* + past participle of the verb or a form of *have* + *been* + verb+*ing*.

> In English, the simple past is used to speak about an action that was completed and is no longer going on.

GRAMMAIRE 1

Application immédiate 4

Traduisez les questions en français. Employez **est-ce que** et l'inversion.

1. How long does Martine visit Xavier?
For two days.
Est-ce que question:
Inversion question:
Answer: _____ deux jours.

2. How long has Mr. Perrin known Xavier's father?
For 20 years.
Est-ce que question:
Inversion question:
Answer: _____ vingt ans.

3. How long did Xavier stay in Barcelona?
For a year.
Est-ce que question:
Inversion question:
Answer: _____un an.

4. Since when have European students been able to study abroad?
Since 1987.
Est-ce que question:
Inversion question:
Answer: _____1987

Le français de la conversation

Intonation is the most frequent way of asking questions in conversation.

1. Interrogative adverbs, **quel,** and **lequel** in questions with intonation

> Remember that the preposition and the interrogative word cannot be separated.

In intonation questions, the interrogative adverbs **combien, comment, où,** the interrogative adjective **quel** + noun, and the pronoun **lequel** can be placed in front of a regular sentence structure *or* at the end of the question. **Pourquoi** usually appears at the beginning of the question, and **quand** at the end. **Quand** appears at the beginning *or* at the end when it is preceded by a preposition.

Intonation question 1	Intonation question 2
Combien de cours tu suis ce semestre?	Tu suis combien de cours ce semestre?
D'où tu viens?	Tu viens d'où?
Depuis quand tu es à l'université?	Tu es à l'université depuis quand?
De quel film vous parlez?	Vous parlez de quel film?
De ces pays, lesquels il a préférés?	Il a préféré lesquels?

2. The object pronouns **qui, que,** and **quoi** in intonation questions
   • **Qui** and **quoi** follow the same rules as **quel** and **lequel.**

Intonation question 1	Intonation question 2
Qui tu as invité?	Tu as invité qui?
Avec qui tu sors?	Tu sors avec qui?
À quoi tu penses?	Tu penses à quoi?
De quoi tu as besoin?	Tu as besoin de quoi?

- The object pronoun **que** cannot be placed in front of an intonation question. Instead, **que** is replaced by **quoi** and placed after the verb.

Intonation question 1 is *not* possible	Intonation question 2
~~Que tu vas faire ce soir?~~	Tu vas faire **quoi** ce soir?

Application immédiate 5

Transformez les questions suivantes en questions avec intonation. Utilisez les deux formes d'intonation quand c'est possible.

Exemple: (Xavier) Combien de bagages avait-il quand il est arrivé à Barcelone?

Combien de bagages il avait quand il est arrivé à Barcelone?

Il avait combien de bagages quand il est arrivé à Barcelone?

1. Quelles langues parle-t-on à Barcelone?
2. (Jean-Michel et Anne-Sophie) Depuis combien de temps sont-ils mariés?
3. (Les étudiants) Qu'est-ce qu'ils font le week-end?
4. (Wendy) À qui a-t-elle parlé au téléphone?
5. (La mère de Xavier) Qu'est-ce qu'elle a mangé à la fin du film?

Intonation questions tend to use pronouns rather than nouns as subjects.

Chapitre 2

GRAMMAIRE

Les temps du passé: l'imparfait, le passé composé, le plus-que-parfait

LES TEMPS DU PASSÉ: L'IMPARFAIT, LE PASSÉ COMPOSÉ, LE PLUS-QUE-PARFAIT

L'imparfait

Formation

The **imparfait** is formed by adding the following endings to the stem:

-ais	-ions
-ais	-iez
-ait	-aient

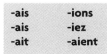
ais
ais
ait
ions
iez
aient

For more practice visit the website at http://www.thomsonedu.com/french/sequences.

To find the stem of the **imparfait,** take the **nous** form of the present indicative and delete **ons.**

Exemple: chanter → **nous chantons** moins **ons** = **chant**

Exemple 1: chanter [nous chant~~ons~~]	Exemple 2: finir [nous finiss~~ons~~]	Exemple 3: dormir [nous dorm~~ons~~]	Exemple 4: prendre [nous pren~~ons~~]
je chant**ais**	je finiss**ais**	je dorm**ais**	je pren**ais**
tu chant**ais**	tu finiss**ais**	tu dorm**ais**	tu pren**ais**
il/elle/on chant**ait**	il/elle/on finiss**ait**	il/elle/on dorm**ait**	il/elle/on pren**ait**
nous chant**ions**	nous finiss**ions**	nous dorm**ions**	nous pren**ions**
vous chant**iez**	vous finiss**iez**	vous dorm**iez**	vous pren**iez**
ils/elles chant**aient**	ils/elles finiss**aient**	ils/elles dorm**aient**	ils/elles pren**aient**

Verbs that end in **-ger** and **-cer** follow the general rule, but verbs that end in **-ger** drop the **e** in the **nous** and **vous** forms and verbs that end in -**cer** do not require a cedilla. The cedilla is only needed to produce a soft **g** or **c.**

Verbes en *-ger*	Verbes en *-cer*
je voyageais	je commençais
tu voyageais	tu commençais
il/elle/on voyageait	il/elle/on commençait
nous voya**gions** (~~voyageions~~)	nous commen**cions** (~~commençions~~)
vous voya**giez** (~~voyageiez~~)	vous commen**ciez** (~~commençiez~~)
ils/elles voyageaient	ils/elles commençaient

Exception

Être is irregular in the **imparfait.** Here are its forms:

> j'étais
>
> tu étais
>
> il/elle/on était
>
> nous étions
>
> vous étiez
>
> ils étaient

Ⓝ Emploi

1. The **imparfait** is used to describe people, places, or things. It also describes someone's state (how someone was, how old someone was, what someone knew) or emotions (how someone was feeling).

   Mon grand-père **était** (1) petit et amusant. Il **habitait** (2) dans une ferme qui **se trouvait** (3) près d'un grand lac. Il **était** (4) heureux.

   1. describes people

   2. describes someone's circumstances

   3. describes a place

   4. describes someone's emotions

In a narration, the **imparfait** describes the circumstances <u>around an action</u> (while the **passé composé** describes the action itself).

> C'**était** (1) une belle soirée d'été. Nous **étions** (2) au restaurant. Il **était** (3) 10 heures du soir. Tout à coup, un homme armé **est entré** (4) dans le restaurant…
>
> (1), (2), and (3) are in the imparfait and describe the setting (season and weather, place, time)
> (4) is in the passé composé and describes the action

2. The **imparfait** is used to talk about an action that was in progress (**action en cours**). It can also describe simultaneous actions. Actions in progress are translated by a form of *be + verb + -ing*.

> Hier, à dix heures du soir, je **regardais** la télé. Ma camarade de chambre **dormait.**
>
> *Last night at ten o'clock, I was watching TV. My roommate was sleeping.*

The verbs in the sentences above could also be linked by a conjunction.

> Je **regardais** la télé pendant que ma camarade de chambre **dormait.**
>
> *I was watching TV while my roommate was sleeping.*

3. The **imparfait** is also used to talk about habitual past actions (**actions habituelles**). In that case, it can be translated by *I used to . . .* or *I would . . .*

> Quand j'avais dix ans, j'**allais** en classe jusqu'à 3 heures. Puis je **faisais** du sport. Après, je **jouais** avec mes amis.
>
> *When I was ten, I went/used to go to school until 3:00 PM. Then I played/would play sports. After that, I played/would play with my friends.*

This translation of *would* is not to be confused with the conditional (presented in Chapter 6).

Habitual past actions are sometimes introduced by the following expressions:

autrefois: *in the past* 🔊

d'habitude: *usually* 🔊

en général: *generally* 🔊

le lundi, le mardi, etc.: *on Mondays, Tuesdays, etc.* 🔊

tous les jours: *everyday* 🔊

Application immédiate 1

Entraînez-vous à conjuguer quelques verbes de votre liste de vocabulaire à l'imparfait.

1. apprendre
2. connaître
3. faire
4. obtenir
5. raconter
6. réussir
7. s'amuser
8. savoir
9. se venger

[handwritten annotations:]
apprenais
apprenais
apprenait
apprenions
appreniez
apprenaient

connaissais
connaissais
connaissais
connaissont
connaissiez
connaissaient

GRAMMAIRE 2

Application immédiate 2

Mettez les verbes du paragraphe suivant à l'imparfait.

José _habitait_ (1) (habiter) dans la Rue Cases-Nègres avec sa grand-mère. L'été, quand l'année scolaire _était_ (2) (être) finie, ses amis et lui _s'amusait_ (3) (s'amuser) pendant que les adultes _travailloi_ (4) (travailler) dans les champs de canne. Ils _aimait_ (5) (aimer) organiser des combats d'animaux. Mais José ne _pouvai_ (6) (pouvoir) pas jouer tout l'après-midi: Il _devait_ (7) (devoir) rentrer pour préparer le repas du soir en attendant sa grand-mère. Tous les soirs, M'man Tine lui _apportait_ (8) (rapporter) un morceau de canne qu'il _mangeait_ (9) (manger) pendant qu'elle _fumait_ (10) (fumer) sa pipe. Certains soirs, il _allait_ (11) (aller) rendre visite à son vieil ami Médouze, qui _vivait_ (12) (vivre) seul près de la case de M'man Tine. Médouze lui _racontait_ (13) (raconter) des histoires de ses ancêtres et il l'_initiait_ (14) (initier) aux mystères de la nature. José _passait_ (15) (passer) aussi du temps avec son ami Carmen. Carmen _voulait_ (16) (vouloir) devenir acteur à Hollywood, mais il ne _savait_ (17) (savoir) pas lire. Alors José lui _donnait_ (18) (donner) des leçons de lecture et d'écriture.

Le passé composé

Formation et emploi

- The **passé composé** is used to talk about completed actions in the past.

  Hier, je **suis allé(e)** en classe, puis **j'ai fait** du sport. Le soir, je **suis sorti(e)** avec mes amis.

  Yesterday I went to class. Then I practiced a sport/I worked out. At night, I went out with my friends.

- The **passé composé** is a compound tense formed on the following model: auxiliaire (**avoir** or **être**) au présent + participe passé du verbe

  Hier, **j'ai travaillé** toute la journée et je **suis rentré(e)** chez moi très tard.
  Yesterday I worked all day, and I went home very late.

  avoir (**ai**), être (**suis**) = auxiliaire
  travaillé, rentré, couché = participe passé *(past participle)*

Le choix de l'auxiliaire

- **Avoir** is used with most verbs.

  Pierre **a acheté** un vélo et il **a voyagé** dans toute l'Europe.
  Pierre bought a bike and traveled through Europe.

GRAMMAIRE 2

The auxiliary is also called the helping verb.

Sample conjugation with *avoir*: acheter

j'ai acheté
tu as acheté
il/elle/on a acheté
nous avons acheté
vous avez acheté
ils/elles ont acheté

- **Être** is used with a limited number of verbs. Most of them can be memorized as pairs.

Il **est arrivé** à 8 heures du soir et il **est monté** directement dans sa chambre.

He arrived at 8 PM, and he went up to his room right away.

Infinitive	Past participle
aller/venir *(to go/to come)*	allé/venu
revenir *(to come back)*	revenu
devenir *(to become)*	devenu
naître/mourir *(to be born/to die)*	né/mort
arriver/partir *(to arrive/to leave)*	arrivé/parti
*entrer/*sortir *(to enter/to go out)*	entré/sorti
*rentrer *(to go/to come back)*	rentré
*monter/*descendre *(to go up/to go down)*	monté/descendu
rester *(to stay)*	resté
*tomber *(to fall)*	tombé
*retourner *(to go back, to return)*	retourné
*passer *(to come by, to drop in)*	passé
(passer par *[to go through]*)	

GRAMMAIRE 2

Sample conjugation with *être*: rentrer

je suis rentré(e)
tu es rentré(e)
il/on est rentré/elle est rentrée
nous sommes rentré(e)s
vous êtes rentré(e)(s)
ils sont rentrés/elle sont rentrées

Note that **avoir** is used with the verbs marked with an asterisk when these verbs have a direct object. Compare:

The verb has no direct object.	The verb has a direct object.
Je **suis** entré(e) dans la classe. *I entered the classroom.*	J'**ai** entré ces données dans l'ordinateur. *I entered this data in the computer.*
Nous **sommes** descendus. *We came down.*	Nous **avons** descendu le lit. *We took the bed down.*
Elle **est** montée dans sa chambre. *She went up to her room.*	Elle **a** monté ses livres dans sa chambre. *She took her books up to her bedroom.*
Nous **sommes** passés par la fenêtre. *We went through the window.*	Nous **avons** passé la table par la fenêtre. *We took the table through the window.*

Note that **passer** also has other meanings with **avoir,** as in **passer du temps** (*to spend time*) **and passer un examen** (*to take an exam*).

Hier, j'**ai passé** un examen. Puis je **suis passé** chez mes amis. Nous **avons passé** du temps au parc.

Yesterday I took an exam. Then I stopped at my friends' house. We spent some time at the park.

- **Être** is used with pronominal verbs (verbs preceded by the pronoun **se** in the infinitive).

Hier je **me suis levé** tôt et je **me suis couché** tard.

Yesterday I got up early, and I went to bed late.

> **Sample conjugation for pronominal verbs** *(être): se coucher*
>
> je me suis couché(e)
> tu t'es couché(e)
> il/on s'est couché/elle s'est couché(e)
> nous nous sommes couché(e)s
> vous vous êtes couché(e)(s)
> ils se sont couchés/elles se sont couchées

all reflexive être

Note the difference between pronominal and nonpronominal verbs:

Pronominal verbs use *être.*	Nonpronominal verbs use *avoir.*
Il s'**est** lavé. *He washed himself.*	Il **a** lavé la table. *He washed the table.*
Elle s'**est** réveillée tôt. *She woke up early.*	Elle **a** réveillé les enfants. *She woke up the children.*

La formation du participe passé

To form the past participle of regular verbs, take the infinitive, delete the ending (**-er, -ir,** or **-re**), and add the following endings:

-**er** verbs → **é**   jouer → jou~~er~~ → jou**é** → J'ai jou**é** aux cartes.

-**ir** verbs → **i**   finir → fin~~ir~~ → fin**i** → Nous avons fin**i** nos devoirs.

-**re** verbs → **u**   répondre → répond~~re~~ → répond**u** → Elle n'a pas répond**u** à ma lettre.

You need to memorize the past participles of irregular verbs. Some of these verbs are included below:

Infinitive	Past participle	Infinitive	Past participle
avoir	eu	prendre	pris
boire	bu	(apprendre, compren-	
connaître	connu	dre, surprendre)	
courir	couru	recevoir	reçu
devoir	dû	savoir	su
dire	dit	souffrir	souffert
être	été	suivre	suivi
faire	fait	(poursuivre)	
falloir	fallu	tenir	tenu
mettre	mis	(obtenir)	
(commettre, permettre,		venir	venu
promettre, soumettre, etc.)		(devenir, revenir)	
ouvrir	ouvert	voir	vu
(découvrir)		vouloir	voulu
plaire	plu		
pleuvoir	plu		
pouvoir	pu		

Application immédiate 3

Mettez les phrases suivantes au passé composé en utilisant l'auxiliaire correct.

> None of the sentences require an agreement of the past participle. The agreement of the past participle is explained below.

1. Médouze _est sorti_ (sortir) de sa case et il _a sorti_ (sortir) sa pipe de sa poche.
2. José _est monté_ (monter) sur une chaise et il _est descendu_ (descendre) le pot de farine qui se trouvait sur la cheminée.
3. Après la mort de M'man Tine, José lui _a lavé_ (laver) les pieds, puis il _s'est lavé_ (se laver) les mains.
4. Les enfants _ont bu_ (boire) trop de rhum et ils _ont mis_ (mettre) le feu aux cases.
5. José _a passé_ (passer) le concours et il _a réussi_ (réussir).
6. Léopold _s'est révolté_ (se révolter) quand il _a compris_ (comprendre) qu'il n'appartiendrait jamais *(that he would never belong to)* au monde des Blancs.

Le passé composé à la forme négative et interrogative

Négations

ne... pas: *not*

ne... pas encore: *not yet*

ne... jamais: *never*

ne... personne: *no one, nobody*

ne... plus: *no longer*

ne... rien: *nothing*

- The negation surrounds the auxiliary.

Je **n'**ai **pas** vu ce film.	*I did not see this film.*
Ils **ne** sont **pas encore** arrivés.	*They have not arrived yet.*
Elle **n'**est **jamais** allée à Québec.	*She never went to Quebec City.*
Nous **n'**avons vu **personne**.	*We did not see anyone.*
Il **n'**a **plus** fait de ski après son accident.	*He no longer went skiing after his accident.*
Je **n'**ai **rien** acheté.	*I did not buy anything.*

Note: When **personne** and **rien** are subjects, **personne ne** and **rien ne** precede the auxiliary.

Personne n'est venu me rendre visite.	*No one came to visit me.*
Rien n'a pu me convaincre.	*Nothing was able to convince me.*

- In questions with inversion, the subject pronoun (**S**) and the auxiliary (**A**) are inverted.

Refer to *Les questions aux-quelles on peut répondre par oui ou non: intonation, est-ce que, inversion* (pages 235–236) for more information on question formation.

Est-ce que **tu as** compris cette explication? (**SA**)

As-tu compris cette explication? (**AS**)

Did you understand this explanation?

- When the subject is a noun, invert the auxiliary and the pronoun that corresponds to that noun.

Est-ce que **vos étudiants ont** appris l'accord du participe passé?

Vos étudiants ont-ils appris l'accord du participe passé?

Have your students learned the agreement of the past participle?

Application immédiate 4

Mettez les phrases au passé composé.

Exemple: Carmen _____ (ne. . . jamais, aller) à l'école.

Carmen *n'est jamais allé* à l'école.

1. José _____ (ne... plus, travailler) chez Madame Léonce.
2. Monsieur de Thorail _____ (ne... pas, vouloir) reconnaître Léopold.
3. José _____ (ne... rien, plagier).
4. Un soir, José _____ (ne... personne, voir) dans la case de Médouze.
5. _____ (Personne ne, pouvoir) sauver M'man Tine.
6. _____ (Rien ne, convaincre) le père de Tortilla. Il a refusé qu'elle continue ses études.
7. José _____ (ne... pas encore, devenir) écrivain à la fin du film.

Application immédiate 5

Transformez les questions en questions avec inversion.

Exemple: Où est-ce que les enfants ont acheté des allumettes?

Où les enfants ont-ils acheté des allumettes?

1. Pourquoi est-ce que le maître a accusé José de tricher?
2. Quel examen est-ce que José et Tortilla ont passé?
3. Où est-ce qu'ils sont allés le passer?
4. Comment est-ce que M'man Tine est morte?
5. Quand est-ce que José est arrivé en retard à l'école?

Le passé composé et l'imparfait

Deciding when to use the **imparfait** and when to use the **passé composé** can be tricky for English speakers. It takes a lot of practice in a French-speaking country and a lot of reading to master this point. The following points can help you for now.

- First, you should resist the temptation to associate the **imparfait** with description and the **passé composé** with action. Both the **passé composé** and the **imparfait** are used to talk about actions, but the actions are presented from a different angle.

The *imparfait* is used to discuss actions that took place on a regular basis in the past. It can be translated by *I used to . . .* or *I would . . .*	The *passé composé* is used to discuss specific, completed actions in the past.
Quand j'avais dix ans, **j'allais** en classe jusqu'à 3 heures. Puis je **faisais** du sport. Après, je **jouais** avec mes amis. *When I was ten, I went/used to go to school until 3:00 PM. Then I played/ would play sports. After that, I played/ would play with my friends.*	Hier, je **suis allé** en classe, puis j'**ai fait** du sport. Le soir, je **suis sorti** avec mes amis. *Yesterday, I went to class. Then I practiced a sport/I worked out. At night, I went out with my friends.*
The *imparfait* is used to talk about an action in progress *(action en cours)*. It is translated by a form of *be + verb + -ing.*	The *passé composé* is used when the verb interrupts an action that was going on.
Je **lisais** un bon livre. *I was reading a good book.*	Le téléphone **a sonné**. *The phone rang.*

- You have learned that the **imparfait** describes someone's state or emotions. As a result verbs such as **avoir, être,** and **savoir** will be found in the **imparfait** most of the time. However, these verbs can also be found in the **passé composé** when they describe a *change* of state.

GRAMMAIRE 2

The *imparfait* describes someone's state (how someone was, how old someone was, what someone knew) or emotions (how someone was feeling).	The *passé composé* describes a change in state or emotions. It can be translated by "I became" or "I got" instead of "I was," and "I learned" instead of "I knew."
avoir	
Hier, je regardais la télévision seul(e) chez moi. Je n'**avais** pas peur. (how someone felt) *Yesterday, I was alone at home watching TV. I **was** not scared.*	Tout à coup, j'ai entendu un bruit suspect. J'**ai eu** très peur. (how someone's feelings changed as a result of the noise) *All of a sudden I heard a strange noise. I **was** scared (= I **became/got** scared).*
J'**avais** vingt ans quand ma mère est morte. *I **was** twenty when my mother died.*	J'**ai eu** vingt ans la semaine dernière. *I **turned** twenty last week.*
être	
J'**étais** très heureux avec ma femme. (state) *I **was** very happy with my wife.*	Quand elle a demandé le divorce, j'**ai été** très triste. (change of state) *When she asked for a divorce, I **was** very sad (= I **became** sad).*
savoir	
À cinq ans, mon fils ne **savait** pas nager. (state of knowledge) *When my son was five, he **did** not **know** how to swim.*	Il **a su** nager à six ans. (change of state) *He **learned** how to swim at age six.*

Application immédiate 6

Dans les paires de phrases suivantes, décidez quel verbe doit être à l'imparfait et lequel doit être au passé composé, puis donnez la forme appropriée de chaque verbe.

1. D'habitude les enfants ___ *n'avaient pas* (ne pas avoir) d'allumettes quand ils restaient seuls au village. La première fois qu'ils ___ *ont eu* (avoir) des allumettes, ils ont mis le feu aux cases!

2. José ___ *était* (être) fier quand le maître lisait sa composition. Il ___ *était* (être) surpris et peiné quand le maître l'a accusé d'avoir triché.

3. M'man Tine ___ *ne savait pas* (ne pas savoir) que Mme Léonce exploitait José. Quand elle l(e) ___ *savait* (savoir), elle a décidé de quitter sa case pour s'installer à Petit-Bourg.

• The differences between the **imparfait** and the **passé composé** are more subtle with verbs such as **devoir, pouvoir,** and **vouloir.** Study the examples carefully to understand the differences in meaning.

Devoir	
to have to, must (obligation) Quand j'étais jeune, je **devais** faire mon lit avant de partir à l'école. (regular action in the past) *When I was young, I **had to** make my bed before leaving for school.*	Un jour, j'ai été puni et j'**ai dû** aussi faire la vaisselle. (completed action in the past) *One day, I was punished and I **had to** wash the dishes as well.*

Devoir in the **imparfait** refers to an action that *was supposed to happen.* Translation: *to be supposed to*	**Devoir** in the **passé composé** refers to an action that *actually happened.*
Hier, je **devais** aller au travail en bus . . . *Yesterday, I **was supposed** to ride the bus to work . . . (but something happened)*	Mais le bus n'est pas passé. J'**ai dû** prendre un taxi. *But the bus did not come. I **had to** take a taxi (and I did).* (completed action in the past)

Pouvoir

to be allowed to Mes enfants ne **pouvaient** pas sortir le soir quand ils avaient 15 ans. *My children could not go out (= **were** not **allowed** to go out) at night when they were 15.*	Ils **ont pu** sortir à 17 ans. *They **could** go out (= **received permission** to go out) at 17.* (change of state)
to be able to (to have the mental or physical ability to do something)	*to be able to (to use one's mental or physical ability)*
Il y a dix ans, je **pouvais** finir un marathon. *Ten years ago, I **could** finish a marathon.* (description of one's ability)	Il y a dix ans, j'**ai pu** finir un marathon. *Ten years ago, I **could** finish a marathon (and I did).* (action)
	Cette année, je **n'ai pas** pu terminer. *This year, I **could not** finish (i.e. I tried and failed).* (action)

Vouloir

Vouloir in the **imparfait** describes the *subject's desire.* The verb itself does not indicate whether the desire was fulfilled; the context does.	**Vouloir** in the **passé composé** indicates whether a desire was fulfilled or not, or whether action was taken to make it happen (even if it failed).
Paul **voulait** assister à un match de foot. *Paul **wanted** to attend a soccer game. (It was his desire to go, but we do not know out of context whether he went or not.)* (description of Paul's wishes)	Paul **a voulu** assister à un match de foot. *Paul **wanted** to attend a soccer game. (He wanted to go to a soccer game, and he did.)* (action)
Paul **ne voulait pas** rester à la maison. *Paul **did not want** to stay home.* (description of Paul's wishes)	Paul **n'a pas voulu** rester à la maison. *Paul **did not want** to stay home. (He did not stay home.)* (action)
	Paul **a voulu** m'embrasser, mai je ne l'ai pas laissé. *Paul **wanted** to kiss me, but I did not let him. (He tried, but failed.)* (action)

GRAMMAIRE 2

Application immédiate 7

Dans les phrases suivantes, décidez quel verbe doit être à l'imparfait et lequel doit être au passé composé, puis donnez la forme appropriée de chaque verbe.

1. Le maître <u>voulait</u> (vouloir) que Tortilla continue ses études, mais le père de Tortilla <u>n'a</u> (ne pas vouloir), alors elle a cherché du travail.
<u>voulu pas</u>

2. M'man Tine _devait_ (devoir) revenir à Fort-de-France après avoir passé une journée à la Rue Cases Nègres. Mais elle est tombée malade et elle _a dû_ (devoir) rester dans sa case.

3. Tortilla _ne pouvait pas_ (ne pas pouvoir) continuer ses études car son père _n'a pu pas_ (ne pas pouvoir) subvenir aux besoins de la famille sans elle.

L'accord du participe passé

1. With **être,** the past participle agrees in gender and number with the subject of the verb. The agreement of the past participle follows the rules for adjectives.

	Singulier	Pluriel
masculin	Marc est parti.	Marc et Marie sont partis.
féminin	Marie est partie.	Marie et ses amies sont parties.

2. With **avoir,** the past participle agrees with the direct object when the direct object comes before the verb.

Tu **as vu** tes cousins?

Did you see your cousins?

The direct object is after the verb. → no agreement

Tu <u>les</u> **as vus** pendant l'été?

Did you see them during the summer?

The direct object is before the verb. → agreement

The direct object comes before the verb:

- when it is a pronoun

  — Tu as vu tes cousins?

  — Oui, je <u>les</u> **ai vus.**

    Les (= **mes cousins**) is masculine plural. → **vu** takes an **s**

  — Lesquels (= Quels cousins) **as-tu vus?**

- when it is the antecedent of a relative clause

  Les pommes que j'**ai achetées** sont bonnes.

  <u>**Les pommes**</u> is feminine plural. → **acheté** takes **es**

- after **combien de** or a form of **quel**

  Combien de livres **as**-tu **lus** cet été?

  Livres is masculine plural. → **lu** takes an **s**

  Quelles pièces **as**-tu **vues?**

  Pièces is feminine plural. → **vu** takes **es**

3. The agreement with pronominal verbs follows the rule with **avoir**.

   a. If the pronoun (**me, te, se, nous, vous**) is a direct object, the past participle agrees with it.

   Elle s'est lav**ée.**

   Ask yourself: **Elle a lavé qui?**

   Answer: **Elle-même** (Herself).

   Therefore, **se** is a direct object, and the past participle agrees with the subject/reflexive pronoun.

   b. If the pronoun is not a direct object, there is no agreement. This happens in the following cases:

   - when the verb already has a direct object

   Elle **s'est lavé** les mains.

   Ask yourself: **Elle a lavé les mains à qui?** (Here, **les mains** is the direct object; **se** is an indirect object.)

   Answer: **À elle-même.**

   Therefore, the past participle does not agree.

   > Elle s'est lav**ée.** (Here, **se** is a direct object.)
   > but
   > Elle s'est lavé les mains. (Here, **se** is an indirect object.)

   - when the pronoun is an indirect object, i.e., when the verb takes the preposition **à**

   Les deux présidents se **sont parlé.**

   Ask yourself: **Ils ont parlé à qui?** (The verb **parler** takes **à,** so **se** is an indirect object.)

   Answer: **À eux-mêmes.**

   Therefore, the past participle does not agree.

Tips for Past Participle Agreement

1. Remember that some verbs take a direct object in English and an indirect object in French. You need to pay attention to the structure of the French verb.

Les deux présidents se **sont téléphoné.**

The two presidents called each other.

Ask yourself: **Ils ont téléphone à qui?** (The verb **téléphoner** takes **à,** so **se** is an indirect object.)

Answer: **À eux-mêmes.**

Therefore, the past participle does not agree.

2. An easy way to check if **me, te, se, nous, vous** are direct or indirect objects is to make a simple sentence with the nonpronominal form of the verb in the present tense.

reflexive always être

> **Ils se sont vus.**
>
> *They saw each other.*
>
> Write a sentence with **voir: Je vois mes amis.**
>
> **Voir** takes a direct object. Therefore, the past participle agrees.
>
> **Ils se sont écrit.**
>
> *They wrote to each other.*
>
> Write a sentence with **écrire: J'écris à mes amis.**
>
> **Écrire** takes an indirect object. Therefore, the past participle does not agree.

Application immédiate 8

Faites l'accord du participe passé dans les phrases suivantes. Mettez un Ø s'il n'y a pas d'accord.

1. Quelques ouvriers agricoles se sont révolté**s** quand ils ont reçu**s** leur salaire.

2. Après que les enfants ont trop bu**Ø** et ont mis___ le feu aux cases, on les a puni**s**. Après cet incident, ils ne se sont plus amusé**s**.

3. Aurélie n'est pas là? Non, je l'ai envoyé**e** au magasin pour acheter du rhum.

4. M'man Tine est très fière des brillantes études que José a fait**Ø** à l'école de Petit-Bourg.

5. M'man Tine est reparti**e** à Petit-Bourg quand José a obtenu**Ø** une bourse complète. Elle est tombé**e** malade peu après. José et Tortilla se sont revu**s** quand on l'a enterré**e**.

6. Pouvez-vous imaginer quelles aventures José a eu**s** après ses années de lycée?

Le plus-que-parfait

Formation

The **plus-que-parfait** is a compound tense formed on the following model: auxiliaire (**avoir** or **être**) à l'imparfait + participe passé du verbe.

> J'**avais travaillé** toute la journée et j'**étais allée** au gymnase après le travail.
>
> *I had worked all day and I had gone to the gym after work.*

The agreement of the past participle with the **plus-que-parfait** is the same as with the **passé composé**.

Emploi

The **plus-que-parfait** is used to speak about an action that took place prior to a past action. There is no need for the **plus-que-parfait** if the past events are told in chronological order. Compare:

Hier, **j'ai travaillé** toute la journée et je **suis allée** au gymnase après le travail. Je **suis rentrée** chez moi à huit heures du soir. J'**étais** très fatiguée. J'**ai mangé** rapidement et je **me suis couchée.**

(The events are told in chronological order. → The **passé composé** and the **imparfait** are used.)

Hier, je suis rentrée chez moi à huit heures du soir. J'étais très fatiguée. **J'avais travaillé** toute la journée et j'**étais allée** au gymnase après le travail. J'ai mangé rapidement et je me suis couchée.

Last night, I came back home at 8 o'clock. I was very tired. I had worked all day and I had gone to the gym after work. I ate quickly and went to bed.

(**Travailler** and **aller au gymnase** are mentioned after **rentrer** and **être fatigué**, but they took place before. → The **plus-que-parfait** is used.)

Note: English speakers sometimes have difficulty using the plus-que-parfait because the sequence of tenses is less rigid in English than in French. For example, an English speaker might say, "He wanted to know who called" or "He wanted to know who had called." In French, the verb **téléphoner** can only be in the plus-que-parfait: **Il voulait savoir qui avait téléphoné.**

Application immédiate 9

Complétez les phrases suivantes en mettant un des verbes au passé composé et l'autre au plus-que-parfait. N'oubliez pas de faire les accords nécessaires.

1. Les enfants _____ (dire) à M'man Tine qu'une poule _____ (casser) son bol.

2. José _____ (trouver) les commentaires du maître injustes parce qu'il _____ (ne pas plagier) sa composition.

3. On _____ (arrêter) Léopold parce qu'il _____ (prendre) les registres de la plantation.

4. Médouze _____ (naître) en Martinique. Son père _____ (venir) d'Afrique quelques années plus tôt.

5. Un jour, Médouze _____ (parler) à José des Martiniquais qui _____ (se rebeller) contre les békés.

6. Médouze _____ (passer) plusieurs heures dans un champ de canne quand on _____ (découvrir) son corps.

7. D'après vous, est-ce que José _____ (se souvenir) des histoires que Médouze lui _____ (raconter)?

GRAMMAIRE

Noms, déterminants, et adjectifs

For more grammer practice visit the website **http://www. thomsonedu.com/french/ sequences**.

GRAMMAIRE 3

NOMS, DÉTERMINANTS, ET ADJECTIFS

Le groupe nominal *(The noun phrase)*

In this chapter you will review some of the components of a noun phrase.

1. A noun phrase contains at least a determinant and a noun (no determinant is needed for proper nouns).

J'aime les gens. J'aime Marie. *I like people. I like Mary.*

Les is a determinant; **gens** is a noun.

Determinants include articles, demonstrative and possessive adjectives, numbers, and expressions of quantity.

Determinants	Examples
Articles	J'aime **les** gens. (definite article)
	J'ai **un** chat. (indefinite article)
	J'ai **du** courage. (partitive article)
Demonstrative adjectives	J'adore **ce** livre.
Possessive adjectives	J'aime **mon** chat.
Numbers	J'ai **deux** chiens.
Expressions of quantity	J'ai **peu de** temps et **beaucoup de** travail.

2. The noun phrase can also include elements that modify the main noun. These include:
- adjectives (and adverbs modifying the adjectives)

  J'aime les gens **(très) intelligents.**   *I like (very) intelligent people.*

  Intelligent is an adjective; **très** is an adverb.

- another noun

  J'aime les gens de **cette ville.**   *I like the people of this city.*

  J'ai acheté des chaussures **de tennis.**   *I bought tennis shoes.*

  Cette ville and **de tennis** are nouns that add information about the main nouns **les gens** and **des chaussures.**

- a relative clause

  J'aime les gens **qui ont des opinions originales.**

  I like people who have original opinions.

  Qui ont des opinions originales is a relative clause.

3. The noun phrase can be replaced by a personal pronoun.

Ta mère aime **les gens que tu fréquentes?**   *Does your mother like the people you see?*

Oui, **elle les** aime.   *Yes, she likes them.*

Elle is a subject pronoun that replaces the noun phrase **ta mère.**

Les is a direct object pronoun that replaces the noun phrase **les gens que tu fréquentes.**

This chapter will focus on nouns, determinants, and adjectives. You will study relative pronouns in Chapter 4 and personal pronouns in Chapter 5.

Les noms

LE GENRE ET LE NOMBRE

1. French nouns are masculine or feminine. Even though some patterns can help determine their gender, you should always memorize nouns with their articles.

le/un film   *the/a film*
la/une pièce   *the/a play*

An adverb is a word that modifies a verb, an adjective, or another adverb:

Tu travailles **trop.**
You work too much.

Tu es **très** travailleur(-euse).
You are very hardworking.

Tu travailles **beaucoup** trop.
You work way too much.

GRAMMAIRE 3

2. To form the plural of nouns, the general rule is to add an **s** to the singular noun.

le film → les film**s**

la pièce → les pièce**s**

3. Some nouns have irregular plurals.

Singular ending	Plural ending	Example	
-u	-x		
-eau		eau (*water*)	eaux
-eu		jeu (*game*)	jeux
-ou		genou (*knee*)	genoux
		Exceptions:	
		pneu (*tires*)	pneus
		sou (*money*)	sous
-al	-aux	animal (*animal*)	animaux
-s	no change	fils (*son*)	fils
-x		choix (*choice*)	choix
-z		nez (*nose*)	nez
Irregular plural		œil	yeux

LA COMPARAISON AVEC LE NOM

To compare with nouns, use **plus de** *(more)*, **moins de** *(fewer)*, and **autant de** *(as much/as many as)*.

Mangez **plus de** fruits, **autant de** légumes et **moins de** pâtisseries!

Eat more fruit, as many vegetables, and fewer pastries!

Application immédiate 1

Faites des phrases selon le modèle.

Exemple: Moreno a connu (+ / femme) que Deschamps.

Moreno a connu plus de femmes que Deschamps.

1. Il y a (− / tableau) chez Manie que chez les Castella.

2. Manie a (= / difficulté) que Clara.

3. Moreno se fait (− / illusion) que Deschamps.

4. Moreno a (+ / cheveu) que Castella.

5. Castella lit (− / livre) que Clara.

Les déterminants

Les articles

L'ARTICLE INDÉFINI: UN (MASCULIN), **UNE** (FÉMININ), **DES** (PLURIEL)

1. Indefinite articles are used to discuss people and things that have not been defined.

> J'ai **un** vélo, **une** voiture et **des** rollers.   *I have a bike, a car, and rollerblades.*

2. The indefinite article becomes **de** or **d'** after a negative verb.

> Je n'ai pas **de** moto.   *I don't have a motorcycle.*
> Je n'ai pas **d'**animaux.   *I don't have animals.*

3. The indefinite plural article **des** often becomes **de** when an adjective precedes the noun.

> Vous avez **de** beaux enfants.   *You have beautiful children.*

L'ARTICLE DÉFINI: LE ⁄ L' (MASCULIN), **LA ⁄ L'** (FÉMININ), **LES** (PLURIEL)

Definite articles are used with definite nouns, to express likes/dislikes/preferences, or to discuss people and things in general. The definite article stays the same in the negative.

1. Definite articles are used with definite nouns, i.e., when the addressee knows what is being talked about.

> Regarde **les** enfants et **le** chien!   *Look at the children and the dog!*
> As-tu lu **le** livre que tu as acheté hier?   *Did you read the book you bought yesterday?*

2. Definite articles are used to express likes/dislikes/preferences.

> J'aime **la** salade. Je n'aime pas **le** brocoli. Je préfère **les** haricots verts.
> *I like salad. I don't like broccoli. I prefer green beans.*

3. Definite articles are used to talk about things and people in general.

> **L'**essence est de plus en plus chère.   *Gas is more and more expensive.*
> **Les** enfants doivent aller à l'école.   *Children must go to school.*

L'ARTICLE PARTITIF: DU ⁄ DE L' (MASCULIN), **DE LA ⁄ DE L'** (FÉMININ)

The partitive article is used to talk about things that are not countable or about a part of something countable.

1. The partitive article is used to talk about things that are not countable.

> Elle a **de la** patience et **du** courage.
> *She has patience and courage. (She is patient and courageous.)*

> Il faut **du** sel, **de l'**huile et **de la** farine pour cette recette.
> *This recipe calls for salt, oil, and flour.*

2. The partitive article is used to talk about a part of something countable.

> J'ai mangé **du** poulet et **de la** tarte.   *I ate chicken and pie.*

GRAMMAIRE 3

3. The partitive article becomes **de/d'** in a negative sentence.

Il n'a pas **d'**ambition.   *He does not have ambition.*

The partitive appears with other types of negations as well: **plus de, point de, jamais de,** etc.

English speakers have difficulty choosing the right article when there is no article (Ø) in English. The following tips will help.

1. If you can replace Ø with *some* (in the sense of *several*), you need an indefinite plural **(des).**

I have animals. → I have some animals. → **J'ai des animaux.**

(In this last example, you could also put the sentence in the singular to determine that you need an indefinite article and not a definite one: **J'ai un animal. → J'ai des animaux.**)

2. If you can replace Ø with *some* (in the sense of *a certain amount*), you need a partitive article **(du, de la, de l').**

I would like coffee, please. → I would like some coffee. → **Je voudrais du café.**

3. If you can replace Ø with *in general* or *all*, you need a definite article **(le, la, les).**

I like coffee. → I like coffee in general/all coffee. → **J'aime le café.**

Old people don't sleep much. → Old people in general/All old people don't sleep much. → **Les personnes âgées ne dorment pas beaucoup.**

There is no article in English when you talk about things that are not countable or parts of things. Use the symbol Ø to remember to use an article in French: *She has Ø patience and Ø courage.* When you can replace Ø with *some* (in the sense of *a certain amount*), you need a partitive article in French.

Les expressions de quantité

Some common expressions of quantity
assez (de): *enough*
beaucoup (de): *a lot, many*
de nombreux: *many*
plusieurs: *several*
quelques: *some, a few*
trop (de): *too much, too many*
un grand nombre (de): *a great number of*
un kilo (de): *a kilogram of*
un litre (de): *a liter of*
un peu (de): *a little*
une dizaine (de), une vingtaine (de), une centaine (de), un millier (de): *about ten/twenty/one hundred/one thousand*

When an expression of quantity precedes the noun, there is no article.

Il y a **beaucoup de** bruit.

There is a lot of noise.

Il faut boire **deux litres d'**eau par jour.

One must drink two liters of water a day.

If an article were present, the sentences would read **beaucoup du bruit, deux litres de l'eau, quelques des amis, une centaine des étudiants,** which are all **incorrect**.

GRAMMAIRE 3

J'ai **quelques** amis francophones.

I have a few French-speaking friends.

Nous avons **une centaine** d'étudiants.

We have about a hundred students.

Application immédiate 2

Complétez les phrases avec l'article qui convient. S'il ne faut pas d'article, utilisez Ø.

Monsieur Castella est _____ (1) patron d(e) _____ (2) entreprise de bidons *(cans)*. Il a de nombreux _____ (3) employés. Un de ses employés, Weber, a beaucoup de _____ (4) talent. Il porte _____ (5) costumes élégants. _____ (6) costumes de Weber plaisent à Madame Castella.

Madame Castella pense qu'elle a _____ (7) goût. Elle aime _____ (8) décoration (en particulier _____ (9) tissus fleuris). Dans son salon, il y a un grand nombre d(e) _____ (10) objets: _____ (11) vieux meubles, _____ (12) coussins, _____ (13) tableau de Fragonard, _____ (14) lampe, une vingtaine de _____ (15) bibelots. Elle trouve que sa belle-sœur n'a pas _____ (16) goût et elle veut la convertir. Sa belle-sœur a _____ (17) patience, car _____ (18) gens comme Madame Castella sont pénibles.

Les adjectifs démonstratifs

1. Demonstrative adjectives (*this, that*) agree in gender and number with the nouns they modify. Notice that there are two forms before singular masculine nouns: **ce** when the noun starts with a consonant and **cet** when it starts with a vowel or a mute **h**.

	Singulier	Pluriel
Masculin	**ce** film **cet** acteur **cet** homme	**ces** films **ces** acteurs **ces** hommes
Féminin	**cette** actrice	**ces** actrices

2. Use **ce...-ci** and **ce...-là** to distinguish between two nouns.

   Tu préfères **cette** robe-**ci** ou **cette** robe-**là?**

   Do you prefer this dress (here) or that dress (there)?

Les adjectifs possessifs

1. Possessive adjectives (*my, your,* etc.) agree in gender and number with the noun they modify.

   Je te présente **mon** père (masculin), **ma** mère (féminin) et **mes** enfants (pluriel).

2. The masculine form of the possessive adjective is used with feminine nouns that start with a vowel or a mute **h**.

   J'apprécie **mon** amie Catherine pour **son** honnêteté.

   I appreciate my friend Catherine for her honesty.

The possessive adjectives **mon** and **son** are used with the feminine words **amie** and **honnêteté** (and others beginning with a vowel or mute **h**) to make pronunciation easier.

GRAMMAIRE 3

Subject pronoun	Corresponding possessive adjective
je	mon, ma, mes
tu	ton, ta, tes
il/elle/on	son, sa, ses
nous	notre, nos
vous	votre, vos
ils/elles	leur, leurs

3. To determine which possessive adjective to use, look at the noun that follows (the thing "possessed"). This is different from English, where the gender of the "possessor" determines the choice of the possessive adjective. This is most evident in the third person singular.

his/her book	**son livre**
his/her car	**sa voiture**
his/her friends	**ses ami(e)s**

> Remember that **son, sa, ses** can mean *his* or *her*. It is the gender and number of the object being modified that determine the form of the adjective. **Ses** refers to one person in possession of at least two things; conversely, **leur** refers to at least two people, but only one object.

Application immédiate 3

Transformez les phrases en utilisant un adjectif possessif.

Exemple: Ce livre est à Marie. → *C'est son livre.*

Cette voiture est aux Dupont. → *C'est leur voiture.*

Ces chiens sont à mes amis. → *Ce sont leurs chiens.*

1. Cette flûte est à Deschamps.
2. Ce chien est à Mme Castella.
3. Ces tableaux sont aux Castella.
4. Cette usine est à moi.
5. Cette galerie est à vous.
6. Ces costumes sont à nous.

Les adjectifs

Adjectives are words that describe nouns. They agree in number and gender with the noun they modify.

Le genre et le nombre

LES ADJECTIFS AU MASCULIN

Adjectives are usually listed in the masculine form. Some adjectives, such as **vieux, beau,** and **nouveau,** have two forms in the masculine singular; they change their form in front of a vowel or a mute **h.** The feminine of these adjectives is based on this alternate masculine form.

GRAMMAIRE 3

Adjective	Masculine forms	Feminine form
vieux *(old)*	un vieux livre un vieil animal un vieil homme	une vieille maison
beau *(beautiful, good-looking)*	un beau garçon un bel enfant un bel habit	une belle histoire
nouveau *(new)*	un nouveau journal le nouvel an un nouvel hôpital	une nouvelle robe

LES ADJECTIFS AU FÉMININ

1. The feminine of adjectives is usually formed by adding a mute **e** to the masculine form (there is no change when the masculine adjective already ends in an **e**). The presence of the mute **e** causes the preceding consonant to be pronounced. This makes it possible to distinguish a feminine adjective from a masculine one in speaking.

grand (masculine, the **d** is not pronounced)

grande (feminine, the **d** is pronounced)

2. In many cases, other changes occur when a masculine adjective is put in the feminine. The rules below will help you form the feminine of many adjectives. There are many exceptions, so it is always a good idea to check in a dictionary.

un film canadien, une pièce canadienne

a Canadian film, a Canadian play

> Adjectives of nationality are not capitalized in French. Refer to *Les noms et adjectifs de nationalité* (page 234).

Masculine ending	Feminine ending	Example	
		Masculine adjective	Feminine adjective
-e	no change	mince	mince
-é	-ée	déprimé	déprimée
-consonant	*-consonant* + e	tolérant	tolérante
-s	Most adjectives follow the general rule.	soumis	soumise
	Some adjectives double the **s**.	gros gras bas épais métis	grosse grasse basse épaisse métisse
-g	-gue	long	longue
-x	-sse	faux roux	fausse rousse
	-ce	doux	douce

GRAMMAIRE 3

-ien	-ienne	canadien	canadienne
-on	-onne	bon	bonne
-il	-ille	gentil	gentille
-el	-elle	formel	formelle
-eil	-eille	pareil	pareille
-et	-ette	net	nette
	Exceptions:		
	-ète	(in)discret	(in)discrète
		(in)complet	incomplète
		inquiet	inquiète
		secret	secrète
-if	-ive	sportif	sportive
-c	-che	blanc	blanche
		franc	franche
		sec	sèche
	Exception:		
	-que	public	publique
-er	-ère	étranger	étrangère
-eux	-euse	heureux	heureuse
-eur	-eure	inférieur	inférieure
	-euse (if the adjective is derived from a verb and has the same stem as the verb)	travailleur (The stem **travaill-** is the same as the stem of **travailler**.)	travailleuse
-teur	-teuse (if the adjective is derived from a verb and has the same stem as the verb)	menteur (The stem **ment-** is the same as the stem of **mentir**.)	menteuse
	-trice (if the adjective has a different stem from the corresponding verb)	créateur (The stem **créat-** is different from the stem of **créer** [cré-].)	créatrice

GRAMMAIRE 3

3. Some adjectives of color do not change in the feminine. This is true of adjectives that are related to fruit (**orange, citron, marron, châtain**) and adjectives that are modified by another adjective of color.

un pantalon **marron,** une robe **marron**

brown pants, a brown dress (**un marron** is a chestnut)

La chambre est **bleu clair** *(light blue).*

BUT

La chambre est ble**ue.**

Application immédiate 4

Complétez les phrases en mettant les adjectifs au féminin.

1. Castella est conciliant. Clara n'est pas très _____.

2. Castella est franc. Clara est _____.

3. Deschamps est naïf. Madame Castella est _____.

4. Castella est râleur et conservateur. Sa femme est _____ et
_____.

5. Castella est assez grossier. Manie est parfois _____.

6. Antoine est intellectuel et cultivé. Clara est _____ et
_____.

7. Moreno est coléreux et susceptible. Manie est _____ et
_____.

LES ADJECTIFS AU PLURIEL

1. The plural of adjectives is usually formed by adding an **s**. There is no change for adjectives that end in -**s** and -**x** in the masculine singular.

   un homme âgé → des hommes âgé**s**

   une employée travailleuse → des employées travailleuse**s**

   un enfant heureux → des enfants heureux

2. Some adjectives of color do not change in the plural. This is true of adjectives that are related to fruit (**orange, citron, marron, châtain**) and adjectives that are modified by another adjective of color.

Les fleurs sont **orange**.		*The flowers are orange.*
Il a les yeux **bleu vert** *(blue green)*.	**BUT**	Il a les yeux vert**s**.
Les murs sont **vert foncé** *(dark green)*.	**BUT**	Les murs sont vert**s**.

3. Some adjectives have an irregular plural.
   - **Beau** and **nouveau** form their plural in -**x**.

     beau → beau**x**   Il y a de(s) beau**x** monuments à Paris.

   - Most adjectives in -**al** form their plural in -**aux**.

     loyal → loy**aux**   J'ai des amis loy**aux**.

La position des adjectifs

1. Most adjectives come after the noun.

   un ami dévoué   *a devoted friend*

2. A few adjectives come before the noun.

   un bon ami   *a good friend*

The adjectives that precede the noun they modify can be remembered by grouping them in categories.

Adjectives that precede the noun (think of the acronym BAGS)				
Beauty	**Age**	**Goodness**	**Size**	**Other**
beau, belle joli(e)	jeune nouveau (nouvelle) vieux (vieille)	bon(ne) gentil(le) mauvais(e)	grand(e) gros(se) long(ue) petit(e)	autre *(other)* même *(same)*

Exception

Petit and **grand** have an additional meaning in front of certain nouns and sometimes go after the noun to avoid confusion.

Petit expresses affection.

un petit ami	*a boyfriend*
une petite amie	*a girlfriend*
mon petit garçon, ma petite fille	*my little boy, my little girl*

Grand means *great/important,* especially when describing people and events.

un grand homme	*a great man*
une grande dame	*a great woman*
un grand médecin	*a well-known doctor*
un grand moment	*a great moment*
un grand événement	*a great event*
un grand match	*a great game*

To say that a friend is short or that a man is tall, you can put the adjective after the noun or rephrase to avoid possible confusion.

C'est un homme grand.	*He's a tall man.*
J'ai un ami qui est petit.	*I have a short friend.*

Ancien may be used before a noun to mean *former* when referring to a person, but not after a noun in the sense of *old* when referring to a person. Use **vieux** or **âgé** for people instead.

3. Some adjectives have different meanings before and after the noun.

	Before the noun	After the noun
ancien	*former* **mon ancienne maison** (*my former house*)	*old* **une maison ancienne** (*an old house*)
cher	*dear* **mon cher ami** (*my dear friend*)	*expensive* **une voiture chère** (*an expensive car*)
dernier	*the last* **la dernière semaine de mai** (*the last week in May*)	*last* **la semaine dernière** (*last week*)
même	*same* **le même jour** (*the same day*)	*very* **le jour même** (*the very day*)
pauvre	*unfortunate* **un pauvre homme** (*a loser*)	*poor, i.e., not rich* **un homme pauvre** (*a poor man*)
propre	*own* **mon propre bureau** (*my own office*)	*clean* **un bureau propre** (*a clean office*)
seul	*only* **une seule personne** (*one person only*)	*Alone, lonely* **une personne seule** (*a person who is alone, a lonely person*)

GRAMMAIRE 3

Application immédiate 5

Insérez la forme correcte de l'adjectif avant ou après le nom souligné.

> *Exemple:* L'ami de Clara vend des tableaux. (cher)
>
> ***L'ami de Clara vend des tableaux chers.***

1. Monsieur Castella a son garde du corps. (propre)
2. Clara pense que Castella est un homme. (pauvre)
3. Madame Castella emmène toujours son chien avec elle. (cher)
4. Antoine (l'ami de Clara) est un homme. (grand)
5. Castella a assisté à la représentation d'*Hedda Gabler*. (dernière)
6. Il espère que Clara jouera *(will act)* dans une pièce. (nouveau)
7. Clara s'entend bien avec les acteurs. (autre)

Le comparatif des adjectifs

1. To compare people or things using adjectives, it is necessary to use the comparative form of the adjectives.

plus ... que	more ... than (adjective)+-**er** than	Mon frère est plus grand que moi.
moins ... que	less ... than	Je suis moins riche que mes amis.
aussi ... que	as ... as	Elle est aussi sportive que lui.

2. **Bon** has an irregular comparative. **Mauvais** has two forms.

Adjective	Comparative form		Example
bon(ne)	meilleur(e)	*better*	Ses films sont meilleurs que ses documentaires.
mauvais(e)	plus mauvais(e)/ pire	*worse*	Ma deuxième composition est plus mauvaise/pire que la première.

Application immédiate 6

Comparez les personnages du film *Le Goût des autres.*

1. Manie est _____ optimiste que Clara.
2. Le chauffeur est _____ naïf que le garde du corps.
3. Au début du film, Castella est _____ inculte que son père.
4. Clara est _____ en anglais que Castella. (bon)
5. La vie sentimentale de Clara est _____ que celle de Manie. (mauvais)

Le superlatif des adjectifs

1. To say that something or someone is *the most* or *the least* intelligent or beautiful, use **le plus/la plus/les plus** + adjective or **le moins/la moins/les moins** + adjective. This is called a superlative.

C'est le moins réaliste.	*He's the least realistic.*
C'est la plus intelligente.	*She's the most intelligent.*
Ce sont mes amis les plus proches.	*They're my closest friends.*

2. The superlative of **bon** is **le/la meilleur(e)** and **le/la moins bon(ne)**. The superlatives of **mauvais** are **le/la plus mauvais(e)** and **le/la pire**.

3. With a noun, the position of the superlative is the same as that of the adjective being used.

C'est la plus jeune étudiante de la classe. (before the noun)
She's the youngest female student in the class.

C'est le meilleur film de l'année. (before the noun)
It's the best film of the year.

C'est la personne la moins conciliante de l'entreprise. (after the noun)
He/She is the least compromising person in the firm.

Application immédiate 7

Faites des phrases au superlatif selon le modèle.

> *Exemples:* Weber / employé / + efficace / usine
> *Weber est l'employé le plus efficace de l'usine.*
> Clara / femme / − conciliant / groupe
> *Clara est la femme la moins conciliante du groupe.*

1. Clara / actrice / + bon / troupe

2. Les Castella / spectateurs / − intéressé / salle de théâtre

3. Manie / serveuse / + sympathique / café

4. Castella / homme / − cultivé / groupe

5. Deschamps / + mauvais / musicien / orchestre

6. Moreno / + beau / homme / film

> Notice the use of **de** for the English equivalent *in*. *The best painting in the world* translates to **le meilleur tableau du** monde.
>
> C'est le meilleur athlète du lycée.
> *He's the best athlete in the high school.*
>
> C'est le plus mauvais/le pire jour de ma vie.
> *It's the worst day in my life.*
>
> If you need to review the position of adjectives, return to page 270.

If you need to review the position of adjectives, return to page 270.

GRAMMAIRE 3

Chapitre 4

GRAMMAIRE

La proposition relative, Les pronoms relatifs, Les pronoms démonstratifs

LA PROPOSTION RELATIVE, LES PRONOMS RELATIFS, LES PRONOMS DÉMONSTRATIFS

For more practice with relative clauses, visit the website http://www.thomsonedu.com/french/sequences.

La proposition relative

In Chapter 3 you reviewed some of the components of a noun phrase (determinants and adjectives). Another component of a noun phrase is the relative clause. As the word *relative* suggests, the relative clause is related, or linked, to a noun. Like an adjective, a relative clause provides additional information about that noun.

Regarde l'homme **qui traverse la rue**!

Look at the man who is crossing the street!

(The relative clause **qui traverse la rue** adds information about **l'homme.**)

The noun that is defined or described by the relative clause (here, **l'homme**) is called the *antecedent* because it comes before the relative clause (*ante* means *before* in Latin).

The pronoun that introduces the relative clause (here, **qui**) is called a *relative pronoun.*

La proposition relative restrictive

A relative clause is called *restrictive* when it defines the antecedent, i.e., it helps identify the person, place, or thing that is being talked about. In the example **Regarde l'homme qui traverse la rue, qui traverse la rue** helps identify **l'homme**. There is no comma between the antecedent and the relative pronoun in restrictive clauses. Most of the relative clauses used in conversation belong to this type.

La proposition relative non restrictive

A relative clause is *nonrestrictive* when it adds information that is not essential to understand the sentence. It is set off by commas. When reading long sentences, it is useful to skip this type of relative clause to get the general meaning first.

> Cette femme, **que j'admire beaucoup,** est une réalisatrice bien connue.
>
> *This woman, **whom I admire a lot,** is a well-known director.*

A nonrestrictive relative clause can also add information about a clause.

> J'ai lu un roman ce weekend, **ce que je fais rarement.**
>
> *I read a novel this weekend, **which I rarely do.***
>
> (The relative pronoun is **ce que.** The antecedent is **J'ai lu un roman ce weekend.**)

> The presence or absence of commas surrounding a relative clause is identical in French and in English.

Les pronoms relatifs

Relative pronouns are links between the relative clause and the noun or clause it modifies.

Le choix du pronom relatif

How would you explain to a French speaker how to choose a relative pronoun in English? Look at the following examples to infer a rule.

> *Do you know the woman **who** is crossing the street?*
>
> *Do you know the dog **that** is crossing the street?*

You can infer that the pronoun is different depending on whether the antecedent is human *(the woman)* or nonhuman *(the dog)*. Now compare with the equivalent French sentences.

> Connais-tu la femme **qui** traverse la rue?
>
> Connais-tu le chien **qui** traverse la rue?

Here the pronoun is the same. Unlike English, French makes no distinction between human and nonhuman antecedents. What matters in French is whether the antecedent is the subject or the object of the verb that follows. The sentence above could be broken into two sentences:

> Connais-tu la femme? La femme traverse la rue.

La femme, in the second sentence, is the subject of the verb **traverse.** To avoid the repetition of **la femme,** one can link the two sentences with the subject relative pronoun **qui.**

In the following sections you will learn how to choose the pronoun based on the grammatical function (subject, object) of the noun it replaces. Refer to the chart as you study these pronouns.

	If the antecedent is → ↓	**1** a specified person, thing, or place	**2** indeterminate or general	**3** a clause
A	the subject of the verb of the relative clause	**qui**	**ce qui**	**, ce qui**
B	the direct object	**que**	**ce que**	**, ce que**
C	an expression of space and time *(the place where . . . ; the time when . . .)*	**où**	**là où**	**X**
D	the object of a preposition other than **de**	preposition + **qui** [person] preposition + a form of **lequel** [thing, place]	**ce** + preposition + **quoi**	**, ce** + preposition + **quoi**
E	the object of the preposition **de** when the verb takes **de** in possessive structures **(la voiture de . . .)**	**dont** **dont**	**, ce dont** **X**	**ce dont** **X**

The pronouns in 1, 2.A, 2.B, and C are used the most frequently, as you will see in the **Qui a dit quoi?** exercise (page 100) in this chapter, based on dialogues from *Le Placard.*

Les pronoms relatifs sujets: **qui, ce qui**

Qui and **ce qui** are used when the antecedent is the subject of the verb of the relative clause.

See row A in the chart above.

1. **Qui** is used when the antecedent is a specified person, thing, or place.

   L'accident **qui** est arrivé ce matin est horrible.

   *The accident **that** happened this morning is horrible.*

   See row A, column 1 in the chart above.

   Here the antecedent is a specified thing, **l'accident;** the restrictive clause **qui est arrivé ce matin** identifies it, so there is no comma.

2. **Ce** appears in front of **qui** when the antecedent is indeterminate or general enough to be omitted.

   Ce qui est arrivé ce matin est horrible.

   What (=That which) happened this morning is horrible.

   See row A, column 2.

   If the antecedent appeared, it would be a general one, such as **les choses** *(the things).*

3. Verb agreement
   - With **qui,** the verb of the relative clause agrees with the antecedent, since the antecedent is its subject.

     Je ne connais pas **les étudiants** qui **vont** aller en France.

     I don't know the students who are going to France.

GRAMMAIRE 4

GRAMMAIRE 4

This form, where the subject noun is set off by a comma and repeated by a pronoun, doesn't truly exist in English, except as a choppy, unnatural form in forced conversation meant to imitate French.

See row B, column 1.

Note that **que** is never omitted. *That* and *whom* can be deleted when they are direct objects in restrictive clauses. This is indicated by parentheses.

Refer to pages 256–258 to review the rules about past participle agreement.

See row B, column 2.

- The verb that follows **ce qui** is always in the third person singular.

  Les notes, c'est **ce qui compte** le plus pour lui.
  *Grades are **what counts** the most for him.*

Les pronoms relatifs objets directs: **que, ce que**

Que and **ce que** are used when the antecedent is the direct object of the verb of the relative clause.

1. **Que** is used when the antecedent is a specified person, thing, or place.

    Voici une amie **que** j'aime beaucoup.
    *Here is a friend **(that/whom)** I like a lot.*
    Merci pour **les fleurs** que tu m'as offertes. (**Offertes** is feminine plural, like **fleurs**.)
    Thanks for the flowers (that) you gave me.

2. **Ce** appears in front of **que** when the antecedent is indeterminate or general enough to be omitted.

    Je ne comprends pas **ce que** tu dis.
    *I do not understand **what** you are saying.*

Application immédiate 1

Formulez une phrase avec **qui** et une autre avec **que,** d'après le modèle. Référez-vous aux explications ci-dessus pour savoir quel pronom utiliser.

> *Exemple:* Mademoiselle Bertrand: Elle travaille avec François. François aime Mademoiselle Bertrand.
>
> > **qui:** C'est la personne qui *travaille avec François.*
> >
> > **que:** C'est la personne que *François aime.*

1. Monsieur Belone: Il habite à côté de François. François rencontre Monsieur Belone sur son balcon.
    qui: **C'est la personne qui...**
    que: **C'est la personne que...**

2. Santini: Il entraîne l'équipe de rugby. Ses collègues veulent changer Santini.
    qui:
    que:

3. Monsieur Kopel: Il dirige l'entreprise. Les employés respectent Monsieur Kopel.
    qui:
    que:

Application immédiate 2

Formulez une phrase avec **ce qui** et une autre avec **ce que,** d'après le modèle.

Exemple: Le pull rose: Cela donne des soupçons *(suspicions)* à Madame Santini. Santini offre cela à François.

ce qui: C'est ce qui *donne des soupçons à Mme Santini.*

ce que: C'est ce que *Santini offre à François.*

Ask yourself if **cela** is the subjet or the object of the verb.

1. Les plaisanteries vulgaires: Cela amuse Santini. Le patron n'apprécie pas cela.
ce qui: C'est ce qui…
ce que: C'est ce que…

2. Le tatouage: Cela intrigue Mademoiselle Bertrand. François a cela sur son bras.
ce qui:
ce que:

3. Les préjugés: Cela influence l'attitude de Santini. Le film critique cela.
ce qui:
ce que:

Application immédiate 3

Complétez les phrases suivantes avec **qui, que/qu', ce qui, ce que/ce qu'.**

1. François Pignon est l'employé _____ le photographe n'a pas inclus sur la photo.

2. Mademoiselle Bertrand ne croit pas les rumeurs _____ circulent sur François Pignon.

3. Frank n'aime pas _____ son père prépare quand il mange chez lui.

4. À la cafétéria, Félix parle des betteraves *(beets)* _____ François est en train de manger.

5. L'ex-femme de François a été très surprise par _____ elle a vu à la télévision.

6. François ne comprend pas _____ arrive *(happens)* quand Mademoiselle Bertrand tente de lui enlever la chemise.

7. C'est le chef du personnel _____ a eu l'idée de faire participer François à la Gay Pride.

8. _____ explique l'attitude de Jean-Pierre Belone, c'est qu'il a été victime de discrimination.

Le pronom relatif **où**

1. **Où** is used when the antecedent is an expression of space *(the place where . . .)* or time *(the time when . . .).*

See row C.

See row C, column 1.

L'endroit **où** nous habitons est très agréable.

*The place **where** we live is very nice.*

Le 11 novembre 1918 est le jour **où** la France et l'Allemagne ont signé l'Armistice.

*November 11, 1918, was the day **when** France and Germany signed the armistice.*

Te souviens-tu du soir **où** nous nous sommes rencontrés?

*Do you remember the evening **when** we met?*

Notice the different use of verb tense in French (present: **est**) and English (past: *was*).

GRAMMAIRE 4

Heure/qui is the subject of **est.** In other words: What is the most pleasant time of day? The moment being referred to.

Heure/que is the direct object of **préfère.** In other words: I prefer what? The hour of the day being referred to.

Jour/auquel is the object of the preposition **à (penser à).** In other words, I often think about what? September 11. This pronoun is presented on page 281.

See row C, column 2.

Refer to *Les pronoms relatifs objets d'une préposition (à l'exception de de).*

Attention! Do not automatically use **où** after an expression of time and space. In the following examples, **heure** and **jour** do not answer the question When? or Where? so another pronoun is used.

C'est l'heure de la journée **qui** est la plus agréable.
*It's the time of day **that** is the most pleasant.*

C'est l'heure de la journée **que** je préfère.
*It's the time of day **(that)** I prefer.*

Le 11 septembre est un jour **auquel** je pense souvent.
*September 11 is a day **(that)** I often think **about**.*

2. **Là** appears in front of **où** when the antecedent is indeterminate or general enough to be omitted.

Tu es de Lyon? C'est **là où** je vais faire mes études.
*You're from Lyon? That's **where** I'm going to study.*

3. **Où** can often be replaced with a preposition + a form of **lequel.**

C'est une boîte **où/dans laquelle** je garde des souvenirs.
*It's a box **where/in which** I keep some memorabilia.*

Application immédiate 4

Complétez les phrases avec le pronom **où** ou **là où.**

1. François arrive au bureau au moment _____ ses collègues sont en train de regarder les photos.
2. L'hôpital _____ on soigne Félix ressemble à celui du film *Le Colonel Chabert.*
3. Les toilettes, c'est _____ François a appris qu'il était licencié.
4. Au restaurant, Félix parle des vestiaires _____ les joueurs se douchent après l'entraînement.

Application immédiate 5

Complétez les phrases avec le pronom **qui, que, où** ou **là où.**

1. —J'ai bien aimé le moment _____ Santini et François se sont retrouvés au restaurant. C'est une scène _____ m'a fait rire.

   —C'est un moment _____ j'ai aimé aussi.

2. —Frank se souviendra du jour _____ il a vu son père à la télé.

   —Oui, c'est un jour _____ il n'oubliera pas!

3. —Aimerais-tu vivre _____ François habite?

   —Pas vraiment; c'est un endroit _____ ne me plaît pas trop.

Les pronoms relatifs objets d'une préposition (à l'exception de **de**)

See row D.

See row D, column 1, first section.

The antecedent is a person, l'étudiant(e), the preposition is avec, and the pronoun is qui.

You have learned that French makes no distinction between human and nonhuman antecedents in the context of the relative pronouns **qui** and **que.** The situation is different when the antecedent is the object of a preposition.

1. If the antecedent is a person, use: preposition (except **de**) + **qui.**

J'aime beaucoup l'étudiant(e) **avec qui** j'ai fait cette présentation.
*I really like the student **with whom** I did this presentation.*

2. If the antecedent is a thing or a place, use: preposition (except **de**) + a form of **lequel**.

J'aime beaucoup le livre **sur lequel** j'ai fait une présentation.
*I really like the book **on which** I did a presentation.*

Forms of *lequel*		
Masculine singular	**lequel**	Le subjonctif est un point **sur lequel** elle insiste. *The subjunctive is a point on which she insists.*
Feminine singular	**laquelle**	C'est la raison **pour laquelle** je vous téléphone. *That's the reason why I am calling you.*
Masculine plural	**lesquels**	J'ai gardé les livres **avec lesquels** j'ai appris le français. *I've kept the books with which I learned French.*
Feminine plural	**lesquelles**	Ils aiment les villes **dans lesquelles** ils ont habité. *They like the cities in which they have lived.*

When the preposition is **à,** there is a contraction with **lequel, lesquels,** and **lesquelles.**

Forms of à + *lequel*		
Masculine singular	**auquel** (à + **lequel**)	L'environnement est un sujet **auquel** je m'intéresse. *The environment is a topic I am interested in/ in which I am interested.*
Feminine singular	**à laquelle**	C'est une solution **à laquelle** je pense. *It's a solution I am thinking about.*
Masculine plural	**auxquels** (à + **lesquels**)	Il faut défendre les principes **auxquels** on croit. *One must fight for the principles one believes in.*
Feminine plural	**auxquelles** (à + **lesquelles**)	Ce sont des rumeurs **auxquelles** je ne fais pas attention. *These are rumors I don't pay attention to.*

3. If the antecedent is general or indeterminate, use: **ce** + preposition **+ quoi.**

Mes amis n'aiment pas **ce à quoi** je m'intéresse.
*My friends don't like **what** I am interested **in**.*

See row D, column 1, second section.

The antecedent is a thing, **le livre**, the preposition is **sur**, and the pronoun is **lequel**.

The reason why is translated **la raison pour laquelle**, literally *the reason for which*. **Pourquoi** is not a relative pronoun, so **la raison pourquoi** is not correct.

Also appropriate here: **les villes où**.

See row D, column 2.

In practice, this form of the relative pronoun is not used very often. Most people would express the sentence below more simply as: **Mes amis n'aiment pas mes activités/les sujets qui m'intéressent.**

GRAMMAIRE 4

Ask yourself: Is this about a person (**qui**) or a thing (a form of **lequel**)?

Application immédiate 6

Complétez les phrases avec **qui** or a form of **lequel**.

1. L'homme chez _____ François va se consoler s'appelle Jean-Pierre Belone.

2. Jean-Pierre Belone dit que la voiture sur _____ François va se jeter est à lui.

3. Qu'est ce que François a en commun avec le chat _____ il se compare (se comparer *à* quelque chose)?

4. François est un homme discret à _____ on ne fait pas attention.

5. François connaît la raison pour _____ on ne l'a pas licencié.

See row E.

Les pronoms relatifs objets de la préposition **de:**

dont, ce dont

The use of **dont** and **ce dont** will be easier for you if you think of them as exceptions to the previous category. Think of **dont** as a contraction for **de qui** and **de** + a form of **lequel,** and of **ce dont** as a contraction for **ce de quoi.** The preposition **de** is "built into" the pronoun **dont.**

See row E, column 1 (first section) and column 2.

1. **Dont** and **ce dont** are used when the verb of the relative clause is followed by **de.**

Le chien est un animal **dont** j'ai peur.

*The dog is an animal (**that**) I am afraid of (of which I am afraid).*

The above sentence is a combination of the following two sentences:

Le chien est un animal. J'ai peur **de** cet animal.

Dont replaces **de cet animal.**

J'ai trouvé **ce dont** j'avais besoin.

*I found **what** I needed.*

The above sentence is a combination of the following two sentences:

J'ai trouvé quelque chose. J'avais besoin **de** cette chose.

Dont replaces **de cette chose.**

Since **quelque chose** is indeterminate, it is replaced by **ce.**

The preposition **de** in the verbs included here is translated in many ways—to speak *about*, to be afraid *of*, to need + noun. To find the right pronoun in French, you must memorize the structure of the French verb instead of translating from English.

Common verbs followed by *de*

avoir besoin de: *to need* (ce dont j'ai besoin)

avoir envie de: *to want* (le cadeau dont j'ai envie)

avoir peur de: *to be afraid of* (ce dont j'ai peur)

être + *adjective* + de: *to be* + adjective + *about/with/of* (une composition dont je suis content[e]/fier[fière])

faire la connaissance de: *to meet* (l'homme dont j'ai fait la connaissance)

parler de: *to speak about* (le sujet dont je parle souvent)

rêver de: *to dream about* (la vie dont je rêve)

se souvenir de: *to remember* (le match dont je me souviens)

2. Dont is also used to translate **whose.**

Marie est la fille **dont les parents** sont musiciens.

*Marie is the girl **whose parents** are musicians.*

This sentence is a combination of the following two sentences:

Marie est la fille. Les parents de la fille sont musiciens.

Marie est la fille **dont** tu as rencontré **les parents** hier soir.

*Marie is the girl **whose parents** you met last night.*

This sentence is a combination of the following two sentences:

Marie est la fille. Tu as rencontré les parents de la fille hier soir.

In both cases, **dont** replaces **de la fille** and is used to link the two sentences.

See row E, column 1, second section.

Note that *whose parents* has two equivalent structures in French: **dont les parents** (when *parents* is the subject of the relative clause) and **dont. . . les parents** (when *parents* is the direct object).

Application immédiate 7

Complétez les phrases avec **dont** ou **ce dont.**

1. Félix et le photographe ne savent pas que l'homme _____ ils parlent est dans les toilettes.

2. Monsieur Kopel a décidé de ne pas licencier François car l'entreprise _____ il est le patron a des clients homosexuels.

3. _____ François a besoin, c'est de passer plus de temps avec son fils.

4. François est un homme _____ on se moque souvent.

5. Mademoiselle Bertrand est très surprise lorsqu'elle apprend _____ François l'accuse.

Ask yourself: Is there a noun/an antecedent in front of the blank? If not, supply the antecedent by adding **ce.**

For #5, you need to understand the structure of the verb: **accuser quelqu'un de quelque chose** = *to accuse someone of something.*

Les pronoms relatifs qui remplacent une proposition *(a clause)*: **ce qui, ce que, ce dont, ce** + préposition + **quoi**

If the antecedent is an idea or a sentence, use **ce qui, ce que, ce dont, ce** + preposition + **quoi,** and set off the pronouns from their antecedents with a comma. The English translation is *which.*

Ils ont gagné le match, **ce qui** a surpris tout le monde.

*They won the game, **which** surprised everyone*

(The antecedent is **Ils ont gagné le match.**)

Ils ont gagné le match, **ce que** nous espérions.

*They won the game, **which** we hoped for.*

Ils ont gagné le match, **ce à quoi** personne ne s'attendait.

*They won the game, **which** nobody expected.*

Ils ont gagné le match, **ce dont** ils avaient bien besoin.

*They won the game, **which** they really needed.*

See column 3, rows A, B, D, E.

Many speakers would use two sentences here rather than a relative clause: **Ils ont gagné le match. Cela a surpris tout le monde.**

GRAMMAIRE 4

Les pronoms démonstratifs

The demonstrative pronoun is used to avoid the repetition of a definite noun. It is translated by *this one/that one, the one/the ones, these, those.* Its form depends on the gender and number of the noun it replaces.

	Singulier	**Pluriel**	
Masculin	celui	ceux	
Féminin	celle	celles	

Demonstrative pronouns are never used alone. They are followed by **-ci** or **-là,** by a relative clause, or by **de** + noun to indicate possession.

Les pronoms démonstratifs + **-ci** ou **-là**

The suffixes **-ci** and **-là** are used to choose between two options: **-ci** refers to the first option mentioned (*the former*) and **-là** to the second (*the latter*).

> Quel livre préfères-tu? **Celui-ci** ou **celui-là**?
>
> *Which book do you prefer? **This one** or **that one**?*

> —Aimes-tu cette affiche?   —*Do you like this poster?*
>
> —Oui, mais je préfère **celle-là.**   —*Yes, but I prefer **that one.***

Les pronoms démonstratifs + proposition relative

Demonstrative pronouns are often followed by a relative clause introduced by **qui, que,** or **dont** (and, less frequently, other relative pronouns).

> Marc, c'est l'homme qui porte un polo; Pierre, c'est **celui qui** porte une chemise.
>
> *Marc is the man who is wearing a polo shirt; Pierre is **the one who** is wearing a shirt.*

> (Using **celui** avoids the repetition of **l'homme.**)

> Je plains **celle qui** épousera cet homme.
>
> *I feel sorry for **the one who** (= the woman who) will marry this/that man.*

> —Quels articles devez-vous photocopier?   —*Which articles are you supposed to photocopy?*
>
> —**Ceux dont** nous avons parlé lundi.   —*__The ones (that)__ we talked about on Monday (the ones about which we talked).*

Notice that **about** can often be expressed by **de**, as is the case of **parler de** (*to talk about* or *to speak of*).

GRAMMAIRE 4

Les pronoms démonstratifs + **de** + nom

Demonstrative pronouns are used to avoid the repetition of nouns in possessive structures.

> La voiture est à qui? C'est la voiture de Marie. → C'est **celle de** Marie.
>
> *Whose car is it? It's Marie's car.* → *It's Marie's (literally: It is the one of Marie).*
>
> Ces clés sont à qui? Ce sont les clés de Paul. → Ce sont **celles de** Paul.
>
> *Whose keys are these? They are Paul's keys.* → *They are Paul's.*

Application immédiate 8

Remplacez les mots en italiques par une forme de **celui.**

1. Le bras de François n'est pas *le bras* qu'on voit sur la photo.

2. La femme de François aime vivre seule. *La femme* de Santini préfère vivre en couple.

3. Les hommes qui ont agressé François sont *les hommes* qui jouent dans l'équipe de rugby.

4. Le patron aime les plaisanteries (f.), mais il trouve *les plaisanteries* de Santini de mauvais goût.

GRAMMAIRE

Les pronoms personnels; *y et en*

For more practice visit the website http://www.thomsonedu.com/french/sequences.

GRAMMAIRE 5

LES PRONOMS PERSONNELS; *Y* ET *EN*

Introduction

Relative and demonstrative pronouns are presented on pages 276–285.

You may have already studied demonstrative pronouns (**celui**) and relative pronouns that link two clauses (**qui, que, dont,** etc.). Like those, personal pronouns are used to avoid repetition and replace a noun phrase. They are called *personal* pronouns because they are associated with a grammatical person (first, second, and third person singular; first, second, and third person plural). Personal pronouns include subject pronouns (**pronoms sujets**), direct object pronouns (**pronoms compléments d'object direct** or **COD**), indirect object pronouns (**pronoms compléments d'object indirect** or **COI**), and disjunctive pronouns (**pronoms disjoints**).

Subject pronouns	Direct object pronouns		Indirect object pronouns	Disjunctive pronouns
	definite*	**indefinite**		
je	me		me	moi
tu	te		te	toi
il	le, se		lui, se	lui
elle	la, se		lui, se	elle
on	se	en	se	soi
nous	nous		nous	nous
vous	vous		vous	vous
ils	les, se		leur, se	eux
elles	les, se	en	leur, se	elles

The chapter also includes two pronouns that are not personal pronouns, but adverbial pronouns (because they work like an adverb). We will simply call them the pronouns **y** and **en**.

Using these pronouns is going to feel like a juggling act at first. Once you become more fluent in the language and hear the pronouns repeatedly, their use will become more automatic. For now, you need to learn two basic rules. Each will be developed in more depth in this chapter.

1. To choose the right pronoun, you need to determine if the noun it replaces is a direct object, an indirect object, or a prepositional object (a noun introduced by a preposition).

   • A noun that is a direct object answers the question **Quoi?** *(What?)* or **Qui?** *(Whom?)*.

   —Tu connais **Marie?**   —*Do you know Marie?*
   —Oui, je **la** connais.   —*Yes, I know her.*

   La is a direct object pronoun.

   • A noun that is an indirect object answers the question **À qui?** *(To whom?)*.

   —Tu parles **à Marie?**   —*Do you talk to Marie?*
   —Oui, je **lui** parle.   —*Yes, I talk to her.*

   Lui is an indirect object pronoun.

* The object pronouns **me, te, se, le** become **m', t', s', l'** before verbs beginning with a vowel or a mute **h**.

- A noun that is a prepositional object answers a question that starts with a preposition, for example **Avec qui?** *(With whom?)*, **Pour qui?** *(For whom?)*, **Sur quoi?** *(On what?)*, **De quoi?** *(About what?)*, etc. Disjunctive pronouns, **y,** and **en** replace nouns introduced by prepositions. You will learn which pronoun to use on pages 295–298.

> The word *disjunctive* means *not joined.* The pronoun is not joined to the verb; it is separated from the verb by the intervening preposition.

—Tu sors **avec Marie?**	—*Do you go out with Marie?*
—Oui, je sors avec **elle.**	—*Yes, I go out with her.*

Elle is a disjunctive pronoun.

—Tu penses **à l'avenir?**	—*Do you think about the future?*
—Oui, j'**y** pense.	—*Yes, I think about it.*

Y replaces a noun that refers to a place, a thing, or an idea after all prepositions except **de.**

—Tu parles **de tes problèmes?**	—*Do you talk about your problems?*
—Oui, j'**en** parle.	—*Yes, I talk about them.*

En replaces a noun that refers to a place, a thing, or an idea after the preposition **de.**

2. The pronoun goes directly in front of the verb of which it is the object, even when there is a negation.

—Tu parles à Marie?	—*Do you talk to Marie?*
—Oui, je **lui** parle.	—*Yes, I talk to her.*
—Non, je ne **lui** parle pas.	—*No, I don't talk to her.*
—Je **lui** ai parlé hier.	—*I talked to her yesterday.*
—Je vais **lui** parler ce soir.	—*I am going to talk to her tonight.*

> Notice the position of the pronoun when there are two verbs. In the **passé composé** (and other compound tenses), the pronoun precedes the auxiliary (**avoir** or **être**). When the pronoun is the object of an infinitive, it precedes it. The only exception for the position of the object pronoun appears in the imperative. See *La position des pronoms* on page 298 for more on this.

Les pronoms compléments d'objet direct

Emploi

Direct object pronouns stand for places, people, and things that are direct objects of the verb (i.e., that answer the question *What?* or *Whom?*). Here are the direct object pronouns that correspond to the subject pronouns you already know:

—Tu aimes **ce film?**	—*Do you like this film?*
—Oui, je **l'**aime.	—*Yes, I like it.*
—Vous voulez **me** voir?	—*Do you want to see me?*
—Oui, nous voulons **vous** voir.	—*Yes, we want to see you.*

GRAMMAIRE 5

Subject pronouns	Direct object pronouns (definite)*	Direct object pronouns (indefinite or partitive)
je tu	me te	
il	le, se	
elle on	la, se se	en
nous vous	nous vous	
ils elles	les, se les, se	en

* The object pronouns **me, te, se, le** become **m', t', s', l'** before verbs beginning with a vowel or a mute **h.**

Les pronoms compléments d'objet direct de la troisième personne: le, la, les, en

GRAMMAIRE 5

Definite Nouns

A noun is definite if it is a proper noun or if it is introduced by:
• a definite article: *la* petite maison
• a possessive adjective: *ma* petite maison
• a demonstrative adjective: *cette* petite maison

In English, it is common to say "his wife is not." In French, one needs to say the equivalent of "his wife is not *it.*"

1. Le, la, les replace definite nouns.

J'invite souvent **mes amis.** → Je **les** invite souvent.

I invite them often.

2. The neuter pronoun **le** can also replace a clause or an adjective.
   • a clause

Je crois **qu'il va réussir ses examens.** → Je **le** crois vraiment.

I really believe it.

(**Le** replaces **qu'il va réussir ses examens,** which is the direct object of **Je crois.**)

   • an adjective

Notre voisin est sympathique mais sa femme n'est pas **sympathique.** →
Notre voisin est sympathique mais sa femme ne **l'**est pas.

Our neighbor is nice, but his wife is not.

3. En replaces nouns that are indefinite, partitive, or modified by a numeral or an expression of quantity.
   • **En** replaces the indefinite or partitive clause.

—Tu as **des chats?**	—*Do you have cats?* (indefinite plural)
—Oui, j'**en** ai.	—*Yes, I have some.*
—Non, je n'**en** ai pas.	—*No, I don't have any.*
—Tu bois **du café?**	—*Do you drink coffee?* (partitive)
—Oui, j'**en** bois.	—*Yes, I drink some.*
—Non, je n'**en** bois pas.	—*No, I don't drink any.*

- The numeral or expression of quantity is repeated when appropriate.

—Tu as un chat?	—*Do you have a cat?*
—Oui, j'**en** ai **un.**	—*Yes, I have one.*
—Non, je n'**en** ai pas.	—*No, I don't have any.*
—Je n'**en** ai pas **un,** j'**en** ai **deux.**	—*I don't have one, I have two.*
—Tu as beaucoup de devoirs?	—*Do you have a lot of homework?*
—Oui, j'**en** ai **beaucoup.**	—*Yes, I have a lot (of it).*
—Non, je n'**en** ai **pas beaucoup.**	—*No, I don't have a lot.*
—Non, je n'**en** ai pas.	—*I don't have any.*

- When the indefinite or partitive noun is modified by an adjective, the adjective is repeated when appropriate.

—Tu cherches une robe de quelle couleur?	—*What color dress are you looking for?*
—J'**en** cherche **une rouge.**	—*I am looking for a red one.*
—Et tu cherches aussi des chaussettes?	—*How about socks?*
—J'**en** cherche **des blanches.**	—*I am looking for white ones.*

L'accord du participe passé

1. In compound past tenses (**passé composé, plus-que-parfait, conditionnel passé, infinitif passé, subjonctif passé,** etc.), the past participle agrees with the definite direct object pronoun, since it precedes the verb.

—Vous avez vu **votre cousine?**	—*Did you* (two men) *see your* (female) *cousin?*
—Oui, nous l'avons vu**e.** Elle **nous** a invités chez elle.	—*Yes, we saw her* (feminine singular). *She invited us* (masculine plural) *to her house.*

2. There is no agreement with **en** since **en** replaces an indefinite or partitive noun.

—Tu as mangé **de la tarte?**	—*Did you eat pie?*
—Oui, j'**en** ai mangé.	—*Yes, I ate some.*

Application immédiate 1

Remplacez les expressions en italique par un pronom d'objet direct. Faites l'accord si nécessaire.

1. Éliane aimait diriger *sa plantation.*
2. Camille a rencontré *des paysans* pendant son voyage.
3. Éliane n'avait pas *d'enfants.* Alors elle a adopté *Camille.*
4. Tanh a aidé *Camille et Jean-Baptiste.*
5. Guy promet à Éliane *qu'il va retrouver Camille.*

GRAMMAIRE 5

Application immédiate 2

Répondez aux questions suivantes en commençant vos réponses par Oui. Utilisez le pronom **en**.

1. Camille et Jean-Baptiste ont eu un fils?
2. Éliane employait beaucoup de travailleurs?
3. Éliane possédait une grande plantation d'hévéas?

Les pronoms compléments d'objet indirect

Emploi

1. Indirect object pronouns replace nouns that are indirect objects of the verb (i.e., which answer the question **À qui?**). Indirect object pronouns differ from direct object pronouns in the third person only.

Direct object pronouns		Indirect object pronouns
me		me
te		te
le		lui
la	en	lui
se		se
nous		nous
vous		vous
les	en	leur
se		se

—Vous écrivez souvent **à votre fille**?	—*Do you write to your daughter often?*
—Oui, j'aime **lui** écrire.	—*Yes, I like writing to her.*
—Qu'est-ce que vous recommandez **à vos étudiants**?	—*What do you recommend to your students?*
—Je **leur** recommande de parler français tous les jours.	—*I recommend that they speak French every day.* (literally: *I recommend to them to speak*)

> This example demonstrates how important it is to memorize verbs like **recommander** as recommander à quelqu'un de faire quelque chose.

2. In compound past tenses, there is *no* agreement of the past participle with indirect object pronouns.

Mes amies sont fâchées parce que je ne **leur** ai pas écrit. (no agreement)
My friends are unhappy because I did not write to them.

Compare with:

Mes amies sont fâchées parce que je ne **les** ai pas aid**ées.** (agreement with the direct object pronoun).
My friends are unhappy because I did not help them.

Application immédiate 3

Remplacez les expressions en italique par un pronom d'objet indirect.

1. Tanh écrivait *à Camille* quand il était étudiant à Paris.

2. Tanh a demandé *à Camille et Jean-Baptiste* de partir avec une troupe itinérante.

3. Étienne n'a pas voulu parler *à sa mère*.

Me, te, se, nous, vous: Pronoms compléments d'objet direct ou indirect?

Me, te, se, nous, vous are both direct and indirect objects. This makes it easier for you, except in compound tenses. In order to decide if the past participle agrees, you need to determine whether **me, te, se, nous, vous** are direct or indirect object pronouns.

Merci de nous avoir téléphoné.

Thanks for calling us.

(**téléphoner** takes **à** ➞ **nous** is an indirect object ➞ no agreement)

Merci de **nous** avoir aidé**s**.

Thanks for helping us.

(**aider** takes a direct object ➞ agreement)

- Writing a simple sentence without pronouns can help you determine if the verb takes a direct or an indirect object.

  Je téléphone **à mes amis.**

  (**téléphoner** is followed by an indirect object)

  J'aide **mes amis.**

  (**aider** is followed by a direct object)

- Remember that some verbs take a direct object in English and an indirect object in French. You need to pay attention to the structure of the French verb. For example, **téléphoner** is followed by an indirect object while its English equivalent, *to call*, takes a direct object.

> Be careful when using **man-quer à** *(to be missed)* and **plaire à** *(to be liked),* which take an indirect object. See the fuller explanation of these verbs on page 21.

GRAMMAIRE 5

Some Tricky Verbs

The verbs **demander, dire, donner, écrire, offrir, prêter,** and **répondre** have two structures in English, for example *to tell someone something* and *to tell something to someone.* Thinking of the second structure will help you remember the French one: **dire quelque chose à quelqu'un.** Each of these verbs has both a direct and an indirect object.

> J'ai donné **de l'argent** à mon ami. (direct object) ➞
> J'**en** ai donné à mon ami.
>
> *I gave my friend some.*
>
> J'ai donné de l'argent **à mon ami.** (indirect object) ➞
> Je **lui** ai donné de l'argent.
>
> *I gave him some money.*

The position of multiple pronouns will be explained in *La position des pronoms* (page 298).

The direct object and the indirect object can both be replaced.

J'ai donné **de l'argent à mon ami.** → Je **lui en** ai donné.

I gave him some.

- With pronominal verbs, a direct object pronoun can sometimes become an indirect object. This will affect the agreement of the past participle. This happens when the verb already has a direct object.

Elle s'est lav**ée.**   *She washed herself.*

(**Elle a lavé qui?** → **se** is a direct object)

Elle s'est lavé les mains.   *She washed her hands.* (literally: *She washed the hands to herself*)

(**Elle a lavé les mains à qui?** → **se** is an indirect object; **les mains** is the direct object)

Ask yourself: Does the non reflexive form of this verb take a direct object or does it require the preposition **à** when I restructure the sentence? If the verb requires the preposition **à**, the reflexive pronoun functions as an indirect object, and there is no agreement.

Application immédiate 4

Décidez si le participe passé s'accorde avec le sujet des phrases suivantes.

1. Camille s'est séparé_____ de sa mère.
2. Où est-ce que Camille et Tanh se sont rencontré_____? Est-ce qu'ils se sont vu___ souvent avant leur mariage? Est-ce qu'ils se sont écrit_____?
3. Quand Éliane et Camille se sont revu_____, elles se sont un peu parlé_____, puis elles se sont quitté_____ définitivement.

Les pronoms remplaçant un complément prépositionnel

You read in the **Introduction** (page 287) that disjunctive pronouns, **y,** and **en** can replace a prepositional object (a noun that follows a preposition). Asking yourself a few questions will help you determine which of those pronouns to use.

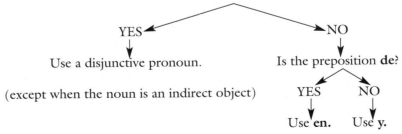

Does the noun after the preposition refer to a person?

YES → Use a disjunctive pronoun.

(except when the noun is an indirect object)

NO → Is the preposition **de?**

YES → Use **en.**   NO → Use **y.**

Les pronoms disjoints

EMPLOI

Disjunctive pronouns replace nouns that refer to people after a preposition.

—Tu voyages **avec Marie?**	—*Do you travel with Marie?*
—Oui, je voyage **avec elle.**	—*Yes, I travel with her.*
Je suis amoureux **de toi.**	*I am in love with you.*
On doit/Il faut compter **sur soi.**	*One must rely on oneself.*
—Vous habitez **chez vos parents?**	—*Do you live at your parents'?*
—Oui, j'habite **chez eux.**	—*Yes, I live at their house.*

Here are the disjunctive pronouns that correspond to the subject pronouns.

> **Soi** is used when the subject is **on, tout le monde, celui,** or after an impersonal expression such as **il faut, il est important,** etc.

Subject pronouns	Disjunctive pronouns
je	moi
tu	toi
il	lui
elle	elle
on	soi
nous	nous
vous	vous
ils	eux
elles	elles

PRONOM DISJOINT OU PRONOM COMPLÉMENT D'OBJET INDIRECT?

With the preposition **à** + person, you need to decide whether to use a disjunctive pronoun or an indirect object pronoun. There are no clear rules, so you should keep lists of verbs that take a disjunctive pronoun vs. verbs that take an indirect object pronoun.

- Verbs such as **penser à** *(to think about)*, **se fier à** *(to trust)*, **s'habituer à** *(to get used to)*, and **s'intéresser à** *(to be interested in)* take a disjunctive pronoun.

  Je pense **à mes amis.** → Je pense **à eux.**

  I think about my friends. → *I think about them.*

- Verbs such as **donner, écrire, parler,** and **téléphoner** take an indirect object pronoun. In this chapter, **échapper à, faire confiance à, faire face à, manquer à, résister à** also have indirect objects.

  Je parle **à mes amis.** → Je **leur** parle. (indirect object)

  I speak to my friends. → *I speak to them.*

> You have probably encountered disjunctive pronouns in the following situations.
> - when there is no verb or after **c'est/ce sont**
>
>   —Qui aime le chocolat?
>   —*Who likes chocolate?*
>
>   — Moi!/Pas moi!/Elle!
>   —*Me/Not me/She does.*
>
>   —Marc, c'est qui?
>   —*Who is Marc?*
>
>   — C'est lui.
>   —*That's him.*
>
>   — Ce sont vos amis?
>   —*Are these your friends?*
>
>   —Oui, **ce sont eux.**
>   —*Yes, they are.*
>
> - to emphasize a subject noun or pronoun
>
>   **Moi,** j'aime le foot. **Mon frère, lui,** préfère le basket. Et **toi, tu** aimes quel sport?
>
>   *I like football. My brother prefers basketball. And how about you? What sport do you like?*

GRAMMAIRE 5

GRAMMAIRE 5

> When the preposition **à** is present, ask yourself: Does this verb take a disjunctive pronoun or an indirect object pronoun?

Application immédiate 5

Remplacez les mots en italique par un pronom disjoint ou par un pronom complément d'objet indirect.

1. Tanh a été influencé par *les nationalistes.*
2. Éliane était un peu jalouse de *Camille.* C'est pour cela que Camille a voulu échapper *à Éliane.*
3. Éliane aimait parler *à Guy.* Elle faisait confiance *à Guy,* mais elle ne voulait pas se marier avec *Guy.*
4. Éliane et Camille étaient amoureuses de *Jean-Baptiste.*

Le pronom **y**

Y replaces a preposition (except **de**) + noun when the noun refers to a place, a thing, or an idea.

—Est-ce que les clés sont **sur la table**?   —*Are the keys on the table?*
—Oui, elles **y** sont.   —*Yes, they are there.*

Exception

Y is not expressed in front of **aller** in the future or conditional.

—Tu vas souvent **à Paris**?   —*Do you go to Paris often?*
—Oui, j'**y** vais souvent. J'irai en mai cette année.   —*Yes, I go there often. I'll go in May*
(J'**y** irai.)   *this year.*

Je pense **à mes examens**. → J'y pense.
I think about my exams. → *I think about them.*

Je m'intéresse **à la justice**. → Je m'**y** intéresse.
I am interested in justice. → *I am interested in it.*

Remember that a disjunctive pronoun is used when the noun that follows the preposition refers to a person. Compare the above examples with:

Je pense **à mes amis**. → Je pense **à eux**.
I think about my friends. → *I think about them.*

Je m'intéresse **à mes amis**. → Je m'intéresse **à eux**.
I am interested in my friends. → *I am interested in them.*

> The position of double pronouns will be explained in the section *La position des pronoms lorsqu'il y a deux pronoms* (page 299).

Application immédiate 6

Répondez aux questions en utilisant le pronom **y.** Commencez vos réponses par Oui.

1. Tanh a participé aux manifestations d'étudiants *(student demonstrations)*?
2. Camille voulait aller à l'île du Dragon?
3. Éliane fait face aux difficultés courageusement?

Le pronom **en**

As you learned in the section *Les pronoms compléments d'objet direct* (page 290), **en** replaces an indefinite direct object. In addition, **en** replaces **de** + noun when the noun refers to a place, a thing, or an idea.

Tu viens **de l'université?** → Oui, j'**en** viens.
Are you coming from the university? → *Yes, I am coming from there.*

Ils sont fiers **de leur travail.** → Ils **en** sont fiers.
They are proud of their work. → *They are proud of it.*

Il parle toujours **de politique.** → Il **en** parle toujours.
He always talks about politics. → *He always talks about it.*

You learned on page 295 that a disjunctive pronoun is used when the noun that follows a preposition refers to a person. That rule is less strictly followed when the preposition is **de.** According to the rule, one should say:

Il est fier **de sa petite amie.** → Il est fier d'**elle.**
He is proud of his girlfriend. → *He is proud of her.*

Il parle toujours **de sa petite amie.** → Il parle toujours d'**elle.**
He always talks about his girlfriend. → *He always talks about her.*

In practice, you will often read or hear **il en est fier** and **il en parle toujours.**

> In this chapter, the rule is "broken" in this sentence of the **compte-rendu:** "Un incident fortuit transforme Jean-Baptiste en 'sauveur' de Camille, qui *en* tombe amoureuse." A strict application of the rule would result in **qui tombe amoureuse de lui.**

Application immédiate 7

Remplacez les expressions en italique par le pronom **en.**

1. Guy n'a pas *de compassion* pour les nationalistes.
2. —Vous arrivez de Saïgon?

   —Oui, je viens *de Saïgon.*
3. Éliane a hérité *des terres de ses amis.*
4. Avant son voyage, elle n'était pas consciente *de la misère de son peuple.*

Les pronoms disjoints, **y, en:** récapitulation

In this situation	Use the following
preposition + person	same preposition + disjunctive pronoun (except in cases where **à** + person is an indirect object)
preposition (except **de**) + place, thing, idea	**y**
de + place, thing, idea	**en** (mnemonic device: **de** and **en** have two letters)

Application immédiate 8

Remplacez les mots en italique par le pronom approprié.

1. **être fier (fière) de:** *to be proud of*
   a. Je suis fier (fière) *de mon travail.*
   b. Je suis fier (fière) *de mes enfants.*

2. **faire attention à:** *to pay attention to*
   a. Faites attention *aux enfants.*
   b. Tu devrais faire attention *à ta santé.*

3. **parler de:** *to speak about*
   a. Nous aimons parler *de nos cours.*
   b. Nous avons parlé *de nos parents.*

4. **penser à:** *to think about*
   a. Je pense *à mes amis.*
   b. As-tu pensé *à ta composition?*

5. **s'intéresser à:** *to be interested in*
   a. Il s'intéresse *aux gens.*
   b. Il s'intéresse *à la politique.*

6. **tenir à:** *to hold dear, to consider important*
   a. Je tiens *à mes grands-parents.*
   b. Je tiens *à mon indépendance.*

Application immédiate 9

Remplacez les expressions en italique par des pronoms.

1. Éliane voudrait que Camille sorte *du bagne de Poulo Condor.*

2. Camille et Jean-Baptiste espéraient trouver refuge *en Chine.*

3. Les nationalistes ne voulaient pas que les Français tirent profit *de leurs terres.*

4. Jean-Baptiste avait horreur *de Saïgon.* Il ne voulait plus vivre *dans cette ville.*

5. Éliane ne veut pas que Camille pense *à Jean-Baptiste.*

6. Elle préfère qu'elle pense *à son avenir professionnel.*

7. La police doit faire attention *aux troupes de théâtre qui circulent dans le Tonkin.*

8. Éliane était amoureuse *de Jean-Baptiste.* Elle était amoureuse *de l'Indochine* aussi.

La position des pronoms

Règle générale

The pronoun goes directly in front of the verb of which it is the object. This rule also applies when there is a negation or with questions.

- Sometimes the pronoun is the object of a conjugated verb.

  Je vais à Venise chaque année. → J'**y** vais chaque année.

  Je ne vais pas à Venise cette année. → Je n'**y** vais pas cette année.

  Vas-tu à Venise cette année? → **Y** vas-tu?

- In compound tenses, the conjugated verb is the auxiliary (**avoir** or **être**).

  J'ai mangé des pâtes. → J'**en** ai mangé.

  Je n'ai pas mangé de pâtes. → Je n'**en** ai pas mangé.

  As-tu mangé des pâtes? → **En** as-tu mangé?

- Sometimes the pronoun is the object of an infinitive.

  J'ai envie de regarder ce film. → J'ai envie de **le** regarder.

  Je n'ai pas envie de regarder ce film. → Je n'ai pas envie de **le** regarder.

  As-tu envie de regarder ce film? → As-tu envie de **le** regarder?

These examples probably look odd, since you've internalized that **de + le = du.** There is never a contraction of **de** with the direct object pronoun **le.**

La position des pronoms à l'impératif

1. In a negative imperative sentence, the general rule applies: The pronoun precedes the verb.

Ne réveille pas les enfants! → Ne **les** réveille pas!

Don't wake up the children! → Don't wake them up!

2. In an affirmative imperative sentence, the pronoun follows the verb and is linked to it by a hyphen.

Réveille les enfants! → Réveille-**les**!

Wake up the children ! → Wake them up!

Exceptions

- The pronouns **me** and **te** change to **moi** and **toi** after the verb.

  Ne **me** réveille pas à 6 heures! Réveille-**moi** à 8 heures!
  Don't wake me up at 6AM! Wake me up at 8AM!
- An **s** is added to the **tu** form of the imperative of **-er** verbs when the pronoun that follows starts with a vowel.

  Va au gymnase! → Vas-y! *Go there!*
  Mange des fruits! → Manges-en! *Eat some!*

> An **-er** verb in the **tu** form of the imperative ends without an **s**. If the pronoun starts with a consonant, the verb respects its no **-s** rule: **Mange tes haricots *(beans)*! →** Mange-les! *Eat them!*

La position des pronoms lorsqu'il y a deux pronoms

Here is the order to follow when using more than one pronoun with the same verb:

1. All cases, except affirmative imperative sentences

me	le	lui	y	en	verb
te	la	leur			
se	les				
nous					
vous					

Mnemonic device to remember the order of **y** and **en**: Think of a donkey ("**y en, y en**").

Nous emmenons <u>nos enfants</u> <u>à la plage.</u> → Nous **les y** emmenons.
We are taking the children to the beach. → We are taking them there.

Tu vas offrir <u>ce sac</u> <u>à ta mère</u>? → Tu vas **le lui** offrir?
Are you going to give this bag to your mother? → Are you going to give it to her?

Ils ont parlé <u>de leurs problèmes</u> <u>à leurs amis</u>. → Ils **leur en** ont parlé.
They talked to their friends about their problems. → They spoke to them about them.

Ne <u>me</u> parlez pas <u>d'argent</u>! → Ne **m'en** parlez pas!
Don't talk to me about money! → Don't talk to me about that!

2. Affirmative imperative sentences

If you are confused about the use of the preposition à, return to *Les pronoms compléments d'objet indirect* (page 292).

verb	le	moi (m')*	y	en
	la	toi (t')*		
	les	lui		
		nous		
		vous		
		leur		

* **Moi** and **toi** become **m'** and **t'** in front of a vowel.

Donne <u>ce stylo</u> <u>à Marc</u>! → Donne-**le-lui**!
Give Mark this pen! → Give it to him!

Achète-<u>moi</u> <u>une voiture</u>! → Achète-**m'en** une!
Buy me a car! → Buy me one!

Envoyez <u>des fleurs</u> <u>à vos amis</u>! → Envoyez-**leur-en**!
Send your friends flowers! → Send them some!

Conduis-<u>nous</u> <u>à la gare</u>! → Conduis-**nous-y**!
Drive us to the train station! → Drive us there!

Application immédiate 10

Remplacez les expressions soulignées par des pronoms.

1. Guy veut qu'Éliane parle <u>à Camille</u> <u>de la situation politique.</u>
2. Guy à ses policiers: "Apportez-<u>moi</u> <u>des informations</u> le plus vite possible."
3. Guy à Éliane: "Écris <u>à Camille</u> <u>que Jean-Baptiste est mort.</u>"
4. On a envoyé <u>Camille</u> <u>au bagne.</u>
5. Camille a confié <u>Étienne</u> <u>à sa mère.</u>
6. Les nationalistes voulaient expulser <u>les Français</u> <u>de leur pays.</u>

Application immédiate 4

Entraînez-vous à conjuguer quelques verbes de votre liste de vocabulaire au conditionnel présent.

1. agresser

2. appeler

3. faire confiance

4. rompre

5. séduire

6. s'en sortir

L'emploi du conditionnel présent

1. The conditional is used to soften requests, questions, and statements, and to make them more polite, with verbs such as **vouloir, pouvoir,** and **devoir.** Compare:

Je veux une baguette, s'il vous plaît.	*I want a baguette, please.*
Je **voudrais** une baguette, s'il vous plaît.	*I would like a baguette, please.*
Fermez la fenêtre!	*Close the window!*
Est-ce que vous **pourriez** fermer la fenêtre?	*Could you/Would you close the window?*
Tu dois étudier ce soir.	*You have to study tonight.*
Tu **devrais** étudier ce soir.	*You should study tonight.*

2. The conditional is used in sentences which express something hypothetical, imaginary, or potential.

Ma vie idéale? J'**habiterais** à la campagne. J'**aurais** beaucoup d'animaux et je **m'occuperais** de mon jardin.

My ideal life? I would live in the country. I would have many animals, and I would tend my garden.

Even though there is no subordinate clause in the example above, a subordinate clause introduced by **si** *(if)* is implied: *If I could lead my ideal life, I would . . .*

Application immédiate 5

Mettez les phrases suivantes au conditionnel présent pour les rendre plus polies.

> *Exemple:* Il faut voir ce film.
>
> *Il faudrait voir ce film.*

1. Je veux regarder un film.

2. Tu as besoin de faire de l'exercice.

3. Vous devez venir avec nous.

4. Peuvent-ils me contacter?

5. Accepte-t-elle de me voir?

GRAMMAIRE 6

Application immédiate 6

Mettez les verbes au conditionnel présent pour compléter les phrases.

Dans un monde plus humain,... *(In a more humane world, . . .)*

1. Malika _____ (finir) ses études.

2. Paul et Hélène _____ (voir) Mamie plus souvent.

3. Les femmes _____ (ne pas se prostituer) pour survivre.

4. Les hommes _____ (faire) plus souvent la cuisine et le ménage.

5. Les jeunes _____ (s'intéresser) aux personnes âgées.

6. On _____ (venir) en aide aux personnes en danger.

La formation du conditionnel passé

The past conditional is formed with the auxiliary (**avoir** or **être**) in the present conditional, followed by the past participle of the verb. To choose between **avoir** and **être,** use the rules you learned when studying the **passé composé.**

Verbs with *avoir*	Verbs with *être*	Pronominal verbs: *être*
j'**aurais** compris	je **serais** allé(e)	je me **serais** amusé(e)
tu **aurais** compris	tu **serais** allé(e)	tu te **serais** amusé(e)
il/elle/on **aurait** compris	il/elle/on **serait** allé(e)	il/elle/on se **serait** amusé(e)
nous **aurions** compris	nous **serions** allé(e)s	nous nous **serions** amusé(e)s
vous **auriez** compris	vous **seriez** allé(e)(s)	vous vous **seriez** amusé(e)(s)
ils/elles **auraient** compris	ils/elles **seraient** allé(e)s	ils/elles se **seraient** amusé(e)s

Application immédiate 7

Entraînez-vous à conjuguer quelques verbes de votre liste de vocabulaire au conditionnel passé.

1. assister

2. être

3. investir

4. s'échapper

5. séduire

6. se rendre compte

> There is no agreement of the past participle with *se rendre compte*, since *se* is an indirect object (*compte* is the direct object).

Application immédiate 8

Mettez les phrases suivantes au conditionnel passé.

Exemple: Je me suis amusé.

Je me serais amusé.

1. Il est allé au bureau.

2. Tu as fait les courses.

3. Nous nous sommes disputés.

4. Je me suis levée tôt.

5. Vous n'êtes pas partis?

6. Elles ont préféré sortir.

Application immédiate 9

Mettez les verbes au conditionnel passé pour compléter les phrases sur le film.

Si les proxénètes n'avaient pas agressé Malika,… *(If the pimps had not attacked Malika, . . .)*

1. Paul et Hélène _____ (ne pas assister) à son agression.

2. Hélène _____ (continuer) de servir Paul et Fabrice.

3. Hélène _____ (ne pas se sentir) coupable.

4. Paul _____ (ne pas changer) ses habitudes.

5. Paul et Hélène _____ (aller) chez leurs amis.

6. Mamie _____ (passer) peu de temps avec son fils.

Les phrases hypothétiques

Hypothetical sentences are often made up of two clauses: a subordinate clause introduced by **si** *(if)* and a main clause that expresses the result. When the **si** clause expresses an idea or describes an event that is contrary to fact, the main clause is in the conditional.

Si clause (subordinate clause)	Main clause
présent (not contrary to fact)	présent
présent (not contrary to fact)	impératif
présent (not contrary to fact)	futur
imparfait (contrary to fact)	conditionnel présent
plus-que-parfait (contrary to fact)	conditionnel présent
plus-que-parfait (contrary to fact)	conditionnel passé

1. **Si** + **présent** + **présent** describes a general situation:

   S'il pleut, l'herbe pousse. *(general situation)*

   If it rains, (the) grass grows.

   (**Si** can be replaced by **quand** in this structure.)

2. **Si** + **présent** + **impératif** expresses what the addressee should do if a certain condition is met:

   S'il pleut, restez à l'intérieur!

   If it rains (today, tonight, tomorrow), stay inside!

   Note: If the subject of the main clause is different from the addressee, use **que** + **subjonctif présent** instead:

   S'il pleut, qu'ils restent à l'intérieur!

   If it rains (today, tonight, tomorrow), they must stay inside!

3. **Si** + **présent** + **futur** expresses what will happen if a certain condition is met:

   S'il pleut, l'herbe poussera.

   If it rains (today, tonight, tomorrow), (the) grass will grow.

   Si tu vas au ciné, j'irai avec toi.

   If you go to the movies (today, tonight, tomorrow), I will go with you.

4. **Si** + **imparfait** + **conditionnel présent** expresses what would happen if a certain condition were met:

S'il pleuvait, l'herbe pousserait.

If it rained, the grass would grow.

(Fact: It is not raining.)

Si j'avais le temps, j'irais au cinéma.

If I had time, I would go to the movies.

(Fact: I don't have time.)

5. **Si** + **plus-que-parfait** + **conditionnel présent** expresses what would happen/what a situation would be like if a condition had been met:

Si j'avais fait des études supérieures, j'aurais un travail plus intéressant.

If I had gone to college, I would have a more interesting job.

(Fact: I did not go to college.)

6. **Si** + **plus-que-parfait** + **conditionnel passé** expresses what would have happened in the past if a certain condition had been met:

S'il avait plu, l'herbe aurait poussé.

If it had rained, the grass would have grown.

(Fact: It did not rain.)

Si j'avais eu le temps, je serais allée au cinéma.

If I had had time, I would have gone to the movies.

(Fact: I did not have time.)

Notes

1. The main clause and the subordinate clause can appear in any order.

   Si j'avais le temps, j'irais au cinéma.
   OU
   J'irais au cinéma si j'avais le temps.

2. When **si** is followed by **il(s)**, it is elided. (There is no elision with **elle[s].**)

   Nous sortirions **s'il** faisait beau.
   We would go out if the weather were nice.

   Nous serions sortis **s'il** avait fait beau.
   We would have gone out if the weather had been nice.

3. Attention!

   • Students often make mistakes using these structures because of incorrect use of the corresponding English structures. If you say "If it would have rained" instead of the correct formulation "If it had rained," you will be tempted to use a conditional in the **si** clause in French. Be aware of this potential mistake.

> • You also need to remember that, in addition to its conditional mean-
> ing, the sentence "I would go to the movies" can also mean "I used
> to go to the movies" in English. French uses the **imparfait** in this
> case: **J'allais au cinéma.**

Application immédiate 10

Les structures
si + imparfait → conditionnel présent si + plus-que-parfait → conditionnel présent si + plus-que-parfait → conditionnel passé

Les phrases suivantes décrivent ce qui aurait pu se passer différemment dans *Chaos.* Mettez les verbes au mode et au temps qui conviennent.

1. Si Hélène n'était pas allée à l'hôpital, les proxénètes _____ (se venger) de Malika.

2. Si Mamie ne s'était pas cachée derrière l'ascenseur, elle _____ (ne pas savoir) que son fils ne voulait pas la voir.

3. Si Malika n'avait pas offert de cadeaux à ses frères, elle _____ (ne pas pouvoir) voir sa sœur.

4. Si la mère de Malika n'était pas tombée amoureuse d'un voisin, elle _____ (ne pas mourir) et les enfants _____ (vivre) en Algérie.

5. Si leur père avait le dernier mot, Zora _____ (se marier) avec un vieil homme.

6. Si Malika et Hélène n'étaient pas allées à Marseille, Zora _____ (partir) en Algérie.

Application immédiate 11

Les phrases suivantes décrivent ce qui pourra se passer après le film. Mettez les verbes au mode et au temps qui conviennent (**si + présent → futur**).

1. Si Fabrice et ses amies continuent à manquer leurs cours, ils _____ (rater) leurs examens. Zora réussira sûrement si elle _____ (passer) son bac.

2. Si Paul et Fabrice _____ (faire) des efforts, Hélène acceptera peut-être de revenir à la maison.

3. Si Malika arrive à oublier son passé, elle _____ (pouvoir) mener une vie normale.

GRAMMAIRE 6

GRAMMAIRE

Le subjonctif

This is a self-study module that you will encounter for each chapter. Each grammar section will include formal explanations and self-corrected **Application immédiate** exercises. Cross-references in the workbook will tell you when to study the different sections. Your instructor may also go over the explanations in class.

LE SUBJONCTIF

Introduction

The subjunctive mood is used in subordinate clauses when the verb of the main clause indicates that what is to follow is not a fact, but rather the opinions, desires, feelings, doubts, hypotheses of the subject of the sentence or of the speaker. (By contrast, the indicative mood is used when the verb of the principal clause indicates that what is to follow is a fact or is considered a fact by the subject or the speaker.)

For extra grammar practice visit the website **http://www.thomsonedu.com/french/sequences.**

	Main clause	Subordinate clause
Subjonctif	Ses amis sont tristes (feeling) *His friends are sad*	
		qu'il **soit** malade. *that he is sick.*
	Il est regrettable (opinion) *It is too bad*	
Indicatif	Ses amis savent (fact) *His friends know*	
		qu'il **est** malade *that he is sick.*
	C'est un fait (fact) *It's a fact*	

The subjunctive has four tenses: **présent, passé, imparfait,** and **plus-que-parfait.** However, the subjunctive **imparfait** and **plus-que-parfait** are literary tenses and are seldom used. By comparison, the indicative mood has eight tenses, and most of them are widely used (**présent, imparfait, passé simple, passé composé, plus-que-parfait, passé antérieur, futur, futur antérieur**).

Le subjonctif présent

The present subjunctive expresses the subject's or the speaker's attitude (opinion/desire/emotion/doubt, or a hypothesis) toward a present or future situation.

Je regrette que tu **sois** malade.	*I am sorry that you are sick.*
Je suis triste que tu **partes** demain.	*I am sad that you are leaving/will leave tomorrow.*

Formation

1. The present subjunctive is formed by adding the following endings to the subjunctive stem.

e
es
e
ions
iez
ent

2. To find the stem for most verbs, take the **ils/elles** form of the present indicative and delete the ending, -**ent.**

étudier → ils étudi**ent** → stem: étudi-

finir → ils finiss**ent** → stem: finiss-

mets
mettieraient

GRAMMAIRE 7

Il faut que j'étudie et que je finisse ce projet.

I have to study and finish this project.

Il faut que j'étudi**e**	et que je finiss**e** ce projet.
que tu étudi**es**	et que tu finiss**es**
qu'il/elle étudi**e**	et qu'il/elle finiss**e**
que nous étudi**ions**	et que nous finiss**ions**
que vous étudi**iez**	et que vous finiss**iez**
qu' ils/elles étudi**ent**	et qu'ils/elles finiss**ent**

3. Some verbs have an irregular conjugation.

- Some have an irregular stem throughout.

Memorize the conjugation of verbs in the subjunctive by using **que** in front of the subject and verb.

faire	savoir	pouvoir
que je fasse	que je sache	que je puisse
que tu fasses	que tu saches	que tu puisses
qu'il/elle/on fasse	qu'il/elle/on sache	qu'il/elle/on puisse
que nous fassions	que nous sachions	que nous puissions
que vous fassiez	que vous sachiez	que vous puissiez
qu'ils/elles fassent	qu'ils/elles sachent	qu'ils/elles puissent

Watch out for the **nous** and **vous** forms for the subjunctive conjugations of these verbs.

- Some verbs have irregularities in their conjugation.

aller	avoir	être	vouloir
que j'aille	que j'aie	que je sois	que je veuille
que tu ailles	que tu aies	que tu sois	que tu veuilles
qu'il/elle/on aille	qu'il/elle/on ait	qu'il/elle/on soit	qu'il/elle/on veuille
que nous allions	que nous ayons	que nous soyons	que nous voulions
que vous alliez	que vous ayez	que vous soyez	que vous vouliez
qu'ils/elles aillent	qu'ils/elles aient	qu'ils/elles soient	qu'ils/elles veuillent

The **tu** and **il/elle/on** conjugations are not included because their roots follow the same pattern as **je**.

- Some have an irregular stem in the first and second person plural.

boire:	que je boive…	que nous buvions,	que vous buviez,	qu'ils/elles boivent
croire:	que je croie…	que nous croyions,	que vous croyiez,	qu'ils/elles croient
devoir:	que je doive…	que nous devions,	que vous deviez,	qu'ils/elles doivent
envoyer:	que j'envoie…	que nous envoyions,	que vous envoyiez,	qu'ils/elles envoient
mourir:	que je meure…	que nous mourions,	que vous mouriez,	qu'ils/elles meurent
prendre:	que je prenne…	que nous prenions,	que vous preniez,	qu'ils/elles prennent
tenir:	que je tienne…	que nous tenions,	que vous teniez,	qu'ils/elles tiennent
venir:	que je vienne…	que nous venions,	que vous veniez,	qu'ils/elles viennent
voir:	que je voie…	que nous voyions,	que vous voyiez,	qu'ils/elles voient

- The present subjunctive of impersonal expressions is as follows:

il faut → qu'il faille

Je suis surpris(e) qu'il faille donner son numéro de sécurité sociale.

I am surprised that one has to give one's social security number.

GRAMMAIRE 7

il pleut → qu'il pleuve

J'ai peur qu'il pleuve ce soir.

I am afraid it will rain tonight.

Application immédiate 1

Mettez les verbes entre parenthèses au présent du subjonctif.

1. Le patron est furieux que Roger _____ (interrompre) le travail d'Igor.

The boss is furious that Roger interrupts Igor's work.

2. Igor n'est pas surpris que son père _____ (employer) des clandestins.

Igor is not surprised that his father employs illegal workers.

3. Le patron du garage aimerait qu'Igor _____ (être) plus ponctuel.

The garage owner would like Igor to be more punctual.

4. Igor est choqué que son père _____ (ne pas vouloir) emmener Hamidou à l'hôpital.

Igor is shocked that his father does not want to take Hamidou to the hospital.

5. Roger veut qu'Igor _____ (avertir) les clandestins de l'arrivée des inspecteurs.

Roger wants Igor to warn the illegals about the arrival of the inspectors.

6. Roger souhaite qu'Assita _____ (partir) de Seraing.

Roger wants Assita to leave Seraing.

Subjonctif présent et indicatif présent et futur

In the section entitled *Emploi du subjonctif* (page 316) you will learn in detail when to use the subjunctive. For now, you should remember that the present subjunctive is used to speak about the present *and* the future. By contrast, the indicative mood uses two tenses—the indicative present and the indicative future. Take a close look at two pairs of sentences.

• The sentences below express a fact (indicative) and a doubt (subjunctive) concerning a *present situation*.

Il est vrai que Nadine **est** présidente de cette association. (present indicative)
It is true (fact) *that Nadine is the president of this organization.*

Je doute que Nadine **soit** présidente de cette association. (present subjunctive)
I doubt (doubt) *that Nadine is the president of this organization.*

• The two sentences below express a fact (indicative) and a desire (subjunctive) concerning a *future situation*.

Nous disons que Nadine **sera** présidente de cette association. (future indicative)
We say that Nadine will be the president of this organization.

Il faut que Nadine **soit** présidente de cette association. (present subjunctive)
Nadine has to be the president of this organization.

A literal translation of this would be: *It is necessary that Nadine* be *the president*. This *be* is one of the few relics of the subjunctive in English.

GRAMMAIRE 7

Application immédiate 2

Indiquez la forme correcte du verbe (subjonctif présent, indicatif présent, indicatif futur).

1. C'est un fait que Roger n'_____ pas de conscience.
   a. ait
   b. a
   c. aura

2. Igor voudrait que Roger _____ la vérité à Assita.
   a. dise
   b. dit
   c. dira

3. Igor sait que Roger _____ Assita à un réseau de prostitution.
   a. vende
   b. vend
   c. vendra

4. Nous aimerions qu'Assita et son fils _____ heureux.
   a. soient
   b. sont
   c. seront

Le subjonctif passé

The past subjunctive expresses the subject's or the speaker's attitude (opinion/desire/emotion/doubt, or a hypothesis) toward an event that took place before the time indicated by the verb of the main clause.

> Je regrette que tu **sois parti(e)** si tôt.
>
> *I am sorry that you left so early.*

Formation

To form the past subjunctive, use the present subjunctive of the auxiliary (**avoir** or **être**) + the past participle of the verb. The choice of **avoir** or **être** is the same as for the **passé composé**.

> Il est regrettable **que j'aie manqué** l'avion et **que je sois arrivé(e)** en retard.
>
> *It is regrettable that I missed the plane and that I arrived late.*

English speakers can avoid redundancy by saying "…and arrived late." In French, you must repeat the **que** and the subject (**je**) of the second clause.

Il est regrettable	**que j'aie manqué** l'avion et	**que je sois arrivé(e)** en retard.
	que tu aies manqué l'avion et	**que tu sois arrivé(e)** en retard.
	qu'il/elle/on ait manqué l'avion et	**qu'il/elle/on soit arrivé(e)** en retard.
	que nous ayons manqué l'avion et	**que nous soyons arrivé(e)s** en retard.
	que vous ayez manqué l'avion et	**que vous soyez arrivé(e)(s)** en retard.
	qu'ils/elles aient manqué l'avion et	**qu'ils/elles soient arrivé(e)s** en retard.

GRAMMAIRE 7

Application immédiate 3

Mettez les verbes entre parenthèses au subjonctif passé.

1. Roger n'est pas content qu'Hamidou _____ (tomber) de l'échafaudage et qu'il _____ (perdre) son sang.

2. Roger est furieux qu'Igor _____ (prendre) la camionnette pour conduire Assita à Cologne.

3. Assita doute qu'Hamidou _____ (décider) de quitter sa famille.

4. Roger est surpris qu'Igor le/l' _____ (trahir).

Emploi du subjonctif

The rules and examples in this section will help you learn when to use the subjunctive. As with any rule, you will be tempted to apply them to the letter and, in the process, you will find many instances when the rules do not seem to work. Because English hardly uses the subjunctive, you will often forget to use it in French. What adds to the difficulty is that the subjunctive is translated in many different ways in English. At this stage, the best thing to do is to memorize lists of verbs and expressions that are followed by the subjunctive and make a conscious effort to use them. You should also pay attention to subjunctive use when you read and listen to French so you can add verbs to the following lists.

Emploi du subjonctif après certains verbes

1. The subjunctive is used after impersonal expressions that express the speaker's emotions (desire, will, opinion, etc.).

    Il faut **que je fasse** mes devoirs.

    I have to do my homework.

Expressions impersonnelles
Il faut que
Il est bon/essentiel/important/juste/nécessaire que
Il est dommage que *(too bad)*
Il est possible que/Il se peut que
Il est préférable que/Il vaut mieux que *(better)*
Il est regrettable que
Il est surprenant/incroyable que *(surprising/incredible)*
Il est temps que *(about time)*

Exception

Il est probable (which expresses a higher degree of certainty than **Il est possible**) is followed by the indicative.

> **Il est probable** qu'il **pleuvra** ce soir. (future indicative)
> *It is probable that it will rain tonight./It will probably rain tonight.*

Compare with:

> **Il est possible** qu'il **pleuve** ce soir. (present subjunctive)
> *It is possible that it will rain tonight./It may rain tonight.*

2. The subjunctive is used after verbal clauses that express the subject's emotions (happiness, sadness, regret, fear, surprise, anger, etc.).

Je suis heureux **que tu aies obtenu** ce poste.

I am happy that you got this position.

J'ai peur qu'il **ne** pleuve.

*I'm afraid it **will rain**.*

If **pas** is present, then **ne…pas** expresses a negation.

J'ai peur qu'il **ne** pleuve **pas** et que mes fleurs **ne** meurent.

*I am afraid that it **won't** rain and that my flowers **will die**.*

> The subjunctive verb that follows **craindre** and **avoir peur** is sometimes preceded by **ne** for stylistic reasons. The **ne** is not translated by a negative.

Quelques verbes qui expriment les émotions

avoir peur que: *to be afraid that*
craindre que: *to be afraid that*
être content/heureux que: *to be happy that*
être désolé/fâché/triste que: *to be sorry/angry/sad that*
être étonné/surpris que: *to be surprised that*
regretter que: *to be sorry that/to regret*
s'étonner que: *to be surprised that*

3. The subjunctive is used after verbs that express the subject's or speaker's desire, preference, will, or doubt.

Je voudrais **que vous réussissiez.**

I would like you to succeed.

Quelques verbes qui expriment la préférence, le désir, le doute et la volonté

aimer mieux/préférer que: *to prefer that*
désirer/vouloir/souhaiter que: *to desire/want/wish that*
douter que: *to doubt that*
exiger que: *to demand that*
ordonner que: *to order that*
s'attendre à ce que: *to expect that*
tenir à ce que: *to insist that*

GRAMMAIRE 7

Exception

Espérer is followed by the indicative.

J'espère **qu'il réussira** à son examen. (future indicative)
I hope he will pass his exam.

Compare with:

Je souhaite **qu'il réussisse** à son examen. (present subjunctive)
I hope that he will pass his exam.

> It is correct to say **réussir un examen** and **réussir à un examen**.

4. Verbs expressing the speaker's opinion such as **trouver, penser, croire, être sûr,** and **il me semble** are followed by the subjunctive only when they are negative or interrogative.

Je pense **qu'il réussira.**	*I think he will succeed.* (indicative)
Je ne pense pas **qu'il réussisse.**	*I don't think he will succeed.* (subjunctive)
Pensez-vous **qu'il réussisse?**	*Do you think he will succeed?* (subjunctive).

Application immédiate 4

Transformez la deuxième phrase en proposition subordonnée.

> *Exemple:* Assita est déçue… Sa famille n'a pas un logement très confortable.
>
> *Assita est déçue **que** sa famille n'**ait** pas un logement très confortable.*

1. Il est temps… Roger fait des réparations dans la maison.

2. Assita est triste… Hamidou est parti et ne revient pas.

3. Roger est fâché… Igor a donné de l'argent à Assita.

4. Le patron du garage souhaite… Igor devient mécanicien.

5. Il vaut mieux… Assita part de Seraing et va en Italie.

6. Roger exige… Son fils lui obéit.

> If the verb in the second sentence is in the present, as in the model, choose **le subjonctif présent** when combining the two sentences; if it is in the past, choose **le subjonctif passé**.
>
> The subordinate clause depends on the main clause.

Application immédiate 5

Réécrivez la phrase et mettez les verbes entre parenthèses au subjonctif ou à l'indicatif.

> Subjunctive or indicative? If in doubt, refer to *Subjonctif présent et indicatif présent et futur* (page 314).

1. Roger (aller) en prison quand Assita révélera le scandale.

Je pense que Roger…

2. Roger (aller) en prison quand Assita révélera le scandale.

Pensez-vous que Roger…

3. Igor (pouvoir) retrouver son travail d'apprenti-mécanicien.

Il est possible qu'Igor…

4. Igor (pouvoir) retrouver son travail d'apprenti-mécanicien.

Il est probable qu'Igor…

5. Son fils (guérir).

Assita espère que…

6. Son fils (guérir).

Assita souhaite que…

Emploi du subjonctif après certaines conjonctions

1. The subjunctive is used after the conjunctions **à condition que/pourvu que, à moins que, avant que, bien que/quoique, de peur que/de crainte que, jusqu'à ce que, pour que/afin que, sans que.**

à condition que/pourvu que: *provided that, on the condition that*

> J'accepte ce contrat à condition que vous changiez la dernière clause.
> *I accept this contract provided that you change the last clause.*

à moins que: *unless*

> Ils arriveront tôt à moins qu'ils (n')aillent chez Paul d'abord.
> *They will arrive early, unless they go to Paul's house first.*

avant que: *before*

> Les enfants, vous devez ranger vos chambres avant qu'on parte.
> *Kids, you have to clean your bedrooms before we leave.*

bien que/quoique: *although*

> La course a eu lieu bien qu'il ait fait mauvais.
> *The race took place although the weather was bad.*

de peur que/de crainte que: *for fear that*

> Nous avons fermé les pistes de ski de peur qu'il (n')y ait une avalanche.
> *We closed the ski slopes for fear that there might be an avalanche.*

jusqu'à ce que: *until*

> Mémorisez ces conjonctions jusqu'à ce que vous les connaissiez.
> *Memorize these conjunctions until you know them.*

pour que/afin que: *so that, in order that*

> Ils ont manifesté pour que le prisonnier soit libéré.
> *They protested so that the prisoner would be released.*

sans que: *without*

> Il est sorti sans que ses parents le sachent.
> *He went out without his parents knowing.*

Exception

According to the rule, **après que** *(after)* is followed by the indicative. However, you will notice that many French speakers, including public figures, sometimes use the subjunctive.

> Nous sommes partis après que les enfants **ont rangé** leurs chambres. (indicative: **passé composé**)
> *We left after the children cleaned their bedrooms.*

2. Some subjunctive clauses introduced by a conjunction can be replaced by a preposition and noun to avoid wordiness.

> Je dois faire le ménage **avant que** les invités **arrivent.** → **avant l'arrivée** des invités
>
> *I have to clean the house before the guests arrive.* → *before the arrival of the guests*

These conjunctions should look familiar, but you may not have used them followed by **que**.

As always, **que** becomes **qu'** when preceding a vowel or a mute **h**.

When two conjunctions with the same meaning are listed, the most common one appears first.

As with **craindre, avoir peur, avant que,** and **sans que, ne** is sometimes added for stylistic reasons with **à moins que** and with **de peur que/de crainte que.** It is not translated by a negative. See page 317 to review this information.

GRAMMAIRE 7

Nous avons pleuré **jusqu'à ce que** le train **parte.** → **jusqu'au départ** du train

We cried until the train left. → *until the departure of the train*

Il a lu **en attendant que** le cours **commence.** → **en attendant le début** du cours.

He read before the class started. → *before the beginning of the class*

Application immédiate 6

Reliez les deux phrases avec la conjonction appropriée et mettez le verbe de la deuxième phrase au subjonctif. Dans une phrase, il faut employer l'indicatif. Savez-vous laquelle?

> *Exemple:* Assita pense qu'Hamidou va se cacher. Il peut rembourser ses dettes. *(until)*
>
> Assita pense qu'Hamidou va se cacher **jusqu'à ce qu'**il **puisse** rembourser ses dettes.

1. Igor a fait une promesse à Hamidou. Il meurt. *(before)*
2. Assita est allée voir un devin. Il guérit son enfant. *(so that)*
3. Igor a utilisé Nabil comme intermédiaire entre lui et Assita. Nabil ne dit rien à Roger. *(on the condition that)*
4. Le patron veut donner une deuxième chance à Igor. Il part toujours avant l'heure. *(although)*
5. Igor est sorti des toilettes. Les policiers ont arrêté les clandestins roumains. *(after)*
6. Roger va emmener Assita à Cologne. Igor intervient. *(unless)* (intervenir: *to intervene*)

Emploi du subjonctif dans certaines propositions relatives

1. The subjunctive is used in relative clauses when the antecedent in the main clause is indefinite, does not exist, or has not yet been found.

   Je cherche **une** maison qui **ait** un grand jardin.

   I am looking for a house that has a big garden.

   (The house is still a dream, so the subjunctive is used.)

   Compare with:

   J'ai **une** maison qui **a** un grand jardin.

   I have a house that has a big garden.

   (The house is a reality, so the indicative is used.)

   J'aimerais trouver **une** baby-sitter qui **puisse** conduire. (subjunctive)

   I'd like to find a babysitter who can drive.

   Compare with:

   J'ai trouvé une baby-sitter qui **peut** conduire. (indicative)

   I found a babysitter who can drive.

Je rêve de rencontrer **quelqu'un** qui **ait** les mêmes valeurs que moi. (subjunctive)

I dream of meeting someone who shares my values.

Compare with:

J'ai rencontré quelqu'un qui **a** les mêmes valeurs que moi. (indicative)

I met someone who shares my values.

2. The subjunctive is used in relative clauses after superlatives and after clauses containing **seul, unique, premier,** and **dernier.**

> *L'Étranger* est le **meilleur** livre français que j'**aie lu.**
>
> The Stranger *is the best French book I have read.*
>
> *L'Étranger* est le **seul** livre que je **veuille** lire cet été.
>
> The Stranger *is the only book I want to read this summer.*

A superlative is something that is the *most* something. Adjectives are divided into three degrees: positive, comparative, and superlative (as in *good, better, best*). To review comparative and superlative adjectives, refer to page 272.

Application immédiate 7

Choisissez l'indicatif ou le subjonctif et conjuguez le verbe selon le contexte.

1. Assita est une femme qu'Igor _____ (connaître).

2. Assita est la seule femme africaine qu'Igor _____ (connaître).

3. Igor a un père qui _____ (être) très égoïste.

4. Il préférerait avoir un père qui _____ (être) plus compréhensif.

Subjonctif ou infinitif?

Emploi du subjonctif ou de l'infinitif

The subjunctive is used in the situations described in the section *Emploi du subjonctif* (page 316) when the subject of the main clause is different from the subject of the subordinate clause.

> **Je** désire que **tu** apprennes l'italien. (present subjunctive)
>
> *I want you to learn Italian.*
>
> **Je** suis heureux que **tu** aies appris l'italien. (past subjunctive)
>
> *I am happy that you learned Italian.*

When the subjects of the main clause and the subordinate clause are the same, an infinitive clause is used in most cases.

In these examples, the person who *wants to/is happy* is the same person *who is learning/has learned Italian.*

> **Je** désire **apprendre** l'italien. (present infinitive)
>
> *I want to learn Italian.*
>
> **Je** suis heureux **d'avoir appris** l'italien. (past infinitive)
>
> *I am happy to have learned Italian./I am happy I learned Italian.*

GRAMMAIRE 7

L'infinitif passé

To form the past infinitive, use the infinitive form of the auxiliary + the past participle of the verb.

sortir → être sorti
prendre → avoir pris

Application immédiate 8

Donnez l'infinitif passé de chaque verbe.

1. aller
2. avoir
3. être
4. faire
5. pouvoir
6. se dépêcher
7. tomber

Maintenant, entraînez-vous à créer l'infinitif passé pour quelques verbes de votre liste de vocabulaire.

Structure de la proposition infinitive

1. Verbs that do not take a preposition are followed directly by the infinitive.

Je veux **aller** à Paris.	*I want to go to Paris.*
Il faut **faire** de l'exercice.	*People must exercise.*

2. When the verb of the main clause takes a preposition, that preposition introduces the infinitive clause.

regretter (de):	*to be sorry*
Je regrette **d'être arrivé** en retard.	*I am sorry I was late.*

tenir (à):	*to insist*
Je tiens **à visiter** ce musée.	*I insist on visiting this museum (I really want to).*

3. After an adjective (**je suis content[e]**) or a verbal clause that includes a noun (**j'ai peur, j'ai envie, j'ai l'intention**), the infinitive is introduced by **de.**

Il est content **de partir** en vacances avec des amis.	*He is happy to be taking a vacation with friends.*
Nous avons peur **d'avoir** un accident de voiture.	*We are afraid of having an accident.*

Application immédiate 9

Traduisez les phrases suivantes en vous aidant de la traduction de la première phrase.

1. I want to go to Paris. → Je veux aller à Paris.

I want you (**tu**) to go to Paris. _____

2. We are sorry that you are late. → Nous regrettons que vous soyez en retard.

We are sorry to be late. _____

3. We are happy to be traveling. → Nous sommes contents de voyager.

We are happy that you (**vous**) are traveling. _____

4. He would like his children to learn Spanish. → Il a envie que ses enfants apprennent l'espagnol.

He would like to learn Spanish. _____

5. They doubt that they passed their exams. → Ils doutent d'avoir réussi leurs examens.

They doubt that I passed my exams. _____

Application immédiate 10

Combinez les deux phrases avec le subjonctif ou l'infinitif. Faites les changements nécessaires.

> *Exemples:* <u>Roger</u> est furieux… <u>Son fils</u> veut aider Assita.
>
> *Roger est furieux que son fils veuille aider Assita.*
>
> <u>Igor</u> est triste… <u>Igor</u> quitte son père.
>
> *Igor est triste de quitter son père.*

1. <u>Assita</u> ne croit pas… <u>Son mari</u> est mort.

2. <u>Roger</u> a peur… <u>Assita</u> va au commissariat de police.

3. <u>Roger</u> ne regrette pas… Roger a trahi les clandestins.

4. <u>Roger</u> veut… Igor se tait.

5. <u>Igor</u> n'a pas envie… Igor se tait.

6. An infinitive clause is introduced by a preposition or prepositional phrase instead of a conjunction.

Elle fait des heures supplémentaires **afin de** pouvoir voyager.
She works overtime so that she can travel.

Compare with:

Elle fait des heures supplémentaires **afin que** sa famille puisse voyager.
She works overtime so that her family can travel.

- Learn the prepositions that correspond to the conjunctions listed below.

Conjunction + subjunctive clause	Preposition + infinitive clause
à condition que	à condition de
afin que	afin de
avant que	avant de
de crainte que	de crainte de
de peur que	de peur de
pour que	pour
sans que	sans

Ask yourself: Is there a subject change?

GRAMMAIRE 7

- With **à moins que, bien que, jusqu'à ce que, pourvu que,** and **quoique,** there is no corresponding infinitive clause. You need to use a conjunction + subjunctive clause whether the subjects of the main clause and the subordinate clause are different or the same.

  Je vais aller en France bien que <u>le billet d'avion</u> **soit** cher. (different subjects)

  I am going to go to France although <u>the plane ticket</u> is expensive.

  Je vais aller en France bien que <u>je</u> ne **sache** pas parler français. (same subject)

  I am going to go to France although <u>I</u> do not know how to speak French.

- With **après,** a past infinitive is used when the subjects of the main clause and of the subordinate clause are the same.

  Nous sommes partis après **avoir vu** le match.

  We left after watching the game.

  Note: **Après que** + indicative is used when the subjects are different.

  Nous sommes partis après que le match **a fini.**

  We left after the game ended.

Application immédiate 11

Complétez les phrases suivantes avec la préposition ou la conjonction selon le cas.

1. Le père d'Igor dit qu'ils doivent travailler (jusqu'à/jusqu'à ce qu') _____ ils puissent acheter leur maison.

2. Il fait un tatouage à son fils (pour/pour que) _____ se rapprocher de lui.

3. Igor obéit à son père (de peur d'/de peur que) _____ être battu.

4. Igor doit aider Assita (avant de/avant que) _____ son père la vende à un réseau de prostitution.

Application immédiate 12

Traduisez les sections de phrase qui sont en anglais.

1. Roger a appelé Igor *(to warn him)* de la visite des inspecteurs. [*to warn:* **avertir**]

   _____

   Roger a appelé Igor *(so that he could warn)* les travailleurs de la visite des inspecteurs.

   _____

2. Igor a donné de l'argent à Assita *(without Roger knowing about it).* [*to know:* **savoir**]

   _____

   Igor a donné de l'argent à Assita *(without knowing)* que Roger le saurait.

   _____

Tread carefully here. Ask yourself: Preposition or conjunction? Infinitive or subjunctive? Indicative or subjunctive? Present or past? If in doubt, return to the grammar explanations.

3. Igor voulait dire la vérité à Assita *(before leaving)*. [to leave: **partir**]

_____

Igor voulait dire la vérité à Assita *(before she left)*.

_____

4. Igor n'a pas bougé *(after he told Assita the truth)*. [to tell the truth: **dire la vérité**]

_____

Assita n'a pas bougé *(after Igor told her the truth)*.

_____

ANSWER KEY

Chapitre préliminaire

Application immédiate Answer key

Application immédiate 1

1. je vais, tu vas, il/elle/on va, nous allons, vous allez, ils/elles vont
2. j'ai, tu as, il/elle/on a, nous avons, vous avez, ils/elles ont
3. je choisis, tu choisis, il/elle/on choisit, nous choisissons, vous choisissez, ils/elles choisissent
4. je suis, tu es, il/elle/on est, nous sommes, vous êtes, ils/elles sont
5. je fais, tu fais, il/elle/on fait, nous faisons, vous faites, ils/elles font
6. je loue, tu loues, il/elle/on loue, nous louons, vous louez, ils/elles louent
7. je partage, tu partages, il/elle/on partage, nous partageons, vous partagez, ils/elles partagent
8. je perds, tu perds, il/elle/on perd, nous perdons, vous perdez, ils/elles perdent
9. je réfléchis, tu réfléchis, il/elle/on réfléchit, nous réfléchissons, vous réfléchissez, ils/elles réfléchissent
10. je remplace, tu remplaces, il/elle/on remplace, nous remplaçons, vous remplacez, ils/elles remplacent

Application immédiate 2

1. s'appelle
2. reconnais
3. interprète
4. s'habitue
5. plaît
6. appartenons
7. vous identifiez
8. te souviens
9. se divertissent
10. nous ennuyons

Application immédiate 3

1. Je suis des cours de cinéma depuis deux ans.
2. Quel film passe/est à l'affiche à la salle d'art et essai aujourd'hui?
3. Ils/Elles vont acheter les billets.
4. Nous tournons (le film) depuis le premier janvier.
5. Elle réalise un film chaque année/tous les ans.

Chapitre 1: *L'Auberge espagnole*

Application immédiate Answer key

Pays, états américains, langues, nationalité

Application immédiate 1

1. du, à, dans l'état de
2. du, à, en
3. de, à, au
4. du, à, en
5. de, à, au
6. de, à, aux
7. de, à, en

La forme interrogative

Application immédiate 1

1. Où
2. Comment
3. Combien de
4. Pourquoi
5. Quand

Application immédiate 2

1. Quelle; Laquelle
2. Quel
3. lesquels
4. Auquel
5. De quel; Duquel

Application immédiate 3

1. h
2. g
3. e
4. c
5. a
6. d
7. b
8. f

Application immédiate 4

1. Pendant combien de temps est-ce que Martine rend visite à Xavier?
   Pendant combien de temps Martine rend-elle visite à Xavier?
   Pendant deux jours.
2. Depuis quand/Depuis combien de temps est-ce que Monsieur Perrin connaît le père de Xavier?
   Depuis quand/Depuis combien de temps Monsieur Perrin connaît-il le père de Xavier?
   Depuis vingt ans.
3. Pendant combien de temps est-ce que Xavier est resté à Barcelone?
   Pendant combien de temps Xavier est-il resté à Barcelone?
   Pendant un an.
4. Depuis quand est-ce que les étudiants européens peuvent faire leurs études à l'étranger?
   Depuis quand les étudiants européens peuvent-ils faire leurs études à l'étranger?
   Depuis 1987.

Application immédiate 5

1. Quelles langues on parle à Barcelone?
   On parle quelles langues à Barcelone?
2. Depuis combien de temps ils sont mariés?
   Ils sont mariés depuis combien de temps?
3. Ils font quoi le week-end?
4. À qui elle a parlé au téléphone?
   Elle a parlé à qui au téléphone?
5. Elle a mangé quoi à la fin du film?

Chapitre 2: *Rue Cases Nègres*

Application immédiate Answer key

Application immédiate 1

1. j'apprenais, tu apprenais, il/elle/on apprenait, nous apprenions, vous appreniez, ils/elles apprenaient
2. je connaissais, tu connaissais, il/elle/on connaissait, nous connaissions, vous connaissiez, ils/elles connaissaient

3. je faisais, tu faisais, il/elle/on faisait, nous faisions, vous faisiez, ils/elles faisaient
4. j'obtenais, tu obtenais, il/elle/on obtenait, nous obtenions, vous obteniez, ils/elles obtenaient
5. je racontais, tu racontais, il/elle/on racontait, nous racontions, vous racontiez, ils/elles racontaient
6. je réussissais, tu réussissais, il/elle/on réussissait, nous réussissions, vous réussissiez, ils/elles réussissaient
7. je m'amusais, tu t'amusais, il/elle/on s'amusait, nous nous amusions, vous vous amusiez, ils/elles s'amusaient
8. je savais, tu savais, il/elle/on savait, nous savions, vous saviez, ils/elles savaient
9. je me vengeais, tu te vengeais, il/elle/on se vengeait, nous nous vengions, vous vous vengiez, ils/elles se vengeaient

Application immédiate 2

1. habitait
2. était
3. s'amusaient
4. travaillaient
5. aimaient
6. pouvait
7. devait
8. rapportait
9. mangeait
10. fumait
11. allait
12. vivait
13. racontait
14. initiait
15. passait
16. voulait
17. savait
18. donnait

Application immédiate 3

1. est sorti; a sorti
2. est monté; a descendu
3. a lavé; s'est lavé
4. ont bu; ont mis
5. a passé; a réussi
6. s'est révolté; a compris

Application immédiate 4

1. n'a plus travaillé
2. n'a pas voulu
3. n'a rien plagié
4. n'a vu personne
5. Personne n'a pu
6. Rien n'a convaincu
7. n'est pas encore devenu

Application immédiate 5

1. Pourquoi le maître a-t-il accusé José de tricher?
2. Quel examen José et Tortilla ont-ils passé?
3. Où sont-ils allés le passer?
4. Comment M'man Tine est-elle morte?
5. Quand José est-il arrivé en retard à l'école?

Application immédiate 6

1. n'avaient pas; ont eu
2. était; a été
3. ne savait pas; a su

Application immédiate 7

1. voulait; n'a pas voulu
2. devait; a dû
3. n'a pas pu; ne pouvait pas

Application immédiate 8

1. révoltés; reçu
2. bu; mis; punis; amusés
3. envoyée
4. faites
5. repartie; obtenu; tombée; revus; enterrée
6. eues

Application immédiate 9

1. ont dit; avait cassé
2. a trouvé; n'avait pas plagié
3. a arrêté; avait pris
4. est né; était venu
5. a parlé; s'étaient rebellés
6. avait passé; a découvert
7. s'est souvenu; avait racontées

Chapitre 3: *Le Goût des autres*

Application immédiate Answer key

Application immédiate 1

1. Il y a moins de tableaux chez Manie que chez les Castella.
2. Manie a autant de difficultés que Clara.
3. Moreno se fait moins d'illusions que Deschamps.
4. Moreno a plus de cheveux que Castella.
5. Castella lit moins de livres que Clara.

Application immédiate 2

1. le
2. (d')une
3. Ø
4. Ø
5. des
6. Les
7. du
8. la
9. les
10. (d')Ø
11. de (des)
12. des
13. un
14. une
15. Ø
16. de
17. de la
18. les

Application immédiate 3

1. C'est sa flûte.
2. C'est son chien.
3. Ce sont leurs tableaux.
4. C'est mon usine.
5. C'est votre galerie.
6. Ce sont nos costumes.

Application immédiate 4

1. conciliante
2. franche
3. naïve
4. râleuse, conservatrice
5. grossière
6. intellectuelle, cultivée
7. coléreuse, susceptible

Application immédiate 5

1. son propre garde du corps
2. un pauvre homme
3. son cher chien
4. un homme grand
5. la dernière représentation d'*Hedda Gabler*
6. une nouvelle pièce
7. les autres acteurs

Application immédiate 6

1. plus
2. plus
3. aussi
4. meilleure
5. pire

Application immédiate 7

1. Clara est la meilleure actrice de la troupe.
2. Les Castella sont les spectateurs les moins intéressés de la salle de théâtre.
3. Manie est la serveuse la plus sympathique du café.
4. Castella est l'homme le moins cultivé du groupe.

5. Deschamps est le pire/le plus mauvais musicien de l'orchestre.
6. Moreno est le plus bel homme du film.

Chapitre 4: *Le Placard*

Application immédiate Answer key

Application immédiate 1

1. C'est la personne qui habite à côté de François. C'est la personne que François rencontre sur son balcon.
2. C'est la personne qui entraîne l'équipe de rugby. C'est la personne que ses collègues veulent changer.
3. C'est la personne qui dirige l'entreprise. C'est la personne que les employés respectent.

Application immédiate 2

1. C'est ce qui amuse Santini. C'est ce que le patron n'apprécie pas.
2. C'est ce qui intrigue Mademoiselle Bertrand. C'est ce que François a sur son bras.
3. C'est ce qui influence l'attitude de Santini. C'est ce que le film critique.

Application immédiate 3

1. que
2. qui
3. ce que
4. que
5. ce qu'
6. ce qui
7. qui
8. Ce qui

Application immédiate 4

1. où
2. où
3. là où
4. où

Application immédiate 5

1. où; qui; que
2. où; qu'
3. là où; qui

Application immédiate 6

1. qui
2. laquelle
3. auquel
4. qui
5. laquelle

Application immédiate 7

1. dont
2. dont
3. Ce dont
4. dont
5. ce dont

Application immédiate 8

1. celui
2. Celle
3. ceux
4. celles

Chapter 5: *Indochine*

Application immédiate Answer key

Application immédiate 1

1. Éliane aimait la diriger.
2. Camille en a rencontré pendant son voyage.
3. Éliane n'en avait pas. Alors elle l'a adoptée.
4. Tanh les a aidés.
5. Guy le promet à Éliane.

Application immédiate 2

1. Oui, ils en ont eu un.
2. Oui, Éliane en employait beaucoup.
3. Oui, Éliane en possédait une (grande).

Application immédiate 3

1. Tanh lui écrivait quand il était étudiant à Paris.
2. Tanh leur a demandé de partir avec une troupe itinérante.
3. Étienne n'a pas voulu lui parler.

Application immédiate 4

1. séparée
2. rencontrés, vus, écrit
3. revues, parlé, quittées

Application immédiate 5

1. Tanh a été influencé par eux.
2. Éliane était un peu jalouse d'elle. C'est pour cela que Camille a voulu lui échapper.
3. Éliane aimait lui parler. Elle lui faisait confiance, mais elle ne voulait pas se marier avec lui.
4. Éliane et Camille étaient amoureuses de lui.

Application immédiate 6

1. Oui, Tanh y a participé.
2. Oui, Camille voulait y aller.
3. Oui, Éliane y fait face courageusement.

Application immédiate 7

1. Guy n'en a pas pour les nationalistes.
2. Oui, j'en viens.
3. Éliane en a hérité.
4. Avant son voyage, elle n'en était pas consciente.

Application immédiate 8

1. a. J'en suis fier (fière).
   b. Je suis fier (fière) d'eux./J'en suis fier (fière). (two options for **de** + person)
2. a. Faites attention à eux.
   b. Tu devrais y faire attention.
3. a. Nous aimons en parler.
   b. Nous avons parlé d'eux./Nous en avons parlé. (two options for **de** + person)
4. a. Je pense à eux.
   b. Y as-tu pensé?
5. a. Il s'intéresse à eux.
   b. Il s'y intéresse.
6. a. Je tiens à eux.
   b. J'y tiens.

Application immédiate 9

1. Éliane voudrait que Camille en sorte.
2. Camille et Jean-Baptiste espéraient y trouver refuge.
3. Les nationalistes ne voulaient pas que les Français en tirent profit.
4. Jean-Baptiste en avait horreur. Il ne voulait plus y vivre.
5. Éliane ne veut pas que Camille pense à lui.
6. Elle préfère qu'elle y pense.
7. La police doit y faire attention.
8. Éliane était amoureuse de lui/en était amoureuse (two options for **de** + person). Elle en était amoureuse aussi.

Application immédiate 10

1. Guy veut qu'Éliane lui en parle.
2. Guy à ses policiers: "Apportez-m'en le plus vite possible."
3. Guy à Éliane: "Écris-le-lui."
4. On l'y a envoyée.
5. Camille le lui a confié.
6. Les nationalistes voulaient les en expulser.

Chapter 6: *Chaos*

Application immédiate Answer key

Application immédiate 1

1. j'annulerai, tu annuleras, il/elle/on annulera, nous annulerons, vous annulerez, ils/elles annuleront
2. j'avertirai, tu avertiras, il/elle/on avertira, nous avertirons, vous avertirez, ils/elles avertiront

3. je battrai, tu battras, il/elle/on battra, nous battrons, vous battrez, ils/elles battront
4. je serai, tu seras, il/elle/on sera, nous serons, vous serez, ils/elles seront
5. je préférerai, tu préféreras, il/elle/on préférera, nous préférerons, vous préférerez, ils/elles préféreront
6. je me méfierai, tu te méfieras, il/elle/on se méfiera, nous nous méfierons, vous vous méfierez, ils/elles se méfieront
7. je viendrai, tu viendras, il/elle/on viendra, nous viendrons, vous viendrez, ils/elles viendront

Application immédiate 2

1. paiera
2. n'ira pas
3. recevront
4. faudra
5. fera
6. se méfiera

Application immédiate 3

1. pourra, sera
2. ne fera plus, reviendra
3. se vengeront, trouveront
4. se sentira, reverra
5. appelleront, auront

Application immédiate 4

1. j'agresserais, tu agresserais, il/elle/on agresserait, nous agresserions, vous agresseriez, ils/elles agresseraient
2. j'appellerais, tu appellerais, il/elle/on appellerait, nous appellerions, vous appelleriez, ils/elles appelleraient
3. je ferais confiance, tu ferais confiance, il/elle/on ferait confiance, nous ferions confiance, vous feriez confiance, ils/elles feraient confiance
4. je romprais, tu romprais, il/elle/on romprait, nous romprions, vous rompriez, ils/elles rompraient
5. je séduirais, tu séduirais, il/elle/on séduirait, nous séduirions, vous séduiriez, ils/elles séduiraient
6. je m'en sortirais, tu t'en sortirais, il/elle/on s'en sortirait, nous nous en sortirions, vous vous en sortiriez, ils/elles s'en sortiraient

Application immédiate 5

1. Je voudrais regarder un film.
2. Tu aurais besoin de faire de l'exercice.
3. Vous devriez venir avec nous.
4. Pourraient-ils me contacter?
5. Accepterait-elle de me voir?

Application immédiate 6

1. finirait
2. verraient
3. ne se prostitueraient pas
4. feraient
5. s'intéresseraient
6. viendrait

Application immédiate 7

1. j'aurais assisté, tu aurais assisté, il/elle/on aurait assisté, nous aurions assisté, vous auriez assisté, ils/elles auraient assisté
2. j'aurais été, tu aurais été, il/elle/on aurait été, nous aurions été, vous auriez été, ils/elles auraient été
3. j'aurais investi, tu aurais investi, il/elle/on aurait investi, nous aurions investi, vous auriez investi, ils/elles auraient investi
4. je me serais échappé(e), tu te serais serais échappé(e), il/elle/on se serait échappé(e), nous nous serions échappé(e)s, vous vous seriez échappé(e)(s), ils/elles se seraient échappé(e)s
5. j'aurais séduit, tu aurais séduit, il/elle/on aurait séduit, nous aurions séduit, vous auriez séduit, ils/elles auraient séduit
6. je me serais rendu compte, tu te serais rendu compte, il/elle/on se serait rendu compte, nous nous serions rendu compte, vous vous seriez rendu compte, ils/elles se seraient rendu compte

Application immédiate 8

1. Il serait allé au bureau.
2. Tu aurais fait les courses.
3. Nous nous serions disputés.
4. Je me serais levée tôt.
5. Vous ne seriez pas partis?
6. Elles auraient préféré sortir.

Application immédiate 9

1. n'auraient pas assisté
2. aurait continué
3. ne se serait pas sentie
4. n'aurait pas changé
5. seraient allés
6. aurait passé

Application immédiate 10

1. se seraient vengés
2. n'aurait pas su
3. n'aurait pas pu
4. ne serait pas morte, auraient vécu/vivraient
5. se marierait
6. serait partie

Application immédiate 11

1. rateront, passe
2. font
3. pourra

Chapter 7: *La Promesse*

Application immédiate Answer key

Application immédiate 1

1. interrompe
2. emploie
3. soit
4. ne veuille pas
5. avertisse
6. parte

Application immédiate 2

1. b
2. a
3. c
4. a

Application immédiate 3

1. soit tombé, ait perdu
2. ait pris
3. ait décidé
4. ait trahi

Application immédiate 4

1. que Roger fasse des réparations dans la maison
2. qu'Amidou soit parti et ne revienne pas
3. qu'Igor ait donné de l'argent à Assita
4. qu'Igor devienne mécanicien
5. qu'Assita parte de Seraing et aille en Italie
6. que son fils lui obéisse

Application immédiate 5

1. ira en prison quand Assita révélera le scandale
2. aille en prison quand Assita révélera le scandale
3. puisse retrouver son travail d'apprenti-mécanicien
4. pourra retrouver son travail d'apprenti-mécanicien
5. son fils guérira
6. son fils guérisse

Application immédiate 6

1. Igor a fait une promesse à Hamidou avant qu'il meure.
2. Assita est allée voir un devin pour qu'il guérisse son enfant.
3. Igor a utilisé Nabil comme intermédiaire entre lui et Assita à condition que Nabil ne dise rien à Roger.
4. Le patron veut donner une deuxième chance à Igor bien qu'il parte toujours avant l'heure.

5. Igor est sorti des toilettes après que les policiers ont arrêté les clandestins roumains.
6. Roger va emmener Assita à Cologne à moins qu'Igor (n')intervienne.

Application immédiate 7

1. connaît
2. connaisse
3. est
4. soit

Application immédiate 8

1. être allé(e)(s)
2. avoir eu
3. avoir été
4. avoir fait
5. avoir pu
6. s'être dépêché(e)(s)
7. être tombé(e)(s)

Application immédiate 9

1. Je veux que tu ailles à Paris.
2. Nous regrettons d'être en retard.
3. Nous sommes contents que vous voyagiez.
4. Il a envie d'apprendre l'espagnol.
5. Ils doutent que j'aie réussi mes examens.

Application immédiate 10

1. Assita ne croit pas que son mari soit mort.
2. Roger a peur qu'Assita aille au commissariat de police.
3. Roger ne regrette pas d'avoir trahi les clandestins.
4. Roger veut qu'Igor se taise.
5. Igor n'a pas envie de se taire.

Application immédiate 11

1. jusqu'à ce qu'
2. pour
3. de peur d'
4. avant que

Application immédiate 12

1. pour l'avertir
   pour qu'il avertisse
2. sans que Roger le sache
   sans savoir
3. avant de partir
   avant qu'elle parte
4. après avoir dit la vérité à Assita
   après qu'Igor lui a dit la vérité

APPENDIX

VERB CONJUGATIONS

This appendix includes conjugations for irregular verbs and for verbs that are listed as models in the **Liste de vocabulaire** for each chapter.

Refer to the following pages to review the formation of the tenses and modes studied in *Séquences*:

Présent de l'indicatif: pages 225–230

Imparfait: pages 245–247

Futur: pages 301–303

Conditionnel présent: pages 304–305

Subjonctif présent: pages 312–314

Passé composé: pages 248–252

Plus-que-parfait: pages 258–259

Conditionnel passé: page 306

Subjonctif passé: page 315

Infinitif passé: page 322

acheter: *to buy*

Présent de l'indicatif
j'achète
tu achètes
il/elle/on achète
nous achetons
vous achetez
ils/elles achètent

Imparfait
j'achetais
tu achetais
il/elle/on achetait
nous achetions
vous achetiez
ils/elles achetaient

Futur
j'achèterai
tu achèteras
il/elle/on achètera
nous achèterons
vous achèterez
ils/elles achèteront

Conditionnel présent
j'achèterais
tu achèterais
il/elle/on achèterait
nous achèterions
vous achèteriez
ils/elles achèteraient

Subjonctif présent
que j'achète
que tu achètes
qu'il/elle/on achète
que nous achetions
que vous achetiez
qu'ils/elles achètent

Passé composé
j'ai acheté
tu as acheté
il/elle/on a acheté
nous avons acheté
vous avez acheté
ils/elles ont acheté

Plus-que-parfait
j'avais acheté
tu avais acheté
il/elle/on avait acheté
nous avions acheté
vous aviez acheté
ils/elles avaient acheté

Conditionnel passé
j'aurais acheté
tu aurais acheté
il/elle/on aurait acheté
nous aurions acheté
vous auriez acheté
ils/elles auraient acheté

Subjonctif passé
que j'aie acheté
que tu aies acheté
qu'il/elle/on ait acheté
que nous ayons acheté
que vous ayez acheté
qu'ils/elles aient acheté

Infinitif passé	Participe présent	Impératif
avoir acheté	achetant	achète
		achetons
		achetez

Participe passé		
acheté		

aller: *to go*

Présent de l'indicatif	Subjonctif présent	Subjonctif passé
je vais	que j'aille	que je sois allé(e)
tu vas	que tu ailles	que tu sois allé(e)
il/elle/on va	qu'il/elle/on aille	qu'il/elle/on soit allé(e)
nous allons	que nous allions	que nous soyons allé(e)s
vous allez	que vous alliez	que vous soyez allé(e)(s)
ils/elles vont	qu'ils/elles aillent	qu'ils/elles soient allé(e)s

Imparfait	Passé composé	Infinitif passé
j'allais	je suis allé(e)	être allé(e)(s)
tu allais	tu es allé(e)	
il/elle/on allait	il/elle/on est allé(e)	Participe passé
nous allions	nous sommes allé(e)s	allé
vous alliez	vous êtes allé(e)(s)	
ils/elles allaient	ils/elles sont allé(e)s	Participe présent
		allant

Futur	Plus-que-parfait	
j'irai	j'étais allé(e)	Impératif
tu iras	tu étais allé(e)	va
il/elle/on ira	il/elle/on était allé(e)	allons
nous irons	nous étions allé(e)s	allez
vous irez	vous étiez allé(e)(s)	
ils/elles iront	ils/elles étaient allé(e)s	

Conditionnel présent	Conditionnel passé	
j'irais	je serais allé(e)	
tu irais	tu serais allé(e)	
il/elle/on irait	il/elle/on serait allé(e)	
nous irions	nous serions allé(e)s	
vous iriez	vous seriez allé(e)(s)	
ils/elles iraient	ils/elles seraient allé(e)s	

appeler: *to call*

Présent de l'indicatif	Imparfait	Futur
j'appelle	j'appelais	j'appellerai
tu appelles	tu appelais	tu appelleras
il/elle/on appelle	il/elle/on appelait	il/elle/on appellera
nous appelons	nous appelions	nous appellerons
vous appelez	vous appeliez	vous appellerez
ils/elles appellent	ils/elles appelaient	ils/elles appelleront

Conditionnel présent
j'appellerais
tu appellerais
il/elle/on appellerait
nous appellerions
vous appelleriez
ils/elles appelleraient

Subjonctif présent
que j'appelle
que tu appelles
qu'il/elle/on appelle
que nous appelions
que vous appeliez
qu'ils/elles appellent

Passé composé
j'ai appelé
tu as appelé
il/elle/on a appelé
nous avons appelé
vous avez appelé
ils/elles ont appelé

Plus-que-parfait
j'avais appelé
tu avais appelé
il/elle/on avait appelé
nous avions appelé
vous aviez appelé
ils/elles avaient appelé

Conditionnel passé
j'aurais appelé
tu aurais appelé
il/elle/on aurait appelé
nous aurions appelé
vous auriez appelé
ils/elles auraient appelé

Subjonctif passé
que j'aie appelé
que tu aies appelé
qu'il/elle/on ait appelé
que nous ayons appelé
que vous ayez appelé
qu'ils/elles aient appelé

Infinitif passé
avoir appelé

Participe passé
appelé

Participe présent
appelant

Impératif
appelle
appelons
appelez

avoir: *to have*

Présent de l'indicatif
j'ai
tu as
il/elle/on a
nous avons
vous avez
ils/elles ont

Imparfait
j'avais
tu avais
il/elle/on avait
nous avions
vous aviez
ils/elles avaient

Futur
j'aurai
tu auras
il/elle/on aura
nous aurons
vous aurez
ils/elles auront

Conditionnel présent
j'aurais
tu aurais
il/elle/on aurait
nous aurions
vous auriez
ils/elles auraient

Subjonctif présent
que j'aie
que tu aies
qu'il/elle/on ait
que nous ayons
que vous ayez
qu'ils/elles aient

Passé composé
j'ai eu
tu as eu
il/elle/on a eu
nous avons eu
vous avez eu
ils/elles ont eu

Plus-que-parfait
j'avais eu
tu avais eu
il/elle/on avait eu
nous avions eu
vous aviez eu
ils/elles avaient eu

Conditionnel passé
j'aurais eu
tu aurais eu
il/elle/on aurait eu
nous aurions eu
vous auriez eu
ils/elles auraient eu

Subjonctif passé
que j'aie eu
que tu aies eu
qu'il/elle/on ait eu
que nous ayons eu
que vous ayez eu
qu'ils/elles aient eu

Infinitif passé	*Participe présent*	*Impératif*
avoir eu	ayant	aie
		ayons
Participe passé		ayez
eu		

battre: *to beat*

Présent de l'indicatif	*Subjonctif présent*	*Subjonctif passé*
je bats	que je batte	que j'aie battu
tu bats	que tu battes	que tu aies battu
il/elle/on bat	qu'il/elle/on batte	qu'il/elle/on ait battu
nous battons	que nous battions	que nous ayons battu
vous battez	que vous battiez	que vous ayez battu
ils/elles battent	qu'ils/elles battent	qu'ils/elles aient battu

Imparfait	*Passé composé*	*Infinitif passé*
je battais	j'ai battu	avoir battu
tu battais	tu as battu	
il/elle/on battait	il/elle/on a battu	*Participe passé*
nous battions	nous avons battu	battu
vous battiez	vous avez battu	
ils/elles battaient	ils/elles ont battu	*Participe présent*
		battant

Futur	*Plus-que-parfait*	
je battrai	j'avais battu	*Impératif*
tu battras	tu avais battu	bats
il/elle/on battra	il/elle/on avait battu	battons
nous battrons	nous avions battu	battez
vous battrez	vous aviez battu	
ils/elles battront	ils/elles avaient battu	

Conditionnel présent	*Conditionnel passé*
je battrais	j'aurais battu
tu battrais	tu aurais battu
il/elle/on battrait	il/elle/on aurait battu
nous battrions	nous aurions battu
vous battriez	vous auriez battu
ils/elles battraient	ils/elles auraient battu

boire: *to drink*

Présent de l'indicatif	*Futur*	*Subjonctif présent*
je bois	je boirai	que je boive
tu bois	tu boiras	que tu boives
il/elle/on boit	il/elle/on boira	qu'il/elle/on boive
nous buvons	nous boirons	que nous buvions
vous buvez	vous boirez	que vous buviez
ils/elles boivent	ils/elles boiront	qu'ils/elles boivent

Imparfait	*Conditionnel présent*	*Passé composé*
je buvais	je boirais	j'ai bu
tu buvais	tu boirais	tu as bu
il/elle/on buvait	il/elle/on boirait	il/elle/on a bu
nous buvions	nous boirions	nous avons bu
vous buviez	vous boiriez	vous avez bu
ils/elles buvaient	ils/elles boiraient	ils/elles ont bu

Plus-que-parfait
j'avais bu
tu avais bu
il/elle/on avait bu
nous avions bu
vous aviez bu
ils/elles avaient bu

Conditionnel passé
j'aurais bu
tu aurais bu
il/elle/on aurait bu
nous aurions bu
vous auriez bu
ils/elles auraient bu

Subjonctif passé
que j'aie bu
que tu aies bu
qu'il/elle/on ait bu
que nous ayons bu
que vous ayez bu
qu'ils/elles aient bu

Infinitif passé
avoir bu

Participe passé
bu

Participe présent
buvant

Impératif
bois
buvons
buvez

commencer: *to begin*

Présent de l'indicatif
je commence
tu commences
il/elle/on commence
nous commençons
vous commencez
ils/elles commencent

Imparfait
je commençais
tu commençais
il/elle/on commençait
nous commencions
vous commenciez
ils/elles commençaient

Futur
je commencerai
tu commenceras
il/elle/on commencera
nous commencerons
vous commencerez
ils/elles commenceront

Conditionnel présent
je commencerais
tu commencerais
il/elle/on commencerait
nous commencerions
vous commenceriez
ils/elles commenceraient

Subjonctif présent
que je commence
que tu commences
qu'il/elle/on commence
que nous commencions
que vous commenciez
qu'ils/elles commencent

Passé composé
j'ai commencé
tu as commencé
il/elle/on a commencé
nous avons commencé
vous avez commencé
ils/elles ont commencé

Plus-que-parfait
j'avais commencé
tu avais commencé
il/elle/on avait commencé
nous avions commencé
vous aviez commencé
ils/elles avaient commencé

Conditionnel passé
j'aurais commencé
tu aurais commencé
il/elle/on aurait commencé
nous aurions commencé
vous auriez commencé
ils/elles auraient commencé

Subjonctif passé
que j'aie commencé
que tu aies commencé
qu'il/elle/on ait commencé
que nous ayons commencé
que vous ayez commencé
qu'ils/elles aient commencé

Infinitif passé
avoir commencé

Participe passé
commencé

Participe présent
commençant

Impératif
commence
commençons
commencez

conduire: *to drive*

Présent de l'indicatif	*Subjonctif présent*	*Subjonctif passé*
je conduis	que je conduise	que j'aie conduit
tu conduis	que tu conduises	que tu aies conduit
il/elle/on conduit	qu'il/elle/on conduise	qu'il/elle/on ait conduit
nous conduisons	que nous conduisions	que nous ayons conduit
vous conduisez	que vous conduisiez	que vous ayez conduit
ils/elles conduisent	qu'ils/elles conduisent	qu'ils/elles aient conduit

Imparfait	*Passé composé*	*Infinitif passé*
je conduisais	j'ai conduit	avoir conduit
tu conduisais	tu as conduit	
il/elle/on conduisait	il/elle/on a conduit	*Participe passé*
nous conduisions	nous avons conduit	conduit
vous conduisiez	vous avez conduit	
ils/elles conduisaient	ils/elles ont conduit	*Participe présent*
		conduisant

Futur	*Plus-que-parfait*	
je conduirai	j'avais conduit	*Participe présent*
tu conduiras	tu avais conduit	conduisant
il/elle/on conduira	il/elle/on avait conduit	
nous conduirons	nous avions conduit	*Impératif*
vous conduirez	vous aviez conduit	conduis
ils/elles conduiront	ils/elles avaient conduit	conduisons
		conduisez

Conditionnel présent	*Conditionnel passé*	
je conduirais	j'aurais conduit	
tu conduirais	tu aurais conduit	
il/elle/on conduirait	il/elle/on aurait conduit	
nous conduirions	nous aurions conduit	
vous conduiriez	vous auriez conduit	
ils/elles conduiraient	ils/elles auraient conduit	

connaître: *to know*

Présent de l'indicatif	*Futur*	*Subjonctif présent*
je connais	je connaîtrai	que je connaisse
tu connais	tu connaîtras	que tu connaisses
il/elle/on connaît	il/elle/on connaîtra	qu'il/elle/on connaisse
nous connaissons	nous connaîtrons	que nous connaissions
vous connaissez	vous connaîtrez	que vous connaissiez
ils/elles connaissent	ils/elles connaîtront	qu'ils/elles connaissent

Imparfait	*Conditionnel présent*	*Passé composé*
je connaissais	je connaîtrais	j'ai connu
tu connaissais	tu connaîtrais	tu as connu
il/elle/on connaissait	il/elle/on connaîtrait	il/elle/on a connu
nous connaissions	nous connaîtrions	nous avons connu
vous connaissiez	vous connaîtriez	vous avez connu
ils/elles connaissaient	ils/elles connaîtraient	ils/elles ont connu

Plus-que-parfait
j'avais connu
tu avais connu
il/elle/on avait connu
nous avions connu
vous aviez connu
ils/elles avaient connu

Conditionnel passé
j'aurais connu
tu aurais connu
il/elle/on aurait connu
nous aurions connu
vous auriez connu
ils/elles auraient connu

Subjonctif passé
que j'aie connu
que tu aies connu
qu'il/elle/on ait connu
que nous ayons connu
que vous ayez connu
qu'ils/elles aient connu

Infinitif passé
avoir connu

Participe passé
connu

Participe présent
connaissant

Impératif
connais
connaissons
connaissez

courir: *to run*

Présent de l'indicatif
je cours
tu cours
il/elle/on court
nous courons
vous courez
ils/elles courent

Imparfait
je courais
tu courais
il/elle/on courait
nous courions
vous couriez
ils/elles couraient

Futur
je courrai
tu courras
il/elle/on courra
nous courrons
vous courrez
ils/elles courront

Conditionnel présent
je courrais
tu courrais
il/elle/on courrait
nous courrions
vous courriez
ils/elles courraient

Subjonctif présent
que je coure
que tu coures
qu'il/elle/on coure
que nous courions
que vous couriez
qu'ils/elles courent

Passé composé
j'ai couru
tu as couru
il/elle/on a couru
nous avons couru
vous avez couru
ils/elles ont couru

Plus-que-parfait
j'avais couru
tu avais couru
il/elle/on avait couru
nous avions couru
vous aviez couru
ils/elles avaient couru

Conditionnel passé
j'aurais couru
tu aurais couru
il/elle/on aurait couru
nous aurions couru
vous auriez couru
ils/elles auraient couru

Subjonctif passé
que j'aie couru
que tu aies couru
qu'il/elle/on ait couru
que nous ayons couru
que vous ayez couru
qu'ils/elles aient couru

Infinitif passé
avoir couru

Participe passé
couru

Participe présent
courant

Impératif
cours
courons
courez

croire : *to believe*

Présent de l'indicatif
je crois
tu crois
il/elle/on croit
nous croyons
vous croyez
ils/elles croient

Imparfait
je croyais
tu croyais
il/elle/on croyait
nous croyions
vous croyiez
ils/elles croyaient

Futur
je croirai
tu croiras
il/elle/on croira
nous croirons
vous croirez
ils/elles croiront

Conditionnel présent
je croirais
tu croirais
il/elle/on croirait
nous croirions
vous croiriez
ils/elles croiraient

Subjonctif présent
que je croie
que tu croies
qu'il/elle/on croie
que nous croyions
que vous croyiez
qu'ils/elles croient

Passé composé
j'ai cru
tu as cru
il/elle/on a cru
nous avons cru
vous avez cru
ils/elles ont cru

Plus-que-parfait
j'avais cru
tu avais cru
il/elle/on avait cru
nous avions cru
vous aviez cru
ils/elles avaient cru

Conditionnel passé
j'aurais cru
tu aurais cru
il/elle/on aurait cru
nous aurions cru
vous auriez cru
ils/elles auraient cru

Subjonctif passé
que j'aie cru
que tu aies cru
qu'il/elle/on ait cru
que nous ayons cru
que vous ayez cru
qu'ils/elles aient cru

Infinitif passé
avoir cru

Participe passé
cru

Participe présent
croyant

Impératif
crois
croyons
croyez

devoir: *to have to*

Présent de l'indicatif
je dois
tu dois
il/elle/on doit
nous devons
vous devez
ils/elles doivent

Imparfait
je devais
tu devais
il/elle/on devait
nous devions
vous deviez
ils/elles devaient

Futur
je devrai
tu devras
il/elle/on devra
nous devrons
vous devrez
ils/elles devront

Conditionnel présent
je devrais
tu devrais
il/elle/on devrait
nous devrions
vous devriez
ils/elles devraient

Subjonctif présent
que je doive
que tu doives
qu'il/elle/on doive
que nous devions
que vous deviez
qu'ils/elles doivent

Passé composé
j'ai dû
tu as dû
il/elle/on a dû
nous avons dû
vous avez dû
ils/elles ont dû

Plus-que-parfait
j'avais dû
tu avais dû
il/elle/on avait dû
nous avions dû
vous aviez dû
ils/elles avaient dû

Conditionnel passé
j'aurais dû
tu aurais dû
il/elle/on aurait dû
nous aurions dû
vous auriez dû
ils/elles auraient dû

Subjonctif passé
que j'aie dû
que tu aies dû
qu'il/elle/on ait dû
que nous ayons dû
que vous ayez dû
qu'ils/elles aient dû

Infinitif passé
avoir dû

Participe passé
dû

Participe présent
devant

Impératif
pas utilisé

dire: *to say*

Présent de l'indicatif
je dis
tu dis
il/elle/on dit
nous disons
vous dites
ils/elles disent

Imparfait
je disais
tu disais
il/elle/on disait
nous disions
vous disiez
ils/elles disaient

Futur
je dirai
tu diras
il/elle/on dira
nous dirons
vous direz
ils/elles diront

Conditionnel présent
je dirais
tu dirais
il/elle/on dirait
nous dirions
vous diriez
ils/elles diraient

Subjonctif présent
que je dise
que tu dises
qu'il/elle/on dise
que nous disions
que vous disiez
qu'ils/elles disent

Passé composé
j'ai dit
tu as dit
il/elle/on a dit
nous avons dit
vous avez dit
ils/elles ont dit

Plus-que-parfait
j'avais dit
tu avais dit
il/elle/on avait dit
nous avions dit
vous aviez dit
ils/elles avaient dit

Conditionnel passé
j'aurais dit
tu aurais dit
il/elle/on aurait dit
nous aurions dit
vous auriez dit
ils/elles auraient dit

Subjonctif passé
que j'aie dit
que tu aies dit
qu'il/elle/on ait dit
que nous ayons dit
que vous ayez dit
qu'ils/elles aient dit

Infinitif passé
avoir dit

Participe passé
dit

Participe présent
disant

Impératif
dis
disons
dites

écrire: *to write*

Présent de l'indicatif
j'écris
tu écris
il/elle/on écrit
nous écrivons
vous écrivez
ils/elles écrivent

Imparfait
j'écrivais
tu écrivais
il/elle/on écrivait
nous écrivions
vous écriviez
ils/elles écrivaient

Futur
j'écrirai
tu écriras
il/elle/on écrira
nous écrirons
vous écrirez
ils/elles écriront

Conditionnel présent
j'écrirais
tu écrirais
il/elle/on écrirait
nous écririons
vous écririez
ils/elles écriraient

Subjonctif présent
que j'écrive
que tu écrives
qu'il/elle/on écrive
que nous écrivions
que vous écriviez
qu'ils/elles écrivent

Passé composé
j'ai écrit
tu as écrit
il/elle/on a écrit
nous avons écrit
vous avez écrit
ils/elles ont écrit

Plus-que-parfait
j'avais écrit
tu avais écrit
il/elle/on avait écrit
nous avions écrit
vous aviez écrit
ils/elles avaient écrit

Conditionnel passé
j'aurais écrit
tu aurais écrit
il/elle/on aurait écrit
nous aurions écrit
vous auriez écrit
ils/elles auraient écrit

Subjonctif passé
que j'aie écrit
que tu aies écrit
qu'il/elle/on ait écrit
que nous ayons écrit
que vous ayez écrit
qu'ils/elles aient écrit

Infinitif passé
avoir écrit

Participe passé
écrit

Participe présent
écrivant

Impératif
écris
écrivons
écrivez

envoyer: *to send*

Présent de l'indicatif
j'envoie
tu envoies
il/elle/on envoie
nous envoyons
vous envoyez
ils/elles envoient

Imparfait
j'envoyais
tu envoyais
il/elle/on envoyait
nous envoyions
vous envoyiez
ils/elles envoyaient

Futur
j'enverrai
tu enverras
il/elle/on enverra
nous enverrons
vous enverrez
ils/elles enverront

Conditionnel présent
j'enverrais
tu enverrais
il/elle/on enverrait
nous enverrions
vous enverriez
ils/elles enverraient

Subjonctif présent
que j'envoie
que tu envoies
qu'il/elle/on envoie
que nous envoyions
que vous envoyiez
qu'ils/elles envoient

Passé composé
j'ai envoyé
tu as envoyé
il/elle/on a envoyé
nous avons envoyé
vous avez envoyé
ils/elles ont envoyé

Plus-que-parfait
j'avais envoyé
tu avais envoyé
il/elle/on avait envoyé
nous avions envoyé
vous aviez envoyé
ils/elles avaient envoyé

Conditionnel passé
j'aurais envoyé
tu aurais envoyé
il/elle/on aurait envoyé
nous aurions envoyé
vous auriez envoyé
ils/elles auraient envoyé

Subjonctif passé
que j'aie envoyé
que tu aies envoyé
qu'il/elle/on ait envoyé
que nous ayons envoyé
que vous ayez envoyé
qu'ils/elles aient envoyé

Infinitif passé
avoir envoyé

Participe passé
envoyé

Participe présent
envoyant

Impératif
envoie
envoyons
envoyez

essayer: *to try*

Présent de l'indicatif
j'essaie
tu essaies
il/elle/on essaie
nous essayons
vous essayez
ils/elles essaient

Imparfait
j'essayais
tu essayais
il/elle/on essayait
nous essayions
vous essayiez
ils/elles essayaient

Futur
j'essaierai
tu essaieras
il/elle/on essaiera
nous essaierons
vous essaierez
ils/elles essaieront

Conditionnel présent
j'essaierais
tu essaierais
il/elle/on essaierait
nous essaierions
vous essaieriez
ils/elles essaieraient

Subjonctif présent
que j'essaie
que tu essaies
qu'il/elle/on essaie
que nous essayions
que vous essayiez
qu'ils/elles essaient

Passé composé
j'ai essayé
tu as essayé
il/elle/on a essayé
nous avons essayé
vous avez essayé
ils/elles ont essayé

Plus-que-parfait
j'avais essayé
tu avais essayé
il/elle/on avait essayé
nous avions essayé
vous aviez essayé
ils/elles avaient essayé

Conditionnel passé
j'aurais essayé
tu aurais essayé
il/elle/on aurait essayé
nous aurions essayé
vous auriez essayé
ils/elles auraient essayé

Subjonctif passé
que j'aie essayé
que tu aies essayé
qu'il/elle/on ait essayé
que nous ayons essayé
que vous ayez essayé
qu'ils/elles aient essayé

Infinitif passé
avoir essayé

Participe passé
essayé

Participe présent
essayant

Impératif
essaie
essayons
essayez

être: *to be*

Présent de l'indicatif
je suis
tu es
il/elle/on est
nous sommes
vous êtes
ils/elles sont

Imparfait
j'étais
tu étais
il/elle/on était
nous étions
vous étiez
ils/elles étaient

Futur
je serai
tu seras
il/elle/on sera
nous serons
vous serez
ils/elles seront

Conditionnel présent
je serais
tu serais
il/elle/on serait
nous serions
vous seriez
ils/elles seraient

Subjonctif présent
que je sois
que tu sois
qu'il/elle/on soit
que nous soyons
que vous soyez
qu'ils/elles soient

Passé composé
j'ai été
tu as été
il/elle/on a été
nous avons été
vous avez été
ils/elles ont été

Plus-que-parfait
j'avais été
tu avais été
il/elle/on avait été
nous avions été
vous aviez été
ils/elles avaient été

Conditionnel passé
j'aurais été
tu aurais été
il/elle/on aurait été
nous aurions été
vous auriez été
ils/elles auraient été

Subjonctif passé
que j'aie été
que tu aies été
qu'il/elle/on ait été
que nous ayons été
que vous ayez été
qu'ils/elles aient été

Infinitif passé
avoir été

Participe passé
été

Participe présent
étant

Impératif
sois
soyons
soyez

faire: *to do; to make*

Présent de l'indicatif
je fais
tu fais
il/elle/on fait
nous faisons
vous faites
ils/elles font

Imparfait
je faisais
tu faisais
il/elle/on faisait
nous faisions
vous faisiez
ils/elles faisaient

Futur
je ferai
tu feras
il/elle/on fera
nous ferons
vous ferez
ils/elles feront

Conditionnel présent
je ferais
tu ferais
il/elle/on ferait
nous ferions
vous feriez
ils/elles feraient

Subjonctif présent
que je fasse
que tu fasses
qu'il/elle/on fasse
que nous fassions
que vous fassiez
qu'ils/elles fassent

Passé composé
j'ai fait
tu as fait
il/elle/on a fait
nous avons fait
vous avez fait
ils/elles ont fait

Plus-que-parfait
j'avais fait
tu avais fait
il/elle/on avait fait
nous avions fait
vous aviez fait
ils/elles avaient fait

Conditionnel passé
j'aurais fait
tu aurais fait
il/elle/on aurait fait
nous aurions fait
vous auriez fait
ils/elles auraient fait

Subjonctif passé
que j'aie fait
que tu aies fait
qu'il/elle/on ait fait
que nous ayons fait
que vous ayez fait
qu'ils/elles aient fait

Infinitif passé
avoir fait

Participe passé
fait

Participe présent
faisant

Impératif
fais
faisons
faites

finir: *to finish*

Présent de l'indicatif
je finis
tu finis
il/elle/on finit
nous finissons
vous finissez
ils/elles finissent

Imparfait
je finissais
tu finissais
il/elle/on finissait
nous finissions
vous finissiez
ils/elles finissaient

Futur
je finirai
tu finiras
il/elle/on finira
nous finirons
vous finirez
ils/elles finiront

Conditionnel présent
je finirais
tu finirais
il/elle/on finirait
nous finirions
vous finiriez
ils/elles finiraient

Subjonctif présent
que je finisse
que tu finisses
qu'il/elle/on finisse
que nous finissions
que vous finissiez
qu'ils/elles finissent

Passé composé
j'ai fini
tu as fini
il/elle/on a fini
nous avons fini
vous avez fini
ils/elles ont fini

Plus-que-parfait
j'avais fini
tu avais fini
il/elle/on avait fini
nous avions fini
vous aviez fini
ils/elles avaient fini

Conditionnel passé
j'aurais fini
tu aurais fini
il/elle/on aurait fini
nous aurions fini
vous auriez fini
ils/elles auraient fini

Subjonctif passé
que j'aie fini
que tu aies fini
qu'il/elle/on ait fini
que nous ayons fini
que vous ayez fini
qu'ils/elles aient fini

Infinitif passé
avoir fini

Participe passé
fini

Participe présent
finissant

Impératif
finis
finissons
finissez

fuir: *to flee*

Présent de l'indicatif
je fuis
tu fuis
il/elle/on fuit
nous fuyons
vous fuyez
ils/elles fuient

Imparfait
je fuyais
tu fuyais
il/elle/on fuyait
nous fuyions
vous fuyiez
ils/elles fuyaient

Futur
je fuirai
tu fuiras
il/elle/on fuira
nous fuirons
vous fuirez
ils/elles fuiront

Conditionnel présent
je fuirais
tu fuirais
il/elle/on fuirait
nous fuirions
vous fuiriez
ils/elles fuiraient

Subjonctif présent
que je fuie
que tu fuies
qu'il/elle/on fuie
que nous fuyions
que vous fuyiez
qu'ils/elles fuient

Passé composé
j'ai fui
tu as fui
il/elle/on a fui
nous avons fui
vous avez fui
ils/elles ont fui

Plus-que-parfait
j'avais fui
tu avais fui
il/elle/on avait fui
nous avions fui
vous aviez fui
ils/elles avaient fui

Conditionnel passé
j'aurais fui
tu aurais fui
il/elle/on aurait fui
nous aurions fui
vous auriez fui
ils/elles auraient fui

Subjonctif passé
que j'aie fui
que tu aies fui
qu'il/elle/on ait fui
que nous ayons fui
que vous ayez fui
qu'ils/elles aient fui

Infinitif passé
avoir fui

Participe passé
fui

Participe présent
fuyant

Impératif
fuis
fuyons
fuyez

jeter: *to throw*

Présent de l'indicatif
je jette
tu jettes
il/elle/on jette
nous jetons
vous jetez
ils/elles jettent

Imparfait
je jetais
tu jetais
il/elle/on jetait
nous jetions
vous jetiez
ils/elles jetaient

Futur
je jetterai
tu jetteras
il/elle/on jettera
nous jetterons
vous jetterez
ils/elles jetteront

Conditionnel présent
je jetterais
tu jetterais
il/elle/on jetterait
nous jetterions
vous jetteriez
ils/elles jetteraient

Subjonctif présent
que je jette
que tu jettes
qu'il/elle/on jette
que nous jetions
que vous jetiez
qu'ils/elles jettent

Passé composé
j'ai jeté
tu as jeté
il/elle/on a jeté
nous avons jeté
vous avez jeté
ils/elles ont jeté

Plus-que-parfait
j'avais jeté
tu avais jeté
il/elle/on avait jeté
nous avions jeté
vous aviez jeté
ils/elles avaient jeté

Conditionnel passé
j'aurais jeté
tu aurais jeté
il/elle/on aurait jeté
nous aurions jeté
vous auriez jeté
ils/elles auraient jeté

Subjonctif passé
que j'aie jeté
que tu aies jeté
qu'il/elle/on ait jeté
que nous ayons jeté
que vous ayez jeté
qu'ils/elles aient jeté

Infinitif passé
avoir jeté

Participe passé
jeté

Participe présent
jetant

Impératif
jette
jetons
jetez

joindre: *to join*

Présent de l'indicatif
je joins
tu joins
il/elle/on joint
nous joignons
vous joignez
ils/elles joignent

Imparfait
je joignais
tu joignais
il/elle/on joignait
nous joignions
vous joigniez
ils/elles joignaient

Futur
je joindrai
tu joindras
il/elle/on joindra
nous joindrons
vous joindrez
ils/elles joindront

Conditionnel présent
je joindrais
tu joindrais
il/elle/on joindrait
nous joindrions
vous joindriez
ils/elles joindraient

Subjonctif présent
que je joigne
que tu joignes
qu'il/elle/on joigne
que nous joignions
que vous joigniez
qu'ils/elles joignent

Passé composé
j'ai joint
tu as joint
il/elle/on a joint
nous avons joint
vous avez joint
ils/elles ont joint

Plus-que-parfait
j'avais joint
tu avais joint
il/elle/on avait joint
nous avions joint
vous aviez joint
ils/elles avaient joint

Conditionnel passé
j'aurais joint
tu aurais joint
il/elle/on aurait joint
nous aurions joint
vous auriez joint
ils/elles auraient joint

Subjonctif passé
que j'aie joint
que tu aies joint
qu'il/elle/on ait joint
que nous ayons joint
que vous ayez joint
qu'ils/elles aient joint

Infinitif passé
avoir joint

Participe passé
joint

Participe présent
joignant

Impératif
joins
joignons
joignez

lire: *to read*

Présent de l'indicatif
je lis
tu lis
il/elle/on lit
nous lisons
vous lisez
ils/elles lisent

Imparfait
je lisais
tu lisais
il/elle/on lisait
nous lisions
vous lisiez
ils/elles lisaient

Futur
je lirai
tu liras
il/elle/on lira
nous lirons
vous lirez
ils/elles liront

Conditionnel présent
je lirais
tu lirais
il/elle/on lirait
nous lirions
vous liriez
ils/elles liraient

Subjonctif présent
que je lise
que tu lises
qu'il/elle/on lise
que nous lisions
que vous lisiez
qu'ils/elles lisent

Passé composé
j'ai lu
tu as lu
il/elle/on a lu
nous avons lu
vous avez lu
ils/elles ont lu

Plus-que-parfait
j'avais lu
tu avais lu
il/elle/on avait lu
nous avions lu
vous aviez lu
ils/elles avaient lu

Conditionnel passé
j'aurais lu
tu aurais lu
il/elle/on aurait lu
nous aurions lu
vous auriez lu
ils/elles auraient lu

Subjonctif passé
que j'aie lu
que tu aies lu
qu'il/elle/on ait lu
que nous ayons lu
que vous ayez lu
qu'ils/elles aient lu

Infinitif passé
avoir lu

Participe passé
lu

Participe présent
lisant

Impératif
lis
lisons
lisez

mettre: *to put, to put on*

Présent de l'indicatif
je mets
tu mets
il/elle/on met
nous mettons
vous mettez
ils/elles mettent

Imparfait
je mettais
tu mettais
il/elle/on mettait
nous mettions
vous mettiez
ils/elles mettaient

Futur
je mettrai
tu mettras
il/elle/on mettra
nous mettrons
vous mettrez
ils/elles mettront

Conditionnel présent
je mettrais
tu mettrais
il/elle/on mettrait
nous mettrions
vous mettriez
ils/elles mettraient

Subjonctif présent
que je mette
que tu mettes
qu'il/elle/on mette
que nous mettions
que vous mettiez
qu'ils/elles mettent

Passé composé
j'ai mis
tu as mis
il/elle/on a mis
nous avons mis
vous avez mis
ils/elles ont mis

Plus-que-parfait
j'avais mis
tu avais mis
il/elle/on avait mis
nous avions mis
vous aviez mis
ils/elles avaient mis

Conditionnel passé
j'aurais mis
tu aurais mis
il/elle/on aurait mis
nous aurions mis
vous auriez mis
ils/elles auraient mis

Subjonctif passé
que j'aie mis
que tu aies mis
qu'il/elle/on ait mis
que nous ayons mis
que vous ayez mis
qu'ils/elles aient mis

Infinitif passé
avoir mis

Participe passé
mis

Participe présent
mettant

Impératif
mets
mettons
mettez

mourir: *to die*

Présent de l'indicatif
je meurs
tu meurs
il/elle/on meurt
nous mourons
vous mourez
ils/elles meurent

Imparfait
je mourais
tu mourais
il/elle/on mourait
nous mourions
vous mouriez
ils/elles mouraient

Futur
je mourrai
tu mourras
il/elle/on mourra
nous mourrons
vous mourrez
ils/elles mourront

Conditionnel présent
je mourrais
tu mourrais
il/elle/on mourrait
nous mourrions
vous mourriez
ils/elles mourraient

Subjonctif présent
que je meure
que tu meures
qu'il/elle/on meure
que nous mourions
que vous mouriez
qu'ils/elles meurent

Passé composé
je suis mort(e)
tu es mort(e)
il/elle/on est mort(e)
nous sommes mort(e)s
vous êtes mort(e)(s)
ils/elles sont mort(e)s

Plus-que-parfait
j'étais mort(e)
tu étais mort(e)
il/elle/on était mort(e)
nous étions mort(e)s
vous étiez mort(e)(s)
ils/elles étaient mort(e)s

Conditionnel passé
je serais mort(e)
tu serais mort(e)
il/elle/on serait mort(e)
nous serions mort(e)s
vous seriez mort(e)(s)
ils/elles seraient mort(e)s

Subjonctif passé
que je sois mort(e)
que tu sois mort(e)
qu'il/elle/on soit mort(e)
que nous soyons mort(e)s
que vous soyez mort(e)(s)
qu'ils/elles soient mort(e)s

Infinitif passé
être mort(e)(s)

Participe passé
mort

Participe présent
mourant

Impératif
meurs
mourons
mourez

ouvrir: *to open*

Présent de l'indicatif
j'ouvre
tu ouvres
il/elle/on ouvre
nous ouvrons
vous ouvrez
ils/elles ouvrent

Imparfait
j'ouvrais
tu ouvrais
il/elle/on ouvrait
nous ouvrions
vous ouvriez
ils/elles ouvraient

Futur
j'ouvrirai
tu ouvriras
il/elle/on ouvrira
nous ouvrirons
vous ouvrirez
ils/elles ouvriront

Conditionnel présent
j'ouvrirais
tu ouvrirais
il/elle/on ouvrirait
nous ouvririons
vous ouvririez
ils/elles ouvriraient

Subjonctif présent
que j'ouvre
que tu ouvres
qu'il/elle/on ouvre
que nous ouvrions
que vous ouvriez
qu'ils/elles ouvrent

Passé composé
j'ai ouvert
tu as ouvert
il/elle/on a ouvert
nous avons ouvert
vous avez ouvert
ils/elles ont ouvert

Plus-que-parfait
j'avais ouvert
tu avais ouvert
il/elle/on avait ouvert
nous avions ouvert
vous aviez ouvert
ils/elles avaient ouvert

Conditionnel passé
j'aurais ouvert
tu aurais ouvert
il/elle/on aurait ouvert
nous aurions ouvert
vous auriez ouvert
ils/elles auraient ouvert

Subjonctif passé
que j'aie ouvert
que tu aies ouvert
qu'il/elle/on ait ouvert
que nous ayons ouvert
que vous ayez ouvert
qu'ils/elles aient ouvert

Infinitif passé
avoir ouvert

Participe passé
ouvert

Participe présent
ouvrant

Impératif
ouvre
ouvrons
ouvrez

paraître: *to appear*

Présent de l'indicatif
je parais
tu parais
il/elle/on paraît
nous paraissons
vous paraissez
ils/elles paraissent

Imparfait
je paraissais
tu paraissais
il/elle/on paraissait
nous paraissions
vous paraissiez
ils/elles paraissaient

Futur
je paraîtrai
tu paraîtras
il/elle/on paraîtra
nous paraîtrons
vous paraîtrez
ils/elles paraîtront

Conditionnel présent
je paraîtrais
tu paraîtrais
il/elle/on paraîtrait
nous paraîtrions
vous paraîtriez
ils/elles paraîtraient

Subjonctif présent
que je paraisse
que tu paraisses
qu'il/elle/on paraisse
que nous paraissions
que vous paraissiez
qu'ils/elles paraissent

Passé composé
j'ai paru
tu as paru
il/elle/on a paru
nous avons paru
vous avez paru
ils/elles ont paru

Plus-que-parfait
j'avais paru
tu avais paru
il/elle/on avait paru
nous avions paru
vous aviez paru
ils/elles avaient paru

Conditionnel passé
j'aurais paru
tu aurais paru
il/elle/on aurait paru
nous aurions paru
vous auriez paru
ils/elles auraient paru

Subjonctif passé
que j'aie paru
que tu aies paru
qu'il/elle/on ait paru
que nous ayons paru
que vous ayez paru
qu'ils/elles aient paru

Infinitif passé
avoir paru

Participe passé
paru

Participe présent
paraissant

Impératif
parais
paraissons
paraissez

partir: *to leave*

Présent de l'indicatif
je pars
tu pars
il/elle/on part
nous partons
vous partez
ils/elles partent

Imparfait
je partais
tu partais
il/elle/on partait
nous partions
vous partiez
ils/elles partaient

Futur
je partirai
tu partiras
il/elle/on partira
nous partirons
vous partirez
ils/elles partiront

Conditionnel présent
je partirais
tu partirais
il/elle/on partirait
nous partirions
vous partiriez
ils/elles partiraient

Subjonctif présent
que je parte
que tu partes
qu'il/elle/on parte
que nous partions
que vous partiez
qu'ils/elles partent

Passé composé
je suis parti(e)
tu es parti(e)
il/elle/on est parti(e)
nous sommes parti(e)s
vous êtes parti(e)(s)
ils/elles sont parti(e)s

Plus-que-parfait
j'étais parti(e)
tu étais parti(e)
il/elle/on était parti(e)
nous étions parti(e)s
vous étiez parti(e)(s)
ils/elles étaient parti(e)s

Conditionnel passé
je serais parti(e)
tu serais parti(e)
il/elle/on serait parti(e)
nous serions parti(e)s
vous seriez parti(e)(s)
ils/elles seraient parti(e)s

Subjonctif passé
que je sois parti(e)
que tu sois parti(e)
qu'il/elle/on soit parti(e)
que nous soyons parti(e)s
que vous soyez parti(e)(s)
qu'ils/elles soient parti(e)s

Infinitif passé
être parti(e)(s)

Participe passé
parti

Participe présent
partant

Impératif
pars
partons
partez

peindre: *to paint*

Présent de l'indicatif
je peins
tu peins
il/elle/on peint
nous peignons
vous peignez
ils/elles peignent

Imparfait
je peignais
tu peignais
il/elle/on peignait
nous peignions
vous peigniez
ils/elles peignaient

Futur
je peindrai
tu peindras
il/elle/on peindra
nous peindrons
vous peindrez
ils/elles peindront

Conditionnel présent
je peindrais
tu peindrais
il/elle/on peindrait
nous peindrions
vous peindriez
ils/elles peindraient

Subjonctif présent
que je peigne
que tu peignes
qu'il/elle/on peigne
que nous peignions
que vous peigniez
qu'ils/elles peignent

Passé composé
j'ai peint
tu as peint
il/elle/on a peint
nous avons peint
vous avez peint
ils/elles ont peint

Plus-que-parfait
j'avais peint
tu avais peint
il/elle/on avait peint
nous avions peint
vous aviez peint
ils/elles avaient peint

Conditionnel passé
j'aurais peint
tu aurais peint
il/elle/on aurait peint
nous aurions peint
vous auriez peint
ils/elles auraient peint

Subjonctif passé
que j'aie peint
que tu aies peint
qu'il/elle/on ait peint
que nous ayons peint
que vous ayez peint
qu'ils/elles aient peint

Infinitif passé
avoir peint

Participe passé
peint

Participe présent
peignant

Impératif
peins
peignons
peignez

plaire: *to please, to be pleasing to*

Présent de l'indicatif
je plais
tu plais
il/elle/on plaît
nous plaisons
vous plaisez
ils/elles plaisent

Imparfait
je plaisais
tu plaisais
il/elle/on plaisait
nous plaisions
vous plaisiez
ils/elles plaisaient

Futur
je plairai
tu plairas
il/elle/on plaira
nous plairons
vous plairez
ils/elles plairont

Conditionnel présent
je plairais
tu plairais
il/elle/on plairait
nous plairions
vous plairiez
ils/elles plairaient

Subjonctif présent
que je plaise
que tu plaises
qu'il/elle/on plaise
que nous plaisions
que vous plaisiez
qu'ils/elles plaisent

Passé composé
j'ai plu
tu as plu
il/elle/on a plu
nous avons plu
vous avez plu
ils/elles ont plu

Plus-que-parfait
j'avais plu
tu avais plu
il/elle/on avait plu
nous avions plu
vous aviez plu
ils/elles avaient plu

Conditionnel passé
j'aurais plu
tu aurais plu
il/elle/on aurait plu
nous aurions plu
vous auriez plu
ils/elles auraient plu

Subjonctif passé
que j'aie plu
que tu aies plu
qu'il/elle/on ait plu
que nous ayons plu
que vous ayez plu
qu'ils/elles aient plu

Infinitif passé
avoir plu

Participe passé
plu

Participe présent
plaisant

Impératif
plais
plaisons
plaisez

pouvoir: *to be able to*

Présent de l'indicatif
je peux
tu peux
il/elle/on peut
nous pouvons
vous pouvez
ils/elles peuvent

Imparfait
je pouvais
tu pouvais
il/elle/on pouvait
nous pouvions
vous pouviez
ils/elles pouvaient

Futur
je pourrai
tu pourras
il/elle/on pourra
nous pourrons
vous pourrez
ils/elles pourront

Conditionnel présent
je pourrais
tu pourrais
il/elle/on pourrait
nous pourrions
vous pourriez
ils/elles pourraient

Subjonctif présent
que je puisse
que tu puisses
qu'il/elle/on puisse
que nous puissions
que vous puissiez
qu'ils/elles puissent

Passé composé
j'ai pu
tu as pu
il/elle/on a pu
nous avons pu
vous avez pu
ils/elles ont pu

Plus-que-parfait
j'avais pu
tu avais pu
il/elle/on avait pu
nous avions pu
vous aviez pu
ils/elles avaient pu

Conditionnel passé
j'aurais pu
tu aurais pu
il/elle/on aurait pu
nous aurions pu
vous auriez pu
ils/elles auraient pu

Subjonctif passé
que j'aie pu
que tu aies pu
qu'il/elle/on ait pu
que nous ayons pu
que vous ayez pu
qu'ils/elles aient pu

Infinitif passé
avoir pu

Participe passé
pu

Participe présent
pouvant

Impératif
pas utilisé

préférer: *to prefer*

Présent de l'indicatif
je préfére
tu préféres
il/elle/on préfère
nous préférons
vous préférez
ils/elles préfèrent

Imparfait
je préférais
tu préférais
il/elle/on préférait
nous préférions
vous préfériez
ils/elles préféraient

Futur
je préférerai
tu préféreras
il/elle/on préférera
nous préférerons
vous préférerez
ils/elles préféreront

Conditionnel présent
je préférerais
tu préférerais
il/elle/on préférerait
nous préférerions
vous préféreriez
ils/elles préféreraient

Subjonctif présent
que je préfère
que tu préfères
qu'il/elle/on préfère
que nous préférions
que vous préfériez
qu'ils/elles préfèrent

Passé composé
j'ai préféré
tu as préféré
il/elle/on a préféré
nous avons préféré
vous avez préféré
ils/elles ont préféré

Plus-que-parfait
j'avais préféré
tu avais préféré
il/elle/on avait préféré
nous avions préféré
vous aviez préféré
ils/elles avaient préféré

Conditionnel passé
j'aurais préféré
tu aurais préféré
il/elle/on aurait préféré
nous aurions préféré
vous auriez préféré
ils/elles auraient préféré

Subjonctif passé
que j'aie préféré
que tu aies préféré
qu'il/elle/on ait préféré
que nous ayons préféré
que vous ayez préféré
qu'ils/elles aient préféré

Infinitif passé
avoir préféré

Participe passé
préféré

Participe présent
préférant

Impératif
préfere
préférons
préférez

prendre: *to take*

Présent de l'indicatif
je prends
tu prends
il/elle/on prend
nous prenons
vous prenez
ils/elles prennent

Imparfait
je prenais
tu prenais
il/elle/on prenait
nous prenions
vous preniez
ils/elles prenaient

Futur
je prendrai
tu prendras
il/elle/on prendra
nous prendrons
vous prendrez
ils/elles prendront

Conditionnel présent
je prendrais
tu prendrais
il/elle/on prendrait
nous prendrions
vous prendriez
ils/elles prendraient

Subjonctif présent
que je prenne
que tu prennes
qu'il/elle/on prenne
que nous prenions
que vous preniez
qu'ils/elles prennent

Passé composé
j'ai pris
tu as pris
il/elle/on a pris
nous avons pris
vous avez pris
ils/elles ont pris

Plus-que-parfait
j'avais pris
tu avais pris
il/elle/on avait pris
nous avions pris
vous aviez pris
ils/elles avaient pris

Conditionnel passé
j'aurais pris
tu aurais pris
il/elle/on aurait pris
nous aurions pris
vous auriez pris
ils/elles auraient pris

Subjonctif passé
que j'aie pris
que tu aies pris
qu'il/elle/on ait pris
que nous ayons pris
que vous ayez pris
qu'ils/elles aient pris

Infinitif passé
avoir pris

Participe passé
pris

Participe présent
prenant

Impératif
prends
prenons
prenez

recevoir: *to receive*

Présent de l'indicatif
je reçois
tu reçois
il/elle/on reçoit
nous recevons
vous recevez
ils/elles reçoivent

Imparfait
je recevais
tu recevais
il/elle/on recevait
nous recevions
vous receviez
ils/elles recevaient

Futur
je recevrai
tu recevras
il/elle/on recevra
nous recevrons
vous recevrez
ils/elles recevront

Conditionnel présent
je recevrais
tu recevrais
il/elle/on recevrait
nous recevrions
vous recevriez
ils/elles recevraient

Subjonctif présent
que je reçoive
que tu reçoives
qu'il/elle/on reçoive
que nous recevions
que vous receviez
qu'ils/elles reçoivent

Passé composé
j'ai reçu
tu as reçu
il/elle/on a reçu
nous avons reçu
vous avez reçu
ils/elles ont reçu

Plus-que-parfait
j'avais reçu
tu avais reçu
il/elle/on avait reçu
nous avions reçu
vous aviez reçu
ils/elles avaient reçu

Conditionnel passé
j'aurais reçu
tu aurais reçu
il/elle/on aurait reçu
nous aurions reçu
vous auriez reçu
ils/elles auraient reçu

Subjonctif passé
que j'aie reçu
que tu aies reçu
qu'il/elle/on ait reçu
que nous ayons reçu
que vous ayez reçu
qu'ils/elles aient reçu

Infinitif passé
avoir reçu

Participe passé
reçu

Participe présent
recevant

Impératif
reçois
recevons
recevez

rire: *to laugh*

Présent de l'indicatif
je ris
tu ris
il/elle/on rit
nous rions
vous riez
ils/elles rient

Imparfait
je riais
tu riais
il/elle/on riait
nous riions
vous riiez
ils/elles riaient

Futur
je rirai
tu riras
il/elle/on rira
nous rirons
vous rirez
ils/elles riront

Conditionnel présent
je rirais
tu rirais
il/elle/on rirait
nous ririons
vous ririez
ils/elles riraient

Subjonctif présent
que je rie
que tu ries
qu'il/elle/on rie
que nous riions
que vous riiez
qu'ils/elles rient

Passé composé
j'ai ri
tu as ri
il/elle/on a ri
nous avons ri
vous avez ri
ils/elles ont ri

Plus-que-parfait
j'avais ri
tu avais ri
il/elle/on avait ri
nous avions ri
vous aviez ri
ils/elles avaient ri

Conditionnel passé
j'aurais ri
tu aurais ri
il/elle/on aurait ri
nous aurions ri
vous auriez ri
ils/elles auraient ri

Subjonctif passé
que j'aie ri
que tu aies ri
qu'il/elle/on ait ri
que nous ayons ri
que vous ayez ri
qu'ils/elles aient ri

Infinitif passé
avoir ri

Participe passé
ri

Participe présent
riant

Impératif
ris
rions
riez

savoir: *to know*

Présent de l'indicatif
je sais
tu sais
il/elle/on sait
nous savons
vous savez
ils/elles savent

Imparfait
je savais
tu savais
il/elle/on savait
nous savions
vous saviez
ils/elles savaient

Futur
je saurai
tu sauras
il/elle/on saura
nous saurons
vous saurez
ils/elles sauront

Conditionnel présent
je saurais
tu saurais
il/elle/on saurait
nous saurions
vous sauriez
ils/elles sauraient

Subjonctif présent
que je sache
que tu saches
qu'il/elle/on sache
que nous sachions
que vous sachiez
qu'ils/elles sachent

Passé composé
j'ai su
tu as su
il/elle/on a su
nous avons su
vous avez su
ils/elles ont su

Plus-que-parfait
j'avais su
tu avais su
il/elle/on avait su
nous avions su
vous aviez su
ils/elles avaient su

Conditionnel passé
j'aurais su
tu aurais su
il/elle/on aurait su
nous aurions su
vous auriez su
ils/elles auraient su

Subjonctif passé
que j'aie su
que tu aies su
qu'il/elle/on ait su
que nous ayons su
que vous ayez su
qu'ils/elles aient su

Infinitif passé
avoir su

Participe passé
su

Participe présent
sachant

Impératif
sache
sachons
sachez

s'ennuyer: *to be bored*

Présent de l'indicatif
je m'ennuie
tu t'ennuies
il/elle/on s'ennuie
nous nous ennuyons
vous vous ennuyez
ils/elles s'ennuient

Imparfait
je m'ennuyais
tu t'ennuyais
il/elle/on s'ennuyait
nous nous ennuyions
vous vous ennuyiez
ils/elles s'ennuyaient

Futur
je m'ennuierai
tu t'ennuieras
il/elle/on s'ennuiera
nous nous ennuierons
vous vous ennuierez
ils/elles s'ennuieront

Conditionnel présent
je m'ennuierais
tu t'ennuierais
il/elle/on s'ennuierait
nous nous ennuierions
vous vous ennuieriez
ils/elles s'ennuieraient

Subjonctif présent
que je m'ennuie
que tu t'ennuies
qu'il/elle/on s'ennuie
que nous nous ennuyions
que vous vous ennuyiez
qu'ils/elles s'ennuient

Passé composé
je me suis ennuyé(e)
tu t'es ennuyé(e)
il/elle/on s'est ennuyé(e)
nous nous sommes en-nuyé(e)s
vous vous êtes ennuyé(e)(s)
ils/elles se sont ennuyé(e)s

Plus-que-parfait
je m'étais ennuyé(e)
tu t'étais ennuyé(e)
il/elle/on s'était ennuyé(e)
nous nous étions ennuyé(e)s
vous vous étiez ennuyé(e)(s)
ils/elles s'étaient ennuyé(e)s

Conditionnel passé
je me serais ennuyé(e)
tu te serais ennuyé(e)
il/elle/on se serait ennuyé(e)
nous nous serions ennuyé(e)s
vous vous seriez ennuyé(e)(s)
ils/elles se seraient en-nuyé(e)s

Subjonctif passé
que je me sois ennuyé(e)
que tu te soies ennuyé(e)
qu'il/elle/on se soit en-nuyé(e)
que nous nous soyons en-nuyé(e)s
que vous vous soyez en-nuyé(e)(s)
qu'ils/elles se soient en-nuyé(e)s

Infinitif passé
s'être ennuyé(e)(s)

Participe passé
ennuyé

Participe présent
ennuyant

Impératif
ne t'ennuie pas
ne nous ennuyons pas
ne nous ennuyez pas

se recueillir: *to meditate, to collect one's thoughts*

Présent de l'indicatif
je me recueille
tu te recueilles
il/elle/on se recueille
nous nous recueillons
vous vous recueillez
ils/elles se recueillent

Imparfait
je me recueillais
tu te recueillais
il/elle/on se recueillait
nous nous recueillions
vous vous recueilliez
ils/elles se recueillaient

Futur
je me recueillerai
tu te recueilleras
il/elle/on se recueillera
nous nous recueillerons
vous vous recueillerez
ils/elles se recueilleront

Conditionnel présent
je me recueillerais
tu te recueillerais
il/elle/on se recueillerait
nous nous recueillerions
vous vous recueilleriez
ils/elles se recueilleraient

Subjonctif présent
que je me recueille
que tu te recueilles
qu'il/elle/on se recueille
que nous nous recueillions
que vous vous recueilliez
qu'ils/elles se recueillent

Passé composé
je me suis recueilli(e)
tu t'es recueilli(e)
il/elle/on s'est recueilli(e)
nous nous sommes
recueilli(e)s
vous vous êtes recueilli(e)(s)
ils/elles se sont recueilli(e)s

Plus-que-parfait
je m'étais recueilli(e)
tu t'étais recueilli(e)
il/elle/on s'était recueilli(e)
nous nous étions
recueilli(e)s
vous vous étiez
recueilli(e)(s)
ils/elles s'étaient
recueilli(e)s

Conditionnel passé
je me serais recueilli(e)
tu te serais recueilli(e)
il/elle/on se serait recueilli(e)
nous nous serions
recueilli(e)s
vous vous seriez
recueilli(e)(s)
ils/elles se seraient re-
cueilli(e)s

Subjonctif passé
que je me sois recueilli(e)
que tu te soies recueilli(e)
qu'il/elle/on se soit
recueilli(e)
que nous nous soyons
recueilli(e)s
que vous vous soyez
recueilli(e)(s)
qu'ils/elles se soient
recueilli(e)s

Infinitif passé
s'être recueilli(e)(s)

Participe passé
recueilli

Participe présent
recueillant

Impératif
recueille-toi
recueillons-nous
recueillez-vous

se taire: *to be quiet, to be silent, not to speak*

Présent de l'indicatif
je me tais
tu te tais
il/elle/on se tait
nous nous taisons
vous vous taisez
ils/elles se taisent

Imparfait
je me taisais
tu te taisais
il/elle/on se taisait
nous nous taisions
vous vous taisiez
ils/elles se taisaient

Futur
je me tairai
tu te tairas
il/elle/on se taira
nous nous tairons
vous vous tairez
ils/elles se tairont

Conditionnel présent
je me tairais
tu te tairais
il/elle/on se tairait
nous nous tairions
vous vous tairiez
ils/elles se tairaient

Subjonctif présent
que je me taise
que tu te taises
qu'il/elle/on se taise
que nous nous taisions
que vous vous taisiez
qu'ils/elles se taisent

Passé composé
je me suis tu(e)
tu t'es tu(e)
il/elle/on s'est tu(e)
nous nous sommes tu(e)s
vous vous êtes tu(e)(s)
ils/elles se sont tu(e)s

Plus-que-parfait
je m'étais tu(e)
tu t'étais tu(e)
il/elle/on s'était tu(e)
nous nous étions tu(e)s
vous vous étiez tu(e)(s)
ils/elles s'étaient tu(e)s

Conditionnel passé
je me serais tu(e)
tu te serais tu(e)
il/elle/on se serait tu(e)
nous nous serions tu(e)s
vous vous seriez tu(e)(s)
ils/elles se seraient tu(e)s

Subjonctif passé
que je me sois tu(e)
que tu te soies tu(e)
qu'il/elle/on se soit tu(e)
que nous nous soyons
tu(e)s
que vous vous soyez
tu(e)(s)
qu'ils/elles se soient tu(e)s

Infinitif passé
s'être tu(e)(s)

Participe passé
tu

Participe présent
taisant

Impératif
tais-toi
taisons-nous
taisez-vous

suivre: *to follow; to take (a class)*

Présent de l'indicatif
je suis
tu suis
il/elle/on suit
nous suivons
vous suivez
ils/elles suivent

Imparfait
je suivais
tu suivais
il/elle/on suivait
nous suivions
vous suiviez
ils/elles suivaient

Futur
je suivrai
tu suivras
il/elle/on suivra
nous suivrons
vous suivrez
ils/elles suivront

Conditionnel présent
je suivrais
tu suivrais
il/elle/on suivrait
nous suivrions
vous suivriez
ils/elles suivraient

Subjonctif présent
que je suive
que tu suives
qu'il/elle/on suive
que nous suivions
que vous suiviez
qu'ils/elles suivent

Passé composé
j'ai suivi
tu as suivi
il/elle/on a suivi
nous avons suivi
vous avez suivi
ils/elles ont suivi

Plus-que-parfait
j'avais suivi
tu avais suivi
il/elle/on avait suivi
nous avions suivi
vous aviez suivi
ils/elles avaient suivi

Conditionnel passé
j'aurais suivi
tu aurais suivi
il/elle/on aurait suivi
nous aurions suivi
vous auriez suivi
ils/elles auraient suivi

Subjonctif passé
que j'aie suivi
que tu aies suivi
qu'il/elle/on ait suivi
que nous ayons suivi
que vous ayez suivi
qu'ils/elles aient suivi

Infinitif passé
avoir suivi

Participe passé
suivi

Participe présent
suivant

tenir: *to hold*

Présent de l'indicatif	*Subjonctif présent*	*Subjonctif passé*
je tiens	que je tienne	que j'aie tenu
tu tiens	que tu tiennes	que tu aies tenu
il/elle/on tient	qu'il/elle/on tienne	qu'il/elle/on ait tenu
nous tenons	que nous tenions	que nous ayons tenu
vous tenez	que vous teniez	que vous ayez tenu
ils/elles tiennent	qu'ils/elles tiennent	qu'ils/elles aient tenu

Imparfait	*Passé composé*	*Infinitif passé*
je tenais	j'ai tenu	avoir tenu
tu tenais	tu as tenu	
il/elle/on tenait	il/elle/on a tenu	*Participe passé*
nous tenions	nous avons tenu	tenu
vous teniez	vous avez tenu	
ils/elles tenaient	ils/elles ont tenu	*Participe présent*
		tenant

Futur	*Plus-que-parfait*	*Impératif*
je tiendrai	j'avais tenu	tiens
tu tiendras	tu avais tenu	tenons
il/elle/on tiendra	il/elle/on avait tenu	tenez
nous tiendrons	nous avions tenu	
vous tiendrez	vous aviez tenu	
ils/elles tiendront	ils/elles avaient tenu	

Conditionnel présent	*Conditionnel passé*
je tiendrais	j'aurais tenu
tu tiendrais	tu aurais tenu
il/elle/on tiendrait	il/elle/on aurait tenu
nous tiendrions	nous aurions tenu
vous tiendriez	vous auriez tenu
ils/elles tiendraient	ils/elles auraient tenu

venir: *to come*

Présent de l'indicatif	*Imparfait*	*Futur*
je viens	je venais	je viendrai
tu viens	tu venais	tu viendras
il/elle/on vient	il/elle/on venait	il/elle/on viendra
nous venons	nous venions	nous viendrons
vous venez	vous veniez	vous viendrez
ils/elles viennent	ils/elles venaient	ils/elles viendront

Conditionnel présent
je viendrais
tu viendrais
il/elle/on viendrait
nous viendrions
vous viendriez
ils/elles viendraient

Subjonctif présent
que je vienne
que tu viennes
qu'il/elle/on vienne
que nous venions
que vous veniez
qu'ils/elles viennent

Passé composé
je suis venu(e)
tu es venu(e)
il/elle/on est venu(e)
nous sommes venu(e)s
vous êtes venu(e)(s)
ils/elles sont venu(e)s

Plus-que-parfait
j'étais venu(e)
tu étais venu(e)
il/elle/on était venu(e)
nous étions venu(e)s
vous étiez venu(e)(s)
ils/elles étaient venu(e)s

Conditionnel passé
je serais venu(e)
tu serais venu(e)
il/elle/on serait venu(e)
nous serions venu(e)s
vous seriez venu(e)(s)
ils/elles seraient venu(e)s

Subjonctif passé
que je sois venu(e)
que tu sois venu(e)
qu'il/elle/on soit venu(e)
que nous soyons venu(e)s
que vous soyez venu(e)(s)
qu'ils/elles soient venu(e)s

Infinitif passé
être venu(e)(s)

Participe passé
venu

Participe présent
venant

Impératif
viens
venons
venez

vivre: *to live*

Présent de l'indicatif
je vis
tu vis
il/elle/on vit
nous vivons
vous vivez
ils/elles vivent

Imparfait
je vivais
tu vivais
il/elle/on vivait
nous vivions
vous viviez
ils/elles vivaient

Futur
je vivrai
tu vivras
il/elle/on vivra
nous vivrons
vous vivrez
ils/elles vivront

Conditionnel présent
je vivrais
tu vivrais
il/elle/on vivrait
nous vivrions
vous vivriez
ils/elles vivraient

Subjonctif présent
que je vive
que tu vives
qu'il/elle/on vive
que nous vivions
que vous viviez
qu'ils/elles vivent

Passé composé
j'ai vécu
tu as vécu
il/elle/on a vécu
nous avons vécu
vous avez vécu
ils/elles ont vécu

Plus-que-parfait
j'avais vécu
tu avais vécu
il/elle/on avait vécu
nous avions vécu
vous aviez vécu
ils/elles avaient vécu

Conditionnel passé
j'aurais vécu
tu aurais vécu
il/elle/on aurait vécu
nous aurions vécu
vous auriez vécu
ils/elles auraient vécu

Subjonctif passé
que j'aie vécu
que tu aies vécu
qu'il/elle/on ait vécu
que nous ayons vécu
que vous ayez vécu
qu'ils/elles aient vécu

Infinitif passé
avoir vécu

Participe passé
vécu

Participe présent
vivant

Impératif
vis
vivons
vivez

voir: *to see*

Présent de l'indicatif
je vois
tu vois
il/elle/on voit
nous voyons
vous voyez
ils/elles voient

Imparfait
je voyais
tu voyais
il/elle/on voyait
nous voyions
vous voyiez
ils/elles voyaient

Futur
je verrai
tu verras
il/elle/on verra
nous verrons
vous verrez
ils/elles verront

Conditionnel présent
je verrais
tu verrais
il/elle/on verrait
nous verrions
vous verriez
ils/elles verraient

Subjonctif présent
que je voie
que tu voies
qu'il/elle/on voie
que nous voyions
que vous voyiez
qu'ils/elles voient

Passé composé
j'ai vu
tu as vu
il/elle/on a vu
nous avons vu
vous avez vu
ils/elles ont vu

Plus-que-parfait
j'avais vu
tu avais vu
il/elle/on avait vu
nous avions vu
vous aviez vu
ils/elles avaient vu

Conditionnel passé
j'aurais vu
tu aurais vu
il/elle/on aurait vu
nous aurions vu
vous auriez vu
ils/elles auraient vu

Subjonctif passé
que j'aie vu
que tu aies vu
qu'il/elle/on ait vu
que nous ayons vu
que vous ayez vu
qu'ils/elles aient vu

Infinitif passé
avoir vu

Participe passé
vu

Participe présent
voyant

Impératif
vois
voyons
voyez

vouloir: *to want*

Présent de l'indicatif
je veux
tu veux
il/elle/on veut
nous voulons
vous voulez
ils/elles veulent

Imparfait
je voulais
tu voulais
il/elle/on voulait
nous voulions
vous vouliez
ils/elles voulaient

Futur
je voudrai
tu voudras
il/elle/on voudra
nous voudrons
vous voudrez
ils/elles voudront

Conditionnel présent
je voudrais
tu voudrais
il/elle/on voudrait
nous voudrions
vous voudriez
ils/elles voudraient

Subjonctif présent
que je veuille
que tu veuilles
qu'il/elle/on veuille
que nous voulions
que vous vouliez
qu'ils/elles veuillent

Passé composé
j'ai voulu
tu as voulu
il/elle/on a voulu
nous avons voulu
vous avez voulu
ils/elles ont voulu

Plus-que-parfait
j'avais voulu
tu avais voulu
il/elle/on avait voulu
nous avions voulu
vous aviez voulu
ils/elles avaient voulu

Conditionnel passé
j'aurais voulu
tu aurais voulu
il/elle/on aurait voulu
nous aurions voulu
vous auriez voulu
ils/elles auraient voulu

Subjonctif passé
que j'aie voulu
que tu aies voulu
qu'il/elle/on ait voulu
que nous ayons voulu
que vous ayez voulu
qu'ils/elles aient voulu

Infinitif passé
avoir voulu

Participe passé
voulu

Participe présent
voulant

Impératif
veux
veuillons
veuillez

voyager: *to travel*

Présent de l'indicatif
je voyage
tu voyages
il/elle/on voyage
nous voyageons
vous voyagez
ils/elles voyagent

Imparfait
je voyageais
tu voyageais
il/elle/on voyageait
nous voyagions
vous voyagiez
ils/elles voyageaient

Futur
je voyagerai
tu voyageras
il/elle/on voyagera
nous voyagerons
vous voyagerez
ils/elles voyageront

Conditionnel présent
je voyagerais
tu voyagerais
il/elle/on voyagerait
nous voyagerions
vous voyageriez
ils/elles voyageraient

Subjonctif présent
que je voyage
que tu voyages
qu'il/elle/on voyage
que nous voyagions
que vous voyagiez
qu'ils/elles voyagent

Passé composé
j'ai voyagé
tu as voyagé
il/elle/on a voyagé
nous avons voyagé
vous avez voyagé
ils/elles ont voyagé

Plus-que-parfait
j'avais voyagé
tu avais voyagé
il/elle/on avait voyagé
nous avions voyagé
vous aviez voyagé
ils/elles avaient voyagé

Conditionnel passé
j'aurais voyagé
tu aurais voyagé
il/elle/on aurait voyagé
nous aurions voyagé
vous auriez voyagé
ils/elles auraient voyagé

Subjonctif passé
que j'aie voyagé
que tu aies voyagé
qu'il/elle/on ait voyagé
que nous ayons voyagé
que vous ayez voyagé
qu'ils/elles aient voyagé

Infinitif passé
avoir voyagé

Participe passé
voyagé

Participe présent
voyageant

Impératif
voyage
voyageons
voyagez

GLOSSARY

This glossary contains French words and expressions, defined as they are used in the context of this book. The number in parentheses indicates the chapter in which the word appears.

The masculine form is given for all adjectives. When a masculine adjective ends in -e, the feminine form is the same. To form the feminine of regular adjectives, add an **e** to the masculine. Irregular feminine endings or forms are given in parentheses.

The gender (*m.* or *f.*) is indicated for most nouns. Nouns that can be either masculine or feminine are indicated with *n.* If the masculine form ends in -**e**, the feminine form is the same. To form the feminine for those ending in a consonant, add an **e** to the masculine. Other feminine forms are given in parentheses.

Verbs that are irregular are marked as *(irr.).* Verbs classed in verb families are indicated with the verb they resemble in parentheses after the French form of the verb. Both types of verbs can be found in **Appendix** (pages 333-363).

Abbreviations

adj.	adjective	*fam.*	familiar	*pl.*	plural
adv.	adverb	*inv.*	invariable	*n.*	noun
f.	feminine	*m.*	masculine		

A

irr. irregular

abolition *f.* abolition (2)

abstrait *adj.* abstract (3)

accéléré *m.* fast action (1)

accord *m.* agreement (5)

accoucher (de) to deliver (a baby) (5)

accro *adj. inv. and n., fam.* **dépendant (d'une drogue)** (6)

accuser to accuse (2), (4), (9)

acteur (actrice) *n.* actor/actress (CP), (3)

s'adapter (à) to adapt (to) (1), (3)

adoptif (adoptive) *adj.* adoptive (5)

adversaire *n. and adj.* opponent (9)

affiche *f.* poster; **être à l'affiche** to play (CP)

s'affirmer to assert oneself (3)

agaçant *adj.* irritating, annoying (1)

aggraver to make worse (8)

agréable *adj.* pleasant (4)

agresser to assault, to attack (4), (6); **se faire agresser** to be attacked (3)

aider to help (5), (7)

ailleurs *adv.* elsewhere (1)

aîné *n. and adj.* oldest child (6)

aisé *adj.* well-off (5)

aise *f.* ease; **à l'aise** *adj.* at ease (1), (4)

aller to go; **aller à** to attend (an institution) (1); **aller ensemble** to match, to go well together (3)

allumer *fam.* to seduce (6)

allumette *f.* match (2), (8)

amant *m.* lover (8)

améliorer to improve (9); **s'améliorer** to improve (7)

amical *adj.* friendly (5)

amnistie *f.* amnesty (5)

amnistier to pardon (5)

amocher quelqu'un *fam.* to mess someone up (6)

amoureux (amoureuse) (de) *adj.* in love (with) (1)

amulette *f.* amulet, charm (2)

amusant *adj.* amusing (1), (3); **s'amuser** to play, to have fun (2)

analphabète *adj.* illiterate (2)

analyse *f.* medical test; **faire des analyses** to undergo medical tests (1)

ancêtre *n.* ancestor (2)

angoissé *adj.* anxious (1)

annuaire *m.* phone book (8)

annuler to cancel (6), (8)

anonyme *adj.* anonymous; nondescript (4)

Antilles *f. pl.* West Indies (2)

appareil *m.* machine, telephone; **Qui est à l'appareil?** Who's calling? (8)

appartenir à to belong to (CP)

appeler to call (8); **appeler au secours** to call for help (6)

apprendre (comme **prendre**) to learn; to teach (2)

apprenti *m.* trainee (7)

arrêter to arrest; to stop (2)

arriver to arrive; **J'arrive** I'm coming (8)

arrogant *adj.* arrogant (2)

artiste *n and adj.* artist (3)

asocial *adj.* antisocial (1)

assister à to attend (CP), (1), (3), (6)

assommer quelqu'un to knock someone out (6)

assorti *adj.* coordinated, which goes well together (3)

attachant *adj.* endearing (3)

attacher to tie (7)

auberge *f.* inn (1)

autoritaire *adj.* authoritarian (5)

aventure *f.* fling (3); **aventure de passage** *f.* fling (5)

avertir (comme **finir**) to warn (6), (7)

aveu *m.* confession (7)

avoir to have; **avoir de l'aisance** to be at ease (1); **avoir du mal à** to have difficulties (1); **avoir la haine** *fam.* to hate (6); **avoir le coup de foudre** to fall in love at first sight (1), (6), (9); **avoir le fou rire** to have the giggles (8); **avoir le mal du pays** to be homesick (1); **avoir le trac** to be nervous; to have stage fright (8); **avoir pitié (de)** to feel pity for someone (8); **avoir une sous-spécialisation en** to minor in (1)

avouer to admit, to confess; **avouer la vérité** to confess the truth (7)

B

bagne *m.* penal colony (5)

bague *f.* ring (7)

baignoire *f.* bathtub (1)

balcon *m.* balcony (4)

banalité *f.* commonplace (3)

bande-annonce *f.* movie trailer (CP)

bande-son *f.* soundtrack (CP)

baragouiner *fam.* to speak a language badly (1)

bas *m.* bottom; **en bas** at the bottom (4)

baskets *f. pl.* tennis shoes (4)

bateau *m.* boat (5)

battre *irr.* to beat (up) (5), (6), (7); **se battre** *irr.* to fight (2)

bécane *f., fam.* bike, motorcycle (6)

béké *m.* white person born in the West Indies (2)

belle-sœur *f.* sister-in-law (3)

bénéficier de to benefit from (1)

bénéfique *adj.* beneficial (1)

bêtise *f.* something stupid, stupidity (2); **faire une bêtise** to do something stupid, to get into trouble (2), (8)

béton *m.* concrete (7)

betterave *f.* beet (4)

bibelot *m.* knick-knack (8)

bien *adv.* well; **bien fait** *fam.* serving someone right (8); **bien payé** *adj.* well paid (7)

bien *m.* good (7)

billet *m.* ticket (CP)

blague *f.* joke (3), (8); **Sans blague!** No kidding! (8)

blanchir (de l'argent) (comme **finir**) to launder (money) (6)

blessé *adj.* injured; **grièvement blessé** seriouly injured (7)

blesser to hurt; to hurt someone's feelings (1)

blouson (en cuir) *m.* (leather) jacket (4)

boîte *f., fam.* office (4)

bol *m.* bowl (2)

bonbonne de gaz *f.* gas cylinder (7)

bonbonnière *f.* candy dish (3)

boomerang *m.* boomerang (8); **faire boomerang** to have a boomerang effect

bord *m.* edge; **à bord (de)** on board, aboard (5)

bordel *m., fam.* chaos, mess (1)

bouffe *f., fam.* food; **bouffer** *fam.* to eat (1), (3); **faire la bouffe** *fam.* to cook (6)

boulot *m., fam.* job (6)

bourgeois *adj.* bourgeois (1)

bourré *adj., fam.* drunk (6)

bourse *f.* scholarship (1), (2)

Bourse *f.* Stock Exchange (1), (6)

boute-en-train *m., fam.* the life of the party (8)

brutal *adj.* brutal (4)

brute *f., fam.* bully (4)

bureaucratie *f.* bureaucracy (1)

C

(se) cacher to hide (5), (6), (7)

cadre *m.* frame; executive (4); **entrer dans le cadre** to fit in the frame (4)

calme *adj.* calm (1)

came *f., fam.* drug (dealer, revendeur) (6)

camionnette *f.* van (7)

campagne *f.* campaign; **faire campagne** to campaign (9)

candidat *n.* candidate (9); **être candidat (à)** to be a candidate (for) (9)

canne à sucre *f.* sugar cane (2)

cantine *f.* cafeteria (2), (4)

caoutchouc *m.* rubber (5)

capitalisme (sauvage) *m.* (unrestrained) capitalism (9)

caricature *f.* caricature (1)

carié *adj.* unhealthy (teeth), with cavities (7)

carriole *f.* cart (9)

carte de séjour *f.* resident alien card (7)

case *f.* hut (2)

casser to break (2); **casser le bras de quelqu'un** to break someone's arm; **se casser le bras** to break one's arm (4)

cercueil *m.* casket (5)

certificat *m.* certificate; **certificat de logement** *m.* proof of residency (7); **certificat d'études** *m.* name of a French diploma (2)

cerveau *m.* brain (1)

chacun pour soi *m.* everyone for himself (7)

chagrin d'amour *m.* broken heart (8)

chaîne *f.* chain (7)

champ *m.* field (2)

chantage *m.* blackmail; **chantage affectif** *m.* emotional blackmail (7); **faire du chantage (à quelqu'un)** to blackmail (someone) (7)

chantier *m.* building yard (7)

char *m.* float (in a parade) (4)

charrette *f.* cart (9)

chat de gouttière *m.* stray cat (4)

chatouille *f.* tickle; **chatouiller** to tickle (7); **faire des chatouilles** to tickle (7)

chauffage *m.* heat (7)

chauffeur *m.* chauffeur (3)

chef *m.* boss; **chef d'entreprise** *m.* business owner, CEO (3), (4), (9); **chef de la sûreté** *m.* security chief (5)

chemise *f.* man's shirt (4)

chemisier *m.* woman's blouse (4)

chiant *adj., fam.* boring (4), (8)

chœur *m.* chorus (9)

chômage *m.* unemployment (3), (7); **être au chômage** to be unemployed (3)

chou *m.* honey (3)

cimetière *m.* cemetery (9)

cirer to polish (2)

cité *f.* housing project (6)

citoyen (citoyenne) *n.* citizen (9)

clair *adj.* clear; light (for colors) (3)

clandestin *n. and adj.* illegal (7)

cliché *m.* cliché (1)

client *n.* customer (4)

clique *f.* click (3)

cohabitation *f.* living together; **cohabiter** to live together (1)

coincé *adj. fam.* inhibited (1)

coléreux (coléreuse) *adj.* prone to anger (1)

collaborateur (collaboratrice) *n.* collaborator (8)

colle *f.* glue (8)

collection *f.* collection (8); **collecter** to collect (7); **collectionner** to collect (8); **faire une collection (de)** to collect (8)

colocataire *n.* house/room mate (1)

colocation *f.* sharing the rent; shared rental (1)

colon *m.* colonizer (5)

colonie *f.* colony (2)

coma *m.* coma; **être dans le coma** to be in a coma (6)

combat (de coqs) *m.* (cock) fight; **combatif (combative)** *adj.* combative, with a fighting spirit (2)

comédie *f.* comedy; **comédien (comédienne)** *n.* actor, actress (3)

commander to rule; to order (5)

compassion *f.* compassion (5)

compatissant *adj.* compassionate (5)

complice *adj. and n.* accomplice (6)

comportement *m.* behavior (4)

composer to dial (8)

(se) compromettre (comme mettre) to compromise (oneself) (9)

comptable *n.* accountant; **chef comptable** *n.* chief accountant (4)

compte en banque *m.* bank account (6)

con (conne) *adj. and n., fam.* idiot, imbecile (8)

concession *f.* compromise; **faire des concessions** to compromise (3)

conciliant *adj.* conciliatory, compromising (3)

concours *m.* competitive exam (2)

condescendant *adj.* condescending (8)

confiance *f.* confidence; **faire confiance (à quelqu'un)** to trust (someone) (3), (5), (9)

confiant *adj.* trustful (3)

confier to entrust (7)

conflictuel (conflictuelle) *adj.* conflictual (5)

confus *adj.* confused (1)

connaissance *f.* acquaintance; **faire la connaissance de quelqu'un** to meet someone (1)

connaître *irr.* to know (2)

se consacrer (à) to dedicate oneself (to) (6)

conseil *m.* piece of advice; **conseiller (à)** to advise (2), (4)

conservateur (conservatrice) (de musée) *n.* curator (9)

conserverie *f.* cannery (9)

construire (comme lire) to build (8)

continuer ses études to continue one's studies (2)

contrarié *adj.* hurt, vexed (3)

contrat *m.* contract (9)

contre-attaquer to counterattack (4)

contremaître *m.* overseer (5)

contrôleur fiscal *m.* tax auditor (8)

conventionnel (conventionnelle) *adj.* conventional (3)

convoitise *f.* greed; **convoiter** to covet (9)

cool *adj, fam.* cool (1)

costaud *adj.* big and strong (4)

costumière *f.* costume maker (3)

coucher avec n'importe qui *fam.* to sleep around (3)

coup de foudre *m.* love at first sight (5)

couple mixte *m.* mixed couple (5)

cours *m.* class; **cours en amphi(théâtre)** *m.* lecture class (1); **cours magistral** *m.* lecture class (1)

course *f.* race (5)

court métrage *m.* short film (CP)

coussin *m.* decorative pillow (3)

crac *n., fam.* une personne très intelligente (8)

cravate *f.* tie (4)

créole *m.* Creole (language) (2)
critique *adj.* critical, judgmental (3)
croix *f.* cross; **faire une croix sur quelque chose** to say good bye to something (3)
cuillère *f.* spoon (2)
cultivé *adj.* cultured (3); **se cultiver** to acquire knowledge (3)
CV (curriculum vitae) *m.* résumé (1)
cynique *adj.* cynical (3), (9)

D

débarquer *fam.* to arrive (1)
débrouillard *adj.* resourceful (7); **se débrouiller** to be resourceful (7)
déchets industriels *m. pl.* industrial waste (9)
déchiqueter (comme **jeter**) to tear to shreds (6)
déchu *adj.* fallen (9)
déclaration d'amour *f.* declaration of love (3)
décor *m.* set (CP)
décorateur (décoratrice) *n.* decorator (3)
décrocher to pick up the phone (8); **décrocher (un prix, la palme)** *fam.* **gagner** (8)
défaut *m.* flaw (3)
défavorisé *adj.* underprivileged (7)
défier to defy, to challenge (5)
défilé *m.* parade; **défiler** to (be in a) parade (4)
dégueulasse *adj. fam.* very dirty, disgusting (1)
déjanter *fam.* to go a little crazy, to behave abnormally (6)
demande *f.* request; **demander** to ask (2); **faire une demande de** to apply for (a scholarship, a loan, a passport) (1)
démanteler (comme **acheter**) to dismantle (6)
démarrer to start (a car) (6)
déménager (comme **voyager**) to move (to change residence) (2)
démissionner to resign (3), (9)
démodé *adj.* out of fashion (4)
dénouement *m.* denouement, ending (CP)
se dépêcher to hurry up (7)
déporter to deport (7)
déprimé *adj.* depressed (3), (4)
député *m.* deputy, representative (9)
déranger (comme **voyager**) to bother (8)
dérive *f.* drift; **à la dérive** adrift (5)
dernière *f.* closing night (3)
des carottes râpées *f. pl.* shredded carrots (4)
désaccord *m.* disagreement (5)
déserter to desert (5)
désobéissant *adj.* disobedient (7)
désordonné *adj.* messy (for a person or a place) (1); **désordre** *m.* mess (1); **en désordre** messy (for a place) (1)
destructeur (destructrice) *adj.* destructive (5)
détacher to untie (7); **se détacher (de)** to grow apart (from) (5), (7)
(se) détendre to relax (4); **détendre l'atmosphère** to lighten up the atmosphere; to defuse a situation (4)

se détériorer to get worse (7)
dette (de jeu) *f.* (gambling) debt (7)
deuil *m.* mourning; **être en deuil** to be in mourning (5), (9)
devin *m.* seer (7)
devinette *f.* riddle (2)
devise *f.* motto (8)
devoir *m.* duty; **faire son devoir** to do one's duty (5), (9)
dévoué *adj.* devoted (3)
dialogue *m.* dialogue (CP)
digne *adj.* full of dignity; **dignité** *f.* dignity (9)
dilemme moral *m.* moral dilemma (7)
dingue *adj., fam.* crazy (6)
diplôme *m.* diploma (2)
dire la vérité *irr.* to tell the truth (3), (7)
direct *adj.* direct (3)
diriger (comme **voyager**) to run, to manage (5)
discipliné *adj.* disciplined (1)
discrédité *adj.* discredited (9)
discret (discrète) *adj.* reserved (4)
disparition *f.* disappearance; **disparaître** *irr.* to disappear (5), (7)
se disputer (avec) to quarrel (with) (1), (5), (9)
dissuader to dissuade (4)
distribution *f.* cast (CP)
divertir (comme **finir**) to entertain (CP); **se divertir** to have fun (CP), (3); **divertissement** *m.* amusement (3)
docile *adj.* docile (5)
doctorat *m.* PhD (1)
dominateur (dominatrice) *adj.* dominating (5)
donner rendez-vous to set up a date (6)
dossier *m.* file, dossier (1), (9)
doublé *adj.* dubbed (CP)
doué *adj.* gifted (2)
doux (douce) *adj.* kind; mild-mannered (4)
draguer *fam.* to pursue, to pick up (8)
dramaturge *m.* playwright (3)
drame *m.* drama (3)
drap *m.* sheet (9)
droite *f.* right; **à droite (de)** on the right (of) (4); **sur la droite (de)** on the right (of) (4)
drôle *adj.* funny, amusing; weird (3)
dynamique *adj.* energetic (4)

E

échafaudage *m.* scaffolding (7)
échapper à to escape (5); **s'échapper** to escape (5), (6), (7)
s'éclater *fam.* to have fun (1)
école primaire *f.* primary school (2)
économies *f. pl.* savings; **faire des économies** to save money (6)
économiser to save money (6)
écran *m.* screen; **grand écran** big screen (cinema); **petit écran** small screen (television) (CP)
écrivain *m.* writer (1)

éditeur (éditrice) *n.* publisher (8)
éducation *f.* education (2)
effacé *adj.* self-effacing (4)
effet boomerang *m.* boomerang effect; **avoir un effet boomerang** to backlash
effets spéciaux *m. pl.* special effects (1)
efficace *adj.* efficient (3)
élève *n.* primary- or secondary-school student (2)
élever (un enfant) (comme **acheter**) to raise (a child) (2), (5)
élire (comme **lire**) to elect (9)
éloigner to send away; **s'éloigner (de)** to go away (from) (5)
embêtant *adj., fam.* boring (4); **embêtement** *m.* complication (6); **embêter** *fam.* to bother, to annoy (1); **s'embêter** to complicate one's life; to be bored (6)
émeute *f.* rebellion (5)
emménager (comme **voyager**) to move in (1)
émotif (émotive) *adj.* emotional (for a person) (1)
émouvant *adj.* moving (5)
empêcher to prevent (7), (8)
employer (comme **envoyer**) to employ (7)
enceinte *adj.* pregnant (9)
enchaîner to chain (7)
encourager to encourage (8)
endommager to damage (4)
s'endormir (comme **partir**) to fall asleep (4)
énergique *adj.* energetic (2), (4)
s'enfuir (comme **fuir**) to flee (5), (7)
engagement *m.* commitment (7); **s'engager (à)** to commit (to) (3)
s'engueuler *fam.* to argue (1)
enlever (comme **acheter**) to remove (3), (4), (8)
ennuyeux (ennuyeuse) *adj.* boring (4); **ennuyer** to bore (CP); **s'ennuyer** to be bored (CP)
enrichissant *adj.* rewarding, fulfilling (1)
enseignement supérieur *m.* higher education (1)
s'entendre (bien/mal) (avec) to get along well/to not to get along (with) (5)
enterprise *f.* firm (3)
enterrement *m.* burial (2); **enterrer** to bury (7)
entraîneur (entraîneuse) *n.* coach (4)
entrepreneur *m.* entrepreneur (9)
entreprise *f.* firm, business (4), (9)
entretien d'embauche *m.* job interview (1)
envoyer to send; **envoyer quelqu'un sur les roses** *fam.* to tell someone to buzz off (8)
épatant *adj., fam.* **fantastique, super** (8)
épiphanie *f.* epiphany (6)
épreuve *f.* test, exam; competition (5)
éprouver to feel (to have an emotion) (8)
équipe *f.* team (4), (8)
esclavage *m.* slavery (2); **esclave** *n.* slave (2)
essayer to try (4)
étouffant *adj.* stifling (5); **étouffer** to suffocate (5)
étrange *adj.* strange (7)

étranger (étrangère) *adj.* foreign (1); **étranger** *m.* stranger, foreigner; **à l'étranger** *adv.* abroad (1)
être to be; **être en première, 2e, 3e, 4e, année** to be a freshman, sophomore, junior, senior (1); **être en règle** to be legal, to have one's papers (7); **n'y être pour rien** to have nothing to do with it (3)
études *f. pl.* studies; **étudier à** to attend (an institution) (1); **faire des études** to go to school (1), (2); **faire des études de** to major in (1)
étudiant *n.* student; **être étudiant à** to attend (an institution) (1); **être étudiant en** to major in (1)
s'évanouir (comme **finir**) to faint (1)
évoluer to change (3), (5)
examen *m.* exam (2); **examen par IRM** *m.* MRI exam (1)
s'excuser to apologize (2)
exigeant *adj.* demanding (2)
expansif (expansive) *adj.* outgoing (4)
exploitation *f.* exploitation (2); **exploité** *adj.* exploited (2); **exploiter** to exploit (2), (5), (7); **exploiteur (exploiteuse)** *adj.* exploitative (2)
exposition *f.* exhibition, art show (3)

F

fabriquer to build (8)
fac *f., fam.* college, university (1); **fac(ulté) de droit** *f.* law school (1); **fac(ulté) de médecine** *f.* medical school (1)
face *f.* face; **faire face à** to face someone/something (5)
se fâcher to get angry; to have a falling out (1), (9)
faible *adj.* weak (4); **faiblesse** *f.* weakness (5)
se familiariser avec to familiarize oneself with (1)
fauteuil roulant *m.* wheelchair (6)
faux papiers *m. pl.* forged papers (7)
favorisé *adj.* privileged (7)
fermer sa gueule *fam.* to shut up (3), (6)
fermeté *f.* strength of character (5)
feuilleton populaire *m.* soap opera (3)
fiançailles *f. pl.* engagement (5)
fidèle (à) *adj.* faithful (to) (8)
fier (fière) *adj.* proud (2); **fierté** *f.* pride (2)
se fier à to trust (9)
fièvre *f.* fever; **avoir de la fièvre** to have a fever (7)
flashback *m.* flashback (9)
fleuri (à fleurs) *adj.* flowered (3)
flic *m., fam.* cop (6)
fluide correcteur *m.* white-out (7)
flûte *f.* flute (3)
foncé *adj.* dark (colors) (3)
fonds de solidarité *m.* solidarity fund (9)
force de caractère *f.* strength of character (6)
formulaire *m.* form (1)
fort *adj.* strong (2), (4)
fouetter to whip (2)
foule *f.* crowd (9)
frais de scolarité *f. pl.* tuition (2)
frais *m. pl.* expenses; **frais médicaux** medical expenses (7); **frais universitaires** tuition and fees (1)

franc (franche) *adj.* frank (3)
fresque *f.* fresco (3)
fric *m., fam.* money (3), (6)
frigo *m., fam.* fridge (1)
fuir *irr.* to flee (5)
fumerie d'opium *f.* opium den (5)

G

gagner sa vie to earn one's living (3)
galère *f., fam.* hell; **c'est la galère** it's hell (1); **galérer** (comme **préférer**) *fam.* to have a hard time (1)
galerie *f.* gallery (3); **galerie d'art** art gallery (9)
garage *m.* garage, shop (7)
garçonnière *f., fam.* bachelor pad (8)
garde du corps *m.* bodyguard (3), (9)
garrot *m.* tourniquet; **défaire un garrot** to undo a tourniquet; **faire un garrot** to do a tourniquet (7)
gauche *adj.* awkward (4)
gauche *f.* left; **à gauche (de)** on the left (of) (4); **sur la gauche (de)** on the left (of) (4)
gaulois *adj, fam.* French (1)
générique *m.* credits (CP)
gentil (gentille) *adj.* kind (1), (4)
go-kart *m.* go-kart (7)
goût *m.* taste; **à chacun son goût** to each his own; **avoir du goût, avoir bon goût** to have good taste; **des goûts et des couleurs, on ne discute point/pas** to each his own; **prendre goût à quelque chose** to take a liking to something (3)
gracier to pardon (5)
grandir (comme **finir**) to grow up (5)
gratuit *adj.* free (opposite of **payant**) (2)
grève *f.* strike (9)
griot *m.* storyteller, family historian (9)
gris *adj.* gray; **grisâtre** *adj.* grayish (4)
gros (grosse) *adj.* fat; **gros bonnet** *m., fam.* important person (6); **gros poisson** *m., fam.* important person (6)
grossesse *f.* pregnancy (9)
grossier (grossière) *adj.* coarse, crude (3), (8)
guérir quelqu'un/guérir (comme **finir**) to cure someone; to recover, to get better (7)

H

s'habituer (à) to get used to (1), (3)
haine *f.* hate (5)
harcèlement sexuel *m.* sexual harassment (4)
haut *m.* top; **en haut** at the top (4); **haut-parleur** *m.* loudspeaker (8)
héberger (comme **voyager**) to put (someone) up (1)
hévéa *m.* rubber tree (5)
homophobe *adj. and n.* homophobe (4)
homosexuel (homosexuelle) *adj. and n.* homosexual (4)
honnête *adj.* honest (2), (3), (4)
huître *f.* oyster (3)
hypocrite *adj.* hypocritical (3)

I

idéaliste *adj.* idealistic (3), (9)
s'identifier à to identify with (1)
ignorant *adj.* ignorant (3)
île *f.* island (2)
illusion *f.* illusion; **se faire des illusions** to kid oneself (3)
image numérique *f.* digital image (1)
imagerie par résonance magnétique *f.* MRI (1)
immature *adj.* immature (1)
immigré clandestin *m.* illegal alien (7)
incendie *m.* fire (2); **incendier** to set fire to (5)
inconnu *adj.* unknown; **inconnu (inconnue)** *n.* stranger (1)
inculte *adj.* ignorant (3)
infidèle (à) *adj.* unfaithful (to) (8)
injuste *adj.* unjust (2); **injustice** *f.* injustice (2)
inscription *f.* registration (1); **s'inscrire** (comme **écrire**) to register (1)
insignifiant *adj.* insignificant (4)
inspecteur du travail *m.* immigration inspector (7)
s'installer to settle (2)
instituteur (institutrice) *n.* elementary school teacher (2)
instruction *f.* schooling (2)
insupportable *adj.* unbearable (1)
intégré (bien/mal) *adj.* (well/badly) integrated (2), (4); **s'intégrer (à)** (comme **préférer**) to fit in (3)
intellectuel (intellectuelle) *adj.* intellectual (3)
s'intéresser (à) to be interested (in) (3), (4), (8)
interprétation *f.* acting, performance (CP); **interprète** *n.* film or theater actor (CP)
interpréter (un rôle, un personnage) (comme **acheter**) to play (a part, a character), to perform (CP)
interrompre to interrupt (7)
intolérant *adj.* intolerant (2), (3)
intrigue *f.* plot (CP), (3)
investir (comme **finir**) to invest (6); **investissement** *m.* investment; **faire un investissement** to invest (6)
invité *n.* guest (8); **inviter** to invite someone to do something (8)
invraisemblable *adj.* implausible, unlikely (6); **invraisemblance** *f.* implausibility (6)
irresponsable *adj.* irresponsible (6)
ivre *adj.* drunk (6), (9)

J

se jeter (sur/de) (comme **appeler**) to throw oneself on/off of something (4)
jeu *m.* acting (CP); **jouer** to act (CP), (3); **jouer de** to play (an instrument) (3)
juste *adj.* just (2); **justice** *f.* justice (2)

K

klaxonner to honk (7)

L

lâche *adj.* cowardly (5), (6)

laisser to let; **laisser tomber** to let go, to give up (3); **se laisser faire** to let someone take advantage of you (3)

lamentable *adj.* pitiful (4)

langue maternelle *f.* native language (1)

légende *f.* legend (5)

léguer (comme **préférer**) to bequeath, to will (6)

lesbienne *adj.* lesbian (1)

lessive *f.* laundry; **faire des lessives** to do laundry for pay (2)

lettre de motivation *f.* statement of purpose (1)

liaison *f.* affair (4), (5)

libération *f.* liberation (5); **libre** *adj.* free (having liberty) (2)

licence *f.* Bachelor's degree (1)

licencié *adj.* fired (4), (9); **licenciement** *m.* layoff (4), (9)

lien *m.* link, relationship (5)

lieu *m.* place; **au lieu de** instead of (8)

livrer to deliver; **livrer quelqu'un** to turn someone in (7)

logement *m.* place to live; housing (1)

long métrage *m.* feature-length film (more than 58 min.) (CP)

louche *f.* ladle (8)

louer to rent; to lease (1), (7)

louper quelque chose *fam.* to fail at something (4); **louper sa vie** *fam.* to be a failure (4)

loyal *adj.* loyal (9); **loyauté** *f.* loyalty (9)

loyer *m.* rent (1), (7)

lumière *n., fam.* bright person (8)

lutter to fight (2)

lycée *m.* high school (2)

M

mac *m., fam.* pimp (6)

macho *adj. inv. and n.* macho (4)

magouille *f., fam.* shady deal (3)

maigre *adj.* (unpleasantly) thin (4)

main-d'œuvre *f.* labor (5)

maison de dressage *f.* training center (6)

maître (maîtresse) *n.* master; elementary school teacher (2)

maîtresse *f.* lover (8)

maîtrise *f.* Master's degree (1)

mal à l'aise uncomfortable (1), (4)

mal *m.* evil (7); **se faire mal (au dos)** to hurt oneself (one's back) (8)

malédiction *f.* curse (5)

malhonnête *adj.* dishonest (2)

mal payé *adj.* poorly paid (7)

malsain *adj.* unhealthy (7)

maltraitance *f.* (child) abuse (7); **maltraiter** to abuse (7)

manche *f.* sleeve; **faire la manche** *fam.* to beg (6)

mandarin *m.* mandarin (high dignitary) (5)

mandat *m.* term (of office) (9)

maniaque *adj.* particular, fussy (1)

manque *m.* withdrawal; **être en manque** to have withdrawal symptoms (6); **manquer (un cours, un rendez-vous)** to miss (a class, an appointment) (3); **manquer à quelqu'un** to be missed by someone (5); **tu me manques** I miss you (1)

maquereau *m., fam.* pimp (6)

maquette *f.* model (8)

marché aux esclaves *m.* slave market (5)

mariage arrangé *m.* arranged marriage (6); **se marier** to get married (9)

marine *f.* navy (5)

marrant *adj.* funny, amusing (3), (4)

match de foot *m.* soccer game (8)

maternité *f.* motherhood (9)

matière *f.* subject (1)

maturité *f.* maturity (1)

mauvais esprit *m.* evil spirit (7)

mec *m., fam.* guy (3)

mécanicien *m.* mechanic (7)

méchant *adj.* mean (3)

médecin *m.* (medical) doctor (8)

médicament *m.* medicine (8)

médiocre *adj.* mediocre (4)

méfiant *adj.* distrustful (3); **se méfier (de)** to mistrust (3), (6), (9)

mémoire *f.* memory (the ability to remember) (9); **mémoires** *f. pl.* memoirs (9)

ménage *m.* housework; **faire le ménage** to do the housework (1)

mener une vie précaire (comme **acheter**) to lead a precarious existence (3)

mensonge *m.* lie (2), (7)

mentir (comme **partir**) to lie (2), (7)

mépriser to scorn (3)

métis (métisse) *adj.* of mixed race (2); **métis (métisse)** *n.* person of mixed race (2), (5)

métropole *f.* "mother" country, as opposed to the outlying territories (2)

metteur-en-scène *m.* director (3)

mettre *irr.* to put; **mettre de l'argent de côté** to save money (6); **mettre le feu (à)** to set fire (to) (2)

meublé *m.* furnished room or apartment (7)

meuf *f., fam.* woman (1), (6)

meurtre *m.* murder (5)

milieu *m.* middle; **au milieu (de)** in the middle (of) (4); **milieu social** *m.* social milieu (3)

minable *adj., fam.* pitiful (4)

mince *adj.* thin (4)

ministre *m.* minister (politics) (9)

misère *f.* dire poverty (5)

mi-temps *f.* half time (8)

moche *adj., fam.* ugly (4)

mode *f.* fashion; **à la mode** in fashion (4)

se moquer (de) to make fun (of) (3),(4), (8)

mordre to bite (3)

morne *m.* hill (in Martinique) (2)

mortel (mortelle) *adj, fam.* very boring (1)
motard *m.* motorcyclist (7)
motocycliste *n.* motorcyclist (7)
mouche *f.* fly (1)
mourir to die; **je meurs de faim** I'm starving (8)
moyen métrage *m.* short film (less than 58 min.) (CP)
mulâtre *m. and adj.* mulatto (2)
mûr *adj.* mature (1)
musclé *adj.* muscular (4)
musique *f.* music (CP)
muter to transfer (5)

N

naïf (naïve) *adj.* naive (1), (3)
népotisme *m.* nepotism (9)
nettoyer (comme envoyer) to clean (1)
neurologue *n.* neurologist (1)
niais *adj.* simple and naive, stupid (1)
nuit de noces *f.* wedding night (9)

O

obéir (à quelqu'un) (comme finir) to obey (someone) (7); **obéissant** *adj.* obedient (7)
obsèques *f. pl.* burial (9)
obstiné *adj.* obstinate (2)
obtenir (comme tenir) to get (a diploma, a scholarship) (2); **obtenir un diplôme** to graduate (1)
officier de marine *m.* navy officer (5)
opportuniste *adj.* opportunistic (3)
oppression *f.* oppression (2); **opprimé** *adj.* oppressed (2), (5); **opprimer** to oppress (2)
ordonné *adj.* clean, orderly (for a person or a place) (1)
ordre *m.* order (1); **en ordre** clean, orderly (for a place) (1)
orphelin *adj.* orphan (5)
oublier to forget (3), (8)
ouvert (à) *adj.* open (to) (1); **ouverture d'esprit** *f.* open-mindedness (1)
ouvrier *m.* blue-collar worker (9); **ouvrier (du bâtiment)** *m.* (construction) worker (7)

P

pâle *adj.* pale (2), (3)
palmier *m.* palm tree (2)
panne d'électricité *f.* power failure (1)
pantalon *m.* pair of pants (4)
papier peint *m.* wallpaper (3)
par hasard by chance (5)
pare-brise *m.* windshield (6)
parler couramment to speak fluently (1)
part *f.* part; **de la part de quelqu'un** for someone else, on behalf of someone (8)
partager (comme voyager) to share (1)
parti *m.* party (9)
participer (à) to take part (in) (1)
partie *f.* part; **faire partie de** to belong (to) (3)
passe *f., fam.* trick (6)

passer (un examen, un concours) to take (an exam, a competitive exam) (1), (2); **passer à l'affiche** to play (CP); **passer en cour martiale** to be court martialed (5); **passer inaperçu** to go unnoticed (4); **se faire passer pour** to pass oneself as (4), (8)
passe-temps *m.* hobby (8)
passionnel (passionnelle) *adj.* passionate (5)
patron (patronne) *n.* boss (2), (3), (4)
paumer *fam.* to lose (1)
pauvre type *m., fam.* poor guy (someone you feel sorry for) (8)
pauvreté *f.* poverty (7)
payant *adj.* fee-based (opposite of **gratuit**) (2)
paye/paie *f.* paycheck (2)
payer to pay; **se payer la tête de quelqu'un (comme essayer)** *fam.* se moquer de quelqu'un (8)
paysage *m.* landscape (2)
paysan *m.* peasant (5)
PDG *m.* CEO (3)
peindre *irr.* to paint (3)
peintre *n.* painter (3)
peinture *f.* paint; painting (3)
se pendre to hang oneself (6)
perdre son sang to bleed heavily (7)
perdu *adj.* lost (1)
perle *f.* gem (3)
permettre à (comme mettre) to allow (1)
permis de travail *m.* work permit (7)
personnage *m.* character (CP)
personnification *f.* personification (5)
peser (comme acheter) to weigh (5)
photo *f.* photo (4); **sur la photo** in the picture (4)
pièce *f.* room; play (theater) (3)
pipe *f.* pipe (2)
piquer *fam.* voler (to steal) (8)
piquette *f., fam.* un vin de mauvaise qualité (8)
pitié *f.* pity; **faire pitié** to be pitiful (8)
placer (de l'argent) (comme commencer) to invest (6)
plagier to plagiarize (2)
plaire (à) *irr.* to please (3); **plaire à quelqu'un** to be liked by someone; **il me plaît** I like him (1)
plaisanter to joke (4), (8); **plaisanterie (de bon/mauvais goût)** *f.* joke (in good/bad taste) (4); **plaisanterie entre soi/nous/vous/eux/elles** inside joke (3); **faire des plaisanteries** to crack jokes (4)
plan *m.* shot (CP)
planche *f.* board; plank (6)
planque *f., fam.* hiding place (6)
plantation *f.* plantation (2), (5)
plaquer quelqu'un *fam.* to break up with someone (1)
plein *adj.* full; **plein de bonne volonté** well-meaning, who tries hard (4); **plein de vie** full of life (4)
point *m.* point; **être sur le point de** to be about to (4)
poire *f., fam.* pushover, doormat (6)
politicien (politicienne) *n.* politician (9)
polygame *adj.* polygamous (9); **polygamie** *f.* polygamy (9)

pompe à essence *f.* gas pump (7)

pont *m.* bridge (9)

portable *m.* cell phone (6), (8)

portefeuille *m.* portfolio (of investments) (6)

porte-monnaie *m.* pocketbook, wallet (7)

porter (un nom) to bear (a name) (2); **porter plainte (contre)** to register a complaint (against) (7); **porter secours à quelqu'un** to help someone who is in danger, to rescue (7)

portière *f.* car door (6)

poser (une question, une devinette) to ask (a question, a riddle) (2)

possessif (possessive) *adj.* possessive (5)

poste *m.* position, job (1)

pot-de-vin *m.* bribe (9)

poule *f.* hen (2)

poursuivre ses études (comme **suivre**) to continue one's studies (2)

pouvoir to be able; **j'en peux plus** *fam.* I've had it, I can't take it any more; **je peux plus le (la, etc.) voir** *fam.* I can't stand him (her, etc.) anymore (8)

préjugé *m.* prejudice (4)

première *f.* opening night (3)

prendre *irr.* to take; **ne pas se prendre pour une merde** to be full of oneself (3); **prendre conscience de** to become aware of (5), (7); **prendre quelqu'un pour quelqu'un d'autre** to mistake someone for someone else (8); **prendre quelqu'un pour un imbécile** to consider someone stupid (8); **se prendre pour quelqu'un** to be full of oneself (3)

préparer to prepare; **préparer une sous-spécialisation en** to minor in (1)

présenter to present; **présenter ses excuses** to apologize (2); **se présenter (à une élection)** to run (for office) (9)

préservatif *m.* condom (4)

pressé *adj.* in a hurry (6), (7)

pression *f.* pressure; **faire pression sur** to put pressure on (9)

prêt *m.* loan (1)

prévenir (comme **venir**) to warn (7)

prier to pray (2); **prière** *f.* prayer (2)

prise de conscience *f.* awareness (7)

problème de conscience *m.* moral dilemma (7)

proche *adj.* close (5)

procuration *f.* power of attorney (6)

producteur (productrice) *n.* producer (CP), (8)

profiter (de) to take advantage (of) (3)

programme d'échange *m.* exchange program (1)

progrès *m.* progress; **faire des progrès** to make progress (3)

projet *m.* plan, project (9)

promesse *f.* promise (7); **faire une promesse (à quelqu'un)** to make a promise (to someone) (7); **promettre à** (comme **mettre**) to promise (7)

promotion *f.* promotion; **être promu** to be promoted (4); **obtenir une promotion** to be promoted (4)

propre *adj.* clean (1)

propriétaire *n.* owner, landlord (1)

prostituée *f.* prostitute (6); **se prostituer** to prostitute oneself (9)

protéger (comme **préférer** et **voyager**) to protect (5), (6)

proxénète *m.* pimp (6)

pub(licité) *f.* ad(vertising) (4); **faire de la pub(licité)** to advertise (4)

pull(over) *m.* sweater (4)

punir (comme **finir**) to punish (2); **punition** *f.* punishment (2)

pur *adj.* pure (3)

pute *f., fam.* prostitute (6)

Q

qualité *f.* quality (3)

quitter to leave (4), (8), (9); **se quitter** to say bye; to separate (1)

R

raccrocher (au nez de quelqu'un) to hang up (on someone) (8)

racines *f. pl.* roots (2)

raconter (des blagues, des histoires) to tell (jokes, stories) (3)

radioactif (radioactive) *adj.* radioactive (9)

râler to whine (3); **râleur (râleuse)** *adj.* whiny, grouchy (3)

ramer *fam.* to make an effort (6)

rang *m.* row; **au premier (dernier) rang** in the first (last) row (4)

rappeler (comme **appeler**) to call back (8); to remind (9); **se rappeler** to remember (9)

se rapprocher (de) to get closer (to) (5), (7)

rater *fam.* to fail (4); **rater sa vie** *fam.* to be a failure (4)

réac (réactionnaire) *adj.* conservative (3)

réalisateur (réalisatrice) *n.* director (CP); **réaliser un film** to make a film (CP)

réaliste *adj.* realistic (3)

réanimation *f.* intensive care unit; **être en réanimation** to be in the ICU (6)

rébellion *f.* rebellion (2), (5); **se rebeller (contre)** to rebel (against) (5)

rebondir (comme **finir**) to rebound (4)

recevoir *irr.* to receive; to get (1), (2)

rechuter to relapse (6)

récit d'éducation/d'apprentissage/de formation *m.* coming-of-age story (1)

se réconcilier (avec) to reconcile (with) (5), (7)

reconnaître (comme **connaître**) *irr.* to recognize (2), (3)

se recueillir (sur la tombe de quelqu'un) *irr.* to meditate (9)

réfléchir (comme **finir**) to think (CP)

réfrigérateur *m.* refrigerator (1)

se réfugier to find refuge (5)

se régaler to enjoy one's food; to have a good time (8)

regarder to look at; **Ça ne te regarde pas.** That's not your business. (8); **regarder les choses en face** to look things in the face (3); **regarder par le trou de la serrure** to peep through the keyhole (7)

règle *f.* ruler (to draw lines); rule, regulation (1)

règlement de compte *m.* settling of scores (6)

rein *m.* kidney; **se faire un tour de reins** *fam.* **se faire mal au dos** (8)

rejeter (comme **appeler**) to reject (3)

rejoindre (comme **joindre**) to meet up with; to reunite with (5)

remise des diplômes *f.* graduation (1)

remonter le moral à quelqu'un to cheer someone up (8)

remplir (comme **finir**) to fill; to fill out (1)

rendez-vous *m.* appointment; date (1)

rendre to give back (4); **se rendre compte de/que** to realize something/that (5), (6)

renverser to knock over; to spill (4)

renvoyer (comme **envoyer**) to dismiss; to fire (5)

réparer to repair (7)

repassage *m.* ironing; **faire des repassages** to iron for pay (2)

répéter (comme **préférer**) to rehearse; to repeat (8)

répondeur *m.* answering machine (8)

représentation *f.* performance (3)

reprocher (à) to blame (3), (9)

réseau *m.* network, ring (6), (7)

réservé *adj.* reserved (1), (4)

résignation *f.* resignation, i.e., acceptance of one's fate (2); **résigné** *adj.* resigned (2)

résistance *f.* resistance (2); **résister (à)** to resist (2)

résolu *adj.* resolute (9)

respectueux (respectueuse) *adj.* respectful (3)

ressentir (de la tristesse, de la compassion, etc.) (comme **partir**) to feel (sadness, compassion), (8)

retard *m.* lateness; **en retard** late (in the sense of "later than planned") (2)

retour en arrière *m.* flashback (9)

se retourner contre to backlash (8)

retrouvailles *f. pl.* reunion (5)

retrouver to get back, to recover; to find again (4), (7); to find (someone/something that was lost) (5); **se retrouver** to meet again; to see one another again (1); **retrouver du/son travail** to find another job/to get one's job back (4); **retrouver le goût à la vie** to recover one's zest for life (4)

réunion *f.* meeting (4)

réussir (comme **finir**) to succeed (2); **réussir (à) un examen** (comme **finir**) to pass an exam (1)

revanche *f.* revenge; **prendre sa revanche** to take one's revenge (8)

révéler la vérité to reveal the truth (7)

se réveiller to wake up (4)

révolté *adj.* rebellious (2); **se révolter (contre)** to rebel (against) (2), (5), (7)

rhum *m.* rhum (2)

se ridiculiser to make a fool of oneself (3)

rigide *adj.* rigid (3)

rigoler *fam.* **rire** (3); **rigolo** *adj.* funny (3)

rire to laugh (CP)

robe *f.* dress (4)

roman *m.* novel (8); **romancier (romancière)** *n.* novelist (8)

rompre (avec) to break up (with) (1), (5), (6)

rose *adj.* pink; **vieux rose** rose (3)

route *f.* road; **En route!** Let's go! (8)

rupture *f.* breakup (5); (6)

∫

sable *m.* sand (7)

saccager (comme **voyager**) to destroy (6)

sain *adj.* healthy (7)

sale *adj.* dirty (1)

salle *f.* room (in a movie theater) (3); **salle d'art et essai** art-house theater (CP)

sampan *m.* sampan (flat-bottomed Chinese skiff) (5)

sang *m.* blood (6), (7)

sauver to save (5)

savoir *irr.* to know (2)

scandale *m.* scandal (9)

scène *f.* scene; stage (CP), (3), **scène de ménage** *f.* marital dispute (8)

séance *f.* screening (CP)

secourir (comme **courir**) to help someone who is in danger, to rescue (7)

séduire to seduce (6)

séjour *m.* stay (1)

sensibiliser to sensitize (4); **sensible** *adj.* sensitive (2), (4)

se sentir (comme **partir**) to feel (1), (3), (4); **se sentir coupable** to feel guilty (6); **se sentir revivre** to feel alive again (6)

sérieux (sérieuse) *adj.* serious (1)

se serrer to get closer (4)

serveur (serveuse) *n.* waiter/waitress (3)

seul *adj.* alone (4)

sévère *adj.* strict (2)

signaler to report (a disappearance, a theft, etc.) (7)

snob *adj. inv.* snobbish (3)

sociable *adj.* sociable (1)

soigner to treat, to give medical assistance (7)

solidarité *f.* solidarity (6)

sombre *adj.* dark (3)

sortie *f.* release (CP)

sortir (comme **partir**) to be released (CP); **s'en sortir** (comme **partir**) to succeed, to rise above a difficult situation (6); **sortir du placard** *fam.* to come out of the closet (4)

sou *m.* coin; **sans un sou** penniless (3)

souder to solder (7); **faire une soudure** to solder (7)

souffrance *f.* suffering (5)

souffrir (comme **ouvrir**) to suffer (5)

soûl *adj.* drunk (9)

se soumettre (comme **mettre**) to submit, to obey (2); **soumis** *adj.* submissive (2), (7); **soumission** *f.* submission, obedience (2)

souple *adj.* flexible (3)

sourire *m.* smile (7); **sourire** (comme **rire**) to smile (7)

sous-spécialisation *f.* subspecialization; **faire une sous-spécialisation en** to minor in (1)

sous-titre *m.* subtitle (CP); **sous-titré** *adj.* subtitled (CP)

soutenir (comme **tenir**) to support (5), (8), (9)

souvenir *m.* memory; souvenir (9); **se souvenir de** (comme **venir**) to remember (3), (9)

spécialisation *f.* specialization; **se spécialiser en** to major in (1)

spectateur (spectatrice) *n.* spectator (3)

split screen *m.* split screen (1)

sportif (sportive) *adj.* athletic (4)

star *f.* star (CP)

station-service *f.* gas station (7)

stéréotype *m.* stereotype (1); **stéréotypé** *adj.* stereotypical (1)

stérile *adj.* sterile (9)

subir (comme **finir**) to be the victim of; to accept (6)

subvention *f.* subsidy (9)

se suicider to commit suicide (4), (5)

suivre un cours *irr.* to take a class (1)

superstition *f.* superstition (2)

supporter to stand, to bear (1)

supporter *m.* fan (8)

sûr de soi *adj.* self-confident (4)

sursauter to startle, to jump (6)

susceptible *adj.* oversensitive (1)

sympa *adj. fam.* nice (1)

sympathiser (avec) to strike up an acquaintance (with) (4)

syndicat *m.* (labor) union (9)

T

tabasser *fam.* to hit (6)

tableau *m.* painting (3), (8)

tabou *m.* taboo (5)

taché (de sang) *adj.* (blood) stained (9)

tâches ménagères *f. pl.* household tasks (1), (6)

tailleur *m.* woman's business suit (4)

se taire *irr.* to be quiet (not to speak) (7)

tarif *m.* price; **plein tarif** full price; **tarif réduit** reduced price (CP)

tatouage *m.* tattoo (4), (7)

taudis *m.* slum (7)

téléphérique *m.* cable car (1)

télévision *f.* television; **à la télé(vision)** on TV (4)

témoin *m.* witness (6)

tenace *adj.* tenacious (2)

tenir une promesse *irr.* to keep a promise (7)

tête *f.* face; **faire une drôle de tête** to have a funny look on one's face (3)

théâtre *m.* theater (3)

tiers-monde *m.* Third World (1)

timide *adj.* shy (4)

tirer to pull; **tirer profit de** to profit from (9); **se tirer** *fam.* to leave (1)

tissu *m.* fabric (3)

tolérant *adj.* tolerant (3)

tombe *f.* tomb (9)

tomber to fall; **tomber amoureux(-euse) (de)** to fall in love (with) (3), (5), (9)

tonneau *m.* barrel (9)

torturer to torture (5)

toubib *m., fam.* doctor (1), (6)

touchant *adj.* touching (3)

tournant *m.* turning point (1)

tourner to shoot (a film) (CP)

tragédie *f.* tragedy (3)

trahir (comme **finir**) to betray (7), (9)

traite des esclaves *f.* slave trade (2)

transgression *f.* transgression (5)

travail forcé *m.* forced labor (5)

travailler to work; **travailler au noir** to work under the table (7); **travailler dans le bâtiment** to work in construction (7)

travailleur (travailleuse) *adj.* hardworking (1), (2), (4)

tricher to cheat (2)

tromper to cheat on; to betray (8); **tromper quelqu'un** to cheat on someone (4), (6); **se tromper** to make a mistake (8); **se tromper d'adresse** to go to the wrong address (8); **se tromper de jour** to do something on the wrong day (8); **se tromper de numéro de téléphone** to dial the wrong number (8); **se tromper d'exercice** to do the wrong exercise (8)

trottoir *m.* sidewalk; **faire le trottoir** *fam.* to prostitute oneself (6)

troupe de théâtre *f.* theater company (5)

truand *m.* gangster, crook (6)

truffe *f., fam.* idiot (3)

turban *m.* turban (7)

U

université *f.* college, university (1)

usine *f.* plant, factory (3), (5)

V

vachement *adv., fam.* very (1)

vaisselle *f.* dishes; **faire la vaisselle** to wash the dishes (2)

vedette *f.* star (CP)

veillée funèbre *f.* wake (2)

venger (comme **voyager**) to avenge (4), (8); **se venger** (comme **voyager**) to take revenge (2), (4), (6)

venir *irr.* to come; **venir en aide à quelqu'un** to help someone in need, to rescue (6)

vente *f.* sale; **vente aux enchères** auction (5)
vérité *f.* truth
verrouiller to lock (6)
vers *m.* line (of poetry) (3)
version française *f.* dubbed version; **en version française** dubbed (CP)
version originale subtitled version; **en v.o.** subtitled (CP)
vertige *m.* vertigo, dizzyness; **avoir le vertige** to be dizzy (1)
vestiaire *m.* locker room (4)
vexer to offend (1)
vie *f.* life; **en vie** alive (7)
vierge *adj.* virgin (9)
vieux jeu *adj.* old-fashioned (1)
vif (vive) *adj.* bright (for a person, a color) (2), (3)
vin ordinaire *m.* table wine (8)
vinaigre *m.* vinegar (8)
viol *m.* rape (7); **violer** to rape (6), (7)

virer *fam.* to fire (4); **viré** *adj., fam.* fired (4)
virginité *f.* virginity (9)
vivant *adj.* alive (7)
vivre au jour le jour *irr.* to live from day to day (3)
voir *irr.* to see; **voir la vie en noir** to see the glass half empty (3); **voir tout en noir** to see the glass half empty (3); **voir la vie en rose** to see the glass half full (3); **voir tout en rose** to see the glass half full (3)
voix off *f.* voiceover (1), (5)
voler to fly; to steal (2), (7)
volonté *f.* will power (6)
vomir (comme finir) to throw up, to vomit (1)
voter to vote (9)
voyou *m.* crook, bad guy (6)
vulgaire *adj.* vulgar (3)

Z

zombie *m.* zombie (2)

INDEX: STRUCTURES

INDEX: THÈMES

TEXT CREDITS

Chapter 1: «Europudding» – Anne Roy – paru dans *l'Humanité* du 11 juin 2005; *L'Auberge espagnole* © Cédric KLAPISCH 2002; Philippe Labro, *L'Étudiant Étranger* © Éditions Gallimard

Chapter 2: *Le Monde*, 9 août 1983; Euzhan Palcy, *Rue Cases-Nègres*; *Le Monde*, 8 septembre 1983; Maryse Condé: *Traversée de la mangrove* © Mercure de France, 1989; Maps, courtesy of www.theodora.com/maps, used with permission; © www.francekeys.com; INED, www.ined.fr

Chapter 3: «Clara, Antoine, l'art contemporain et les autres» – Michaël Mélinard – paru dans *l'Humanité* du 1er mars 2000; Avec l'autorisation gracieuse du *Nouvel Observateur* © 2005; Olivier Donnat, Les pratiques culturelles des Français 1997, Paris, Dep, Ministère de la culture et de la communication/Documentation Française, 1998; Courtesy of *Le Goût des autres* © Les films A4 ; Racine, *Bérénice*; Molière, *Le Bourgeois gentilhomme*; Courtesy of www.crwflags.com; Source: Insee – [Taux de pratique des activités culturelles]

Chapter 4: AlloCiné.com; Courtesy of *Le Placard* © Société de production Gaumont; *Les chroniques de l'ingénieur Norton: Confidences d'un américain à Paris* de Christine Kerdellant © Belfond, 1997; © European Foundation for the Improvement of Living and Working Conditions, 2006, Wyattville Road, Loughlinstown, Dublin 18, Ireland. Original language: English

Chapter 5: *Le Monde*, 17 avril 1992; Kim Lefèvre, *Métisse blanche* © Éditions Bernard Barrault, Éditions de l'Aube, 1989; Courtesy of www.atlas-historique.net

Chapter 6: «Femmes au bord du chaos» par François-Guillaume Lorrain, *Le Point* n°1516; *Le Monde*, 29 mai 2000; *Le Monde*, 19 juillet 2000

Chapter 7: *Le Monde*, 24 janvier 2004; http://www.journalessentiel.be; «L'Immigration en Belgique: Effectifs, mouvements et marché du travail. Rapport 2001», Service public fédéral emploi, travail et concertation sociale, mai 2003, pp. 9, 23; Politique scientifique fédérale; *La Croix*, 11–12 mars 2006, par Alain Guillemoles, Solenn de Royer et Julia Ficatier / *La Croix*, 6 avril 2006, par Stéphanie Fontenoy, Pierre Shmidt et Grégory Lecomte; *La Croix*, 6 avril 2006, «Ouvrir ou fermer» par Dominique Quinio / «Paroles d'ONG françaises» par Pierre Henry; *La Promesse* © Les Films du fleuve

Chapter 8: © Les Fiches du Cinéma; Courtesy of *Le Dîner de cons* © Société de production Gaumont; Source: Insee – [Participation culturelle et sportive, mai 2003]; *La Croix*, 31 janvier 2005, «L'insoutenable fragilité de Jacques Villeret» par Bruno Bouvet; *L'Express*, Roland Mihaïl et Antoine Silber, 6 novembre 2003

Chapter 9: © Les Fiches du Cinéma; *Le Monde*, 9 avril 1998; Courtesy of *Tableau Ferraille* © ADR Productions; *Le Monde*, 27 février 2002; Courtesy of *Le Français dans le monde;* www.afp-senegal.org; Courtesy of Gouvernement du Sénégal; http://www.senegal-online.com

PHOTO CREDITS

Chapter Préliminaire: 1: © Index Stock; **2:** © Time Life Pictures/Getty Images; **4:** Courtesy, Festival de Cannes; **5:** © Index Stock; **6:** Courtesy of www.senegal-online.com; **8** *left:* L'auberge espagnole distributed by STUDIO CANAL; **8** *center:* Les Films de ma vie, published and distributed by fravidis@fravidis.fr; **8** *right:* Pathé Distribution; **9** *top left:* Distributed by Gaumont Columbia Tristar; **9** *top center and top right:* Distributed by Studio Canal; **9** *bottom left:* La Promesse, Courtesy of New Yorker films; **9** *bottom center:* © GAUMONT/EFV/TF1/THE KOBAL COLLECTION; **9** *bottom right:* Courtesy of California Newsreel

Chapter 1: 13 and 18 *left:* L'auberge espagnole distributed by STUDIO CANAL; **18** *right:* Auberge espagnole distributed in U.S. by Twentieth Century Fox; **24, 25, and 35:** © Photofest, Inc.

Chapter 2: 39: Les Films de ma vie, published and distributed by fravidis@fravidis.fr; **40:** Maps courtesy of www.theodora.com/maps, used with permission; **47** *top:* © Darlyne A. Murawski/Getty Images; **47** *bottom:* © www.francekeys.com; **48, 51, and 57:** © Photofest, Inc.

Chapter 3: 61 and 66 *top:* Pathé Distribution; **66** *bottom:* New Yorker films; **71:** © Photofest, Inc.; **73:** © CANAL/FRANCE 2/LES FILMS A4/THE KOBAL COLLECTION; **75:** © www.francekeys.com; **77:** © Photofest, Inc.

Chapter 4: 87 and 89 *left:* Gaumont Columbia Tristar; **89** *right:* Buena Vista Home Entertainment; **96, 98, and 105:** © Photofest, Inc.

Chapter 5: 109: Distributed by Studio Canal; **110:** Courtesy of www.atlas-historique.net; **113** *left:* Distributed by Studio Canal; **113** *right:* Distributed by Columbia Tristar Home Video; **119 and 121:** © Photofest, Inc.; **128:** © E.C.P.A.D./France

Chapter 6: 131 and 137 *left:* Distributed by Studio Canal; **137:** New Yorker films; **141 and 149:** © Photofest, Inc.

Chapter 7: 153 and 161: La Promesse, Courtesy of New Yorker Films; **164 and 167:** © Photofest, Inc.

Chapter 8: 177 and 181 *left:* © GAUMONT/EFV/TF1/THE KOBAL COLLECTION; **181** *right:* Distributed by Universal Studios; **184 and 189:** © Photofest, Inc.

Chapter 9: 203, 204 *bottom,* **212, and 214:** Courtesy of California Newsreel; **204** *top:* Courtesy of www.senegal-online.com

Arrêt sur images: 1: © AP/Wide World Photos; **2** *left:* © Robert Haines/Alamy; **2** *right:* © Joel Saget/AFP/Getty Images; **3:** © Valery Hache/AFP/Getty Images; **4:** © Images of Africa Photobank/Alamy; **5:** Courtesy ESA/CNES; **6:** © Index Stock; **7:** *left:* © Directphoto.org/Alamy; **7** *top right:* Courtesy of Infotech France; **7** *bottom right:* © IndexStock; **8:** © Peter Menzel/www.menzelphoto.com; **9** *left:* © iWitness Photos/Alamy; **9** *right:* © Index Stock; **10** *left:* © David A. Barnes/Alamy; **10** *right:* © Travelshots.com/Alamy; **11:** © Michel Krakowski/AFP/Getty Images; **12:** © Hoang Dinh Nam/AFP/Getty Images; **13:** © Serra Antoine/Corbis Sygma; **14:** © Picture Contact/Alamy; **15:** © Index Stock; **16:** © Visual Arts Library (London)/Alamy